kritik & *utopie* ist die politische Edition im mandelbaum *verlag*.
Darin finden sich theoretische Entwürfe ebenso wie Reflexionen aktueller sozialer Bewegungen, Originalausgaben und auch Übersetzungen fremdsprachiger Texte, populäre Sachbücher sowie akademische und außeruniversitäre wissenschaftliche Arbeiten.

Nähere Informationen:
www.kritikundutopie.net

Für meine beste Freundin Michaela Jirgal

Angelika Grubner

DIE MACHT DER PSYCHOTHERAPIE IM NEOLIBERALISMUS

Eine Streitschrift

mandelbaum *kritik & utopie*

Gedruckt mit Unterstützung durch

MA 7 – Kulturabteilung der Stadt Wien, Referat Wissenschafts- und Forschungsförderung

mandelbaum.at • mandelbaum.de

Wipplingerstr. 23, 1010 Wien
office@mandelbaum.at
4. Auflage 2025

Lektorat: Elvira M. Gross
Satz & Umschlaggestaltung: Michael Baiculescu
Druck: Primerate, Budapest

Inhalt

Vorwort zur zweiten Auflage

Es ist wohl für jede Autorin eine große Freude, ein Vorwort für die zweite Auflage schreiben zu dürfen.

Bisher bewegen sich die Reaktionen auf meine Arbeit vom Pol der völligen Ablehnung, die sich in der fehlenden Bereitschaft, den Text überhaupt zu lesen, äußern, bis zu jenem der expliziten Begrüßung, die Auseinandersetzung um die von mir behauptete Wahlverwandtschaft von Psychotherapie und Neoliberalismus endlich zu führen. Damit ist schon viel gewonnen, weil gerade der Konflikt einen Ort markiert, der in der Lage ist Neues hervorzubringen. Dieses Neue liegt noch weitgehend im Verborgenen. Dass es aber in jedem Fall nicht neutral, unschuldig und unabhängig aktueller Machtverhältnisse zu haben sein wird, kann jetzt schon konstatiert werden. Insofern müssen zukünftige Konzepte, Ideen und Praktiken zum Thema für eine permanente kritische Analyse offen gehalten werden. Denn kaum etwas birgt so viele Gefahren in sich wie der Anspruch auf die Wahrheit.

In diesem Sinne hoffe ich auf weitere spannende Diskussionen und Konflikte, die die zweite Auflage zu evozieren vermag.

Angelika Grubner, Wien am 11.11.2017

Einleitung

„Wer ändern will, kann es wahrscheinlich überhaupt nur, indem er [...] seine eigene Ohnmacht zu einem Moment dessen macht, was er denkt und vielleicht auch was er tut."
Theodor W. Adorno 1971, 147

„... ich schreibe, um mich selbst zu verändern und nicht mehr dasselbe zu denken wie zuvor."
Michel Foucault, GmD 52

Macht und Psychotherapie[1] in einem Atemzug zu nennen, erscheint möglicherweise abwegig. Das österreichische Psychotherapiegesetz definiert das Ziel psychotherapeutischer Behandlung damit, „bestehende Symptome zu mildern oder zu beseitigen, gestörte Verhaltensweisen und Einstellungen zu ändern und die Reifung, Entwicklung und Gesundheit des Behandelten[2] zu för-

1 Den Begriff Psychotherapie verwende ich als Über- bzw. Sammelbegriff unterschiedlicher psychotherapeutischer Methoden, von denen in Österreich aktuell 23 vom Gesundheitsministerium zugelassen sind, die über die Krankenkassen verrechnet werden können.

2 Der Gesetzestext bevorzugt das generische Maskulinum, erwähnt allerdings in einer Fußnote, dass diese Vorgehensweise „geschlechtsneutral" zu verstehen sei. Demgegenüber ist dieses Buch im generischen Femininum geschrieben, weil sowohl die Mehrzahl der Psychotherapeutinnen als auch die der Klientinnen weiblich ist (vgl. Schigl 2012, 127 und PsyOnline). Es sind in dieser Schreibweise alle denkbaren und noch undenkbaren Geschlechter integriert. Wenn ein bestimmtes Geschlecht gemeint ist, wird dies erkennbar gemacht.

dern“ (BGBL. Nr. 361/1990, §1 [1]). Diese gesetzlich definierte Bestimmung, die das Aufgabengebiet der Psychotherapie absteckt, lässt nicht sofort einen Bezug zu einem machtvollen Geschehen erkennen, da sie ein Hilfsangebot der österreichischen Gesundheitspolitik propagiert. Dass aber bereits die Feststellung, was als „gestörte Verhaltensweise“ bezeichnet wird, eine machtvolle Handlung darstellt, gerät dabei allzu leicht aus dem Blick. Eine zusätzliche Erschwernis, Macht und Psychotherapie gedanklich zu verbinden, ist mit der weitgehend negativen Konnotation der Kategorie Macht zu erklären, die mit Unterdrückung, Repression und Gewalt verknüpft ist. Folglich wird in der Zusammenführung der Begriffe Psychotherapie und Macht zumeist eine negative Assoziationskette in Gang gesetzt, die zu Machtmissbrauch und Übergriffen im psychotherapeutischen Setting führt. Dass dieser Aspekt bedeutsam ist, soll hier nicht in Frage gestellt werden, steht aber nicht im Zentrum der Aufmerksamkeit. Vielmehr liegt der Fokus dieser Arbeit darauf, wie es zu erklären ist, dass im medialen und gesellschaftlichen Mainstream jegliches menschliche, krisenhafte Geschehen, unabhängig von seiner Definition, zunehmend als psychisches Problem erklärt und in Folge einer psychotherapeutischen Behandlung zugeführt wird. So empfiehlt sich Psychotherapie nicht ausschließlich bei schweren psychischen Störungen (die im Übrigen auch immer in die jeweiligen Machtverhältnisse eingebettet sind), sondern auch bei ganz unterschiedlichen sozialen Problemlagen.

Bereits im Jahr 1979 in französischer Sprache erschienen und 1982 ins Deutsche übersetzt, problematisieren Françoise Castel, Robert Castel und Anne Lovell mit ihrer Publikation *Psychiatrisierung des Alltags* eine solche Vorgehensweise für den US-amerikanischen Raum. Sie schreiben: „Letzten Endes hat sich das gesamte Verhältnis zwischen ‚Normalem‘ und ‚Pathologischem‘ verändert: Lebensschwierigkeiten, ja sogar die Weiterentfaltung der Persönlichkeit […] und nicht mehr allein die bloße Wiederherstellung der Gesundheit werden Gegenstand der Psychotherapie" (Castel et al. 1982, 12). Nicht nur, dass sich die Psychotherapie zunehmend der Sphäre des „Normalen" annimmt, geben „die neuen Therapien vor […], von den überkommenen Normalisierungszwängen frei zu sein" (ebd. 11).

Auch in Österreich vollzog und vollzieht sich diese Entwicklung seit einigen Jahrzehnten schleichend, lässt allerdings in meinem psychotherapeutischen Alltag eine weitere Veränderung erkennen, die ich derart zusammenfasse: Waren lange Zeit überwiegend Personen mit ausgeprägten psychischen Erkrankungen bei mir in Behandlung, so stellt sich nunmehr eine neue Klientinnengruppe ein, deren vordergründige Problematik meiner Einschätzung nach in einer schwierigen sozialen/finanziellen Situation zu suchen ist. Diese Klientinnen kommen mit befremdlich anmutenden Zuweisungen bis hin zu verpflichtenden (!) Behandlungen seitens öffentlicher Stellen, um ganz bestimmte staatliche Sozialleistungen in Anspruch nehmen zu können. Das diesbezüglich empörendste Beispiel geht mit der in Österreich neu organisierten Regelung für den Bezug des sogenannten Rehabilitationsgeldes einher, das zu Beginn 2014 der befristeten Berufsunfähigkeitspension für unter 50-jährige Personen nachfolgt. Klientinnen, die Rehabilitationsgeld beziehen, erhalten von der Pensionsversicherungsanstalt in Kooperation mit den Krankenkassen den Auftrag (!) zur Psychotherapie. Um die Erfüllung dieses Auftrages überprüfen zu können, sollen die betroffenen Personen für jede (!) absolvierte Therapieeinheit eine Bestätigung vorweisen.

Dass eine derartige Vorgehensweise gerade in einer Zeit schlagend wird, da die Finanz- und Wirtschaftskrise 2007/2008 noch lange nicht beigelegt ist und sowohl die Arbeitsmarktsituation als auch die politische Atmosphäre Parallelen mit der Krise der 1930er-Jahre herzustellen erlauben (vgl. Michalitsch 2011), legt die Schlussfolgerung nahe, dass die neoliberale Ideologie in der Psychotherapie eine kompatible Partnerin gefunden hat: Nicht nur die einzelnen niedergelassenen Psychotherapeutinnen sind mit diesem Phänomen konfrontiert. Vermehrt gründen sich staatlich subventionierte, mit psychotherapeutischen Vereinen kooperierende Organisationen, die das Ziel verfolgen, Menschen wieder „fit2work" (vgl. www.fit2work.at) zu machen.

Schon der Begriff der Fitness verweist auf das neoliberale Vokabular, das nicht nur im gesellschaftlichen Mainstream beinahe flächendeckende Verbreitung findet, sondern auch in den Foren psychotherapeutischer Diskurse an Bedeutung gewinnt. In der Zeitschrift *Netzwerk Psychologie* beispielsweise finden sich „5 Tipps zum Wohlbefinden" (Streit 2015, 80 ff.), die allesamt zur Aktivität auffordern: „Gib. Gehe Beziehungen ein. Lerne. Sei achtsam" (ebd.). Tipp 5 empfiehlt: „Geh spazieren oder laufen. Begib dich in die Natur. Fahre mit dem Rad. Spiele ein Spiel. Arbeite im Garten. Tanze. Training wird dir gut tun" (ebd.). Es handelt sich um permanente Aufforderungen zur Aktivität und Selbstoptimierung, wie sie in neoliberalen Zeiten immer und überall zu hören und zu lesen sind. Eine bekannte Größe innerhalb der psychotherapeutischen Community meint gar, dass die Psychotherapeutin der Zukunft ihr „eigenes Lauftraining in einen Lauftreff" umfunktionieren könnte, wo sie mit ihren „Patienten läuft" (Hilarion Petzold in Streit 2015, 96). Auch diese Idee fügt sich nahtlos in die allerorts verkündeten neoliberalen Aktivitätsappelle.

Mit diesen aktuellen Entwicklungen, die eine Ausweitung des Angebotes mit sich bringen, die ihresgleichen in der kurzen Geschichte der Psychotherapie sucht, lässt sich behaupten, dass der sogenannte „Psychoboom" in den 1970er-Jahren keinesfalls seinen fulminanten Höhepunkt erreicht hat. Die Entwicklung der letzten Jahrzehnte lässt erkennen, dass sich der damals begonnene

Hype kontinuierlich ausweitet: In Österreich gelingt der Psychotherapie Anfang der 1990er-Jahre die Integration in das staatliche Angebot der Gesundheitsversorgung, seit dem Jahr 2003 gibt es die sogenannte „Psychotherapie auf Krankenschein", psychotherapeutische Ausbildungseinrichtungen sehen sich einem nicht enden wollenden Zulauf an Studierenden gegenüber und die psychotherapeutische Behandlung selbst hat sich in den Augen weiter Teile der Bevölkerung langsam, aber sicher aus der stigmatisierten Zone herausbewegt und ist zu einer hegemonialen Behandlungsmethode geworden. Damit ist die Verbreitung psychotherapeutischer Begrifflichkeiten und Deutungsmodelle in weiten Teilen der Bevölkerung verbunden, die die Alltagsprache derart durchdringt, dass alles und jedes psycho-logisiert[3] wird.

Jetzt werden einige Leserinnen sagen: „Aber das ist doch gut so! Endlich erreichen psychische Störungen oder psychisches Unwohlsein den gleichen Stellenwert im Gesundheitssystem wie physische Erkrankungen, sodass bei Bedarf das passende Angebot in Anspruch genommen werden kann und auch bezahlt wird." Nicht, dass ich dieser Argumentationsfigur nicht zustimme – aber tatsächlich nicht (mehr) aus voller Überzeugung und nicht uneingeschränkt.

Meine Skepsis speist sich aus der praktischen Alltagserfahrung, dass Psychotherapie nicht nur bei schweren psychischen Erkrankungen als Behandlungs*option,* sondern, zugespitzt formuliert, als institutionalisierte Lösung sozialer Probleme insgesamt installiert zu werden droht. Dass sich psychische Erkrankung und soziale Problemlage meines Erachtens nur äußerst schwer ausei-

3 Um hervorzuheben, dass es sich bei den drei Psy-Professionen, Psychologie, Psychotherapie und Psychiatrie, um eine je spezifische Logik handelt, die sich um die Psyche als Apriori formiert, trenne ich das Wort psychologisch in psycho-logisch und psychologisieren in psycho-logisieren.

nanderdividieren lassen, sei hier einmal beiseite gestellt. Mir geht es vor allem um die beobachtbare Tendenz, eine soziale Notlage automatisch als persönliche zu verstehen, welche die Menschen dazu zwingt, sich mit ihrer psychischen Verfasstheit als auslösendes Moment oder Prädisposition ihrer Krise zu beschäftigen. Die Verfolgung dieser sich permanent erweiternden Problemlösungsstrategie erscheint mir als zutiefst problematisch und ethisch unvertretbar.

Wenn ich in persönlichen Gesprächen mit Kolleginnen das Thema aktueller politischer Situation mit der Zunahme psychotherapeutischer Behandlungen diskutiere, werde ich immer wieder mit der Aussage, „Aber das ist nicht der Grund, warum Leute bei uns Hilfe suchen“, konfrontiert. Durch diese und ähnliche Argumentationen beschleicht mich zunehmend der Eindruck, dass die psychotherapeutische Berufsgruppe so tut, als ob sie mit den aktuellen politischen Zusammenhängen, die ich als neoliberale verstehe, nichts zu tun hätte, sondern bei Bedarf nur hilfreich zur Verfügung stünde. Diese Idee eines machtfreien (psychotherapeutischen) Raumes halte ich für eine naive, irreführende Illusion – mit erheblichen Konsequenzen. Wie kommt es zu dieser weit verbreiteten Meinung oder Haltung? Meine Hypothese dazu lautet, dass psychotherapeutische Aus- und Weiterbildungen Theorien der Macht weitgehend unberücksichtigt lassen, teilweise aus dem Grund, weil ihre theoretischen Modelle selbst diesen Themenkomplex gar nicht oder nur in marginaler Weise behandeln.

Dies ist insofern erstaunlich, als bereits das „Sich-Einrichten“ in einer Gesellschaft nichts Harmloses darstellt, weil es einen „Prozess der Habitualisierung und Normalisierung“ (Kadi/Unterthurner 2005, 7) verlangt, „der manches bevorzugt und anderes ausschließt“ (ebd.). Das impliziert, dass jede Gesellschaft mit ihren Sinn- und Bedeutungsgeweben zu einem „Unbehagen in der Kultur“ (Freud 1989, 191 [1930]) führen kann. Dass sich dieses Unbehagen mit unterschiedlichen „Gesichtern" oder Ausdrucksformen zeigt, versteht sich meines Erachtens von selbst.

Solche Ausdrucksformen, die sich in Symptomen, Leidenszuständen aber auch in Selbstoptimierungswünschen entfalten, nicht mit gesellschaftspolitischen Verhältnissen zusammenzudenken, halte ich – kurz gesagt – für unverantwortlich. Es erscheint mir als Versuch, sowohl das psychotherapeutische Wissen als auch die psychotherapeutischen Praxen gegen Kritik zu immunisieren. Ich behaupte deshalb, dass ein nicht unbeträchtlicher Teil der Berufsgruppe eine (Abwehr-)Haltung einnimmt, die das Zusammendenken von Politik und Psychotherapie verhindert. Dadurch wird ein entscheidender Aspekt ausgeblendet, nämlich der, der sich um die gesellschaftspolitische Funktion und letztlich um die Macht der Psychotherapie formiert. Gerade in neoliberalen Zeiten ist dieser Themenkomplex von einer nicht zu unterschätzenden Brisanz.

Ohne an dieser Stelle sofort mit der Auseinandersetzung dieser Thematik zu beginnen, sei doch gleich ein deutlicher Hinweis vorweggenommen, der die Verstrickung neoliberaler Strukturen mit der Psychotherapie plakativ darzustellen vermag. Obwohl in Österreich die psychotherapeutische Hilfe der ärztlichen per Gesetz gleichgestellt ist, gibt es im ganzen Land keine staatliche Universität, Fachhochschule oder sonstige Ausbildungsform, die das Studium der Psychotherapie analog dem Medizinstudium anbietet. Psychotherapieausbildungen werden in privaten Vereinigungen und Ausbildungsinstituten absolviert und sind mit einem erheblichen finanziellen Aufwand verbunden. Wenn ich diese Tatsache mit der neoliberalen Grundidee, die ich als Streben eines Kapitalismus ohne wohlfahrtsstaatliche Beschränkung verstehe, verknüpfe, folgt daraus, dass bereits die Art und Weise, wie ich Psychotherapeutin werde, einer marktorientierten Logik folgt: Es muss Kapital investiert werden, um Bildung zu erwerben. Diese

Zugangshürde folgt einer kapitalistischen Studentinnenselektion. Die Ausbildungsvereine selbst funktionieren im Sinne von Angebot und Nachfrage, also nach den Gesetzen der Ökonomie. Die finanzielle Verantwortung für den gesamten Bereich der Psychotherapieausbildung, von den Auszubildenden bis zu den Ausbildungsinstituten, liegt zur Gänze in privater Hand. Dies wäre ein erster Hinweis auf den Zusammenhang neoliberaler Verhältnisse und der Psychotherapie.

Die Frage, was die psychotherapeutische Praxis mit den neoliberalen Verhältnissen zu tun hat oder welche Funktion sie da erfüllt, diese metatheoretische Ebene also, die die Psychotherapie in ihrer gesellschaftspolitischen Einbettung untersucht, ist eine unterrepräsentierte in der einschlägigen Fachliteratur. Dies trifft ganz besonders auf den österreichischen Kontext zu. Hier erscheint stetig eine schier unüberschaubare Anzahl an Publikationen, die noch mehr und noch bessere therapeutische Techniken anbieten, um den psychotherapeutischen Professionistinnen immer effizientere Werkzeuge für die praktische Arbeit zur Verfügung zu stellen. Parallel dazu wird regelmäßig in breitenwirksamen Medien die Zunahme psychischer Störungen beklagt, von dem Ruf nach einem verstärkten Ausbau der psychotherapeutischen Versorgung begleitet. In diesen Chor stimmt die psychotherapeutische Berufsvertretung verständlicherweise ein. Was meiner Ansicht nach die berufspolitische Stoßrichtung vermissen lässt, ist die Analyse, weshalb in derart kurzer Zeit, also etwa ab den 1990er-Jahren, der Bedarf an psychotherapeutischen Behandlungen derart massiv hätte ansteigen sollen. Oder mit den Worten einer Kontrollärztin der niederösterreichischen Gebietskrankenkasse gefragt: „Früher hatten alle Probleme mit dem Kreuz, jetzt kommen alle wegen der Psyche. Wie ist das erklärbar?“

Im deutschen psychotherapeutischen Diskurs ist von einzelnen Kolleginnen seit geraumer Zeit ein skeptisches Raunen zu vernehmen, das sich um die politische Dimension der psychotherapeutischen Tätigkeit formiert. Es wird etwa gefragt, „ob der Zusammenhang von subjektiven Leidenszuständen mit gesellschaftlichen Lebensbedingungen überhaupt noch thematisiert" (Keupp 2013, 175) werde oder ob sich die „Psychotherapie [...] unkritisch in die Gesellschaft [einfüge] und zu einem effektiven Reparaturbetrieb gesellschaftlicher Schädigungen" (Hardt 2011, 273) etabliere?

Auch in den Nachbardisziplinen der Sozialwissenschaften sind das Therapeutische und seine gesellschaftspolitischen Auswirkungen von zunehmendem (kritischem) Interesse:

> „Die Vielfalt der therapeutischen Angebote entwickelt [...] einen Sog, der jeden und jede dazu anhält, sich als verbesserungsbedürftig und verbesserungsfähig zu verstehen. [...] Wer sich effektiv und produktiv selbst führen möchte, tut gut daran, ein solches Angebot in Anspruch zu nehmen" (Duttweiler 2013, 100).

Dass es speziell innerhalb der österreichischen Psychotherapieszene an (selbst-)kritischen Überlegungen um die eigene Position und Funktion innerhalb neoliberaler Machtverhältnisse mangelt, kann mit der spezifischen Zugangsregelung zur Psychotherapieausbildung erklärt werden. Denn prinzipiell kann jede, die über ausreichende finanzielle Mittel verfügt, eine Psychotherapieausbildung absolvieren.[4] Durch diesen offenen Zugang für ökonomisch potente Personen ist die neoliberale Durchdringung der Psychotherapie hierzulande bereits viel weiter gediehen als in anderen Ländern Europas. Daher beschränken sich auch die psychotherapeutischen Publikationen vorwiegend auf ein sich ständig erweiterndes Repertoire an Interventionen und Techniken sowie auf

4 Ich werde später noch auf diese österreichische Besonderheit zurückkommen.

beständige mediale Forderungen nach mehr Psychotherapiebedarf und deren Finanzierung.

Insofern frage ich: Reicht es, sich auf die Entwicklung und Ausdifferenzierung psychotherapeutischer Behandlungsinstrumente zu konzentrieren? Können *wir*[5] es uns leisten, auf machttheoretische und philosophische Überlegungen zu verzichten, und welchen Machtwirkungen sitzen *wir* dann auf? Und in letzter Konsequenz: Wem nützen *wir* mit dieser Vorgehensweise *wirklich*?

Diese einleitenden Überlegungen lassen mich die Auseinandersetzung meiner letzten Publikation fortsetzen. Dort bleibt am Ende die Frage, inwiefern die Psychotherapie der neoliberalen

Gouvernementalität[6] zuarbeitet, offen (vgl. Grubner 2014a, 166), der ich mich nun in der vorliegenden Arbeit zuwende. Das erscheint eine spannungsgeladene Fragestellung zu sein, weil, und das ist ein Apriori dieser Arbeit, die psychotherapeutische Zunft vom neoliberalen Narrativ der Selbstoptimierung profitiert. Gerade neoliberale Strukturen aber, die über ethnische, schichtspezifische und vergeschlechtlichte Differenzierungen operieren, ermöglichen nicht allen dasselbe Potential für „Glück" und „Erfolg".

Insofern ist die Psychotherapie in einer ambivalenten Situation. Einerseits soll sie den Klientinnen helfen, in der aktuellen gesellschaftspolitischen Situation ein möglichst gutes und gesundes Leben zu führen, andererseits aber sind deren Problemlagen oftmals in den neoliberalen Machtverhältnissen zu suchen, die, und das ist ein zu überprüfendes Apriori dieser Arbeit, der Psycho-

5 Die diskursive Schreibweise dient der Verdeutlichung, dass Psychotherapeutinnen keine homogene, sondern vielmehr eine äußerst heterogene Gruppe darstellen.

6 Den Begriff der Gouvernementalität verwende ich im Sinne Michel Foucaults.

therapie zum Aufstieg verholfen haben. Anders formuliert, verlege ich die Frage, „Worin bestehen die ‚krank machenden' oder mit den Leidenszuständen korrelierten Ordnungsmuster?" (Rufer 2015, 157), auf eine metatheoretische, gesellschaftspolitische Ebene und verknüpfe sie mit der psychotherapeutischen Behandlung. Ich frage also, wie mächtig die Psychotherapie in neoliberalen Verhältnissen eigentlich ist und welche Funktion sie innerhalb dieser erfüllt. Diese im psychotherapeutischen Kontext vernachlässigte sozialpolitische Auseinandersetzung, die Russell Jacoby mit dem Begriff der „Sozialen Amnesie" (vgl. Jacoby 1978) und Heiner Keupp mit dem der „Gesellschaftsvergessenheit" (vgl. Keupp 2013, 152) zusammenfassen, soll die Frage nach der psychotherapeutischen Macht begleiten.

Der nun aufgeworfene Fragenkomplex, der sich aus der alltäglichen psychotherapeutischen Tätigkeit in zirkulärer Verstrickung mit meiner politischen Haltung speist, sucht hierfür Antworten in der politischen Philosophie Michel Foucaults. Warum ich gerade Foucaults Denken als Bezugs- und Ankerpunkt für diese Bearbeitung wähle, bedarf einiger Erklärungen.

Erstens gehört die Betonung der zirkulären Verstrickung von Denksystemen mit der jeweiligen politischen Historie sicher zum wertvollsten Erbe, das Foucault hinterlassen hat. Für die kritische Auseinandersetzung mit der Psychotherapie sind gerade seine Analysen moderner Macht interessante Ansatzpunkte, weil sie die Aufmerksamkeit „auf Fragen der politischen Machtausübung jenseits des Staates legen" (Bröckling 2010, 406). Obwohl Foucault diesbezüglich kein systematisches, linear aufbauendes Werk hinterlassen hat, gelten seine Arbeiten als theoretische Ansätze für Widerstand gegen staatlich disziplinierende Zurichtung und Normalisierung sowohl innerhalb universitärer Kontexte als auch in den Sphären emanzipatorischer sozialer Bewegungen. Allerdings lassen sich aus seinen Schriften keine direkten Lösungen oder Anleitungen ablesen, wie Foucault selbst sagt: „Was ich geschrieben habe, sind keine Rezepte, weder für mich noch für sonst jemand. Es sind bestenfalls Werkzeuge – und Träume“ (GmD 53). Insofern gilt der politische Philosoph Michel Foucault als umstrittener Denker, der keine fertigen Konzepte für eine gerechte Gesellschaft anzubieten hat oder wie Ulrich Bröckling festhält: „Mit ihm ist kein Staat zu machen“ (Bröckling 2010, 405).

Zweitens war Foucault nicht „nur“ Philosoph und Wissenshistoriker, sondern auch Psychologe mit psychiatrischer Klinikerfahrung. Im Zusammenhang mit diesen Ausbildungen durchzieht ein Thema sein gesamtes Werk, das er mit der Verknüpfung der drei Felder „die Formierung des Wissens“, „die Machtsysteme“ und die „Subjektivitätsformen“ (GL 10) benennt. Diese Parameter stellen seiner Analyse zufolge die Zutaten dar, die so etwas wie allgemeingültige Wahrheiten in einer Gesellschaft etablieren und verbreiten. Diese Analyseschwerpunkte beinhalten eine Thematik, die Foucault zeitlebens beschäftigt hat, nämlich die nach dem Subjekt. Er untersucht, wie sich über die drei Achsen, des Wissens, der Macht und der Selbstverhältnisse, Wahrheiten über das Subjekt positionieren können: „Auf welche Weise sind diese Grunderfahrungen des Wahnsinns, des Leidens, des Todes, des Verbrechens, des Verlangens und der Individualität mit dem Wissen und der Macht verbunden“ (Oes 181)? Oder mit meinen Worten: Wie ist es möglich, dass heute so und nicht anders individuelle Subjektivität, die ohne Psyche kaum vorstellbar ist, bestimmt wird – was haben Macht, Wissen und das Verhältnis zu sich selbst mit dieser Bestimmung bzw. Wahrheit zu tun?

Für Foucault gibt es kein Wissen außerhalb der Macht. So ist auch seine kritische Haltung gegenüber dem „Willen zum Wissen“ (WzW) des humanistischen Denkens zu verstehen, das ohne die Verstrickung mit der Macht niemals eine derart hegemoniale Deutungshoheit erreicht hätte. Das heißt, Foucault dreht die tra-

ditionelle Geschichtsauffassung, nach der sich der Erfolg der Medizin und der Psychologie der Fortschrittslogik verdanken, ganz bestimmte Krankheitsbilder heilen zu müssen, um. Stattdessen konstatiert er, dass erst die Praxis der Internierung sowohl des Verbrechens als auch des Wahnsinns einen Ort hervorgebracht habe, der es überhaupt erlaubt habe, den Menschen einer permanenten Beobachtung, Kontrolle und Disziplinierung zu unterwerfen. Mit diesen machtvollen Techniken war es Foucault folgend erst möglich, den Mensch zum Forschungsobjekt oder vielmehr zu einem „Objekt eines möglichen Wissens" (F 778) zu machen. Die Entstehung der verschiedenen humanwissenschaftlichen Disziplinen steht daher aus seiner Perspektive in zirkulärer Verstrickung
mit diesen Machtverhältnissen. Bezugnehmend auf die Psychiatrie liest sich das bei Foucault so: „Jedoch müssen wir feststellen, daß wir bei der Abfassung der Geschichte des Irren [...] die Geschichte dessen geschrieben haben, was das Erscheinen einer Psychologie überhaupt ermöglicht hat" (WG 550). Insofern untergräbt Foucault die vermeintliche Gewissheit der Psychologie, dass sie ihre Gegenstände, wie psychische Erkrankungen, Bewusstes und Unbewusstes, „als zeitlose Objektivitäten der menschlichen Natur" (Sarasin 2005, 19) beschreiben kann. Auch gegenüber der Psychoanalyse äußert sich Foucault skeptisch, denn auch sie sei nicht frei von „historisch situierbare[n] Machtstrukturen und Diskursmuster[n]" (ebd. 13) und dennoch habe sie „den Begriff der Macht [...] vollkommen unangetastet lassen" (MM 225). Dieser Hinweis erscheint mir als erster Ansatzpunkt für die Fragestellung meiner Arbeit bedeutsam.

Drittens erachte ich seine Arbeiten für die Auseinandersetzung mit der Psychotherapie deshalb als besonders geeignet, weil sie einerseits machttheoretische Überlegungen zur Verfügung stellen und andererseits auf fast bedrohlich vorausschauende Weise die neoliberale Regierungsform, wie sie sich heute darstellt, analysieren. Aus diesem Grund wird Foucault mitunter auch als früher „Kritiker des Neoliberalismus“ (Kastner 2008, 39) bezeichnet.

Viertens wollte sich Foucault selbst weder auf irgendeine Identität noch auf eine fixe philosophische Denkrichtung reduzieren lassen. Demgegenüber ist im psycho-logischen Metier[7] das Hypothetisieren um den Zusammenhang von Denken und Identität quasi Standardprogramm. Foucault, wie bereits erwähnt selbst Psychologe, hat diese Art, Verbindungen aufzuspüren, stets mit einer kritischen Haltung verfolgt und auch die Psychologisierung seiner Person harsch zurückgewiesen oder schlichtweg abgelehnt. Es ist Foucault stets ein Anliegen, sich mit seinen *Worten* auseinanderzusetzen, „anstatt die geheimen Absichten des Autors zu interpretieren“ (Marti 1988, 10).

Sein Standpunkt dazu wird in einem Interview nachvollziehbar, das das holländische Fernsehen im Jahr 1971 ausstrahlte (vgl. Stingelin 2009, 20). Dort kam es zu einem Schlagabtausch zwischen den beiden Philosophen Fons Elders und Michel Foucault:

> „Elders: Sie haben sich bereits geweigert, über ihre eigene Kreativität und Freiheit zu sprechen, nicht wahr? Ich sinniere nun über die psychologischen Gründe dafür …
> Foucault: Sinnieren Sie ruhig, helfen kann ich Ihnen da allerdings nicht.
> Elders: Soso.
> Foucault: Ich denke nicht darüber nach.

7 Wenn ich von „psycho-logischem“ Metier oder Diskurs spreche, meine ich das weite Feld der drei etablierten Psy-Professionen, Psychiatrie, Psychologie und Psychotherapie. Dieser Denkzusammenhang subsummiert äußerst unterschiedliche, sich überschneidende und auch kontroverse Konzepte und Modelle. Allen gemeinsam ist allerdings die zentrale Positionierung der Psyche, die als bedeutsamer Anteil menschlicher Existenz als Grundannahme gilt.

Elders: Aber welche objektiven Gründe im Rahmen Ihrer Vorstellung von Verstehen, Wissen und Wissenschaft veranlassen Sie, eine Antwort auf diese persönliche Frage zu verweigern? Wenn Sie Probleme damit haben, was sind dann Ihre Gründe, aus einer persönlichen Frage ein Problem zu machen?

Foucault: Nein, ich mache kein Problem aus einer persönlichen Frage, ich mache aus einer persönlichen Frage die Abwesenheit eines Problems." (ebd. 20 f.)

In breiten Teilen des psychotherapeutischen Kontextes wird an diesem Punkt des Interviews vermutlich von „Abwehr" oder „Widerstand" gesprochen. Im Unterschied zu dieser Interpretation liegt Foucaults Interesse in einem ganz anderen Punkt. Ihn beschäftigt die Tatsache, dass dieses In-Beziehung-Setzen von Identität und Erkenntnis historisch seit sehr kurzer Zeit überhaupt erst gedacht werden kann. Deshalb fragt er nach den historischen Bedingungen, die dieses Wissen, nämlich Identität und Erkenntnis deckungsgleich zu denken, befördert haben. Denn, dass zwischen Wissen und Macht eine bedeutsame Verbindung besteht, ist letztlich eine Kernthese seiner Arbeiten, die es Foucault ermöglicht, die Vergänglichkeit von Wissenssystemen und ihre Einbettung in die je spezifische politische Situation und Historizität hervorzuheben. Insofern ist es nicht verwunderlich, dass ihn auch die Thematik nach der Erforschung der politischen und historischen Bedingungen und Gegebenheiten interessieren, die es begünstigen, Identität und dessen Erkenntnisse gedanklich zur Deckung zu bringen. Sein Denkansatz erscheint mir für die Auseinandersetzung mit der Psychotherapie besonders wertvoll, weil das Hinterfragen dieser Deckungsgleichheit im einschlägigen Kontext marginalisiert, ja geradezu abgelehnt wird.

Fünftens fördert Foucault Ideen, wie politische Veränderung gedacht und angestachelt werden könnte. Dazu sind die Analyse und das In-Frage-Stellen der aktuellen politischen Situation ein erster Schritt. Um diese Analyse und Infragestellung nützen zu können, braucht es als zweiten Schritt die Untersuchung, welchen Zwecken und Zielen die entdeckte Ordnung dient, welche Funktion sie also erfüllt. Damit ließe sich in der Folge herausfinden, inwiefern die analysierte gesellschaftliche Ordnung über Marginalisierung, Ausschluss und Diskriminierung operiert. Mit dieser schrittweisen Vorgehensweise ist ersichtlich, dass es Foucault in seiner Arbeit nicht darum gegangen ist, konkrete allgemein gültige Verhaltensnormen für eine bessere Gesellschaft vorzuschlagen und philosophisch zu legitimieren, sondern darum, sich von einer „Ethik der individuellen Lebensgestaltung, die sich sowohl von der Sorge um die Freiheit wie vom Respekt für andere Lebensmöglichkeiten leiten [zu lassen]“ (Marti 1999, 154).

Sechstens gilt Michel Foucault als postmoderner Denker, der jeglichen Wahrheitsanspruch in einen historisch-politischen Zusammenhang bettet, während demgegenüber das psycho-logische Metier nach wie vor überwiegend die unhinterfragten Modelle der Moderne nützt und stützt:

> „Die Psychologie unterstellt […] die ontologische Dauerhaftigkeit eines Personengehäuses, wie es sich in ihrer Geburtsepoche, also der entstehenden Moderne oder bürgerlichen Gesellschaft, herausgebildet hatte. Sie hat in ihrem Hauptstrom keinen epistemologischen Zugang dazu entwickelt, dieses Personengehäuse als ein historisch-spezifisches Produkt zu begreifen. […] Die Suche nach universellen Gesetzmäßigkeiten psychischen Funktionierens bestimmte und bestimmt nach wie vor das disziplinäre Hauptgeschäft der Psychologie.“ (Keupp 2008, 13)

Foucaults Denken ist also für diese Studie besonders interessant, weil es erlaubt, grundlegende Denkschemata der eigenen Disziplin in Frage zu stellen und gleichzeitig unter einer machttheoretischen Perspektive zu beleuchten, also danach zu fragen, welche Effekte und Auswirkungen das psychotherapeutische Handeln evoziert. Dafür bietet seine Theorie Instrumente, die geeignet sind, die Psychotherapie in ihrer Verstrickung mit den neoliberalen Verhältnissen zu begreifen.

Ich sehe Michel Foucault als einen Denker, der mit vielfältigen und unkonventionellen Ansätzen das Hinaustreten aus gewohnten Denkpfaden und die kritische Befragung wissenschaftlicher Wahrheitsansprüche betreibt, so als ob er eine Tür aufmacht und beinahe im selben Augenblick den Türstock derselben Türe versetzt, um einen neuen Blickwinkel entstehen zu lassen. Vielleicht lässt sich diese meine Sichtweise auf Foucault mit seiner Idee der „Befreiung des Fragens" (PPP 729 f.) verbinden. Mit Sicherheit aber hat die Form der Befreiung dazu geführt, dass er seinen Forschungsfokus immer wieder verschoben hat, weshalb sein Werk eher mäandrierend als zielgerichtet beschrieben wird (vgl. Sarasin 2005, 11). Gerade das macht sein vielschichtiges und perspektivenreiches Denken so interessant und spannend.

Seine Schriften, die er selbst als „Einladungen" (GmD 58) bezeichnet hat, beschäftigen sich werkimmanent mit der kritischen Untersuchung der Humanwissenschaften, weshalb ich sie als prädestiniert für einen ebenso kritischen Blick auf die Psychotherapie als angeblich „neue humanwissenschaftliche Disziplin" (vgl. Fischer 2011) erachte. Sie erlauben mir im Sinne einer Metaanalyse, den Scheinwerfer auf eine unbeleuchtete Zone der expandierenden psychotherapeutischen Profession zu richten: die Macht.

Foucaults Schriften sollen mir also dabei helfen die psychotherapeutische „Wissensproduktion als politischen Vorgang [zu] untersuchen" (Hark 2013). Das erlaubt neue Erfahrungen, „die weder wahr noch falsch sind" (GmD 57), zu machen, in jedem Fall aber den Denk- und Vorstellungshorizont zu erweitern. Die

Chance, die ich darin lokalisiere, liegt in der verändernden Nutzung der psychotherapeutischen Macht, die im Zuge dieser Arbeit erst bewiesen werden muss, um neue Ideen zu entwickeln, wie eine Psychotherapie gedacht werden könnte, die das „erschöpfte Selbst" (Ehrenberg 2008) unserer Zeit zumindest ein Stück weit aus den Fängen der permanenten Selbstoptimierung zu befreien vermag. Die Arbeit an diesem Buch verstehe ich deshalb als politische Handlung, die das Ziel verfolgt, sich mittels eines distanzierten Blickes die in der psychotherapeutischen Szene lauthals bestrittene Macht aufzuzeigen und im besten Fall Ansatzpunkte zu entwickeln, die den Schwerpunkt des psychotherapeutischen Handelns in verstärktem Maße in Richtung Emanzipation zu denken ermöglicht.

In einem ersten Schritt begebe ich mich nach einem kurzen Blick auf die Geschichte des Neoliberalismus in eine kritische Diskussion aktueller politischer Verhältnisse. Dass die Ausdifferenzierung sämtlicher Facetten, Erscheinungsformen und Theorien neoliberalen Denkens nicht detailliert ausgeführt werden, versteht sich von selbst. Dies würde den Rahmen dieser Arbeit bei Weitem sprengen. Im Vordergrund steht vielmehr die kritische Auseinandersetzung, *wie* die diskursive Ausbreitung neoliberaler Konzepte und Diskurse sämtliche Bereiche der menschlichen Existenz erreichen. Es soll sichtbar werden, dass sich neoliberale Wahrheiten bis in den hintersten Winkel des subjektiven Selbstverständnisses ausweiten und einschreiben, was nicht zuletzt in psychotherapeutischen Prozessen zum Ausdruck kommt. Dass ich der neoliberalen Gouvernementalität äußerst kritisch gegenüberstehe, lässt diese Narration unschwer erkennen.

Im Zentrum des zweiten Kapitels steht das Denken Michel Foucaults. Aufgrund des Umfanges und der thematischen Weitläufigkeit seines Werkes, werde ich seine Analysen der Macht, die mit der Frage des Subjekts untrennbar verknotet sind, in zwei

Abschnitte teilen. Zuerst folge ich seinen frühen Arbeiten, die die Macht überwiegend als von außen auf das Individuum einwirkende Kraft verstehen. Anschließend fokussiere ich seine späteren Werke, in denen er eine Verschiebung seines Macht-, Wissens- und Subjektivitätsverständnisses vornimmt, das den Aspekt der Freiheit des Individuums stärker ins Zentrum rückt.

Da Foucaults Denken meines Erachtens für die Auseinandersetzung mit der Psychotherapie unverzichtbar ist, versuche ich diesen Text derart zu gestalten, dass er sowohl als kleiner Einblick in seine Philosophie gelesen werden kann, als auch als „Werkzeugkiste" für die von mir gestellte Fragestellung dient. Foucaults in ihrer Aktualität einzigartige und provokante Thesen werden dargestellt und für die Auseinandersetzung mit der Psychotherapie aufbereitet.

Als eine Art Verflüssigung des Foucaultschen Denkens soll das dritte Kapitel den Wandel der christlichen Seele zum heutigen Verständnis der Psyche vom Ende der der Feudalherrschaft auf dem Weg in die Moderne veranschaulichen. Ich möchte verdeutlichen, dass der sich entwickelnde Kapitalismus als Bedingungsgefüge fungiert, der den „Zugriff" auf die Psyche und ihren Bedeutungszuwachs erst möglich gemacht hat. Dass in diesem historischen Prozess der Kategorie Geschlecht eine zentrale Rolle zukommt, wird in Form eines Zwischenspiels herausgearbeitet.

Es wird also nicht, wie im psychotherapeutischen Diskurs üblich, das Psychische als etwas dargestellt, das im Lauf der Geschichte erst entdeckt werden musste, im Sinne von „Jetzt sind wir endlich draufgekommen, wie diese Ontologie oder Essenz der Psyche ausschaut und funktioniert". Stattdessen sollen – Foucault folgend – die spezifischen Machtverhältnisse und Bedingungen aufgezeigt werden, die die Existenz der Psyche erst ermöglicht haben. Pointiert formuliert, soll also die Frage, wie die Psyche zum „Politikum" (vgl. Sonntag 1988) wurde, erörtert werden. Insofern versuche ich zu zeigen, dass jedes Verständnis sowohl der Psyche als auch des Geschlechts nicht ohne Beachtung des gesellschaftspolitischen Kontextes, in die sie eingebettet sind, gelesen werden kann. Es lässt sich kein objektiver, wissenschaftlicher Blick jedweder Profession auf Psyche und Geschlecht werfen, der nicht in machtvolle historische und kulturelle Deutungsmuster verstrickt ist.[8]

Foucaults Machtanalyse wird daher in diesem Kapitel „durchschimmern", während nachgezeichnet wird, wie sich das Wissen um die Wichtigkeit der Psyche breitenwirksam etabliert und Hand in Hand mit dem weitgehend hegemonialen Wissen menschlicher

Zweigeschlechtlichkeit ab dem 17. Jahrhundert zu einem Höhenflug abhebt.

Das vierte Kapitel zentriert sich um die aufgeworfene Frage der psychotherapeutischen Macht in neoliberalen Zeiten. In der Zusammenschau des bisher Gedachten soll die Psychotherapie mit ihrer „vermeintlichen Neutralität, Unbestechlichkeit und Unabhängigkeit" (vgl. Hermer 1995, 15) einer machttheoretischen Prüfung unterzogen werden. Oder anders formuliert, möchte ich die Frage erörtern, ob die Psychotherapie nicht selbst als neoliberale Machttechnik gelesen werden kann, die durch die „Verstaatlichung der Psyche" (Streeruwitz 2010, 259) ihr repressives Gesicht zu zeigen droht.

In diesem Zusammenhang nehme ich vorweg, dass es meines Erachtens ganz und gar kein Zufall ist, dass in Österreich die sogenannte „Psychotherapie auf Krankenschein" gerade zu der Zeit eingeführt wird, als neoliberale Konzepte massiv an politischem Einfluss gewinnen, um den Wohlfahrtsstaat erfolgreich auf ein Minimum zu reduzieren. Diesem – nur auf den ersten Blick –

8 Das trifft auf jeden wissenschaftlichen Erkenntnisprozess zu – konsequenterweise auch auf meine eigenen hier angestellten Überlegungen.

paradox anmutenden Zusammenhang soll nachgespürt und die Macht der Psychotherapie in neoliberalen Zeiten präzisiert werden. Erst diese Analyse erlaubt, die psychotherapeutische Macht zu kritisieren und für Veränderungen anzustoßen.

Im Voranschreiten dieses Kapitels spitze ich meine Kritik immer eindringlicher zu, sodass sie dem Terminus einer Streitschrift gerecht wird. Mit Foucaults Denken soll derart zur Auseinandersetzung eingeladen und angestachelt werden, um den Denk- und Vorstellungsraum des Psychotherapeutischen zu verschieben, zu transformieren und zu erweitern.

Den letzten Abschnitt verstehe ich als Versuch, Ideen zu entwickeln, wie eine emanzipatorische Psychotherapie durch Foucaults machttheoretische „Brille" heute gedacht werden könnte. Insofern ist die als prozesshaftes Geschehen verstandene Arbeit des Denkens und Schreibens von der Hoffnung getragen, einen Weg aus meinem machttheoretischen Unbehagen in der Psychotherapie zu finden. Im besten Fall ergeben sich Ansatzpunkte und Diskussionsimpulse sowohl inner- als auch außerhalb der Profession, wie sich die Psychotherapie in aktueller neoliberaler Gouvernementalität theoretisch und praktisch positionieren könnte, um dem Anspruch emanzipatorischer Ermöglichung zumindest ein Stück weit gerecht zu werden.

Für diese Arbeit orientiere ich mich überwiegend an Schriften, die außerhalb theoretischer und praktischer psychotherapeutischer Professionalität angesiedelt sind. Es handelt sich um Abhandlungen benachbarter Disziplinen wie der Soziologie, Politikwissenschaft, Ethnologie, Gender Studies, Philosophie und kritischen Psychologie, die in unterschiedlichen Weisen gewissermaßen von außen den Aufstieg des Therapeutischen mitverfolgen. Sie sind gezielt ausgewählt und ermöglichen durch ihre verschiedenartigen – aber allesamt kritischen – Analysen einen distanzierten und radikal anderen Blick auf die „eigene" Profession.

Ein Weg zu einem radikal anderen Blick, den ich als politisierten bezeichnen möchte, erscheint mir aktuell mehr als notwendig. Das wurde mir durch viele Gespräche mit Kolleginnen schmerzlich bewusst. Diesen Ereignissen ist die Tatsache geschuldet, dass der Grundtenor der vorliegenden Arbeit um einiges schärfer ausgefallen ist, als ursprünglich beabsichtigt. Insofern kann diese Arbeit sowohl als Analyse als auch als Polemik der aktuellen psychotherapeutischen Praktiken gelesen werden. In jedem Fall aber ist sie als politische Aktivität zu verstehen.

Die Einleitung abschließend sei festgehalten, dass sich dieser Erkenntnisprozess jedweder methodologischen Zwangsjacke zu

entledigen erlaubt, denn „[e]rfolgreiches Forschen gehorcht nicht allgemeinen Regeln – es verläßt sich bald auf den einen, bald auf den anderen Maßstab, und die Schachzüge, die es fördern, werden dem Forscher oft erst nach Vollendung der Forschung klar" (Feyerabend 2013, 376).

Ebenso muss betont werden, dass diese Studie, wie jede andere auch, sowohl an die geschichtlichen Bedingungen ihrer Entstehung als auch an meine privilegierte, gesellschaftliche und soziale Einbettung gebunden ist und keinesfalls unabhängig davon gedacht werden kann.

Die Zeit, in der wir leben, oder: Was heißt neoliberal?

„Die Armut ist enorm und der Reichtum ist enorm. Und ich verstehe die ganzen Argumente ‚Wir müssen uns einschränken' im Sinne von ‚Wir können uns das Soziale nicht mehr leisten' nicht. Sie sind falsch, empirisch und logisch falsch. Sie sind überhaupt nicht haltbar."

Markus Marterbauer in Leitner 2015/I, 112

Neoliberalismus als Begriff ist in aller Munde. Wie er aber verstanden und verwendet wird, ist durchaus kontrovers. Manche meinen, er sei einfach ein ökonomiewissenschaftlicher Begriff, während andere denken, er sei schlicht ein Kampfbegriff linker Gruppierungen, die sich gegen konservative und wirtschaftsliberale Ideen sperren. Ein weiterer Bevölkerungsanteil vertritt den Standpunkt, dass der Begriff des Neoliberalismus eine aktuell vorherrschende Ideologie beschreibt, die schleichend aber stetig alle gesellschaftlichen und damit auch individuellen Lebensbereiche erfasst und verändert. Als Vertreterin der letztgenannten Gruppe verstehe ich den Neoliberalismus als „Weltanschauung" (Butterwegge et al. 2008, 11), die „nach einem Kapitalismus ohne wohlfahrtsstaatliche Begrenzungen" (ebd.) strebt. Das Ziel neoliberalen Denkens ist demnach die absolute Freiheit des Marktes, der vom staatlichen Zugriff entfesselt ist. Die Aufgabe des Staates neoliberaler Provenienz soll auf ein Minimum reduziert werden und eine Instanz darstellen, die ausschließlich optimale Rahmenbedingungen für den freien Markt und seine „freien" und „selbstverantwortlichen“ Bürgerinnen garantiert. Wie der Begriff „Neo“ andeutet, handelt es sich um einen neuen Liberalismus, der sich zwar auf die wichtigsten Grundlagen der ökonomischen Klassik beruft, allerdings „seine Legitimität gerade aus der Abgrenzung zum alten Liberalismus eines Adam Smith, Bernhard de Mandeville oder David Hume“ (Ptak 2008, 16) zieht. Zentrale Angriffsfläche neoliberalen Denkens ist der Wohlfahrtsstaat per se. Ihm werden auf Grund seiner „Ineffizienz“, „Trägheit“ und „Kostenexplosion“ die Ursachen mangelnden Wirtschaftswachstums und eine beengende marktwirtschaftlichen Freiheit zum Vorwurf gemacht.

Durch die Verschiebung politischer Machtverhältnisse gewinnen ab den 1970er- spätestens aber seit den 1990er-Jahren (in Österreich) neoliberale Ideen global an Einfluss. Dem Sozialstaat wird damit quasi „der Krieg erklärt“ (Butterwegge 2008a, 138). Wettbewerb und Eigenverantwortung etablieren sich zu den neuen (staats-)tragenden Begrifflichkeiten, die eine umfassende Modernisierung der Gesellschaft versprechen. Sozialleistungen werden auf ein Minimum zurückgefahren – sie sollen zwar nicht ganz wegfallen – aber „Rundumversorgung“, „individueller Müßiggang“ und „soziale Vollkaskomentalität“ möglichst verhindert werden (vgl. ebd. 136). Bereits diese Wortwahl verweist auf die Spaltungsrhetorik, die neoliberale Diskurse kennzeichnen und deren Wirkmächtigkeit in subjektiven Interpretations- und Selbstverständnisbeschreibungen ihren Ausdruck finden. Ich werde weiter unten auf dieses Phänomen noch zurückkommen. Einstweilen beschränke ich mich auf eine kompakte Definition des Neoliberalismus:

> „Neoliberalismus bezeichnet einen umfassenden, von ökonomischer Selbstregulierung durch den Markt ausgehenden Ordnungs- und Entwicklungsentwurf, er basiert auf der Unterordnung weiter gesellschaftlicher Bereiche unter die Dominanz des Marktes und die enge Begrenzung staatlicher

Aufgaben. Der Staat hat sich den Marktkräften zu unterwerfen und lediglich deren Rahmenbedingungen zu sichern. Vor allem der Schutz des Privateigentums und vertraglicher Rechte stehen hierbei im Vordergrund." (Michalitsch 2006, 49)

Im Folgenden wird ein kurzer historischer Abriss des Neoliberalismus gegeben, um anschließend sein Staats-, Gesellschafts- und Bürgerinnenverständnis zu diskutieren.

Eine kurze Geschichte des Neoliberalismus

Bereits der englische Aufklärer John Locke (1632–1704), Europas einflussreichster Philosoph seiner Zeit, verknüpft Person, Eigentum und Arbeit zu einem unzertrennlichen Dreiergespann. Locke versteht den Menschen von Natur aus als mit einem Verstand ausgestattet, der danach strebt, möglichst viel Besitz anzuhäufen. Nach diesem Denken lautet die Formel: Menschen mit Verstand sind wohlhabend und umgekehrt. Wenn also vernünftiges Verhalten besitzaneignendes Verhalten bedeutet, ist es nur folgerichtig, dass Armut für John Locke als „Zeichen sittlicher Verkommenheit bzw. unvernünftiger Lebensführung betrachtet" (Helferich 1992,194) wird.

Als Staatstheoretiker geht Locke davon aus, dass der bedeutsamste Grund, weshalb sich Menschen einer Regierung unterordnen, im Schutz ihres Eigentums begründet ist. „Das große und hauptsächliche Ziel also, zu dem sich Menschen in Staatswesen zusammenschließen und sich unter eine Regierung stellen, ist die Erhaltung des Eigentums" (Locke 1689, 144). Innerhalb dieser frühliberalen Überlegungen ist allerdings ausschließlich von männlichen Eigentümern die Rede. Männer mit Vermögen gelten als politisch mündige Bürger. Damit lässt sich bereits anhand frühliberalen Denkens zeigen, dass Besitz und Macht mit der Kategorie Geschlecht verknüpft sind. Das an Eigentum und Steuern orientierte Wahlrecht spielt bis ins 20. Jahrhundert eine tragende Rolle. In Österreich wird es erst mit dem allgemeinen Männerwahlrecht 1907 und dem Frauenwahlrecht 1918 endgültig abgelöst.

Die Eigentumsfrage in Verbindung mit politischer Macht und Einflussnahme zeigt also bereits einen langen historischen Verlauf, der mit der Weltwirtschaftskrise der Jahre 1929/32 zur Geburtsstunde des Neoliberalismus wird. Die meisten kapitalistisch orientierten Staaten reagieren in dieser Zeit mit einer wirtschaftspolitischen Kurskorrektur. Sie wenden sich vom klassischen Marktoptimismus ab und folgen den Theorien des Engländers John Maynard Keynes, demzufolge der Kapitalismus „umfangreiche wie systematische wirtschaftspolitische Eingriffe" (Ptak 2008, 18) braucht. Mit dem Ziel des Klassenkompromisses verfolgt die Keynesianische Interventionspolitik „Umverteilung über den Wohlfahrtsstaat, makroökonomische Vollbeschäftigungspolitik, Regulierung und Demokratisierung der Arbeitsbeziehungen" (ebd. 83). So paradox es auch anmutet, führt gerade diese Neuorientierung zahlreicher Staaten nach Keynesianischem Modell in Folge des Krisengeschehens 1929/32 erst recht zu einer radikalen Gegenbewegung: Dem Neoliberalismus.

Als Gründungsepoche des Neoliberalismus können damit die 1930er-Jahre bestimmt werden, als sich deren leitende Denker um Walter Lippmann 1938 in Paris zusammenfinden und nach dem zweiten Weltkrieg im Jahr 1947 die Mont Pelerin Society gründen. In diese Entwicklungsphase fallen die Errichtung von Forschungseinrichtungen und internationalen Netzwerken sowie fachspezifische Publikationsorgane, die die Verbreitung des auf Langfristigkeit ausgelegten politökonomischen Projekts Neoliberalismus sichern sollen (vgl. Michalitsch 2006, 49). Nicht unbemerkt bleiben kann, dass die finanziellen Mittel, die diese Arbeit stützen, zu einem beträchtlichen Teil von den seit 1969 verliehenen Nobelpreisen für Wirtschaftswissenschaften stammen. Von 1974 bis 1992 gehen sieben Nobelpreise an Wirtschaftswissenschaftler, die allesamt Mitglieder der Mont Pelerin Society sind. Auch Erik Lundberg, der lange amtierende Präsident der schwedischen Reichsbank, die den hochdotierten Preis stiftet, zählt zu den Mitgliedern des neoliberalen Elitenetzwerkes. Somit kann zu Recht behauptet werden, dass die Anzahl der Preisträger mehr mit der „klassische[n] männliche[n] Seilschaftskultur" als mit einer „schicksalshafte[n] Ballung neoliberaler Genialität" (Eva Kreisky, zit. n. Michalitsch 2006, 50) in Zusammenhang steht.

Einen einzigen theoretischen Ursprung des Neoliberalismus gibt es nicht, weil es sowohl im US-amerikanischen Raum als auch in Europa, hier insbesondere in Österreich und Deutschland, bedeutsame Denkanstöße gegeben hat. Hervorheben lassen sich für die USA die angloamerikanische Richtung der Chicago School um Milton Friedman und für Europa die Österreichische Schule um Ludwig von Mises und Friedrich August von Hayek. Damit sind die wichtigsten beiden akademischen Strömungen des Neoliberalismus benannt, die auch heute noch im universitären Bereich von zentraler Bedeutung sind.

Von *dem* Neoliberalismus kann also nicht gesprochen werden, weil es sich bei diesem Begriff um ein recht buntes, durchaus auch widersprüchliches Theorienspektrum handelt. Ebenso gibt es keinen einheitlichen strategischen Umsetzungsplan. So heterogen die Konzepte sind, so zielen doch alle neoliberalen Bestrebungen auf eine „sich selbst dynamisierende Transformation zur Marktgesellschaft durch bewusste Zerstörung der alten Ordnung" (Ptak 2008, 83). Das zentrale neoliberale Versprechen zur Erreichung von Wirtschaftswachstum, Wohlstand und Beschäftigungszuwachs gründet auf dem von staatlichen Fesseln befreiten, zur Selbstregulierung und Selbstheilung fähigen Markt. Er allein stellt den Garanten für ein besseres Leben in der globalisierten Welt dar. Entgegengesetzt der oben angeführten Keynesianischen staatlichen Interventionsstrategien werden „Deregulierung, Liberalisierung, Privatisierung, Flexibilisierung und Freihandel“ (ebd.) die neuen Leitbegriffe.

Diese erfahren ihre Umsetzung in Europa, als Margaret Thatcher auf die Ölkrise der 1970er-Jahre reagiert, indem sie die Staatsausgaben auf ein Minimum zurückfährt, Sozialleistungen drastisch kürzt und die hohe Inflation bekämpft. Mit ihrer Feststellung, „There is no alternative“ zur gänzlichen Freisetzung der Marktwirtschaft, stellt sie sich quer zu ihren politischen Vorgängern, denen sie vorhält, mit der Keynesianischen Politik der Krise nicht beikommen zu können.

Der Fall des Eisernen Vorhanges lässt die letzte Bastion neoliberaler Globalisierung schwinden. Spätestens zu diesem Zeitpunkt konstituiert die neue neoliberale Ordnung „ein Entwicklungsstadium des Kapitalismus, in dem an die Stelle nationaler Monopole transnationale Konzerne als repräsentative Kraft der Wirtschaft treten“ (Michalitsch 2006, 52). Bereits seit den 1970er-Jahren, verstärkt aber nach 1989, findet eine Öffnung und Liberalisierung der sogenannten Ostblockländer statt, die letztlich mehr oder weniger intensiv neoliberale Politik zu betreiben beginnen.

Interessanterweise unterfüttern auch europäische linksalternative Bewegungen, die eine verstärkte Bürgerinnenbeteiligung und weniger Staat für bestimmte gesellschaftliche Bereiche fordern, indirekt und möglicherweise auch ungewollt neoliberale Bestrebungen (vgl. Ther 2014, 42 ff.).

Neoliberalen Denkern gelingt es in einzigartiger Weise die Medien für ihr Projekt zu nutzen. Milton Friedman, der wohl bekannteste Vertreter der Chicago School, tritt in den 1980er-Jahren in einer Fernsehsendung auf, um seine Ideen in die Wohnzimmer der amerikanischen Bevölkerung zu transportieren. Er wettert gegen wohlfahrtsstaatliche Politik, die er für das Krisengeschehen verantwortlich macht. Bekannte Schauspieler wie der spätere Präsident Ronald Reagan und Arnold Schwarzenegger ebenso wie bedeutsame Politiker ihrer Zeit lassen via Fernsehen keinen Zweifel an der Sinnhaftigkeit einer neoliberalen Wende.

Natürlich lassen sich zahlreiche Unterschiede und Ungleichzeitigkeiten in der Art und Weise der Umsetzung neoliberaler Konzepte feststellen. Mit Philipp Ther kann dennoch vereinfacht gesagt werden, dass es zwei Lösungswege aus den Krisen 1973/74 und 1980/81 gegeben hat (vgl. Ther 2014, 49): Die Politiken Thatchers und Reagans, die den Wohlfahrtsstaat und die damit verbundene wirtschaftliche Steuerungsfunktion ganz grundsätzlich beschneiden, während in Kontinentaleuropa eine politisch konservative Wende beschrieben werden kann, die Sozialstaatlichkeit im Sinne der sozialen Marktwirtschaft zu erhalten sucht. Durch das schnellere und stärkere Wachstum der US-amerikanischen Wirtschaft kommt es aber zu einem derart starken Druck, dem die kontinentaleuropäischen Wohlfahrtsstaaten nicht mehr standhalten können. Ob konservative oder sozialdemokratische Politikerinnen – das neoliberale Gedankengut findet in den meisten Köpfen Einzug und erscheint damit als einzige Lösung aus diversen Krisen. Letztlich kann für Europa konstatiert werden, dass alle diese Transformationsprozesse eine „neue Ordnung auf dem alten Kontinent" (vgl. ebd.) mitkonstruier(t)en, die im Neoliberalismus heute ihren Ausdruck finden.

Neoliberalismus in Österreich

In Österreich gewinnt das neoliberale Denken im internationalen Vergleich spät an Einfluss. Dies deshalb, da hierzulande in den 1970er-Jahren der sogenannte Austro-Keynesianismus zur Regierungszeit von Bundeskanzler Bruno Kreisky praktizierte Politik ist. Der Austro-Keynesianismus fußt auf der Theorie des Ökonomen John Maynard Keynes, dem zufolge der „Staat und seine Wirtschaftspolitik […] eine zentrale Verantwortung für Stabilität und Wachstum" (Fellner/Grisold 2010, 65) haben. Damit ist ein Misstrauen gegenüber der absoluten Freiheit und den Selbstheilungskräften des Marktes impliziert, was eine starke Intervention in wirtschaftliche Belange erfordert und von der damaligen österreichischen Regierung auch verfolgt wurde.

Aus heutiger Perspektive zeigt sich der in der Ära Kreisky wirkmächtige Austro-Keynesianismus „als Vorzeigemodell dafür, wie wirtschaftliche Stabilisierung und hohe soziale Sicherheit (der unselbständig Erwerbstätigen und ihrer Familien) unter einen Hut zu bringen sind, und zwar in einer höchst angespannten wirtschaftlichen Krisenzeit" (Penz 2010, 144 f.), nämlich der nach dem

Ölschock. Im Unterschied zu anderen Industrienationen, die in dieser Krise schwerpunktmäßig die Inflationsrate bekämpften, setzte die Regierung Kreisky auf Vollbeschäftigung und eine Hartwährungspolitik, die den österreichischen Schilling an die deutsche Mark band.

Die Regierungsarbeit mit ihrem spürbaren „Zukunftsoptimismus" (Penz 2010, 146) nahm wesentliche gesellschaftspolitische Maßnahmen in Angriff, die als oberstes Ziel die gesellschaftliche Partizipation und das Erreichen eines gewissen Wohlstandes *aller* zu erreichen suchte. Eine innovative Transformation erfuhren das Bildungssystem selbst durch erhebliche Investitionen, als auch durch neue finanzielle Unterstützung, die Kindern aus ärmeren Bevölkerungsschichten einen höheren Bildungsabschluss ermöglichte, die Verfolgung einer stärkeren Integration von Frauen ins Erwerbsleben, steigende Realeinkommen und die Erweiterung des öffentlichen Dienstes. Insofern wird die politische Stoßrichtung dieser Zeit deutlich:

> „Weniger die Maximierung und rasche Realisierung ökonomischer Profite oder fiskalische volkswirtschaftliche Zwecke, [...] denn die Verbesserung der allgemeinen Lebensbedingungen – stabile Arbeitsverhältnisse, soziale Sicherheit und

wachsender materieller Wohlstand – stand im Zentrum der politischen Regulation der 1970er-Jahre." (Penz 2010, 149)

Diese spezifisch österreichische Politik war aufgrund einer breiten Übereinkunft der sozialdemokratischen und christlichsozialen Parteien möglich. Basierend auf der Annahme, dass „die Erwerbsarbeit das vielleicht wichtigste Element sozialer Integration darstellt" (ebd. 145), fokussierte der Austro-Keynesianismus schwerpunktmäßig auf eine doppelte soziale Politikstrategie: Die (männliche) Vollbeschäftigung bei gleichzeitiger gezielter Frauenpolitik unter einer erstmals eingesetzten Frauenministerin, Johanna Dohnal, die sich der emanzipatorischen Idee der Geschlechtergleichstellung verpflichtet sieht. So lassen sich die sozialen Interventionen dieser Zeit als „Balanceakt aus Familien- und Frauenpolitik" (ebd. 147) verstehen, der einerseits das traditionelle Modell des männlichen Ernährerhaushalts und andererseits erweiterte Lebens- und Gestaltungsmöglichkeiten für Frauen in den Blick nimmt. Zeitgleich ging die verstärkte Installierung kollektiver Sicherungssysteme einher, die allen Beschäftigten und ihren Familien finanzielle Absicherung im Falle von Krankheit, Arbeitsunfall, Arbeitsplatzverlust oder Invalidität garantierte. Insofern fielen eine vorzeigbare Anzahl sozialpolitischer Maßnahmen in diese Periode: Die Verkürzung der Wochenarbeitszeit, Verlängerung des Urlaubsanspruches und deutliche Verbesserungen in den Sparten Arbeitslosen-, Pensions-, Unfall- und Krankenversicherung, die gesetzliche Gleichberechtigung der Geschlechter (und damit die Beendigung der juristischen Vorherrschaft des Ehemannes bei verheirateten heterosexuellen Paaren), die Schaffung der Ehescheidung im beiderseitigen Einvernehmen, die Individualbesteuerung und die Möglichkeit des Karenzurlaubes zur Förderung weiblicher Berufstätigkeit ebenso wie die Umsetzung der umstrittensten aller sozialpolitischen Maßnahmen, der sogenannten Fristenlösung, die einen Schwangerschaftsabbruch bis zum Ende des dritten Schwangerschaftsmonats straffrei machte. Wenngleich durch diese Politik von einer Gleichstellung der Geschlechter nicht gesprochen werden kann, muss dennoch festgehalten werden, dass es sich bei diesen Entscheidungen um frauenpolitisch emanzipatorische Meilensteine handelt, die zumindest einige männliche Privilegien beseitigten und auf eine geschlechtergerechte Zukunft hoffen ließen.

Das Zustandekommen dieses politischen Weges zeichnete sich durch ein österreichisches Spezifikum aus, das mit dem Begriff der Sozialpartnerschaft bezeichnet ist. Dies bedeutet die Verfolgung politischer Ziele unter Beteiligung der großen Arbeitgeberin-
 nen- und Arbeitnehmerinnenverbände (Wirtschafts-, Landwirtschafts- und Arbeiterkammern sowie die Gewerkschaften), die sich als Paritätische Kommission für wirtschafts-, arbeits- und sozialpolitisch relevante Fragen zusammenschließen. Angestrebt wird damit eine Verhandlungsform, die den unterschiedlichen Interessensgruppen konsensuale Lösungen in allen Fragen der Löhne und Preise als auch in sämtlichen wirtschafts- und sozialpolitischen Belangen abverlangt.

Obwohl insgesamt betrachtet aus heutiger Perspektive eingestanden werden muss, dass sich durch all diese Maßnahmen substanziell an der ungleichen Verteilung von Einkommen und Besitztümern wenig geändert hat und erst im Nachhinein sichtbar wurde, dass der Zugang zum Bildungswesen ebenso wie die sozialstaatlichen Transferleistungen in den Bereichen Gesundheit, Arbeits-, Wohnungsmarkt und dem Pensionssystem nicht wie angestrebt einkommensschwächeren Personengruppen, sondern einer parallel entstandenen Mittelklasse zugutegekommen sind, so etablierte sich dennoch in dieser Zeit ein gemeinschaftliches Gefühl, in einem gesellschaftlichen Zusammenhang zu leben, der bessere Lebenschancen anzubieten habe (vgl. Fellner/Grisold 2010, 69). Es ist dasjenige Phänomen, das in Österreich mit dem Begriff

„sozialer Frieden" umschrieben wird und sich durchaus auch in der Datenlage der Kreisky-Ära niederschlägt: „Über das ganze Jahrzehnt hinweg [ab 1973, Anm. AG] lag die Arbeitslosenrate ebenso wie die Inflationsrate weit unter dem Durchschnitt der Industrieländer und das durchschnittliche Pro-Kopf-Einkommen der Arbeitnehmer stieg spürbar an" (ebd. 68).

Dies änderte sich gegen Ende der 1980er-Jahre mit einer schrittweisen „Entstaatlichung" (Penz 2010, 150) bedeutsamer Staatsbetriebe, die letztlich zu einem einschneidenden Paradigmenwechsel führte, in dem sich die Politik aus ihrer lenkenden Funktion in Wirtschaftsfragen verabschiedete. Es war die Zeit, als sich Österreich auf den Beitritt zur europäischen Union vorbereitete, das Parteienspektrum um „die Grünen" anwuchs und zusätzlich mit der Erstarkung der FPÖ ein wahrnehmbarer Rechtspopulismus einsetzte. Obwohl die Bundesregierung nach wie vor von der Sozialdemokratie (SPÖ) angeführt wurde, kam es doch mit der Regierungsbeteiligung der Christlichsozialen (ÖVP) zu einem verstärkten Einflussgewinn der Wirtschaftskammer und der Industriellenvereinigung. Die Arbeitnehmerinnenvertretung war überwiegend damit beschäftigt, die Folgen der zunehmend ökonomisch geprägten politischen Entscheidungen zu entschärfen. In der Zuspitzung dieses politischen Kurses erlahmte die politische Gestaltungskraft der bis dahin bewährten Sozialpartnerschaft. Obwohl die Arbeitslosigkeit in den 1980er- und 1990er-Jahren im internationalen Vergleich immer noch niedrig war, muss doch konstatiert werden, dass sie im Zuge des neuen politischen Weges, der sich letztlich beinahe zur Gänze der Privatisierung verschrieben hat, kontinuierlich anstieg (vgl. ebd. 152 ff.). Das oberste Ziel des Austro-Keynesianismus, die Vollbeschäftigung, wurde nun gänzlich verabschiedet, was sich letztlich auch in der politischen Rhetorik erkennen lässt, die nun von der Begrifflichkeit „Beschäftigung steigern" dominiert wurde und wird.

Mit den 1990er-Jahren kann für Österreich nun endgültig der Dammbruch zu einer neoliberalen Politik festgestellt werden. Die bekannten Schlagworte „Wettbewerbsfähigkeit“, „Standortsicherheit“ und „Arbeitsplatzsicherheit“ fanden in dieser Zeit Einzug in das (politische) Vokabular weiter Teile der Bevölkerung, während beinahe unbemerkt Begriffe wie „soziale (Verteilungs-) Gerechtigkeit“ und „soziale Absicherung“ in die Bedeutungslosigkeit verschwanden.

Diese Entwicklung radikalisierte sich im Jahr 2000, als die Mitte-Rechts-Koalition unter Bundeskanzler Wolfgang Schüssel, „die österreichische Maggie Thatcher“ (Streeruwitz 2015, 19), die
40 Regierungsgeschäfte übernahm. Dies zeigte sich in pointierter Zusammenfassung unter folgenden ineinandergreifenden Maßnahmen:

> „*[E]rstens* in der (vorübergehenden) Ausschaltung der Gewerkschaft von politischen Entscheidungsprozessen, *zweitens* im radikalen Abbau von Sozialleistungen […], *drittens* in der Übererfüllung europäischer Vorgaben in der Fiskalpolitik zur Realisierung des ‚Nulldefizits‘ und *viertens* in der vollständigen Privatisierung von Industriekonzernen und Liberalisierung der *public services*.“ (Penz 2010, 160 [Kurs. i. Orig.])

Obwohl nach der Abwahl der Mitte-Rechts-Regierung 2007 wieder eine große Koalition von SPÖ und ÖVP installiert und damit auch die Sozialpartnerschaft wieder aktiviert wurde, kam es aufseiten der Arbeitnehmerinnenvertretungen nicht zu einer grundsätzlichen Infragestellung der eingeschlagenen neoliberalen Politikrichtung. Die sozialpartnerschaftliche Arbeit wurde zwar wieder aufgenommen, aber die marktorientierten Flexibilisierungen und Privatisierungen, die dem neoliberalen Diskurs folgen, wurden fortgesetzt. Letztlich lässt sich die seither verfolgte Politik mit der Vermarktlichung der Pensionsversicherung, der Verschärfungen in den Bereichen der Pensions-, Arbeitslosen- und Krankenversicherungen und eine generelle (rechts-)populistisch orientierte Sozialpolitik auf den Punkt bringen (vgl. ebd. 163).

Nun wäre es denkbar, dass die weltweite Krise der Jahre 2007/2008, deren Folgen sich aktuell immer noch ausweiten, ein wirtschaftspolitisches Umdenken, ein Entwerfen einer alternativen politischen Strategie, zumindest aber eine laute Kritik des neoliberalen Projektes hervortreten lasse. Bislang, also bis zur Niederschrift des vorliegenden Buches, war derartiges nicht zu erkennen. Zwar gibt es kritische Literatur und die eine oder andere warnende Stimme, aber insgesamt lässt sich behaupten, dass das neoliberale Vokabular (Eigenverantwortung, individuelles Engagement, Leistungsbereitschaft und Wettbewerbsfähigkeit) die tragende diskursive Säule aktueller neoliberaler Hegemonie bildet. Und mehr noch ist derzeit zu

> „vermuten, dass die neoliberale Hegemonie, der Glaube an die Macht des Marktes, an die Notwendigkeit von Konkurrenz und Wachstum durch die Finanz- und Wirtschaftskrise nicht außer Kraft gesetzt wird. [...] Viel eher handelt es sich also bei der gegenwärtigen Krise um eine Verschärfungskrise des Neoliberalismus" (Sauer 2010, 180),

bei der die staatlichen Rettungsmaßnahmen großer Banken und Konzerne nun als notwendige Selbstverständlichkeiten in die Praxis der neoliberalen Ökonomie integriert werden. Es handelt sich also derzeit um eine politische Praxis, genau diejenigen Strategien, die zur Finanzkrise geführt haben, in verschärfter Form anzuwenden, um selbiger beizukommen. Mit anderen Worten:

> „[O]hne eine Minute zu zögern, nutzen die Neoliberalen in einer atemberaubenden perversen Dreistigkeit dieses spezielle Trauma, um mehr von den Maßnahmen zu verhängen, die die Krise erst möglich gemacht haben: Einschränkungen von Sozialleistungen, Privatisierung öffentlicher Einrichtungen, Steuererleichterungen für die Reichen. Obwohl sich die Situ-

ation gegenüber 2008 komplett geändert hat, stand immer noch der Appell an den ‚Realismus' im Mittelpunkt. Nachdem sich Regierungen durch Bankenrettungen massiv verschuldet hatten, sei es nun nicht mehr ‚realistisch', weiterhin einen ‚aufgeblasenen' öffentlichen Sektor zu finanzieren." (Fisher 2013, 98)

Diese Entwicklung evoziert die zunehmende Öffnung der Schere zwischen Arm und Reich und wird begleitet von einem rassistischen und antifeministischen Grundtenor. Die rassistische Stimmungslage in Österreich erreicht mit den Anschlägen von 9/11 von New York einen ersten, mit dem Vordringen der Organisation
 „Islamischer Staat" (IS) in der arabischen Welt einen zweiten Höhepunkt. Wie aus vielen feministischen Analysen bekannt, geht mit jedem rassistischen immer ein rückwärtsgewandter, antifeministischer Diskurs Hand in Hand. Dies ist in aktueller neoliberaler Zeit umso beunruhigender, als die Bevölkerung hierzulande allen Grund hätte, sich neuerlich einer feministisch-emanzipatorischen Politik zu verschreiben. Denn trotz der Tatsache, dass Frauen in Bildungsfragen die Männer mittlerweile überholen, ist der Arbeitsmarkt nach wie vor derart segregiert, dass in Branchen, die gesellschaftlich weniger anerkannt sind – sowohl hinsichtlich der Prestigeträchtigkeit als auch der finanziellen Lukrativität – , ein höherer Frauenanteil zu verzeichnen ist (vgl. Grisold et al. 2010, 214). Demgegenüber sind die Spitzenpositionen in hochdotierten und prestigeträchtigen Berufsparten nach wie vor von Männern besetzt. Dazu kommt, dass der Unterschied zwischen weiblichem und männlichem Einkommen hierzulande immer noch sehr hoch ist (je nach Statistik liegen die weiblichen Erwerbseinkommen 20 bis 30 Prozent unter denen ihrer männlichen Kollegen), in den letzten Jahren sogar eine Verschärfung erfahren hat: „So lag Österreich im Jahr 2007 an vorletzter Stelle von 28 europäischen Ländern" (ebd. 244). Obwohl also seit den 1970er-Jahren die Erwerbs-

tätigkeit von Frauen stetig anstieg, hat sich ihre Position auf dem Arbeitsmarkt nicht verändert. Bitterer Beigeschmack dieser Entwicklung ist das beständige Aufrufen der neoliberalen rhetorischen Figur einer freien Wahlmöglichkeit. Dem ist entgegenzuhalten, dass die österreichische Arbeits- und Sozialpolitik nach wie vor auf der „Fiktion einer männlichen ‚Normalbiographie', charakterisiert durch frei verfügbare Arbeitskraft und Kontinuität von Erwerbsarbeit" (Michalitsch 2006, 133), gekennzeichnet ist. Das heißt, die Dauer der Erwerbstätigkeit sowie die Einkommenshöhe werden reich belohnt, während Arbeitszeitunterbrechungen wegen Betreuungs- und Pflegeaufgaben, die nach wie vor Frauen angelastet werden, mit massiven finanziellen Einbußen und einer hohen Gefahr
von Altersarmut bestraft werden.

Obwohl natürlich einzelne Frauen durch die frauenpolitischen Errungenschaften seit den 1970er-Jahren profitiert haben und nach wie vor profitieren, lässt dennoch für die Mehrheit der weiblichen Bevölkerung die Geschlechtergleichstellung in neoliberalen Zeiten auf sich warten. Denn wenngleich Frauen heute weitgehend eine eigene existenzsichernde Lebensprogrammatik verfolgen, weitet sich die

> „[g]eschlechtsspezifische Segmentationen des Arbeitsmarktes […] im Zuge neoliberaler Deregulierung aus. Frauen werden an die Ränder des Arbeitsmarktes und in den Bereich der privaten Versorgungsökonomie gedrängt […] und Geschlechterverhältnisse [werden] vermehrt als individuelle Arrangements redefiniert." (Michalitsch 2006, 150)

Kritische Diskussion des neoliberalen Staats-, Gesellschafts- und Bürgerinnenverständnisses

Aus neoliberaler Perspektive müssen Staaten, die global „mitspielen" wollen, ihre nationalen Besonderheiten und damit auch ihre sozialpolitischen Errungenschaften hintanstellen, weil gerade diese das Potential des Marktes behindern, der als Grundlage für den gesellschaftlichen Wohlstand postuliert wird. Die transnationale Ökonomisierung drängt so nationale Politikinstrumente zurück. Innerstaatlich hat dies zur Folge, dass Bereiche, die weltmarktwirtschaftlich bedeutsam sind, wie der Finanz-, Wirtschafts- und Technologiesektor, an Autonomie und Einfluss gewinnen, während Institutionen, die sich mit Arbeit, Bildung, Sozialem und Kultur beschäftigen, ihr Gestaltungspotential immer mehr einbüßen. Damit ist eine nicht zu unterschätzende demokratiepolitische Folge in Kauf genommen: Die reale Macht demokratiepolitisch schwach legitimierter Institutionen wie etwa des Internationalen

Währungsfonds oder der Europäischen Zentralbank sowie der Medien wächst rapide an, während demokratische Instrumente wie Parlamente oder Gewerkschaftsorganisationen eine massive Schwächung erfahren (vgl. Michalitsch 2006, 52). So lässt sich herausstreichen, dass „Entdemokratisierung mehr und mehr zu einem integralen Bestandteil des neoliberalen Staatsprojekts" (ebd. 53) mutiert. Oder, wie es Philipp Ther formuliert: „Demokratiedefizite und eine neoliberale Reformpolitik beding[t]en sich gegenseitig" (2014, 127). Aus diesem Zusammenhang machen einige neoliberale Denker auch keinen Hehl: „Persönliche Freiheit und ökonomische Effizienz erfordern notwendigerweise die Evolution einer Ordnung im Sinne einer *beschränkten Demokratie*. Eine immerwährende Aufgabe ist es, die Art ihrer Beschränkung zu analysieren" (Erich Hoppmann, zit. n. Ptak 2008, 70 [Kurs. A.G.]).

Dass Neoliberale für den „Notfall" auch eine Diktatur nicht ausschließen, zeigt sich am Beispiel des ersten fundamentalen neoliberalen Vorzeigeprojekts, das in Chile mit dem Militärputsch Augusto Pinochets seinen Anfang nimmt. Das diktatorische Regime ermordet massenweise politische Gegnerinnen und installiert eine Wirtschaftspolitik des „reinen Marktes". Die Umsetzung des neoliberalen Projekts wird von vier Schülern Milton Friedmans durchkomponiert und durchgesetzt. Das bedeutet konkret, dass sowohl Gesundheits-, Bildungs- und Pensionssysteme als auch Energie-, Wasser- und Bergbauwirtschaft in privaten Händen liegen. Das brachte und bringt der chilenischen Wirtschaft zwar ein enormes Wachstum, davon konnten und können jedoch nur ein paar Superreiche profitieren, nicht aber die Mehrheit der Bevölkerung. Trotz der demokratisch gewählten Präsidentin Michelle Bachelet hat sich die Situation in Chile bis heute nicht verändert.

Das Beispiel Chile zeigt eindrucksvoll, wie der Staat selbst durch neoliberale Politik einer ganz grundlegenden Umgestaltung unterworfen wird. Er soll nun weder in marktwirtschaftliche Prozesse eingreifen, also den Unternehmen „dreinreden", noch die Bürgerinnen mit hohen Steuern und Abgaben „belästigen". Liegt das Selbstverständnis sozialstaatlicher Wohlfahrt in der Zuständigkeit für soziale (Dienst-)Leistungen, im Zugang zu öffentlichen Gütern, in der Versorgungs- und Vorsorgesicherheit, in Interventionen für eine hohe Beschäftigungsquote sowie in der Eindämmung sozialer Ungleichheiten auf personeller und räumlicher Ebene, so stellt nun die Privatisierung öffentlicher Aufgaben das Mittel der Wahl dar. Beginnend mit der Veräußerung von sogenannten Randbetrieben wie Schwimmbädern, Theatern und Museen, werden zunehmend auch ganz zentrale staatliche Verantwortlichkeiten aus den Bereichen Gesundheit, Justiz, Asylwesen und Soziales privaten Unternehmen übertragen. Ihnen wird im Verhältnis zum Staat mehr Effizienz, Kostenersparnis und Flexibilität zugeschrieben. Das bedeutet ganz konkret eine Entstaatlichung bisheriger Zuständigkeiten des Wohlfahrtsstaates, der ein Mindestmaß an sozialer Sicherung und Vorsorge für *alle* Bürgerinnen gewährleistet. Es wundert daher nicht, dass die berühmte Schere zwischen Arm und Reich immer weiter aufgeht. Finanziell schlechter gestellten Bevölkerungsgruppen ist es beispielsweise nicht möglich, in private Sicherheiten, Vorsorge oder Bildung zu investieren. Dieses Privileg ist dem begüterten Teil der Gesellschaft vorbehalten. Insofern kann neoliberale (Sozial?-)Politik mit der Überschrift „Wohlfahrten primär für Wohlhabende" (Butterwegge 2008a, 154) betitelt werden.

Als zentrales Argument neoliberaler Kampfrhetorik dient die Globalisierung. Diese erscheint als vermeintlich „anonyme Macht" (ebd. 144), der alle hilflos ausgeliefert wären. So überschreiten Wirtschaftsinteressen (Staats-)Grenzen, wodurch Gesellschaften nur mehr als „Wirtschaftsstandorte" Bedeutung erlangen. Der Wohlfahrtsstaat mutiert zum Wettbewerbsstaat, was im beständi-

gen Aufrufen des Begriffes „Standortsicherung" erkennbar ist. Die verbleibenden Aufgaben des „schlanken Staates" werden in der Schaffung optimaler Rahmenbedingungen für den Markt und in einer Minimalvariante sozialstaatlicher Unterstützung bestimmt. Mit letztgenannter Aufgabe geht eine neue Vorgehensweise Hand in Hand, die bedürftige Personengruppen ganz gezielt dazu anhalten, selbst aktiv zu werden, um im neoliberalen Karussell mitfahren zu können. Denn die oberste Prämisse neoliberaler Sozialpolitik lautet: „Ein zu weit ausgebauter Sozialstaat hemmt die Leistungsbereitschaft seiner Nutznießer" (C. Christian v. Weizsäcker, zit. n. Butterwegge 2008a, 144). Das heißt konkret, dass Menschen, die Hilfe benötigen, zum einen als grundsätzlich passiv oder faul diffamiert und zum anderen quasi dazu verpflichtet werden, selbst etwas dazu beizutragen, um irgendeine Sozialleistung überhaupt in Anspruch nehmen zu können. Der aktiv intervenierende Wohlfahrtsstaat wird zum „aktivierenden" Sozialstaat. Als Beispiel sei die in der Politik regelmäßig auftauchende Frage erwähnt, ob arbeitslose Menschen oder Personen, die Mindestsicherung beziehen, nicht zu Arbeiten für die Allgemeinheit herangezogen werden sollten. Bedürftigkeit allein erscheint nicht mehr als ausreichende Voraussetzung staatlicher Unterstützung. Ab nun müssen „Selbstverantwortung", „Eigenleistung" und uneingeschränkter „Arbeitswillen" von allen unter Beweis gestellt werden. Dieses Unter-Beweis-Stellen lässt sich als neoliberales Tauschgeschäft verstehen und macht deutlich, dass der Staat nun selbst nach unternehmerischen Prinzipien, wie Kosteneffizienz und Wettbewerbsfähigkeit operiert: Er ist letztlich nichts anderes als ein „Marktteilnehmer unter anderen" (ebd. 138). Ein derart marktorientiertes „Geschäft" zwischen staatlichen Institutionen und Hilfsbedürftigen aber setzt zwei geleichberechtigte Vertragspartnerinnen voraus, die das abzuschließende Geschäft gleichermaßen mitbestimmen können. Nun ist es aber so, dass sich Personengruppen, die auf Hilfe angewiesen sind, in keiner Weise in derselben „Verhandlungsposition" befinden. Somit sind sie in letzter Konsequenz auch Formen von Sanktionen und mitunter der Willkür staatlicher Organe ausgeliefert.

Wenn der Markt „zum universalen, alle Gesellschaftsbereiche übergreifenden Regulierungsmechanismus" (ebd. 136) wird, macht er auch vor den einzelnen Menschen nicht halt. Denn wenn „Leistungsbereitschaft", „individuelle Freiheit" und „Eigenverantwortlichkeit" die Parameter des neoliberalen Menschenbildes darstellen, schreibt sich die Logik des Marktes in die Subjektivität[9] selbst ein. Das heißt, das ökonomische Kalkül wird zum Selbstverständnis: „Der Markt wird damit als Bezugsinstanz im Individuum selbst verankert" (Michalitsch 2006, 94). Insofern stellt sich für jeden Menschen fortwährend die Frage, wie individuelle Leidenschaften, Fähigkeiten und Ressourcen marktförmig gemacht werden können. Dazu ein Beispiel: Oft zu hören ist die Klage vieler Großindustrieller, dass es dem österreichischen Schulsystem nicht gelinge, seine Schülerinnen derart auszubil-

9 Der neoliberalen Subjektivierung werde ich mich im vierten Kapitel noch ausführlicher widmen.

den, dass sie für den Markt „brauchbar" würden. Sie meinen, die Schule sei dazu da, die Fähigkeiten der Kinder und Jugendlichen dahingehend zu leiten und zu kanalisieren, dass sie der Wirtschaft dienlich und nutzbar gemacht werden könnten. Nicht nur diese Wortmeldung lässt eine dem Markt alle und alles unterwerfende Logik erkennen.

Auf bewusster Ebene wird weitgehend nicht (mehr) wahrgenommen, wie sehr sich das neoliberale Marktverständnis in unser aller Leben eingeschrieben hat. In Ansätzen aber kann es entlarvt werden, wenn der alltägliche Sprachgebrauch untersucht wird: Mit einer Selbstverständlichkeit reden wir davon, dass wir uns „gut verkaufen", möglichst gut „präsentieren" und „vermarkten" sollten. Auch in der psychotherapeutischen Sprache wird der neoliberale Jargon bemüht: „Zahlt sich das für sie aus?" oder „Welchen Preis müssen sie dafür zahlen?" „Wo liegt da ihr Gewinn?", „Welcher Nutzen ergibt sich aus diesem Tun?".

Das individuell erfolgreiche Leben und Glück wird zur beständigen Anforderung und Verpflichtung – jede ist ihres „eigenen Glückes Schmiedin"! Insofern steht ein „gelungenes Leben" nicht mehr mit der unmittelbaren aktuellen politischen Situation und den damit verbundenen realen Chancen und Möglichkeiten in Verbindung, sondern mit dem eigenen Vermögen oder Unvermögen, aus seinem Leben „etwas zu machen".

Dass dieses Vermögen oder Unvermögen ein zutiefst vergeschlechtlichtes Gesicht hat, zeigt nicht nur die Segregation des Arbeitsmarktes, wie weiter oben bereits angemerkt, sondern auch die Art und Weise, wie der Staat in Krisensituationen „rettend" eingreift und damit die geschlechtliche Ungleichheit am Arbeitsmarkt weiter zementiert. Großkonzerne mit überwiegend männlichen Beschäftigten, wie beispielsweise Autokonzerne, werden „mit viel Getöse gerettet" (Sauer 2010, 180), während diejenigen mit überwiegend weiblichen Mitarbeiterinnen als nicht „rettungswürdig“ dem Konkurs und/oder der Auflösung preisgegeben werden.[10]

Diese hier angeführten Folgen der auf weiten Strecken internalisierten neoliberalen Diskurslogik zeigen sich in Phänomenen weitgehender Entpolitisierung von Ungleichheit, Entsolidarisierung, Vereinzelung und Einheitsdenken. Das wird auch in den von Klientinnen in der Therapie angestrebten Zielen deutlich: „Ich darf mir das Schicksal anderer nicht zu nahe gehen lassen“, „Ich muss begreifen, dass mich das nichts angeht“, „Ich muss auf mich schauen“, „Ich muss härter werden“. Diese beispielhaften Aussagen lassen erkennen, dass Eigenschaften oder Verhaltensweisen wie Anteilnahme, Einfühlungsvermögen, Verständnis und soziale Verantwortung die Möglichkeit, das je eigene Kapital zur vollen Entfaltung zu bringen, oftmals als Hemmnisse wahrgenommen werden. Interessanterweise sind gerade diese zwischenmenschlichen Parameter die Grundlagen einer hilfreichen und damit erfolgreichen psychotherapeutischen Beziehung und Behandlung. Damit ist die Interpretation erlaubt, dass Fähigkeiten wie Anteilname und Einfühlungsvermögen in neoliberalen Zeiten nur dann Sinn machen, wenn sie in die kapitalistische Logik Eingang finden können (vgl. Sauer/Penz 2014).

Auf den Zusammenhang von Affekt und Ökonomie, also der konkreten ökonomischen Verwertung von Emotionen, hat nicht nur Michel Foucault aufmerksam gemacht, was ich in einem späteren Abschnitt noch zeigen werde, sondern auch die Soziologin Eva Illouz mit ihrer Arbeit „Gefühle in Zeiten des Kapitalismus“ (2012). Darin zeigt sie, dass sich die gewinnorientierte Marktlogik schon längst in sämtliche zwischenmenschliche Beziehungen eingeschrieben hat. So wird „das intime Leben mit seinen Emotionen in meß- und kalkulierbare Gegenstände verwandelt“ (Illouz 2012,

10 Der Diskonter Schlecker/daily stellt ein derartiges Beispiel dar.

54) und führt zu einer „‚Intellektualisierung‘ des Alltagslebens“ (ebd. 53). Deutlich ist dies im alltäglichen Sprachgebrauch, wenn wir davon sprechen, wie viel Gefühl in die eine oder andere Beziehung *investiert* wird.

Die Logik des Marktes mutiert zu einem allumfassenden Prinzip, das sich in das Selbstverständnis individueller Subjektivität einschreibt und damit auch im psychotherapeutischen Kontext eine nicht zu unterschätzende Kategorie darstellt. Nun ist es aber nicht so, dass die Marktlogik sich einseitig in den psychotherapeutischen Diskurs „einschleiche“. Vielmehr durchdringen sich therapeutische und ökonomische Diskurse gegenseitig, was Eva Illouz
 mit dem Begriff des *„emotionalen Kapitalismus“* (ebd. 13 [Kurs. i. Orig.]) auf den Punkt bringt. Sie definiert damit eine „Kultur, in der sich emotionale und ökonomische Diskurse und Praktiken gegenseitig formen, um so jene breite Bewegung hervorzubringen, die Affekte einerseits zu einem wesentlichen Bestandteil ökonomischen Verhaltens macht, andererseits aber auch das emotionale Leben […] der Logik ökonomischer Beziehungen und Austauschprozesse unterwirft“ (ebd.). Ein leichter Hauch der psychotherapeutischen Macht ist in diesem Zitat spürbar, wird hier aber nicht weiter verfolgt.

An dieser Stelle erscheint es notwendig, die zentralen neoliberalen Postulate der „individuellen Freiheit“ und „Selbstverantwortlichkeit“ als Rechtfertigungspropaganda für die wachsende soziale Ungleichheit zu dechiffrieren, nicht als reale Parameter, die jeder ein gutes Leben ermöglichen. Denn, von welcher Freiheit ist hier eigentlich die Rede? Es ist nicht notwendig, für die Betrachtung von „Freiheit“ so weit zu gehen, eine Textilarbeiterin in Bangladesch als Beispiel heranzuziehen. Um in Europa zu bleiben, genügt ein Blick auf die „Freiheit“ der teilzeitbeschäftigten Diskontmitarbeiterin, deren gewerkschaftliche Errungenschaften puncto Bezahlung, Arbeitszeit und Arbeitsschutz auf ein Minimum beschränkt wurden, angeblich damit der Konzern global mitspielen kann. Eine Mitarbeiterin, die vermehrt Überstunden macht oder einspringen soll, wenn die Kolleginnen krank werden, und dies tut, weil das Risiko, den Job zu verlieren, zu groß ist und der Arbeitsmarkt kaum Alternativen bietet. Christoph Stark, ein ausgewiesener Kritiker des neoliberalen Systems, spitzt die Problematik der Erwerbsarbeit in neoliberalen Zeiten zu:

> „In Europa bringt Neoliberalismus Leiharbeit, Lohnverzicht, Arbeitszwang für (unfreiwillige) Arbeitslose, Minijobs statt ordentlicher sozialversicherungspflichtiger Beschäftigung, damit eine mangelhafte soziale Sicherung im Alter, einen mangelnden Zubau von Sozialwohnungen [...] und Kürzungen aller sozialen Leistungen." (Stark 2014, 268)

Das neoliberale Freiheitsverständnis übersieht, dass es zuallererst materielle Voraussetzungen für die Ausbildung individueller Freiheit braucht. Neoliberal codierte Freiheit bedeutet aber ausschließlich potentielle Teilnahme am Marktgeschehen. Damit ist die Freiheit, wie sie von Neoliberalen konzipiert ist, nicht mit dem emanzipatorischen Freiheitsbegriff der bürgerlichen Revolution gleichzusetzen, der sich ganz fundamental als politische Freiheit versteht. Oder anders formuliert: „[E]in schlanker Staat ist unfähig, für Gerechtigkeit zu sorgen. Soziale Bürgerrechte gibt es [...] nur durch den Staat. Man kann auch sagen: Freiheit gibt es letztlich nur durch den Staat" (Heisterhagen 2014). In Anlehnung an Ralf Ptak lässt sich das neoliberale individualistische Freiheitsverständnis nun als Prozess der Anpassung, seine Vorstellung von Freiheit als Demut und Unterwerfung gegenüber den Marktverhältnissen zusammenfassen (vgl. Ptak 2008, 52). Der Mensch dient in diesem Denken dem Markt und nicht umgekehrt. So mutieren die Mitglieder einer Gesellschaft zu „Humankapital".

Ein mehr als beängstigendes Phänomen neoliberaler Zeiten zeigt sich in populistischer, rechts gerichteter Politik und Rhetorik.

Zwar sind neoliberale und rechtspopulistische Positionen nicht deckungsgleich, allerdings lassen sich einerseits gewisse Überschneidungen ausmachen und andererseits befördert neoliberale Politik durch ihr Wettbewerbs- und Konkurrenzdenken eine populistische (rechte) „Spaltungsrhetorik" (vgl. Weiss 2014). Als Verbindungsglied beider Ideologien lässt sich ein ausgeprägtes „Freund-Feind-Denken" (Ptak 2008, 24) erkennen, das die gesellschaftlichen Gräben, die über Faktoren wie *race*, *class* und *gender* operieren, vertiefen. So vermehrt sich im Anschluss an das Weltwirtschaftskrisengeschehen 2008/09 die Anzahl neuer vermeintlicher Krisen. Da ist die Rede von „Überfremdung", einer „neuen Unterschicht", dem „Sozialmissbrauch" bis hin zu einer „Männlichkeitskrise" (vgl. Weiss 2014a, 15). Statt einer fundierten Gesellschaftsanalyse und -kritik erreichen und manifestieren sich mit unfassbarer Geschwindigkeit „autoritäre, rückwärtsgewandte Ordnungsvorstellungen" (ebd.) im gesellschaftlichen Mainstream.

Bleibt zu fragen, was im neoliberalen Denken unter Gerechtigkeit verstanden wird. Manch eine der zentralen Leitfiguren gibt unverhohlen ihr neoliberales Wertesystem preis. Friedrich August von Hayek nimmt zum Thema Nord-Süd-Konflikt mit seiner sozialen Ungleichheit folgendermaßen Stellung: „Für eine Welt, die auf egalitäre Ideen gegründet ist, ist das Problem der Überbevölkerung [...] unlösbar. Wenn wir garantieren, dass jeder am Leben erhalten wird, der erst einmal geboren ist, werden wir sehr bald nicht mehr in der Lage sein, dieses Versprechen zu erfüllen. Gegen diese Überbevölkerung gibt es nur eine Bremse, nämlich daß sich nur die Völker erhalten und vermehren, die sich auch selbst ernähren können" (Hayek, zit. n. Ptak 2008, 73). Das ist die neoliberale Antwort aus dem Jahr 1981 auf die berechtigte Forderung der südlichen Länder nach einer gerechteren Weltwirtschaftsordnung. Eine weitere Kommentierung dieser menschenverachtenden Wortmeldung fällt „sprachlos" aus.

Das Spezifikum neoliberaler Politik kann, wie bereits erwähnt, in der permanenten Propagierung individueller Freiheit zugespitzt werden. Wer frei ist, muss allerdings auch die Verantwortung für das je eigene Handeln tragen. So gerät der Mensch in seiner Gesamtheit, quasi mit „Haut und Haar" in den Blick der politischen Anrufung. Denn die Prämisse der Eigen- und Selbstverantwortung betrifft nicht nur den Intellekt des *Homo oeconomicus,* sondern auch den Körper. So ist jede aufgefordert, ihren Körper optimal zu behandeln und zu formen. Dieser soll in Form, fit, gesund und bestenfalls schön gehalten werden – auch er ist eine Ware, die es zu vermarkten gilt. Über diverse Medien und politische Anrufungen sind alle dazu angehalten und permanent daran erinnert, die körperliche Fitness und Gesundheit im Auge zu behalten. Die Sphären der Erwerbsarbeit und der Freizeit verschwimmen, denn der Körper muss in der freien Zeit unter dem Modus der permanenten Optimierung und Gesunderhaltung *bearbeitet* werden. So kann, der neoliberalen Logik folgend, jede selbst entscheiden, wie sie lebt, was sie tut und ob sie gesund, fit oder dem Körper schadend durchs Leben geht. Jede hat die freie Entscheidung und die Wahl – und zahlt gegebenenfalls auch den entsprechenden Preis …

Selbst wenn ich ein düsteres Bild neoliberal inspirierter Politik zeichne, muss aufgrund der Thematik des Buches an dieser Stelle noch ein kritischer Eckpunkt gesetzt werden. Denn ein wesentlicher Bereich des neoliberalen „Zugriffs" ist bisher unerwähnt geblieben: Die Psyche. Ihre Bedeutung ist in den letzten Jahrzehnten parallel zu dem neoliberalen Einfluss rapide gewachsen, was im Feld der Sozialwissenschaften bereits aufgegriffen, diskutiert und kritisiert wird, in psychotherapeutischen Diskursen bisher aber kaum Beachtung findet. Widmete und widmet sich die psychotherapeutische Profession theoretisch wie praktisch intensiv psychischen Phänomenen, die sich auch körperlich zeigen können, ist sie dem Thema, welche gesellschaftspolitische Funktion sie selbst in aktuellen neoliberalen Machtverhältnissen einnimmt, bisher erfolgreich ausgewichen. Gerade weil aber die Psychotherapie, wie jede andere Behandlungsform auch, auf Gesundheits- und Krankheitskonzepte zurückgreift, die in historische, kulturelle und politische Zusammenhänge eingebettet sind, muss sie quasi etwas mit den aktuell wirkmächtigen Denkschemata des Neoliberalismus zu tun haben. Diese Grundannahme wird als zentrales Apriori dieses Buches positioniert, weiter verfolgt und herausgearbeitet.

Die in diesem Kapitel kurz beschriebene und kritisierte neo-

liberale Logik ist für eine breite Masse der Bevölkerung zur Wahrheit geworden und findet im individuellen Selbstverständnis ihren Niederschlag. Mein psychotherapeutischer Alltag zeigt mir täglich, dass Menschen ihre Lebenssituationen und die damit verbundenen Probleme in keiner Weise mit gesellschaftspolitischen Regulierungen, sondern ausschließlich mit ihrem persönlichen Versagen in Verbindung bringen (vgl. Grubner 2012, 24 und 2014a, 9). Das damit verknüpfte (und verkürzte) Erklärungsmodell, dass Personen, die über ausreichend finanzielle Mittel und Erfolg verfügen, deshalb in ebendieser Position sind, weil sie ihre Freiheit genützt und mit dem „eigenen Wille, der eigenen Geschicklichkeit, Lernfähigkeit, Leistungsbereitschaft, Durchsetzungsvermögen und Zielorientiertheit" gekoppelt haben, lässt das individuelle Scheitern in einem noch grausameren Licht erscheinen.

Wenn frau als Psychotherapeutin von der Krankheitstheorie ausgeht, „daß sich hinter den Symptomen nicht nur intraindividuelle Konflikte, sondern auch Konflikte zwischen Individuum und Gesellschaft verbergen" (Becker 1995, 132), muss es in Theorie und Praxis der Psychotherapie um eine Analyse herrschender gesellschaftlicher Machtverhältnisse, aktuell der neoliberaler Provenienz, gehen. Insofern stellen sich ganz herausfordernde Fragen:

Inwieweit stützen psychotherapeutische Behandlungen dieses System, indem sie mit den Klientinnen dahingehend arbeiten, wieder oder weiterhin „leistungsbereite" und „aktive" Mitglieder der Gesellschaft zu sein oder zu werden, um im neoliberalen Wettbewerbs- und Konkurrenzkampf mithalten können? Lässt es sich verantworten, Klientinnen in ihrer Widerständigkeit zu bestärken oder liefern wir sie damit „ans Messer" (vgl. Klar 2006)? Gibt es innerhalb der Psychotherapie auch das Potential für Widerstand?

Für die Erforschung dieses Fragenkomplexes schlage ich als Ausgangspunkte Michel Foucaults Analysen der Macht vor, die ein Erklärungsmodell anbieten, *wie* die neoliberale Hegemonie als weitgehende „öffentliche Meinungsführerschaft" (Butterwegge
2008a, 218), die auch vor dem psychotherapeutischen Kontext nicht haltmacht, zu erklären ist.

Michel Foucault theoretisiert Formen der Macht

„Ich möchte zeigen, daß viele Dinge, die Teil unserer Landschaft sind – und für universell gehalten werden –, das Ergebnis ganz bestimmter geschichtlicher Veränderungen sind."
Michel Foucault, WMS 17

Wenn Michel Foucault über Macht nachdenkt, tut er dies nicht mit dem Ziel, eine universale Wahrheit dieses Phänomens zu ergründen. Ihm geht es weder um die Suche eines Ursprungs irgendeiner natürlichen Wahrheit noch um das Begehren, eine stringente oder lineare Geschichte der Macht zu erzählen. Sein Ziel liegt vielmehr im Aufspüren davon, welche Faktoren zu spezifischen Zeiten dazu beitragen, bestimmte Wissenssysteme überhaupt erst hervorzubringen. Insofern sind beide, Macht und Wissen, in einer zirkulären Verstrickung zu denken, die ein bedeutsames Element gesellschaftlicher Ordnungen darstellen.

> „Mein Arbeitsfeld ist die Geschichte des Denkens. Der Mensch ist ein denkendes Wesen. Die Art, wie er denkt, hängt mit der Gesellschaft, der Politik, der Wirtschaft und der Geschichte zusammen, aber auch mit allgemeinen, universellen Kategorien und formalen Strukturen" (WMS 16).

In diesem Sinne hat Foucault nie behauptet, eine neue Wahrheit postulieren zu wollen, weder in seinen Analysen der Macht noch mit den Überlegungen zur Subjektivität. Vielmehr beabsichtigt er mit seinem Denken zu einer „Erfahrung zu gelangen, die eine Veränderung erlaubt, einen Wandel in unserem Verhältnis zu uns selbst und zur Welt dort, wo wir bisher keine Probleme sahen" (GmD 57).

Als Forschungsmethoden wählt Foucault verschiedene Analyseinstrumente. In seinen frühen Arbeiten nützt er schwerpunktmäßig die „Archäologie des Wissens" (AdW), die die archäologische Diskursanalyse miteinschließt. Archäologische Forschung lässt sich als „rastloses Wühlen in Archiven [verstehen], mit dem Effekt, letztlich eine neue Blickrichtung auf die Geschichte zu ermöglichen" (Daiber 1999, 5), während die archäologische Diskursanalyse auf die Untersuchung diskursiver Regelmäßigkeiten abzielt, deren besonderes Kennzeichen es ist, bestimmtes Wissen einer Epoche zu ermöglichen und gleichzeitig alternatives Wissen von der „Ordnung des Diskurses" (OD) auszuschließen.

Ebenso steht in den frühen Arbeiten Friedrich Nietzsches Begriff der Genealogie im Zentrum, der als Suchen nach der Herkunft oder dem Ursprung von (historischem) Wissen verstanden werden kann und das Infragestellen vermeintlich gesicherten Wissens inkludiert.

> „Als Genealogie bezeichnen wir also diese Verbindung zwischen gelehrten Kenntnissen und lokalen Erinnerungen, die die Konstituierung eines historischen Wissens der Kämpfe ermöglicht sowie die Verwendung dieses Wissens in den gegenwärtigen Taktiken. [...] In Wirklichkeit geht es darum, lokale, diskontinuierliche, disqualifizierte Wissensarten ins Spiel zu bringen, die nicht legitimiert sind gegenüber der einheitlichen theoretischen Instanz, die den Anspruch erhebt, sie im Namen eines wahren Wissens und der Rechte einer Wissenschaft, die sich im Besitz von irgendjemand befände, zu filtern, zu hierarchisieren und zu klassifizieren. [...] die Genealogien sind gerade Anti-Wissenschaften." (DM 62)

Die diskontinuierlichen und disqualifizierten Wissensarten, die Foucault in der Geschichte sucht, „sind Indikatoren für das Überschreiten von Schwellen, sie markieren Umbrüche in der Zeit" (Daiber 1999, 67), die den historischen und interpretierenden Blick verändern und so auch die gewordene Gegenwart in einem neuen Licht erscheinen lassen.

Bevorzugtes Gebiet der Foucaultschen Archäologie und Genealogie des Wissens sind die Diskurse der Humanwissenschaften. Die Frage, *wie* durch diskursive Regelmäßigkeiten das Subjekt selbst „als Objekt eines möglichen Wissens" (F 778) in Erscheinung tritt, sucht er in den Arbeiten *Psychologie und Geisteskrankheit* (PG), *Überwachen und Strafen* (ÜS), *Wahnsinn und Gesellschaft* (WG), *Die Geburt der Klinik* (GK) ebenso wie in diversen Interviews und

Essays zu ergründen. Dabei treten Ausschlussmechanismen in Erscheinung, die das Andere jenseits der Vernunft – also den Wahnsinn – hervorbringen und damit die Form des modernen Vernunftsubjekts erst konstituieren (vgl. Dahlmanns 2008, 26).

In den späteren Arbeiten verschieben sich Foucaults Analyseschwerpunkte, die er in den Arbeiten *Sicherheit, Territorium, Bevölkerung* (GG I) und *Die Geburt der Biopolitik* (GG II) nun mit dem Begriff der Gouvernementalität als die „Geschichte eines Denkens, das sich mit bestimmten Formen des Regierens verbindet" (Ruoff 2013, 142), beschreibt. Das Wort selbst setzt sich aus *gouverner* (regieren) und *mentalité* (Denkweise) zusammen (vgl. Pieper/Gutiérrez Rodríguez 2003 7 f.). Mit diesem begrifflichen Kompositum gelingt es Michel Foucault, Formen der Macht mit Prozessen der Subjektivierung zu verknüpfen, „bei denen Selbsttechnologien (Selbstregierung) und Machttechnologien (Regierung durch andere) als ineinandergreifende Praktiken" (ebd.) konzipiert werden. Liegt das Zentrum seiner Überlegungen in den frühen Arbeiten in unterwerfenden und disziplinierenden Machtformationen, verschiebt sich mit der Gouvernementalität sein Blick auf die aktive Teilnahme des Subjekts selbst. Später interessiert ihn diejenige Form, „in der sich das Subjekt auf aktive Weise, durch

Praktiken des Selbst, konstituiert“ (EdS 889). Diese Selbstpraktiken sind aber nicht etwas, das das Subjekt für sich selbst erfindet. Es handelt sich vielmehr um „Schemata, die es in seiner Kultur vorfindet und die ihm vorgegeben, von seiner Kultur, seiner Gesellschaft, seiner Gruppe aufgezwungen sind“ (ebd.).

Diese Praktiken des Selbst macht Foucault speziell in den Arbeiten *Der Wille zum Wissen* (WzW), *Die Sorge um sich* (DSs) und *Der Gebrauch der Lüste* (GL) ebenso wie in weiteren Interviews und Artikeln deutlich. Es wird erkennbar, dass Foucault zwar seinen Untersuchungsschwerpunkt in den späteren Arbeiten hin zur Mitarbeit des Individuums an seiner eigenen Subjektivierung vollzieht, allerdings nicht davon ausgeht, dass dieses Indivi-
duum sich seine Subjektform quasi selbst „ausdenkt“. Vielmehr bleibt Foucault auch in diesen Analysen seinem Grundkonzept treu, dass Wissen und Macht eine untrennbare Einheit darstellen, außerhalb der sich das Subjekt nicht aufhalten und denken kann.

In diversen Rezeptionen wird darauf hingewiesen, dass Foucault den Begriff der Gouvernementalität von dem der Regierung nur unscharf trennt, diese mitunter vermischt und zusätzlich zu einem bestimmten Zeitpunkt seine gesamte Analyse der Macht unter dem Begriff der Gouvernementalität subsummiert, wie folgende Aussage Foucaults zeigt:

> „Bei der Erforschung der ‚Gouvernementalität‘ ging es zunächst um die notwendige Kritik am gängigen Verständnis der ‚Macht‘ [...] und im zweiten Schritt um eine Analyse der Macht als Feld strategischer Beziehungen zwischen Individuen und Gruppen, die auf das Verhalten des oder der anderen zielen und dabei auf ganz unterschiedliche Verfahren oder Techniken zurückgreifen, welche mit der Zeit, der sozialen Gruppe und dem institutionellen Rahmen variieren, in dem sie sich entwickeln. Die bereits erschienenen Arbeiten zur Einschließung und Disziplin, die Vorlesung über Staats-

> räson und die ‚Kunst des Regierens' […] sind Elemente dieser Analyse der ‚Gouvernementalität'." (SuuW 259 f.)

Ich verstehe den Begriff der Gouvernementalität mit Ralf Dahlmanns als „eine übergeordnete Kategorie" (2008, 98) und werde ihn im Folgenden zur Bezeichnung derjenigen Machtformen verwenden, die Foucault in den beiden Vorlesungen zur Geschichte der Gouvernementalität (GG I, GG II) beschreibt und die sich in den alltäglich praktizierten Verschränkungen von Selbst- und Fremdführungen äußern.

Mit diesen kurz und prägnant dargestellten Instrumentarien spürt Foucault also die Bedingungen und Umstände auf, die ein ganz bestimmtes Wissen, Wahrheiten und Deutungsmuster hervorbringen. In der Durchforstung diverser Archive und Bibliotheken begibt er sich leidenschaftlich „auf Reisen" in verschiedene Epochen differenter politischer Verhältnisse und taucht ein in ein Geflecht von Ereignissen, Begebenheiten und Gesellschaften.

Wenn Foucault programmatisch über ganz bestimmte Ereignisse reflektiert, die er mit der Entstehung von Machtformen der westlichen Welt in Zusammenhang bringt, so bedeutet das „den Vollzug eines radikalen Bruchs mit der alten europäischen Denkart, nämlich jener der Kontinuität" (Daiber 1999, 75). Er lehnt das klassische Denken einer historischen Kontinuität ab und wendet sich den

> „Zäsuren [zu], die den Augenblick zersplittern und das Subjekt in eine Vielzahl möglicher Positionen und Funktionen zerreißen. Eine solche Diskontinuität trifft und zersetzt auch noch die kleinsten Einheiten, die immer anerkannt worden sind und nur schwer zu bestreiten sind: den Augenblick und das Subjekt" (OD 37).

Somit handelt es sich bei seinen Forschungen unterschiedlicher Machtformen, und das soll hier nochmals betont werden, nicht um eine Expedition zum „wirklichen", „wahrhaftigen" Wesen der

Macht, sondern um die Frage, *wie* sich Macht äußert, *wie* sie ausgeübt wird und *welche* Wirkungen sie zeigt. Foucault bezeichnet seine Überlegungen als vage Skizzen, Hypothesen und mögliche Fährten (vgl. GG I 201). Und dennoch orte ich ein Zitat, das als Überschrift all seiner Studien stehen könnte: „[W]ie ist in den abendländischen Gesellschaften die Produktion von Diskursen, die (zumindest für eine bestimmte Zeit) mit einem Wahrheitswert geladen sind, an die unterschiedlichen Machtmechanismen und -institutionen gebunden" (WzW 8)?

Insofern kann es mit Foucault nicht um eine fertige Konzeption der Macht gehen, sondern darum, *wie* sich spezifische Formen der Macht zu ganz bestimmten Zeiten entfalten und sich im (Allgemein-)Wissen *über* und *im* Subjekt niederschlagen. Wenn er also unterschiedliche Machtformen untersucht, geht es ihm immer darum, zu ergründen, wie ganz bestimmte Subjektivierungsweisen möglich bzw. hergestellt werden. Formen der Macht wirken demnach über das Verständnis, wie Subjekte sich selbst und andere verstehen. Daran knüpfen sich spezifische Machttechniken, deren Potential darin besteht, ganz bestimmte Subjektivierungsformen erst hervorzubringen. So gilt als Apriori, dass die jeweils aktuellen kulturellen, politischen, sozialen und gesellschaftlichen Verhältnisse als Bedingungen spezifischer Subjektivität und Erkenntnisse fungieren.

Die Genealogie der Macht

> *„Warum denken wir bei Macht immer an Gesetz und Verbot?"*
> Michel Foucault, MM 226

Mit den politischen Veränderungen, die mit dem Ende der Feudalherrschaft zusammenfallen, vollzieht sich im Verlauf des 17. und 18. Jahrhunderts laut Foucault eine Verschiebung des

Machttypus: Zeigt sich die Macht in feudalen Systemen von „oben" nach „unten", also vom Souverän abwärts zu den Untertanen und Sklaven, deutlich durch das Recht über Leben und Tod sowie die Einhebung von diversen Gütern, Steuern und Dienstleistungen, etabliert sich mit der Entstehung der bürgerlichen Gesellschaft ein neuer „Machtmechanismus" (DM 89), der andere Taktiken, Verfahren und Instrumente entwickelt, die sich vom Souveränitätsverhältnis zu lösen beginnen. Diese neuen Verfahren und Instrumente der Macht operieren nicht mehr über den mit Strafe bedrohten absoluten Gehorsam gegenüber dem Herrscher, sondern mit Techniken der „Normalisierung" (WzW 90) und

„Kontrolle […], die sich auf Ebenen und in Formen vollziehen, die über den Staat und seine Apparate hinausgehen" (ebd.). Das bedeutet nicht, dass Foucault die unterdrückerischen und repressiven Wirkungen der Macht als überholt oder veraltet behauptet, aber er entdeckt eine neue „Fähigkeit" der Macht: die Produktivität.

> „Man muß aufhören, die Wirkungen der Macht immer negativ zu beschreiben, als ob sie nur ‚ausschließen', ‚unterdrücken', ‚verdrängen', ‚zensieren', ‚abstrahieren', ‚maskieren', ‚verschleiern' würde[n]. In Wirklichkeit ist die Macht produktiv; und sie produziert Wirkliches. Sie produziert Gegenstandsbereiche und Wahrheitsrituale: das Individuum und seine Erkenntnisse sind Ergebnisse dieser Produktion." (ÜS 250)

Diese Erkenntnisproduktionen werden über diverse Methoden der Beobachtung, unterschiedliche Forschungsverfahren und Kontrollverfahren hervorgebracht, was so viel bedeutet, dass die Macht nur ausgeübt werden kann, wenn sie dazu in der Lage ist, Wissen und Wahrheiten zu entwickeln, zu organisieren und in Umlauf zu setzen (vgl. DM 87). Für das In-Umlauf-Setzen von Erkenntnissen, exemplarisch für solche über das Subjekt, die in Einteilungen, Kategorisierungen und Identitätszuweisungen münden, benötigt die Macht quasi ein Transportmittel der Verbreitung: den Diskurs. Denn die Wissensproduktion über das Subjekt erfolgt, indem „sich Macht und Wissen im Diskurs ineinander fügen“ (WzW 100).

Diskurse nehmen im Foucaultschen Denken eine zentrale Rolle ein und können nicht mit der alltagssprachlichen Verwendung gleichgesetzt werden. Diskurse werden „als gesellschaftliche Redeweisen verstanden [...], die institutionalisiert sind, also gewissen [...] Regeln unterliegen und die deshalb Machtwirkungen besitzen, weil und insofern sie Handeln von Menschen bestimmen“ (Jäger 2008, 378). Anders erklärt: Diskurs meint, „wenn es sich um Bedeutungsinhalte [...], Denkformen und Formen der Wissenskonstitution handelt, die in Sprache enthalten sind bzw. durch Sprache produziert werden“ (Villa 2011, 148). Diskurse bringen also das, was sie benennen und beschreiben, selbst hervor. Das bedeutet, dass Macht über erfolgreiche Diskurse von Wissen, Wirklichkeiten, Wahrheiten und Deutungsmustern operiert, die von Subjekten akzeptiert und in gelebten Praxen rekursiv bestätigt werden. Diskurse legen demnach fest, was vorstellbar erscheint, was als richtig/falsch, normal/abnormal gilt und welche Optionen der Lebensgestaltung in einer bestimmten Zeitepoche zur Verfügung stehen. Sie konstituieren das Leben der Menschen. Zugleich legen Diskurse fest, was konkret gesagt werden kann und was im Bereich des Unausgesprochenen verbleibt. Sie stecken sowohl das Sagbare als auch das Nicht-Sagbare ab. Somit können Diskurse „als der Ort [...], an dem Bedeutungen ausgehandelt werden [...] und damit als Applikationsvorgaben für individuelles und gesellschaftliches Handeln, soziale Praktiken und damit für gesellschaftliche Entwicklungen insgesamt“ verstanden werden (Jäger 2008, 379). Diese Applikationsvorgaben bilden ein Feld von historischen, kulturellen Möglichkeiten des Denkbaren. Das „Diskursregime“ (Butler 2006, 214) – dieser Begriff unterstreicht die Verbindung von Macht und Diskurs – codiert und organisiert unser

Denken, unsere Wahrnehmung und ermöglicht uns das Zurechtfinden in der Welt. Wir alle sind eingebunden in ein historisch spezifisches gesellschaftspolitisches System, das durch Diskurse in der Lage ist, Wirklichkeit und Wahrheit hervorzurufen. Dadurch wird unweigerlich begrenzt, was wir denken, sagen und wie wir leben. Insofern ist der Diskurs der wahrnehmbare, produktive Ausdruck der Macht. Natürlich gibt es im gesellschaftlichen Kontext immer mehrere Diskurse, die nebeneinander bestehen. Allerdings darf nicht übersehen werden, dass es die wirkmächtigen, dominanten Diskurse sind, die „die soziale Interaktion, eine bestimmte Sprachgemeinschaft und den sozioökonomischen Kontext“ (Hare-Mustin 1994, 207) bestimmen. Dies bedeutet, dass dominante Diskurse, aufgrund ihres „vorrangigen, beherrschenden Einflu[sses] auf Sprache, Denken und Handeln“ (ebd.) einen ungleich wirkmächtigeren Zugang zur Schaffung von Bedeutung, Wirklichkeit und Wahrheit haben.

Wenn Macht in der Lage ist, Wissen, Wahrheiten und Deutungsmuster über erfolgreiche Diskurse auf verschiedenen gesellschaftlichen Ebenen (wie juristischen Regelungen, Bildungswesen, Wissenschaften …) als das einzig Denkbare durchzusetzen, können sich Wirklichkeiten und „objektive“ Kriterien als das „Normale“ positionieren. Dieses „Normale“ wird von Menschen akzeptiert, in gelebten Praxen vollzogen und somit bestätigt. Insofern liest Foucault sowohl das Verständnis über das Individuum als auch das Individuum selbst als produktiven Ausdruck und Effekt der Macht:

Die „Machtform gilt dem unmittelbaren Alltagsleben, das die Individuen in Kategorien einteilt, ihnen ihre Individualität zuweist, sie an ihre Identität bindet und ihnen das Gesetz einer Wahrheit auferlegt, die sie in sich selbst und die anderen [sic] in ihnen zu erkennen haben. Diese Machtform verwandelt die Individuen in Subjekte.“ (SuM 275)

In seinen Arbeiten zur Gouvernementalität wird er eine Verschiebung dieses Verständnisses vornehmen. Obwohl sich auch dann Macht und Wissen gegenseitig bedingen – diese Analyse wird nicht obsolet – wird sich Foucaults Blick dann verstärkt auf das Handeln und damit auch auf Aspekte der Freiheit des Individuums richten. Zuvor jedoch sollen Überlegungen aus den frühen Arbeiten Foucaults, die ich für die Auseinandersetzung mit der Psychotherapie als unverzichtbar erachte, beleuchtet werden.

Die Produktion der Disziplin

In seinem Werk *Überwachen und Strafen* (ÜS) problematisiert Foucault, wie im 17. und 18. Jahrhundert eine neue Machtform entsteht, die über Techniken der Disziplin operiert. Insbesondere in der Entstehung der Strafjustiz ortet Foucault durch die Technologie der Einsperrung die Möglichkeit, auf die einzelnen Körper zugreifen zu können. Er versteht deshalb die Institution des Gefängnisses nicht nur als einen Ort der Bestrafung oder Buße, sondern eher als eine Art Labor, das aufgrund der Verfügbarkeit menschlicher Körper deren Manipulierbarkeit zu erproben ermöglicht. Angriffsfläche dieser Disziplinarmacht ist also der einzelne Körper, der „im Detail" (ÜS 175) durch „fein abgestimmten Zwang" (ebd.) bearbeitet wird. War der Körper bereits zur Zeit ständischer Feudalherrschaft Ziel der Unterwerfung, so verändert sich nun die Art und Weise des machtvollen Zugriffs, indem bis auf die kleinsten körperlichen Regungen wie „Bewegungen, Gesten, Haltungen [und] Schnelligkeit" (ebd.) kontinuierlich Einfluss genommen wird. Die Zielsetzung der Disziplin ist die verstärkte Nutzbarmachung der Körperkraft und das Bestreben, das Verhalten der Menschen kontrollierbarer und vorhersehbarer zu machen.

Die Disziplinarmacht folgt also einer doppelten Strategie: Einerseits sollen die Körper unterworfen und nutzbar gemacht und andererseits ihr Funktionieren selbst einer detailreichen

Untersuchung und Erklärung zugeführt werden. Insofern geht es um die Generierung „ausnutzbare[r] Körper und durchschaubare[r] Körper“ (ebd. 174). Foucault ortet die Umsetzung dieser Machtform vor allem in den Institutionen der Internate, Gefängnisse, Spitäler und im Militär. Wenn beispielsweise jede kleinste Geste der Rekruten oder Studierenden einer genauen Inspektion unterzogen wird, folglich der Kopf gerade, die Schultern nach hinten, der Bauch eingezogen und die Brust herausgestreckt werden sollen, ist gut nachvollziehbar, was Foucault meint, wenn er schreibt: „Schritt für Schritt hat man die Haltungen zurechtgerichtet, bis ein kalkulierter Zwang jeden Körperteil durchzieht und bemeistert, den gesamten Körper zusammenhält und verfügbar macht und sich insgeheim bis in die Automatik der Gewohnheiten durchsetzt“ (ebd. 173).

Welche Techniken und Mittel braucht es für die Zurichtung der „gelehrigen Körper“ (ebd.)? Zu den Hauptinstrumentarien der Disziplinarmacht, die im Weiteren vorgestellt werden, zählt Foucault den hierarchischen Blick, die normierende Sanktion und deren beider Kombination im Verfahren die Prüfung.

„Die hierarchische Überwachung“[11]

Grundlegend für diesen Aspekt der Disziplin ist die Schaffung optimaler Bedingungen für den „zwingenden Blick“ (vgl. ÜS 221). Es braucht dafür „eine Anlage, in der die Techniken des Sehens Machteffekte herbeiführen und in der umgekehrt die Zwangsmittel die Gezwungenen deutlich sichtbar machen“ (ebd.). Das fordert eine Facette architektonischer Kunst, die garantiert, dass die Insassinnen einer Institution einerseits der absoluten Kontrolle unterworfen und gleichzeitig permanent für den überwachenden Blick sichtbar bleiben. Diese hierarchische Überwachung

11 ÜS 221 (Kurs. i. Orig.).

sieht Foucault im „*Panopticon*" (ebd. 256 [Kurs. i. Orig.]) von J. Bentham aus dem Jahr 1791 repräsentiert, dessen Bauart so gestaltet ist, dass eine potentielle permanente Überwachung garantiert ist. Benthams Originalentwurf sieht ein ringförmiges Gebäude vor, in dessen Mitte ein Turm positioniert ist. Sowohl in Richtung des Turmes als auch auf der gegenüberliegenden Seite ist das Gebäude, in dem sich die Einzelzellen der Insassinnen befinden, mit Fenstern ausgestattet. Von der zentralen Bewachungsperson im Turm können die Gefangenen jederzeit beobachtet werden – selbst aber diese Person nicht wahrnehmen. Sie können also nie wissen, ob sie gerade beobachtet werden oder nicht.

Das Panopticon stellt den Prototyp eines Machttypus dar, als dessen Grundlage die ständig realisierbare Möglichkeit zur Beobachtung steht. Das Wissen der ständigen Überwachung oder auch nur die Möglichkeit dazu führt zu einer „Transformation der Individuen" (ebd. 222), die sich in Formen der Selbstkontrolle oder Selbstdisziplinierung zeigt. Insofern evoziert die hierarchische Überwachung – am Beispiel des Panopticons aufgezeigt – eine Machtsteigerung, weil die Insassinnen die Macht übernehmen und selbst an sich anwenden: „Derjenige, welcher der Sichtbarkeit unterworfen ist und dies weiß, übernimmt die Zwangsmittel der Macht und spielt sie gegen sich selber aus; er internalisiert das Machtverhältnis, in welchem er gleichzeitig beide Rollen spielt; er wird zum Prinzip seiner eigenen Unterwerfung" (ebd. 260). Die hierarchische Überwachung garantiert also das automatische Funktionieren der Macht.

Foucault interessiert nicht, ob Benthams Pläne je umgesetzt werden. Er verwendet sie stattdessen zur Veranschaulichung, welche Machtwirkungen mit der Frage der Sichtbarkeit und der Beobachtung möglich werden, die sowohl in den Gefängnissen, Internaten und Militärlagern als auch in den Spitälern und den entstehenden psychiatrischen Anstalten Ende des 18. Jahrhunderts zum Einsatz kommen. Erst durch die Umsetzung der hierarchischen Überwachung entfaltet sich die Wirkung der Macht, die gleichzeitig neues Wissen hervorbringen kann. Am Beispiel der psychiatrischen Anstalt mit ihrer Hierarchie vom Arzt abwärts zu den Aufsehern wird dies deutlich: „Der Aufseher ist also der Herr der letzten Herren und zugleich derjenige, dessen Diskurs, dessen Blick, dessen Beobachtungen und Berichte die Bildung des ärztlichen Wissens erlauben sollen“ (MdP 18)[12].

Über die hierarchische Überwachung entsteht ein Vorgehen, das „von innen her mit der Ökonomie und den Zwecken der jeweiligen Institution verbunden ist“ (ÜS 228). Das zeigt sich

durch den Imperativ der Gesundheit, der kräftige und gesunde Körper hervorbringen soll, durch den Gehorsamsimperativ, der gelehrige und gehorchende Offiziere und Soldaten benötigt, ebenso wie durch den moralischen Imperativ, der „Ausschweifung und Homosexualität“ (ebd. 223) verhindern soll. Insofern kann die hierarchisierende Überwachung mit ihrer optimalen Grundlage der architektonischen Spitzfindigkeit eine Macht produzieren, die wie eine „Maschinerie“ (ebd. 229) funktioniert. Das Potential

12 Interessanterweise muss auch die machtvolle Instanz des Arztes selbst dem prüfenden Blick entsprechen, wie Schriften aus 1817 zeigen: „Eine schöne äußere Erscheinung, das heißt eine edle und männliche äußere Erscheinung, ist vielleicht im allgemeinen eine der ersten Bedingungen, um in unserem Beruf erfolgreich zu sein; vor allem bei den Irren […] ist dies unentbehrlich, um ihnen zu imponieren. Braune oder vom Alter weiß gewordene Haare, lebhafte Augen, eine würdige Haltung, Gliedmaßen und eine Brust, die Kraft und Gesundheit verkünden, scharfe Gesichtszüge, eine kräftige und ausdrucksvolle Stimme: Dies sind die Formen, die allgemein eine große Wirkung auf Individuen haben […]“ (Fodérés, zit. i. MdP 16). Mit dieser Beschreibung wird ersichtlich, dass das Inkorporieren von Machtstrategien nicht bei den Insassinnen oder Delinquenten einer Institution haltmacht, sondern ebenso von den als gesund oder normal bezeichneten Individuen vollzogen wird.

einer optimalen Verbindung dieser Maschinerie mit der Ökonomie zeigt Foucault am Beispiel der Gefängnisse:

> „[D]ie Existenz eines gesetzlichen Verbots läßt ein Feld gesetzwidriger Praktiken entstehen, das der Kontrolle unterworfen wird und aus dem sich ein unerlaubter Profit ziehen läßt – und zwar mit Hilfe von Elementen, die selber gesetzwidrig sind, die man aber als Delinquenz organisiert und damit im Griff hat. Die Delinquenz ist ein Instrument zur Bewältigung und Ausbeutung der Gesetzwidrigkeiten." (ebd. 361)

Foucault spitzt seine Kritik noch weiter zu, indem er den zu erwirtschaftenden Gewinn der Gefängnisse benennt. Er meint damit eine Form von Gewinn, der sich durch die Festlegung der Delin-
quenz selbst als produktiv erweist. Denn mit dem Vorgang der Einsperrung selbst werden die Bereiche des „Normalen" und „Abnormalen" getrennt. Und genau durch diese Trennung vollzieht sich eine gesellschaftliche Kategorisierung, die sich produktiv auch auf den als normal beschriebenen Teil der Gesellschaft bzw. auf die Gesellschaft als Ganzes auswirkt. Der Gewinn ist also das, was die Macht mit der Kategorisierung erreichen möchte, nämlich behaupten zu können, was genau als „normal" und „abnormal" zu gelten hat. Dies bedeutet einen enormen „politischen Nutzen" (MM 238), der auf dem Konto der „Machtökonomie" (ÜS 281) verbucht werden kann.[13]

Die Kriminalität selbst hat neben dem politischen auch noch einen ökonomischen Profit. Unsaubere „Geschäftszweige" (MM 238) lukrieren Gewinne unmittelbar über die Kriminalität. Hier sind exemplarisch die Prostitution, der Waffenhandel und der Drogenhandel zu nennen (vgl. ebd.)

13 Diese Produktivität der Macht trifft ebenso für den Bereich der Psychiatrie zu.

„Die normierende Sanktion"[14]

Die disziplinierende Technik der normierenden Sanktion lässt sich als „kleiner Strafmechanismus" (ÜS 230) verstehen, der Verfehlungen qualifiziert und sanktioniert, die der üblichen Rechtsordnung einer Gesellschaft entgehen. Als Ausgangspunktet der normierenden Sanktion – die in unterschiedlichen Formen bis in den Alltag unserer Zeit reichen – präzisiert Foucault die im 18. Jahrhundert sich ausweitenden Praktiken der Disziplinierung in den Schulen, beim Militär oder den Waisenhäusern. Es handelt sich um eine Art „Mikro-Justiz" (ebd.), die jeden Aspekt der Zeit (z. B. Zuspätkommen), der Handlungen (z. B. Trägheit, Unaufmerksamkeit), des Körpers (z. B. inkorrekte Haltung oder Geste) und der Sexualität (z. B. unzüchtiges Verhalten) verfolgt. Die Bestrafungen reichen von körperlichen Züchtigungen und Demütigungen bis zu einer ganz neuen Art der Sanktionierung, der Übung (vgl. ebd. 232). Diese zielt weniger auf Reue oder Einsicht, sondern auf die „Wiederholung" (ebd.) und Vervielfachung der nicht zufriedenstellend ausgeführten Aufgabe.

Ein wesentlicher Ankerpunkt der normierenden Sanktion ist die tendenzielle Bevorzugung der Belohnung gegenüber der Bestrafung. Wie Foucault aus Schriften des beginnenden 18. Jahrhundert nachvollzieht, entsteht eine neue Art der Belohnung, die auf die Voraussetzung einer emotionalen Beziehung beruht. Eine lehrende oder erziehende Person „muß versuchen häufiger Belohnungen auszuteilen als Strafen; […] darum wird es sehr ersprießlich sein, wenn es dem Lehrer […] zuvor gelingt, das Herz des Schülers zu gewinnen" (Ch. Demia 1716, zit. in ebd. 232 f.).

Markiert in der Strafjustiz das Verbot die Trennlinie von gut und schlecht, wird durch die Macht der Disziplinen eine Bandbreite zwischen den beiden Extremen des Guten und des Schlech-

14 ÜS 229 [Kurs. i. Orig.].

ten eingeführt. Das ermöglicht die Etablierung verschiedener Stufen zwischen den Polen. Dies wirkt sich auf die einzelnen Subjekte selbst aus, denn sie werden nun in Bezug aufeinander, über die Inspektion ihrer Eigenschaften, Anlagen und Fähigkeiten erfasst, kontrolliert, verglichen, differenziert, hierarchisiert, homogenisiert und ausgeschlossen (vgl. ebd. 236). Diese Verfahren sind uns auch heute nicht fremd. Wenn an Kindergärten, Schulen, Rehabilitationseinrichtungen und Ähnliches gedacht wird, ist es tendenziell unwahrscheinlich, dass von den dort tätigen Autoritäten behauptet wird, „Du kannst/Sie können das nicht" oder „Sie/er ist nicht förderungswürdig". Stattdessen wird mit speziellen Übungen, positiven Bestätigungen oder Anreizen gearbeitet, die das Wissen und die Fähigkeiten jeder Einzelnen vermehren und optimieren sollen. Die dahinterstehenden Imperative stehen alle im Zeichen der Produktivität: Immer produktiv bleiben! Stillstand gibt es nicht! Du musst dich bemühen! Nicht aufgeben! Üben, üben, üben!

Diese beginnende Investition in Beobachtung, Korrektur, Dressur, Bestrafung und Belohnung lässt einen dokumentierten Erkenntnisreichtum entstehen, die der „Macht der Norm zum Durchbruch" (ebd. 237) verhilft. So wird die „Mikro-Ökonomie einer pausenlosen Justiz" (ebd. 234) selbst zum Erkenntnisgewinn über das Individuum und wirkt *„normend, normierend, normalisierend"* (ebd. 236 [Kurs. i. Orig.]). Die Macht der Norm verbreitet sich in sämtlichen Institutionen der Schulsysteme, der Strafjustiz und der Medizin. Sie etabliert eine allgemein gültige Norm eines Verständnisses von Gesundheit, der alle Individuen unterworfen sind und die sich in das sogenannte Alltagswissen langsam, aber sicher einschreiben: „Die Norm etabliert sich als ein neuer Typus der Macht" (Marti 1988, 92).

„Die Prüfung“[15]

Das Disziplinarinstrument der Prüfung ist die Kombination der bereits angeführten Operationen der hierarchischen Überwachung und der normierenden Sanktion. In der Prüfung fallen Machtverhältnisse und etabliertes Wissen in eins zusammen. „Die politische Besetzung des Wissens erfolgt ja nicht bloß auf der Ebene des Bewußtseins und der Vorstellungen und in dem, was man zu wissen glaubt, sondern auf der Ebene dessen, was ein Wissen ermöglicht.“ (ÜS 239)

Foucault erkennt in der heute weitverbreiteten Praxis der Visite durch die Ärztin eine neue Art der prüfenden Vorgehensweise aus dem Spitalswesen des 17. Jahrhundert. Waren Spitäler zuvor in erster Linie Orte der Fürsorge, werden sie nun Stätten des Erkenntnisgewinns. Damit ändert sich die Hierarchie in den Krankenanstalten, denn der Arzt wird nun eine zentrale Position innehaben: „Aus der unregelmäßigen und flüchtigen Inspektion von einst ist eine geregelte Beobachtung geworden, die den Kranken in eine fast ununterbrochene Überprüfungssituation versetzt“ (ebd.). Damit wird deutlich, dass im Unterschied zur traditionellen Macht des feudalen Herrschers mit seinem machtvollen Glanz und Pomp der Scheinwerfer der Macht nun auf die Zu-Prüfenden fällt. Insofern wirkt die eingelagerte Macht in der Prüfung „unsichtbar“ (ebd. 241), sie versteckt sich förmlich, während zeitgleich die Unterworfenen, also die Zu-Prüfenden, der Sichtbarkeit ausgesetzt werden. Oder wie Foucault selbst sagt: „Es ist gerade das ununterbrochene Gesehenwerden, das ständige Gesehenwerdenkönnen, […] was das Disziplinarindividuum in seiner Unterwerfung festhält“ (ebd.).

Mit dem Verfahren der Prüfung etablieren sich am Ende des 18. Jahrhunderts die klinischen Wissenschaften, indem nicht die

15 ÜS 238 (Kurs. i. Orig.).

Spezies in ihrer Gesamtheit, sondern das singuläre „Individuum [...] in das Feld des Wissens" (ebd. 246) eintritt. Nun lässt sich die Einzelne beobachten, beschreiben, vermessen und dokumentieren. Diese Dokumentationen der Beobachtungen und Vermessungen erschaffen aus dem Individuum „einen Fall" (ebd.), der sowohl Angriffsfläche der Macht als auch Erkenntnisquelle ist.

Dieser „Prüfungsapparat" (ebd. 240) kommt nicht nur im Spitalswesen oder dem Militär zur Verbreitung, sondern ganz wesentlich auch im Schulsystem, womit sich das Wissenssystem der Pädagogik über Konzepte der Norm etablieren kann.

Zusammenfassend lässt sich aus Foucaultscher Perspektive für die Produktivität der Macht noch einmal explizit darauf hinweisen, dass es kein Wissen und keine Wahrheit außerhalb von Machtverhältnissen geben kann:

> „Man muß wohl auch einer Denktradition entsagen, die von der Vorstellung geleitet ist, daß es Wissen nur dort geben kann, wo die Machtverhältnisse suspendiert sind, daß das Wissen sich nur außerhalb der Befehle, Anforderungen, Interessen der Macht entfalten kann. [...] Eher ist wohl anzunehmen, daß die Macht Wissen hervorbringt (und nicht bloß fördert, anwendet, ausnutzt); daß Macht und Wissen einander unmittelbar einschließen; daß es keine Machtbeziehung gibt, ohne daß sich ein entsprechendes Wissensfeld konstituiert, und kein Wissen, das nicht gleichzeitig Machtbeziehungen voraussetzt und konstituiert." (ebd. 39)

Mit Dirk Daiber kurz gefasst: „Neues Wissen gebiert neue Formen der Macht und umgekehrt – eine endlose Spirale" (1999, 65). Insofern operiert die neue Machtform über den „Komplex Macht/Wissen" (ÜS 39 f.), dessen Zielobjekte die menschlichen Körper selbst sind. Sie werden einer genauen Bestimmung, Kategorisierung und Identifizierung unterworfen und so zu geübten, fügsamen und gelehrigen Körpern gemacht.

Mit diesen Veränderungen in der Ausprägung moderner Macht, wie sie Foucault konzipiert, geht eine weitere Transformation im Verständnis über das Individuum einher, die mit der Erfindung der Psyche benannt werden kann. Als praktizierende Psychotherapeutin von der „Erfindung" zu sprechen, mag provokant anmuten, wird doch heute auch jenseits psychotherapeutischer Kontexte die Psyche als ein bedeutsames Element des Menschen verstanden, dem ein zentraler Einfluss für ein gelingendes Leben – was immer das bedeutet – zugeschrieben wird. Dass das Konzept der Moderne aber, welches wir heute Psyche nennen, ein sehr junges der menschlichen Ideengeschichte darstellt, entgeht weitgehend der Aufmerksamkeit. Gerade weil sich Wirklichkeit und Wahrheit nie ohne ihre Verbindung mit der Macht denken lassen, kann die Psyche mit Foucault nicht als präsoziale Ontologie gelesen werden, sondern – wie von mir formuliert – als Konzept. Das folgende Kapitel soll deshalb aufzeigen, wie sich dieses selbstverständliche Wissen um die Existenz der Psyche konstituiert hat.

Die Formierung der Psyche und die Folgen

In dem breiten Zeitabschnitt von der Feudalherrschaft auf dem Weg in die Moderne entsteht das Konzept Psyche im Kontext gesellschaftlicher Transformation und bringt sowohl die Psychiatrie als auch die Psychologie als neue Wissenschaften hervor.

Die Psychiatrie als Teildisziplin der Medizin hat ihre Ursprünge im 17. Jahrhundert, als ein Vorgehen entsteht, welches mit der massiven Ausschließung des Wahnsinns die politische Bühne betritt. Mit der hierarchischen Beobachtung, der normierenden Sanktion und der Prüfung, die in der Disziplinarmacht zusammenfallen, beginnt ein exzessives Erheben und Registrieren sämtlicher individuumsbezogener Daten, die das Eintreten des Wahnsinns in die medizinische Sphäre mit sich bringt.

Der Wahnsinn – historischer Abriss

Wenn sich Foucault dem Wahnsinn zuwendet, so ist es weder seine Intention, ihn irgendwie dingfest zu machen, noch zu behaupten, es gäbe ihn gar nicht. Mit seinen Worten: „Man kann zweifellos sagen, daß der Wahnsinn ‚nicht existiert', doch das heißt nicht, daß er nichts sei" (GG I 177). Foucault interessiert sich vielmehr dafür, wie es dazu kommen konnte, den Wahnsinn zu einem Objekt der Beobachtung zu machen.

Die Bestimmung des Wahnsinns und die Konstituierung des modernen Vernunftsubjekts versteht er als zirkuläre Entstehungsgeschichte, die er mit historischen Situationen verknüpft und so erklärbar macht. Es sind dies die Entstehung der Normalisierungsgesellschaft mit ihren Praktiken der Internierung, die Formierung des Kapitalismus und das damit verbundene Streben, die verstreute ungeordnete Bevölkerung der neuen politischen Situation dienstbar zu machen (vgl. GmD 69 f.). In diesen historischen Parameter erkennt Foucault die Bedingungen, die sowohl die Konstituierung des Vernunftsubjekts als auch des Wahnsinns möglich gemacht haben. Der Wahnsinn kann nur in Beziehung zur Vernunft erkannt werden und bekommt in der Moderne einen neuen Platz:

> „Daher wird der Wahnsinn, mag er in der vom vernünftigen Menschen für ihn geschaffenen Welt auch noch so frei sein, mag er dessen Geist und Herz auch noch so nahe sein, für den vernünftigen Menschen stets nur ein Objekt sein, nicht mehr die stets drohende Umkehrung seiner eigenen Existenz, sondern ein mögliches Ereignis in der Verkettung der Dinge." (WG 461)

Damit kritisiert Foucault die Humanwissenschaften, denen er vorwirft, nicht zu beachten, dass ihr Wissen nur durch das gesellschaftspolitische Bedingungsgefüge einer ganz spezifischen Historie möglich wurde. Er schreibt: „Die Geburt der Wissenschaften vom Menschen hat sich wohl in jenen ruhmlosen Archiven zugetragen, in denen das moderne System der Zwänge gegen die Körper, die Gesten, die Verhaltensweisen erarbeitet worden ist" (ÜS 246). Es sind die Archive der Gefängnisse und der psychiatrischen Anstalten. Foucault weist damit auf einen Aspekt hin, der auch im psychosozialen Feld höchst ungern zur Kenntnis genommen wird, nämlich die Erkenntnis, dass sich das heutige Wissen über den Menschen nur dadurch gewinnen ließ, dass bestimmte Personengruppen durch Internierung von der Gesellschaft abgetrennt und den Praktiken der Disziplinierung unterworfen wurden.

Foucault fasst den Wahnsinn also „nicht als Gegenstand einer
 Geschichte der Psychiatrie" (Ruoff 2013, 240), sondern als ein Phänomen der Gesellschaft: „Der Wahnsinn existiert nur in einer Gesellschaft, er existiert nicht außerhalb der Formen der Empfindsamkeit, die ihn isolieren, und der Formen einer Zurückweisung, die ihn ausschließen oder gefangennehmen" (Foucault, zit. n. ebd. 240 f.). Wohl hat es bereits im 14. Jahrhundert in den überflüssig gewordenen Leprosorien die Internierung des Wahnsinns gegeben, aber in dieser Epoche ist er weitgehend „ein Erlebnis im Zustand der Freiheit; er bewegt sich ungehemmt, er ist ein Teil des Schauplatzes und der Sprache aller, er ist für jeden eine alltägliche Erfahrung, die man mehr auf die Spitze zu treiben als zu meistern sucht" (PG 103).

Mit dem Ende des Mittelalters lässt sich ein wahrer Boom an literarischen Verarbeitungen und kunstvollen Abbildungen des Wahnsinns als neues beängstigendes Phänomen erkennen. Wieso gerade zu dieser Zeit? Foucault stellt einen Zusammenhang mit dem Denken der Klassik, also der Zeit Ludwigs XIV. bis zur Französischen Revolution, her. In dieser Zeitspanne ortet er den Verlust einer gemeinsamen Sprache vom modernen Menschen und dem Irren. Es entsteht ein „Schweigen" (WG 8), das konstitutiv für die Trennung von Vernunft und Wahnsinn ist. Auf diesem

Schweigen gründet die „Sprache der Psychiatrie, die ein Monolog der Vernunft *über* den Wahnsinn ist“ (ebd. [Kurs. i. Orig.]). Die Vernunft erlangt in der Klassik einen ganz zentralen Stellenwert. Sie soll in der Lage sein, Auskunft über die Wahrheit zu geben, sie dient quasi als Schlüssel zu wahren Aussagen und wird zum bedeutsamsten Element jeder Erkenntnis hochstilisiert. „Die Welt gehört von jetzt ab ganz und gar dem denkenden Subjekt; der Wahnsinn ist zum Schweigen verurteilt worden, da er nicht mehr eine komplementäre Erfahrung, sondern bloß noch ein fehlendes Denkvermögen bezeichnet“ (Marti 1988, 17).

An dieser Stelle möchte ich kurz innehalten, um zu versuchen zu klären, was Foucault mit dem „Schweigen“ (WG 8) meint, das für die Trennung von Vernunft und Wahnsinn konstitutiv gewesen sein soll. Dieses Schweigen entsteht durch die Internierung selbst, weil damit die Sprache der Menschen in all ihrer Verschiedenheit unterbrochen wird. Waren sowohl in den Leprosorien des 14. Jahrhunderts als auch im Alltag der Menschen die Sprechenden in allen ihren Unterschieden nebeneinander zu finden, also in einer ebenbürtigen Position, so verändert sich das in den Asylen radikal. Hier etabliert sich eine Hierarchisierung, die die Vernunft gegenüber dem Wahnsinn triumphieren lässt. Dies zeigt sich in einer neuen (Rang-)Ordnung zwischen dem Arzt[16] und der Patientin und lässt so zwei neue Figuren entstehen: Den Vernunftmenschen und die Irre. Beide Personen erhalten an diesem Ort eine durch die Hierarchisierung veränderte Identität: Hier die Irre, dort die Vernünftige.

Wenn nun dieser Mensch der Vernunft, sei es in der Person der Richterin oder Wärterin, später der Psychiaterin, mit der Irren spricht, ist diese Trennung durch den Ort des Gesprächs bereits vollzogen. Nun werden beide in einer ganz anderen Art und Weise

16 Die Geschichte kennt zu dieser Zeit nur männliche Ärzte.

miteinander sprechen als außerhalb der Institution. Sie werden in diesem Kontext zu jemand anderem. Mit der Überhöhung der Vernunft über den Wahnsinn hat der Vernunftmensch das Sagen. Der Vernunftmensch wird die Irre befragen und diese wird antworten. Deshalb befragt auch nicht die Irre die Vernünftige.

In jedem Fall wird es die gemeinsame Sprache – wie immer diese beschaffen war – nicht mehr geben. Sie ist mit der Internierungspraxis zum Schweigen gebracht worden. Foucault hat demnach nie behauptet, eine Geschichte der Psychiatrie oder der psychiatrischen Sprache zu schreiben, sondern „vielmehr die Archäologie dieses Schweigens" (WG 8).

Mit dieser Analyse verweist Foucault auf ein Phänomen, das uns sehr geläufig sein dürfte, nämlich, dass es einen Unterschied macht, *wer* etwas sagt. Wie in den Asylen der Richter[17] und die Irre durch die Praxis der Internierung eine ganz bestimmte Identität erhalten, hat im Verlauf der Zeit die Kategorie der Identität selbst einen enormen Bedeutungsaufschwung erlangt. Jede weiß aus eigener Erfahrung, dass sie eine Aussage unterschiedlich auffasst und bewertet, je nachdem, von wem diese Aussage stammt. Es macht einen Unterschied, ob eine „psychisch kranke Person", ein „Häftling", eine „Frau", ein „Homosexueller" oder eine „Ärztin" spricht. Mit all diesen Identitäten sind ganz bestimmte in der Gesellschaft gängige Bilder verbunden. Folglich wird ein und dieselbe Aussage gänzlich unterschiedlich aufgefasst, interpretiert und bewertet – je nachdem, *wer* spricht. Kurz gesagt: Identität wirkt. Möglicherweise war dieser Gedanke Foucaults ausschlaggebend dafür, dass er selbst in einer Fernsehsendung mit einer Gesichtsmaske anonym aufgetreten ist. Er legte Wert darauf, dass seine Worte und Aussagen gehört und nicht auf ihn als Sprecher zurückgeführt werden (vgl. DMP). Die Maske könnte ein Hinweis auf

17 Zur Zeit der Asyle ist der Richter männlich.

diesen Zusammenhang – Identität und Gesprochenes – gewesen sein und gleichzeitig ein Versuch, diesem Machtmechanismus ein Stück weit zu entgehen.

Ich kehre hier wieder zu Foucaults historischer Analyse zurück, als der Wahnsinn zur Zeit der Klassik einer neuen Bestimmung zugeführt wird. Der Wahnsinn wird nun im Verhältnis zur Vernunft als Unvernunft beschrieben, als „von der Vernunft gekonterte Kehrseite; und jene leere, inhaltslose und wertlose, rein negative Form, in der nichts abgebildet ist als der Abdruck einer gerade entflohenen Vernunft" (WG 169). Die Vernunft bekämpft den Wahnsinn mit einer überhöhten Ordnung, die als Sieg über den Wahnsinn verstanden wird. „[A]lles an ihm [dem Wahnsinn, AG], was der Vernunft nahe, zu nahe ist, was diese durch eine lächerliche Ähnlichkeit bedroht, wird auf gewaltsame Weise getrennt und zu rigorosem Schweigen gebracht" (ebd. 164).

Die Durchsetzung der vernünftigen Ordnung etabliert eine Vorgehensweise, die den Wahnsinn aus dem gesellschaftlichen Kontext ausschließt und sich ab dem 17. Jahrhundert durch die sich intensivierende Praxis der Internierung zeigt. Das Besondere ist sowohl die enorme Anzahl als auch die unterschiedlichen Personengruppen, die in ganz Europa davon betroffen sind:

> „... eingeschlossen werden arme Invalide, alte Leute im Elend, Bettler, hartnäckig Arbeitsscheue, Venerische, Sünder, Libertins aller Art, Leute, denen ihre Familie oder die königliche Obrigkeit eine öffentliche Bestrafung ersparen möchte, verschwenderische Familienväter, Kleriker im Bannbruch, kurz alle, die hinsichtlich der Ordnung, der Vernunft, der Moral und der Gesellschaft Anzeichen von Zerrüttung zu erkennen geben." (PG 104)

Die Internierung selbst versteht sich zu dieser Zeit in keiner Weise als eine Angelegenheit der Medizin. Es gibt keine medizinische Definition des Wahnsinns, die den extremen Ausschluss dieser

Zeit rechtfertigen kann. „[D]ie Geste, die verbannt, was der Mensch nicht erkennen kann, ist der Rede, in der eine Wahrheit zur Kenntnis gelangt, fremd geblieben“ (WG 166). Zeitgleich mit der ausschließenden Praktik dieser Zeit gibt es auch die Idee, dass es sich beim Wahnsinn um eine Krankheit handeln könnte, weshalb ihr mit unterschiedlichen Prozeduren wie Bädern und Aderlass begegnet wird. In überwiegender Weise werden die Wahnsinnigen aber weggeschlossen und der Bestrafung, Erziehung und Disziplinierung unterworfen. Durch diesen unspezifischen Umgang mit dem Wahnsinn gerät er in den Dunstkreis des Verbrechens und der Verweigerung der etablierten Ordnung. Mit die-

sem Ausschlussmechanismus zeigt sich „das Verhältnis der Gesellschaft zu sich selbst“ (PG 105), also welches Verhalten gesellschaftlich zugelassen ist und welches nicht, und folglich, wer in dieser Gesellschaft leben kann oder darf und wer nicht.

Mit der entstehenden bürgerlichen Gesellschaft wird mit der Internierung zudem einem ganz neuen verwerflichen Vergehen dieser Zeit begegnet, nämlich dem „Müßiggang“ (PG 105). Damit werden alle oben angeführten Personengruppen unter eine Kategorie zusammengefasst. Sie alle verweigern zufällig oder schuldhaft die Mitarbeit an der „Akkumulierung der Reichtümer“ (ebd.). Foucault folgend liegen „[n]icht die Sorge um die Krankheit, sondern wirtschafts- und bevölkerungspolitische Motive“ (Marti 1988, 17) der großen Internierung dieser Zeit zugrunde. Im 17. Jahrhundert braucht es daher für die Feststellung, dass eine Person dem Wahnsinn anheimgefallen ist, ausschließlich einen Richter[18]. Er erkennt den Wahnsinn in der Sprache der Betroffenen. Es braucht noch keinen ärztlichen Blick für diese Erkenntnis.

Im Verlauf des 18. Jahrhunderts spitzt sich das Verhältnis der Vernunft zum Wahnsinn zu. Ohne den Wahnsinn selbst definie-

18 … der immer noch ausschließlich männlich sein kann.

ren zu können, wird er erkannt als „totale Vernunftlosigkeit, die man sofort als solche auf dem Hintergrund der *Strukturen des Vernünftigen* wahrnimmt. [...] der Wahnsinn ist eigenartige Individualität, deren eigene Charakterzüge, Benehmen, Sprache, Gesten sich jeweils von dem, was man beim Nicht-Irren findet, unterscheiden" (WG 177 [Kurs. i. Orig.]). So gesehen ist der Wahnsinn im Verhältnis zur Vernunft ohne Inhalt, denn niemand kann sagen, wie genau er zu definieren sei. Er kann als Leerstelle verstanden werden, die aber immer in Beziehung zum unmittelbaren Umfeld steht. Der Wahnsinn gibt sich nur über die Folie der Vernunft zu erkennen, die Vernunft wiederum kann einzig über die Beobachtungen der Wahnsinnigen bestimmt werden. So führt
jede detailreiche Beschreibung des Irren zur Erklärung, was einen vernünftigen Menschen ausmacht. Im „selben Augenblick, indem das Objekt Wahnsinn Gestalt annahm, [bildete] sich zugleich das Subjekt heraus [...], das imstande war, den Wahnsinn zu erkennen" (GmD 69).

Ab der Mitte des 18. Jahrhundert findet in dem Begehren, den Wahnsinn irgendeiner Definition zu unterwerfen, eine Fokusverschiebung statt. Das Bemühen einer Klassifikation bewegt sich in Richtung der „Ordnung der Pflanzenwelt" (WG 184). Waren die Ordnung und damit auch die Krankheit eine gottgewollte Angelegenheit, mitunter auch der Strafe zugeordnet, so tendiert man jetzt zu der Überzeugung, dass der Wahnsinn in einer naturgegebenen Ordnung zu finden sei. Mit Foucault gesprochen: „Die Ordnung der Botaniker wird zum Organisator der pathologischen Welt"[19] (ebd. 185). Aber immer wieder gelingt es, dem Wahnsinn zu entwischen. Die mühevolle Arbeit der detailreichen Klassifikationen endet immer an dem Punkt, an dem die vermeintlich her-

19 „... und seit Ärztegedenken hat man diesen sorgfältigen Gärtner des Übels nie sterben sehen" (ebd.).

gestellte Ordnung durch irgendeine Abweichung gestört wird. Und dennoch wird der Wahnsinn voll (göttlicher) Weisheit sein, die der Wahrheit der Natur folgt. Dieser „Naturalisation" (ebd. 186) liegt das Konzept zugrunde, dass die Natur selbst „die ganze festgesetzte Fülle der Vernunft ist" (ebd.). Insofern wird der Wahnsinn als Unvernunft an die Natur gekoppelt, nach deren Prinzipien auch der vernünftige Mensch agiert. Damit rückt der Irre wieder näher an den Vernunftmenschen heran. Zwar bringt dieses Umdenken noch keine Veränderung in der Struktur der Unterbringung, aber es verschiebt sich bereits das Motiv des Ausschlusses. Der französische Arzt Philippe Pinel, der in Psychiatriekreisen

als Befreier der psychisch Kranken gefeiert wird, beschreibt diese Fokusverschiebung: Die Natur ist

> „eine Art Gegengewicht zu den Geistesverwirrungen durch Lieblichkeit und die Anziehungskraft des Ackerbaus, durch den natürlichen Instinkt des Menschen für die Bebauung der Erde und die Vorsorge durch die Früchte seiner Arbeit. [...] Vom Morgen an sieht man sie (...) sich heiter in den verschiedenen Teilen der großen Einfriedung verteilen,[...] sich die den Jahreszeiten entsprechenden Arbeiten eifrig teilen, Getreide, Gemüse, Suppengemüse anbauen, sich nacheinander um die Ernte, den Weinanbau und die Weinernte, die Olivenernte kümmern und abends in ihrem einsamen Asyl Ruhe und einen ruhigen Schlaf finden. Die dauernde Erfahrung hat in diesem Hospiz gezeigt, daß dies das sicherste und wirksamste Mittel ist, wieder vernünftig zu werden." (Pinel, zit. i. WG 344).

Hier wird die Verstrickung von Moral und Strafe (Arbeitszwang und Einsperrung) explizit. Die Moral erlangt im 19. Jahrhundert die ganze Aufmerksamkeit im Zusammenhang mit dem Wahnsinn. Letztlich wird sie als „Kern für alle Auffassungen" (ebd. 345) des Wahnsinns dienen. Pinel betont, wie „wichtig es ist, zur Vorbeugung der Hypochondrie, der Melancholie oder der Manie den unveränderlichen Gesetzen der Moral zu folgen" (Pinel, zit. i. ebd. 345). Die Herstellung einer vernunftgeleiteten Ordnung findet durch die Disziplinarmacht, wie weiter oben beschrieben, in der Psychiatrie ihre exakte Umsetzung. Im Jahr 1800 gibt abermals Pinel Zeugnis für diese Behauptung:

> „Man darf sich über die grosse Wichtigkeit, die ich auf die genaue Handhabung der Ordnung in den Hospitälern, und auf die physischen und moralischen Eigenschaften, welche eine solche Aufsicht erfordert, lege, nicht wundern, indem diess die wichtigste Grundlage bey der Behandlung des Wahnsinns [...] ist, und man ohne derselben weder genaue Beobachtungen machen, noch eine dauerhafte Heilung erlangen kann [...]" (Pinel, zit. n. MdP 14).

Diese von Pinel beschriebene Ordnung äußert sich in den nun zunehmend extra für Irre vorgesehenen Asylen in Form von strikten Tagesabläufen und „Zwangsarbeit" (PG 105).[20] Die Disziplinartechniken der aufstrebenden psychiatrischen Profession folgen einer zweifachen Aufgabe. Sie sollen zum einen der genauen Beobachtung der Internierten dienen und zum anderen deren Besserung. Das heißt, dass die angewendeten Praktiken jenseits der üblichen medizinischen Behandlungskunst angesiedelt sind. Insofern interpretiert Foucault Pinels Arbeit in der psychiatrischen Anstalt nicht in erster Linie als befreiende Wendung im Sinne einer Psychiatriereform, sondern „er sieht deren Aufgabe eher darin, den Kranken mit der gesellschaftlichen Konformität zu versöhnen, in die Arbeit einzugliedern, den herrschenden Moralvor-

20 Die Zukunft wird diese Tätigkeiten in den psychiatrischen Anstalten als Ergotherapie in die Behandlung integrieren. Mit dieser therapeutischen Maßnahme schwindet die Wahrnehmung, dass es sich hier um eine Dienstbarmachung für eine ökonomieorientierte Gesellschaft handelt.

stellungen und der patriarchalischen Familienordnung zu unterwerfen" (Marti 1988, 21).

Dass es nicht Pinel war, der die Irren von ihren Fesseln befreit hat, wie man in Psychiatriekreisen bis heute nicht müde wird zu betonen, kann Foucault durch Recherchen in unzähligen Archiven nachvollziehbar machen.[21] Er verdeutlicht, dass sich die Vorgehensweise, wie die Individuen dazu gebracht wurden, die vernunftgeleitete Ordnung einzuhalten, ändert. Die Ketten werden entfernt, um Arbeit (unter Zwang) möglich zu machen, denn Arbeit erscheint als Synonym des vernünftigen Verhaltens. Insofern ist eine „rein psychologische Medizin [...] erst an dem Tag

möglich geworden, an dem der Wahnsinn in die Schuldhaftigkeit gedrängt wurde" (WG 332), die sich in einer unvernünftigen Lebensweise offenbart.

Anstatt der psychiatriehistorischen Legende vom Befreier Pinel versteht Foucault die Internierung und moralische „Behandlung" des Wahnsinns als Unterwerfungstechniken, die ihre Macht in die psychiatrischen Klassifikationen pflanzen und letztlich ihre Schatten, eines gesicherten Wissens einer tatsächlich vorhandenen Psyche, in die Zukunft werfen. Dort wird der Wahnsinn „regelmäßig von der Vernunft befragt und überwacht" (Marti 1988, 21) werden. Anders ausgedrückt: In den sich immer weiter ausdifferenzierenden Klassifikationen von Störungsbildern etabliert sich die Macht der Psychiatrie als normalisierende Instanz, die die Menschen den herrschenden Moral- und Wertvorstellungen einer Gesellschaft unterwirft. Mit der damit verbundenen permanenten Beobachtung und Befragung des Wahnsinns durch Personen der

21 Die Anekdote um den Befreier Pinel ist ein Mythos, der von Pinels Sohn stammt. Philippe Pinel, so wird heute vermutet, war zu der Zeit, als begonnen wurde die Irren sukzessive von den Fesseln und Ketten zu befreien, gar nicht in Paris (vgl. Brückner 2010, 69).

Vernunft beginnt sich das, was heute als Wahrheitswissen des Psychischen gilt, erst zu formieren.[22]

In verstärktem Maße wird der Druck auf die Politik, die Irren von den Straffälligen zu trennen, größer. Es gibt bereits zu Beginn des 18. Jahrhunderts, also bevor Philippe Pinel die politische Bühne betritt, heftige Proteste und auch Veränderungsvorstellungen von zweierlei Gruppierungen. Auf der einen Seite stellen Strafhäftlinge unzählige Bittgesuche und Beschwerdebriefe, die über die Unerträglichkeit und Unzumutbarkeit des Zusammenlebens mit den Irren Auskunft geben. Sie sind die Ersten, die diesen Umstand beklagen. Auf der anderen Seite fordert eine nicht zu unterschätzende Anzahl unterschiedlicher Professionen aus den
Anstaltsdirektionen, der Ökonomie und dem bewachenden Personal die Beendigung der gemeinsamen Internierung von Wahnsinn und Verbrechen. Insbesondere die liberalen Ökonomen vertreten die Ansicht, dass die Wahnsinnigen nicht in der für die Gesellschaft teuren Form der Anstalten untergebracht werden sollten, sondern bei ihren Familien. Begründet wird diese Idee damit, dass die Familie einerseits als Symbol einer übergeordnet verstandenen Vernunft steht und andererseits eine gewohnte Umgebung gewährleistet (vgl. Marti 1988, 20).

Was die beiden Gruppen, die die Internierung der Irren beklagen, unterscheidet, ist ihr Zugang zur Schaffung von Wahrheit und Wirklichkeit. Denn die Strafgefangenen werden mit ihren Bittbriefen kaum gehört, ihr Wort gilt einfach nicht in dem Ausmaß wie das der Wissenden aus der Ökonomie. Damit kann noch einmal explizit hervorgehoben werden, dass nicht jedes Wissen Eingang in gesellschaftlich wirkmächtige Diskurse erlangt hat und auch heute erlangt. Vielmehr ist das, was als wahr und wirklich gilt, immer mit der Macht verknotet.

22 Dieser Gedanke ist zentrales Thema des dritten Kapitels.

Langsam beginnt am Ende des 18. Jahrhundert ein Konzept zu entstehen, dass den Wahnsinn in die Dualität, Arzt[23]/Patientin bettet. Der Arzt wird ab nun sukzessive zum „Übersetzer" und „Interpreten" des Wahnsinns. Während in der Rede über den Wahnsinn im 17. und 18. Jahrhundert Körper und Seele als Einheit zur Disposition stehen, verändert sich dieses Denken im 19. Jahrhundert. Es wird darum gerungen, den Ursprung des Wahnsinns materialistisch, also innerhalb des Körpers, oder immateriell, als ein Element der Seele, zu lokalisieren. „[E]ntweder ist der Wahnsinn die organische Verletzung eines materiellen Prinzips, oder er ist die geistige Störung einer immateriellen Seele" (WG 211).[24]

Sämtliche Vorgänge und Eindrücke des alltäglichen Lebens werden als Ursachen oder zumindest als Einflüsse für die Entstehung des Wahnsinns geltend gemacht: Wut, Traurigkeit, intensive Studien, tiefe Meditationen, heftige Leidenschaften verschiedenster Art, aber auch Einflüsse des Klimas und des sozialen Umfeldes, wie zu feuchte oder zu trockene Luft sowie zu viel Hingabe zu einer religiösen Gruppierung, Eifersucht oder aber die Liebe selbst.

Psyche I

Wenn Foucault die Veränderungen der Strafpraktiken des Justizsystems[25] in seiner Studie *Überwachen und Strafen* (ÜS) untersucht, zielt er weniger auf juristische Fragen, sondern auf die Folgen, die diese neuen Praxen für die Formierung der modernen

23 Der Arzt ist noch immer ausschließlich männlichen Geschlechts.

24 Diese Trennung spielt bis heute eine zentrale Rolle. Das zeigt sich sowohl in der unterschiedlichen Herangehensweise in der Behandlung selbst als auch in der Aufspaltung in biologische, sozialpsychiatrische und psychologische Forschungsfelder innerhalb der Psychiatrie.

25 Foucault untersucht dieses innerhalb des französischen Strafsystems (vgl. ÜS 43). Meiner Einschätzung nach lässt sich seine Analyse auf den europäischen Raum, natürlich mit gewissen Abweichungen, übertragen.

Subjektivität bedeuten. Zeigen sich die Strafen des Verbrechens bis ins 18. Jahrhundert in qualvollen körperlichen Martern, die auch dem öffentlichen Schauspiel der Bevölkerung dienen, beginnt in dieser Zeit eine Strafpraxis zu triumphieren, die das Verbrechen durch die Internierung in den Gefängnissen einem strikten Tagesablauf und einer permanenten Beobachtung unterwirft. Der Übergang vollzieht sich von der Körper- zur Freiheitsstrafe, die im 19. Jahrhundert zur Selbstverständlichkeit wird. Selbst wenn in der Freiheitsstrafe die Möglichkeiten des Körpers eine Einschränkung erfahren, wie die begrenzte Menge an Nahrung oder der Verlust sexueller Möglichkeiten und auch die körperliche Gewalt ein Thema des Strafvollzuges bleibt, so findet doch Foucault zufolge eine ganz erhebliche Verschiebung des Strafens selbst statt. Wenn nun nicht mehr die körperliche öffentliche Bestrafung, sondern die Einsperrung Praktik des Strafens wird, so fragt Foucault: „Wenn sich das Strafsystem in seinen strengsten Formen nicht mehr an den Körper wendet, worauf richtet es dann seinen Zugriff" (ÜS 25)? Und er hält auch die Antwort bereit: „Da es nicht mehr der Körper ist, ist es die Seele. Der Sühne, die dem Körper rasende Schmerzen zufügt, muß eine Strafe folgen, die in der Tiefe auf das Herz, das Denken, den Willen, die Anlagen wirkt" (ebd.). Diese Behauptung untermauert Foucault unter anderem mit einem Zitat eines gewissen G. de Mably aus dem Jahr 1789, der schreibt: „Die Strafe soll, wenn ich so sagen darf, eher die Seele treffen als den Körper" (ebd. 26).

Foucault analysiert an dieser Stelle seiner Studie, dass es mit der Verschiebung des Strafens von den körperlichen Martern zur Einsperrung nicht um „weniger Grausamkeit, weniger Leiden, mehr Milde, mehr Respekt, mehr ‚Menschlichkeit'" (ebd. 25) geht, einzig die Zielrichtung des strafrechtlichen Zugriffs hat sich verändert. Ab nun wird die Justiz über den Modus der Disziplinen, der hierarchischen Überwachung, der normierenden Sanktion und der Prüfung, die Motive, die Triebe, die Anomalien und den Charakter der Delinquentinnen einer genauen Beleuchtung unterwerfen, um sie „zum Gegenstand ihrer disziplinierenden und normalisierenden Bemühungen zu machen" (Sarasin 2005, 133). Das bedeutet, dass die Person der Verfehlung einer permanenten Beobachtung, disziplinierenden Tagesstruktur, insbesondere aber einer stetigen *Befragung* seiner Motive, Empfindungen, Gefühle und Begehrlichkeiten unterworfen wird.

Mit dieser Analyse in der Veränderung der Strafpraxis sieht Foucault eine Parallele im Umgang mit dem Wahnsinn. Auch dieser wird in den psychiatrischen Anstalten derselben Zeit zum

Reden gebracht. „Er wird jetzt betrachtete Form, durch die Sprache umhülltes Ding, erkannte Wirklichkeit; er wird zum Objekt" (WG 461). Damit taucht eine Figur am Horizont auf, die als menschlicher Innenraum von den Psychiatern im 19. Jahrhundert als Psyche propagiert, zu Beginn des 20. Jahrhunderts von Sigmund Freud weitergedacht und so zu einem immer genauer zu beforschendem Objekt wird.

Die Psyche versteht Foucault nicht als eine immer schon dagewesene ontologische Tatsache, sondern als eine *Denkfigur*, die erst durch die Internierungs- und Disziplinierungspraxen in die Wirklichkeit der Moderne eintreten konnte. Durch die in den Gefängnissen und Asylen vollzogene „‚Mikrophysik' der Strafgewalt" (ÜS 41) entsteht erst die Form des Psychischen[26]:

> „Man sage nicht, die Seele sei eine Illusion oder ein ideologischer Begriff. Sie existiert, sie hat eine Wirklichkeit, sie wird ständig produziert – um den Körper, am Körper, im Körper –

26 Meines Wissens unterscheidet Foucault nicht zwischen den Begriffen Seele und Psyche. Dass es hier einen Unterschied festzumachen gilt, werde ich im dritten Kapitel darlegen. Für die hier angestellte theoretische Darstellung des Foucaultschen Denkens verwende ich beide Begriffe synonym.

durch Machtausübung an jenen, die man bestraft, und in einem allgemeineren Sinn an jenen, die man überwacht, dressiert und korrigiert, an den Wahnsinnigen, den Kindern, den Schülern, den Kolonisierten, an denen, die man an einen Produktionsapparat bindet und ein Leben lang kontrolliert" (ebd.).

Foucault versteht das Psychische demnach nicht wie in den christlichen Religionen als von Geburt an schuldbeladen. Vielmehr ortet er das Psychische als ein Resultat, das aus dem „Zwang [...] geboren wird" (ebd. 42). In weiterer Folge hat man über die „Verzahnung von Machtwirklichkeit und Wissensgegenstand" (ebd.) erst die verschiedenen Begriffe und Untersuchungsbereiche konzipiert, nämlich die „Psyche, die Subjektivität, die Persönlichkeit, das Bewusstsein und das Gewissen (vgl. ebd.). Um es auf den Punkt zu bringen: Das, was heute als Identität und Subjektivität verstanden wird, ist das Resultat aus der Verschränkung der Zwangsmaßnahmen (Gefängnisse und die Internierungspraktiken des Wahnsinns) und der sich parallel entwickelnden humanwissenschaftlichen Disziplinen. Dieses Zusammenspiel ermöglicht die Etablierung einer Norm, die weniger auf das einzelne Individuum ausgerichtet ist, sondern eine Bezugsgröße für eine gesamtgesellschaftliche Ordnung bereitstellt. Erst die über die Humanwissenschaften operierenden Techniken der Disziplinierung erzeugen Individualität. Dies ist also bereits eine Wirkung der Macht – oder wie Foucault schreibt:

„Tatsächlich ist das, was bewirkt, daß ein Körper, daß Gesten, Diskurse, Wünsche als Individuen identifiziert und konstituiert werden, bereits eine erste Wirkung der Macht. Das Individuum ist also nicht das Gegenüber der Macht; es ist, wie ich glaube, eine seiner ersten Wirkungen" (DM 83). Dass Foucault mit dieser Diagnose am befreienden Moment moderner Subjektivität zweifelt, ist gut nachvollziehbar, denn:

> „Der Mensch, von dem man uns spricht und zu dessen Befreiung man einlädt, ist bereits in sich das Resultat einer Unterwerfung, die viel tiefer ist als er. Eine ‚Seele' wohnt in ihm und schafft ihm eine Existenz, die selber ein Stück der Herrschaft ist, welche die Macht über den Körper ausübt. Die Seele: Effekt und Instrument einer politischen Anatomie. Die Seele: Gefängnis des Körpers." (ÜS 42)

Foucault wird diese Bestimmung in seinen späteren Arbeiten einer neuerlichen Untersuchung unterziehen und dabei den Fokus auf die Beteiligung der Individuen an ihrer eigenen Subjektivierung legen und die hier gemachten Einschätzungen ein Stück weit relativieren. Er wird allerdings dabei bleiben, die geschichtlichen Entwicklungen des Strafrechts und der humanwissenschaftlichen Disziplinen nicht als zwei getrennte Felder zu sehen, weil sie beide in einem gemeinsamen Geflecht des Komplexes aus Macht und Wissen zu finden sind, einander wechselseitig befeuern und stützen, während sie gleichzeitig die Bedeutung des Psychischen propagieren und „puschen". Er untermauert diese Behauptung damit, dass es in europäischen Staaten

> „praktisch keine Straftäter mehr [gibt] und [...] es auch bald schon keinen Menschen mehr geben [wird], der nicht bei einem Strafverfahren durch die Hände von Spezialisten aus dem Bereich der Medizin, Psychiatrie oder Psychologie ginge. Das ist so, weil wir in einer Gesellschaft leben, in der das Verbrechen nicht mehr nur und vor allem eine Gesetzesübertretung darstellt, sondern in allererster Linie eine Abweichung von der Norm." (MM 242)

Das ist tatsächlich eine bedeutsame Veränderung innerhalb der Praktiken des Strafens, denn der „Strafbare muß nicht mehr Buße tun, er muß sich behandeln lassen" (Marti 1988, 85). Damit lässt sich verstehen, weshalb Foucault das Ziel moderner Macht, die sich auf die *Gesamtheit der Bevölkerung* (also nicht nur auf die

Straffälligen) bezieht, mit dem Begriff der „Normalisierung" (WzW 90) benennt.

Conclusio I

Aus der Foucaultschen Perspektive konnte die Entwicklung der Humanwissenschaften nur mit der Macht der Disziplinen zur vollen Entfaltung gelangen. Denn die Disziplinarmacht stellt Techniken bereit, die es der Medizin erst ermöglichen, ein derart umfangreiches Datenmaterial zusammenzutragen. So gesehen können sowohl die Disziplinarmacht als auch die Humanwissenschaften als sich gegenseitig befördernde Prozesse verstanden werden. Über die Erkenntnisse dieser Studien war und ist es dann möglich, so etwas wie einen Mittelwert oder eine Norm bezüglich des menschlichen Verhaltens zu definieren, die in Kategorisierungen, Beurteilungen und Kontrollmechanismen münden. Über das Arsenal dieses entstandenen Komplexes aus Macht und Wissen ist der „erkennbare Mensch (Seele, Individualität, Bewußtsein, Gewissen, Verhalten ...)" als „Effekt/Objekt dieser analytischen Erfassung, dieser Beherrschung/Beobachtung" (ÜW 394) verstehbar.

Über das Dingfestmachen des Wahnsinns kann sich die psychiatrische Ordnung „in ein unumschränktes Gesamtprojekt" (GG I 175) einfügen, das auf die gesamte Gesellschaft abzielt. Dieses entstandene Wissen, das sich über Wissenschaften und administrative Institutionen und Praktiken ausweitet, ermöglicht die Bestimmung von Identitäten, die den Individuen zugewiesen, in das subjektive Selbstverständnis integriert und so in die individuelle Subjektivität übergeführt werden. Damit kann festgehalten werden, dass Foucaults Forschungen von dem Interesse getragen sind, herauszufinden, welche Bedingungen konkret notwendig waren, um Unterschiede zwischen Menschen zu konstruieren, die eine neue Form der Subjektivierung konstituiert, die heute als ganz selbstverständliche Schablonen der Unterscheidung dienen.

Mit diesen Überlegungen des „frühen" Foucaults zeigt sich die Macht als „von außen" einwirkende Kraft, die aus Individuen Subjekte macht. Es sind die Körper der Menschen, auf die die Macht einwirkt und sie durchdringt. Über diese machtvollen disziplinarischen Vorgehensweisen werden gelehrige und gefügige Körper produziert, die ein mehr an Leistungsfähigkeit hervorbringen und der sich etablierenden kapitalistisch-liberalen Ökonomie dienstbar gemacht werden. Aus dieser Perspektive gibt es kein Subjekt außerhalb von Machtpraktiken und Wissensproduktionen, sondern gerade nur innerhalb dieses „Komplexes [von] Macht/Wissen" (ÜS 39 f.), das die Psyche verstärkt ins Zentrum der Aufmerksamkeit stellt. Das physisch-psychische Subjekt ist so ein „Effekt/Objekt" (ebd. 394) im Macht-Wissen-Zusammenhang einer ganz bestimmten historisch-politischen Situation.

Die Gouvernementalität oder die Macht der Regierung

In den Jahren 1978 und 1979 hält Michel Foucault am Collége de France Vorlesungen, die sich unter der Überschrift „Geschichte der Gouvernementalität" in zwei Teile gliedern. Diese sind unter *Sicherheit, Territorium, Bevölkerung* (GG I) und *Die Geburt der Biopolitik* (GG II) nachzulesen. Mit den Vorlesungsreihen versucht Foucault eine Theorie der Macht zu erarbeiten, die nicht mehr ausschließlich als Individuen unterwerfend oder repressiv in Erscheinung tritt, sondern in der die Individuen selbst aktiv an ihrer Subjektwerdung mitwirken. Auf diese Analyseverschiebung weist Foucault selbst hin, wenn er sagt: „Der Geschichte der Subjektivität waren wir nachgegangen, indem wir einerseits die in der Gesellschaft im Blick auf Wahnsinn, Krankheit und Kriminalität vorgenommenen Teilungen sowie deren Auswirkungen auf die Konstitution eines vernünftigen, normalen Subjekts erforschten" (SuuW 259). Im Unterschied dazu geht es bei der

„Erforschung der ‚Gouvernementalität' […] um eine Analyse der Macht als Feld strategischer Beziehungen zwischen Individuen und Gruppen" (ebd.). Damit wird erkennbar, dass die zentrale Frage der Gouvernementalitätsvorlesungen etwa derart formuliert werden kann: Wie macht die westliche Kultur Menschen zu Subjekten, und was tut der einzelne Mensch selbst dazu, sich in ein Subjekt dieser Gesellschaft zu transformieren und sich als solches zu verstehen? Foucault analysiert also, kompakt gesagt, „die Verkoppelung von Machtformen und Subjektivierungsprozessen" (Pieper/Gutiérrez Rodríguez 2003, 8).

Das Wort „Gouvernementalität" führt Foucault als „Kunstausdruck" (Ruoff 2013, 51) in seine Überlegungen ein und beschreibt dessen Verständnis so:

> „Ich verstehe unter ‚Gouvernementalität' die aus den Institutionen, den Vorgängen, Analysen und Reflexionen, den Berechnungen und den Taktiken gebildete Gesamtheit, welche es erlauben [sic], diese recht spezifische, wenn auch sehr komplexe Form der Macht auszuüben, die als Hauptzielscheibe die Bevölkerung, als wichtigste Wissensform die politische Ökonomie und als wesentliches technisches Instrument die Sicherheitsdispositive hat. Zweitens verstehe ich unter ‚Gouvernementalität' die Tendenz oder die Kraftlinie, die im gesamten Abendland unablässig und seit sehr langer Zeit zur Vorrangstellung dieses Machttypus geführt hat, den man über alle anderen hinaus die ‚Regierung' nennen kann: Souveränität, Disziplin, und die einerseits die Entwicklung einer ganzen Serie spezifischer Regierungsapparate [und andererseits] die Entwicklung einer ganzen Serie von Wissensarten nach sich gezogen hat. Schließlich denke ich, daß man unter ‚Gouvernementalität' den Vorgang oder vielmehr das Ergebnis des Vorgangs verstehen sollte, durch den der mittelalterliche Staat der Gerichtsbarkeit, der im 15. und

> 16. Jahrhundert zum Verwaltungsstaat wurde, sich nach und nach ‚gouvernementalisiert' hat." (GG I 162 f.)

Foucault sucht in den Gouvermentalitätsvorlesungen die Ausgangspunkte der Organisation westlicher Staaten, wie wir sie heute kennen, einerseits in der Geschichte wiederzufinden und andererseits diese einer Machtanalyse zu unterziehen. Historisch ortet er den Scheidepunkt im Übergang von der Macht des Souveräns zum modernen Staat an der Schwelle zum 16. Jahrhunderts. War es zur Zeit des Staatsphilosophen Niccolò Machiavelli (1469–1527) noch vorrangiges Ziel des Regierens, das Territorium für den Fürsten oder Herrscher zu sichern, beginnt sich diese Regierungsweise nun langsam zu verändern. Es entsteht die Erkenntnis, dass ein Staat über die Menschen Bescheid wissen sollte, um seinen Reichtum und seine Kraft erhalten beziehungsweise vermehren zu können. In dieser Fokusverschiebung mutiert die Bevölkerung weg von ihrer Position als Gruppe von Untertanen innerhalb des Reiches oder fürstlichen Territoriums hin zu einer zentralen Ressource des Staates. Damit macht Foucault deutlich, dass er den Staat nicht als ein straff durchstrukturiertes System versteht, sondern als ein Zusammenwirken von sehr unterschiedlichen und vielfältigen Taktiken, Techniken und Strategien der Machtausübung, deren zentrale Angriffsfläche die Bevölkerung darstellt, die zugleich aber auch die Grundlage moderner Staatlichkeit selbst bildet. Noch bis ins 18. Jahrhundert ist diese neue „Kunst des Regierens" (GG I 144) aufgrund der nach wie vor starken Bedeutung des Souveräns blockiert. Spätestens dann aber beginnt sich die Idee der Regierungsweisen zu transformieren, die nun über einen neuen Komplex aus unterschiedlichen Institutionen, Strategien, Taktiken und Verfahren zu greifen beginnt. Förderlich sind dazu die Möglichkeiten der Statistik, die es erlauben, vermehrte Informationen über die Bevölkerung einzuholen. Fragen nach der Lebensdauer, der Sterblichkeitsrate von Säuglingen und Kindern, den Auswirkungen großer Epidemien und dem Zusammenspiel von Gesundheit und Arbeitskraft gewinnen an Bedeutung. So „tritt die Bevölkerung […] als der höchste Zweck der Regierung zutage" (ebd. 158). Intentionen des Regierens sind nun einerseits der Gesundheitszustand und die Lebensdauer, andererseits ebenso der Reichtum und das Vermögen der Bevölkerung. Insofern liegt das Augenmerk des Regierens sowohl auf der Entwicklung der Bevölkerung als Ganzes als auch auf dem einzelnen Individuum und dessen „Seelen- und Verhaltensführung" (ebd. 135). Diese Macht, die um die Ganzheit der Bevölkerung kreist, der es darum geht, „das Leben zu sichern, zu verteidigen, zu stärken, zu mehren und zu ordnen" (WzW 133), bezeichnet Foucault mit dem Begriff der „Bio-Macht" (ebd. 135). Er hebt damit hervor, dass sich zum ersten Mal in der Geschichte „das Biologische im Politischen" (ebd. 138) reflektiert. Wie ich später noch ausführen werde, wird dem Sex in diesem Vorgang eine ganz zentrale Rolle zukommen. Er wird als „Scharnier" (ebd. 140) zwischen der Bevölkerung und dem einzelnen Individuum fungieren, weil er einerseits über die Achse der Disziplinen geführt wird und sich derart die „Machtdispositive direkt an den Körper schalten" (ebd. 146) können und andererseits gleichzeitig unmittelbar mit der Regulierung der Bevölkerung verknüpft werden kann, die als „Gattungskörper" (ebd. 135) zur Zielscheibe der Macht wird. Deshalb erscheint es nur logisch, dass sich eingreifende politische Strategien und Maßnahmen, die auf die Fortpflanzung, die Geburten- und Sterberaten sowie die Sicherung der Gesundheit abzielen, entwickeln, denn „der Sex und seine Fruchtbarkeit müssen administriert werden" (ebd. 116).[27] Mit dieser „Verwaltung des Lebens"

27 Ein anschauliches Exempel dazu ist die seit dem 17. Jahrhundert bevölkerungspolitische Machtstrategie, einerseits die Kindheit, wie sie heute verstanden wird, zu etablieren und parallel dazu das Kindeswohl an die Fürsorge der biologischen Mütter zu knüpfen (vgl. Badinter 1994).

(ebd. 134) etabliert sich die *„Bio-Politik"* (ebd. 135 [Kurs. i. Orig.]),[28] die sich mit den aufstrebenden Wissenschaften wie Biologie, Medizin, Gynäkologie, Psychiatrie, Psychologie und Pädagogik verbindet.

An dieser Stelle bietet sich eine Definition gouvernemental operierender Macht an:

> „Unter Macht, scheint mir, ist zunächst zu verstehen: die Vielfältigkeit von Kräfteverhältnissen, die ein Gebiet bevölkern und organisieren; das Spiel, das in unaufhörlichen Kämpfen und Auseinandersetzungen diese Kräfteverhältnisse verwandelt, verstärkt, verkehrt; die Stützen, die diese Kräfteverhältnisse aneinander finden, indem sie sich zu Systemen verketten – oder die Verschiebungen und Widersprüche, die sie gegeneinander isolieren; und schließlich die Strategien, in denen sie zur Wirkung gelangen und deren große Linien und institutionelle Kristallisierungen sich in den Staatsapparaten, in der Gesetzgebung und in den gesellschaftlichen Hegemonien verkörpern." (WzW 93)

Die Logik des Marktes

Foucault unterscheidet in seinen Gouvernementalitätsstudien zwischen dem klassischen Liberalismus des 18. Jahrhunderts und der neoliberalen Regierungsform im 20. Jahrhundert, die sich in den Beziehungen zwischen Staat und Ökonomie ausdrücken. Im klassisch-liberalistischen Modell soll der Staat das freie Spiel

28 Der zweite Vorlesungszyklus zur Geschichte der Gouvernementalität trägt den Titel „Die Geburt der Biopolitik" (GG II), beschäftigt sich allerdings schwerpunktmäßig mit Überlegungen und kritischen Analysen zum neoliberalen Denken. Obwohl sich die „Bio-Macht" und „Bio-Politik" mit diesen Analysen kreuzen und verschränken, werden sie im Band *Der Wille zum Wissen. Sexualität und Wahrheit 1* (WzW) ausgearbeitet.

des Marktes garantieren und sichern, während im Neoliberalismus die Ökonomie zum obersten Orientierungs- und Leitprinzip der gesamten gesellschaftspolitischen Sphäre mutiert (vgl. Pieper 2003, 145).

Ab dem 18. Jahrhundert ortet Foucault die Einbindung der Ökonomie sowohl in die bevölkerungspolitischen als auch in die individuumszentrierten Agenden als zentrales Steuerungselement modernen Regierens. „Die Einführung der Ökonomie in die Ausübung der Politik ist, glaube ich, der Haupteinsatz des Regierens" (GG I 144). Die Macht, wie sie Michel Foucault in den Gouvernementalitätsvorlesungen erkennt, lässt sich also nicht ohne die Taktiken und Strategien der Ökonomie verstehen. Die „Kunst des Regierens ist gerade die Kunst, die Macht in der Form und nach dem Muster der Ökonomie auszuüben" (ebd.). So wird die Ökonomie zum Dreh- und Angelpunkt zuerst der liberalen, in ihrer extremen Ausprägung dann der neoliberalen Regierungsform. Die „drei Bewegungen: Regierung, Bevölkerung, politische Ökonomie" (ebd. 162) ortet Foucault als seit dem 18. Jahrhundert geltende gesellschaftspolitische Dreieinigkeit, die auch heute noch fortbesteht. Diese Dreierverbindung aber ist laut Foucault keine zwingende, sondern etwas, das sich von verschiedenen Punkten und Kräfteverhältnissen heraus zur aktuellen Form westlicher Staaten zusammengefügt hat. Insofern sind der Staat ebenso wie die Politik und die Ökonomie keinem statischen Verständnis verpflichtet. Es handelt sich bei all diesen Parametern nicht um fixe Entitäten mit einem ganz bestimmten Wesen, sondern, ähnlich wie beim Wahnsinn, um einen Vorgang, in dem sich eine Reihe von Praktiken mit der Herrschaft der Wahrheit koppeln und so ein Dispositiv des Wissens und der Macht bilden. Dies lässt das Nichtexistierende in der Wirklichkeit in Erscheinung treten und unterwirft es auf legitime Weise der Unterscheidung zwischen Wahrem und Falschen (vgl. GG II 39). Diesen Vergleich mit dem

Wahnsinn erlaubt sich Foucault insofern, als selbiger durch die Wahrheitsdiskurse der Humanwissenschaften in einer ganz spezifischen historischen Situation erst in die Wirklichkeit katapultiert wird und die Macht eines Wissens entstehen lässt, die ganz bestimmte Praktiken in einer Gesellschaft erst möglich machen. Dasselbe trifft auf den Staat, die Politik und die Ökonomie zu: „Die Politik und die Ökonomie, die weder existierende Dinge sind noch Irrtümer noch Illusionen noch Ideologien. Sie sind etwas Nichtexistierendes und doch etwas, das an der Wirklichkeit teilhat, das aus einer Herrschaft der Wahrheit hervorgeht, die das Wahre vom Falschen unterscheidet" (ebd.). Damit verweist Foucault einmal mehr auf sein theoretisches Grundkonzept der produktiven Macht, die sich über die Verbindung mit dem Wissen und der Wahrheit entfalten kann. Erst mit diesem Komplex aus Macht und Wissen entstehen die für uns alle so wirkmächtigen Wahrheiten.

Wie sieht es nun aus, das „Zeitalter der Gouvernementalität, die im 18. Jahrhundert entdeckt wurde" (GG I 164) und die letztendlich heute mit dem „Neoliberalismus" (GG II 117) einen vorläufigen Höhepunkt erreicht hat? Dazu ist laut Foucault ein Blick auf das Verständnis des Marktes, wie er im 16. und 17. Jahrhundert interpretiert wird, notwendig. Zu dieser Zeit fungiert der Markt als Ort der „Gerechtigkeit" (ebd. 53). Es ist eine Sphäre, die vielschichtigen, strengen Reglementierungen unterworfen ist. Seien es die Einschränkungen, was genau verkauft werden darf, wie diese Dinge hergestellt und welchen Ursprungs sie sind, ebenso wie die Abgaben, die für den Verkaufsprozess abgeführt werden müssen, und die festgesetzten Preise, die für die Waren verlangt werden dürfen. Über die Einhaltung eines wirklich fairen Preises wird in dieser Zeit sorgsam gewacht. Im Wesentlichen wird mit den Einschränkungen und Auflagen eines verhindert: Der Betrug, und zwar der Betrug an den Personen, die kaufen. Damit war die Vorstellung verknüpft, dass „der Markt wesentlich ein Ort der Gerechtigkeit war und auch wirklich so funktionierte, ein Ort, an dem im Tausch und im Preis etwas erscheinen sollte, das die Gerechtigkeit war“ (ebd. 54). Der Markt, wie er in dieser Zeit für Gerechtigkeit steht, geht im 18. Jahrhundert verloren. Verschiedene Faktoren macht Foucault für diese Veränderung verantwortlich:

> „eine bestimmte monetäre Situation [...], ein neuer Zufluß von Gold einerseits und eine verhältnismäßige Stabilität der Geldsorten [...], ein kontinuierliches wirtschaftliches und demographisches Wachstum [...], die Intensivierung der landwirtschaftlichen Produktion, der Zugang, den eine gewisse Anzahl von Technikern zur Regierungspraxis hatten, die zugleich Träger von Methoden und Instrumenten der Reflexion waren, und schließlich die theoretische Formulierung einer Reihe von ökonomischen Problemen“ (ebd. 57).

Dies ist die Zeit, in der sich der Markt als „Prinzip der Veridiktion“[29] (ebd.) etabliert und so einen wesentlichen Baustein zur modernen Gouvernementalität beisteuert. Der Markt bekommt damit eine extrem verstärkte Position innerhalb der Politik. Er wird mit seinem Wissen, was es für einen starken Staat braucht, zum Sprachrohr der Wahrheit.[30] Dadurch könne sich der Markt, dem eine Art natürlicher (Ordnungs-)Kraft zugeschrieben wird, selbst regeln

29 Der Begriff „Veridiktion“ lässt sich mit dem Wort „Wahrsprechen“ übersetzen. Das Prinzip der Veridiktion ist jeweils an die historische, kulturelle und politische Situation gekoppelt und deshalb immer auch fragil.

30 Dabei spielt nicht nur die Veridiktion des Marktes innerhalb der Gouvernementalität eine zentrale Rolle. Vielmehr ist die Idee der Veridiktion selbst ein zentrales Merkmal westlicher Staatlichkeit, „ob es sich nun um den Markt, den Beichtstuhl, die Psychiatrie, das Gefängnis usw. handelt –, jedenfalls [geht es] in allen diesen Fällen darum [...], eine Geschichte der Wahrheit [...] in Angriff zu nehmen, die von Anfang an mit einer Geschichte des Rechts gekoppelt ist“ (GG II 59 f.).

und entfalten. Das freie Spiel der Ökonomie wird zum Garanten eines starken, erfolgreichen Staates.

Das neoliberale Regieren

Foucault folgt nun den Spuren, wie sich Wahrheiten über den Markt mit denen der Regierung verbinden. Unter Zuhilfenahme unterschiedlicher theoretischer Abhandlungen des US-amerikanischen Neoliberalismus der Chicagoer Schule und des deutschen Ordoliberalismus untersucht Foucault die *„neoliberalen Regierungspraktiken"* (GG II 112 [Kurs. i. Orig.]).

Dabei stellt sich die Frage, wie die Freiheit des Marktes mit seinem zentralen Fokus dem Wettbewerb mit der Politik, insbesondere mit der Sozialpolitik, zu verbinden ist. Oder mit Foucault gefragt: „Angenommen, der wirtschaftlich-politische Regelungsprozeß ist der Markt und kann nur der Markt sein, wie kann man die materiellen, kulturellen, technischen, rechtlichen Grundlagen verändern [...], damit die Marktwirtschaft sich durchsetzen kann" (ebd. 200 f.)? Die Lösung wird sein, dass die beiden Bereiche – hier die Wettbewerbswirtschaft, dort die (Sozial-)Politik – nicht mehr als zwei entgegengesetzte Pole verstanden werden, sondern ineinandergreifen. Die Politik soll die bestmöglichen Bedingungen für den wirtschaftlichen Wettbewerb ermöglichen, sie fungiert quasi als ständige Begleiterin der wirtschaftlichen Prozesse. Ihre Aufgabe ist es, „für den Markt zu regieren" (ebd. 174). Damit gibt es keine Trennung mehr zwischen dem Politischen und den Wirtschaftsprozessen, sie funktionieren nach derselben Logik, und zwar nach der des Marktes. Deshalb ist die Aufgabe sämtlicher Regierungsinterventionen dahingehend ausgerichtet, dass „die Wettbewerbsmechanismen in jedem Augenblick und an jedem Punkt des sozialen Dickichts die Rolle eines regulierenden Faktors spielen können" (ebd. 207). Die ganze Politik soll auf die gesamte Bevölkerung einwirken, denn neoliberale Politik ist „eine Regierung der Gesellschaft, eine Gesellschaftspolitik" (ebd.). Insofern ist die Aufgabe der Regierung als allumfassende, jede gesellschaftliche Sphäre erreichende „Ökonomisierung" (ebd. 335) zu verstehen. Die wesentlichen Interventionen werden daher darauf gerichtet sein, „das Lebende in einem Bereich von Wert und Nutzen zu organisieren" (WzW 139). Zur Erreichung dieses Zieles stellt sich neoliberales Regieren „nicht unter das Zeichen des Laissez-faire, sondern im Gegenteil unter das Zeichen einer Wachsamkeit, einer Aktivität, einer permanenten Intervention" (GG II 188).

Wenn Foucault die Begriffe Regierung oder Regieren verwendet, meint er damit nicht nur staatliche Regelungen, sondern vielfältige Weisen der Einflussnahme, die jegliches Handeln, in Form zwischenmenschlicher Beziehungen wie in Bezug auf sich selbst, einschließen. Der Begriff der Regierung kann als Scharnier zwischen Macht und Herrschaft verstanden werden und ermöglicht zugleich, Techniken der Herrschaft mit „Techniken des Selbst" zu verbinden.

An dieser Stelle ist es bedeutsam, darauf hinzuweisen, dass Foucault zwischen Macht und Herrschaft unterscheidet. Wenn er von Macht spricht, geht er immer davon aus, dass es auch Freiheit gibt, die ein Entweichen oder eine Einflussnahme möglich macht. Wenn demgegenüber Machtbeziehungen erstarren, wenn also keine Freiheit vorhanden ist, auf eine Machtbeziehung einzuwirken, handelt es sich um Herrschaft. Insofern ist die Sklaverei beispielsweise nicht als Machtverhältnis zu verstehen, weil sie zur Gänze determiniert ist. Vielmehr muss hier von einem Zwangs- oder Herrschaftsverhältnis gesprochen werden, weil die Sklavin keinerlei Freiheit hat, zu entweichen oder das Beziehungsgeflecht zu beeinflussen (vgl. DSdM 255 f.). Mit Foucault gesprochen:

> „Wenn es einem Individuum oder einer gesellschaftlichen Gruppe gelingt, ein Feld von Machtbeziehungen zu blockieren, sie unbeweglich und starr zu machen und jede Umkeh-

rung der Bewegung zu verhindern – durch den Einsatz von Instrumenten, die sowohl ökonomischer, politischer oder militärischer Natur sein mögen –, dann steht man vor etwas, das man als einen Herrschaftszustand bezeichnen kann." (EdS 878)

So erklärt sich, wieso er Macht nicht als „eine Mächtigkeit einiger Mächtiger" (WzW 94), sondern als „eine komplexe strategische Situation in einer Gesellschaft" (vgl. ebd.) begreift. Mit Dirk Daiber kann Macht bei Foucault als „dezentrales" oder „polyzentrisches Netzwerk" (1999, 64 u. 69) gedacht werden:

> „Es geht also darum, sich einer Machtkonzeption zuzuwenden, die das Privileg des Gesetzes durch den Gesichtspunkt der Zielsetzung ablöst, das Privileg des Verbotes durch den Gesichtspunkt der taktischen Effizienz, das Privileg der Souveränität durch die Analyse eines vielfältigen und beweglichen Feldes von Kräfteverhältnissen, in denen sich globale, aber niemals völlig stabile Herrschaftswirkungen durchsetzen." (WzW 101)

Weil, so verstanden, die Macht sowohl Herrschende als auch Beherrschte durchquert, bedeutet Regieren ein Feld historisch-spezifischer Führungsweisen, die sowohl die Selbstführung als auch die Führung anderer inkludiert:

„‚Führung' ist zugleich die Tätigkeit des ‚Anführens' anderer (vermöge mehr oder weniger strikter Zwangsmechanismen) und die Weise des Sich-Verhaltens in einem mehr oder weniger offenen Feld von Möglichkeiten. Machtausübung besteht im ‚Führen der Führungen' und in der Schaffung der Wahrscheinlichkeit." (DSdM 255). Unter dieser Perspektive ist Macht überall und verbreitet sich nicht von einem zentralen Ort ausgehend. Macht im Sinne des Regierens heißt mit Foucault:

> „ein Ensemble von Handlungen in Hinsicht auf mögliche Handlungen; sie operiert auf dem Möglichkeitsfeld, in das

sich das Verhalten der handelnden Subjekte eingeschrieben hat: sie stachelt an, gibt ein, lenkt ab, erleichtert oder erschwert, erweitert oder begrenzt, macht mehr oder weniger wahrscheinlich; im Grenzfall nötigt oder verhindert sie vollständig, aber stets handelt es sich um eine Weise des Einwirkens auf ein oder mehrere handelnde Subjekte, und dies, sofern sie handeln oder zum Handeln fähig sind. Ein Handeln auf Handlungen." (ebd.)

An dieser Stelle macht es Sinn, noch einmal den Blick auf die Herkunft des Begriffes Gouvernementalität zu werfen. Über Recherchen in Wörterbüchern und alten Schriftstücken verfolgt Foucault die Ursprünge des Begriffes, der mit dem 16. Jahrhundert eine politische Bedeutung annimmt. „Gouverner" kann „im eigentlichen geistigen Sinne [...] Seelenführung" (GG I 182) bedeuten, indem einer kranken Person eine bestimmte Behandlung auferlegt wird oder sich die Kranke selbst eine Behandlung verschreibt. Ebenso lässt sich „Gouvernement" direkt auf die Lenkung des Verhaltens „im eigentlich moralischen Sinn des Begriffs" (ebd.) zurückführen. Zuletzt lässt sich der Begriff auf die Beziehungen der Individuen untereinander beziehen, die Formen „der Befehlsgewalt oder Herrschaft" annehmen und so als „jemanden lenken" verstanden werden, aber ebenso die verbale Kommunikation „im Sinne von Sich-in-einem-Gespräch-unterhalten" meinen (ebd.). Damit wird noch deutlicher, dass das Ziel der „Künste des Regierens" (ebd. 135) in der Lenkung und Führung liegt, „in der Vollendung, in der Maximierung oder Intensivierung der von ihr gelenkten Vorgänge zu suchen [ist], und anstelle der Gesetze werden verschiedenartige Taktiken die Instrumente der Regierung bilden" (ebd. 150). Die Gouvernementalität bezeichnet so „die Art und Weise, mit der man das Verhalten der Menschen steuert" (GG II 261). Die Kunst des Regierens zielt in der neoliberalen Gouvernementalität sowohl auf die Steuerung und Einflussnahme der gesamten Bevölkerung als auch auf das Verhalten der einzelnen Individuen und deren Einwirken auf sich selbst im Sinne des Sich-selbst-Führens. Dies soll der nächste Abschnitt noch deutlicher machen.

Der Homo oeconomicus

Was bedeutet das nun für das je einzelne Individuum, wenn sich die neoliberale Regierung als Gesellschaftspolitik begreift und Macht so über das „Führen der Führungen" (DSdM 255) operiert? Der Wettbewerb wird eine Kategorie, die sich auf das einzelne Individuum überträgt und sich in das Selbstverständnis einschreibt. Das heißt, jedes Individuum wird sich selbst als „*Homo oeconomicus*" (GG II 314 [Kurs. i. Orig.]) verstehen und sowohl wissen als auch fühlen, dass es „ein Unternehmer seiner selbst" ist, „der für sich selbst sein eigenes Kapital ist, sein eigener Produzent, seine eigene Einkommensquelle" (ebd.) darstellt. Damit kann hervorgehoben werden, dass die Gouvernementalität einen Machttypus beschreibt, der in seiner Wirkungsweise über die Verschränkung von Disziplinierung, Bio-Macht und ganz gezielten Regierungsmechanismen operiert und folglich den Körper, das Denken, die Gefühle, schlicht, das ganze Individuum, erfasst und eine neue Subjektivität formt. Diese Subjektivität unterscheidet sich ganz klar von der in feudalen Strukturen. Denn die Fähigkeit des Souveräns, seine Untertanen zu führen, geht in die Untertanen über und konstituiert ein selbstbestimmtes, autonomes und handelndes Subjekt, „das als Subjekt individueller Entscheidungen erscheint" (ebd. 373). Es ist aufgerufen, aus seinem Leben so etwas wie ein eigenständiges individuelles Unternehmen zu machen. Damit erscheint die Macht unsichtbar, weil jede die Freiheit hat, dieses Unternehmen nach eigenem Gutdünken in die Praxis umzusetzen. Gerade der Aspekt ist bedeutsam, weil sich die Macht durch das Propagieren der individuellen Freiheit weitgehend der Wahrnehmung entzieht, was einerseits die Subjekte noch stärker an die Macht bindet und die Macht andererseits weiter bekräftigt.

Wenn sich die Subjekte nun als individuelle Unternehmen verstehen, ihre eigenen Entscheidungen treffen, ihr Leben gestalten, ihre wirtschaftlichen Belange, damit auch ihre Einkommen, ihre Versicherungen autonom und aus freien Stücken selbst organisieren und verwalten, lässt das mit Foucault nur einen Schluss zu, nämlich, dass „die Menschen sich [selbst] regieren" (GG I 184). Damit erlangt der Begriff der Regierung eine Bedeutung, die sich nicht mehr ausschließlich auf die Regierung eines Staates beschränkt, sondern auf das Handeln jedes einzelnen Individu- ums. In diesem Sinne bezieht sich das Verständnis von Regieren „auf die Herrschaft, die man über sich selbst und andere ausüben kann, über seinen Körper, aber auch über seine Seele und seine Art zu handeln. Und schließlich bezieht es sich auf den Umgang, auf einen zirkulären Prozeß oder auf einen Austauschprozeß, der von einem Individuum zum anderen übergeht" (ebd. 183).

Bleibt die Frage, welche Aufgaben der Politik innerhalb dieser „Unternehmensgesellschaft" (GG II 335), die also aus lauter Unternehmerinnen ihrer selbst besteht, noch bleiben? Die Politik wird die Form einer „genügsamen Regierung" (ebd. 51) bilden, deren Kunst darin besteht, „sowenig wie möglich zu regieren" (ebd. 50).

Zwei zentrale Operationsfelder werden für das Regieren besondere Bedeutung haben. Erstens wird es zur Aufgabe der Regierung, die Rahmenbedingungen zur Verfügung zu stellen, die den Individuen „eine Art von wirtschaftlichem Raum zu [...] gestehen, innerhalb dessen sie Risiken annehmen und ihnen die Stirn bieten können" (ebd. 205), was impliziert, dass es nicht darum geht, „den Individuen eine soziale Deckung von Risiken zu gewährleisten" (ebd.). Die unterschiedlichen Risiken muss der

Homo oeconomicus selbst tragen. Das heißt, dass sich staatliche Sicherungssysteme zunehmend zurückziehen und die Politik stattdessen derart interveniert, jede anzuleiten, eigeninitiativ und aktiv im weiten Feld der Ökonomie als Marktteilnehmerin zu bestehen. Das zweite Feld, das die neoliberale Macht im Auge behalten und gegebenenfalls intervenierend eingreifen muss, sind die „Dinge" (GG I 146), mit denen die Menschen in direkter Verbindung stehen. Das sind zum einen Ressourcen, Reichtümer ebenso wie das staatliche Territorium selbst, zum anderen die klimatischen Gegebenheiten desselben. Dazu gehören auch die Beziehungen der Menschen zu „den Sitten, den Gepflogenheiten, den Handlungs- oder Denkweisen" (ebd.).

Die Kunst des Regierens bedeutet demnach, so wenig wie nur möglich zu regieren, sich aber andererseits „der Menschen ihr ganzes Leben lang und bei jedem Schritt ihrer Existenz kollektiv und individuell anzunehmen" (ebd. 241). Die Hintergrund- oder Bezugsfolie dieser Kunst des Regierens, die für die Entwicklung der Gouvernementalität entscheidend war, sieht Foucault in einer Macht, die im westlichen Denken seit Jahrhunderten weitertradiert wird. Es ist:

Die Pastoralmacht

Die Ursprünge der Macht, die es den Subjekten erlaubt und sie dazu veranlasst, sich selbst zu regieren, ortet Foucault in der christlichen Pastoral.

Der Beziehung zwischen dem christlichen Pastor oder Priester und den Gläubigen entspricht die Beziehung zwischen dem guten Hirten und seiner Herde. Die Aufmerksamkeit des Hirten ist nicht auf ein bestimmtes Territorium, sondern auf die ganze Herde gerichtet. Damit der Hirte die Herde in seiner Gesamtheit führen kann, muss er jedes einzelne Tier mit seinen Besonderheiten kennen.

Die Macht der christlichen Pastoral zeichnet sich durch drei zentrale Kategorien aus: Das Heil, das Gesetz und die Wahrheit (vgl. GG I 239 ff.). Durch das Wissen des Pastors, wie die Gläubigen zum Heil, beispielsweise zu dem des ewigen Lebens im katholischen Glauben, gelangen können, ist es ihm über Vorschriften und Regelungen möglich, das Verhalten der Menschen anzuleiten.

Mit dem christlichen Gesetz bezeichnet Foucault „den Komplex religiöser Regulierungen", der „nicht im juridischen Modus operiert" (Ludwig 2011, 98), sondern über den des Gehorsams. Da das Christentum eine „Religion des Willen Gottes" (GG I 254) ist, die über den Pastor oder Priester vermittelt wird, bedeutet gehorsames Verhalten, sich diesem Willen Gottes zu unterwerfen und auf den eigenen Willen zu verzichten. Insofern gehorchen die Gläubigen dem Pastor als Vertreter Gottes, um mittels seiner Anleitung das Heil zu erlangen. So obliegt dem Priester eine Autorität, die es ihm erlaubt, sämtliche Lebensbereiche und -themen der Gläubigen einer Befragung, Prüfung, Beurteilung und Beaufsichtigung zu unterziehen und sie mit dieser „pastoralen Technologie" (Oes 171) zum Heil zu führen.

Die Beziehung der Pastoralmacht zur Wahrheit zeigt sich nicht nur in der Wahrheitsbekundung ganz bestimmter christlicher Dogmen, sondern besonders in der Verpflichtung der Gläubigen, ihr Gewissen einer permanenten Untersuchung und Prüfung zu unterziehen. Das Geständnis oder die Prüfung, wie weiter oben beschrieben, ist die ideale Form, um einer inneren Wahrheit auf die Spur zu kommen. Insofern bezeichnet Foucault das Christentum nicht nur als „Heilsreligion, sondern auch [als] eine Bekenntnisreligion" (TS 51), denn:

> „Jeder hat die Pflicht zu erkennen, wer er ist, das heißt, er soll ergründen, was in ihm vorgeht, er muß versuchen, Fehler, Versuchungen und Begierden in sich selbst ausfindig zu machen, und jedermann ist gehalten, diese Dinge entweder

> vor Gott oder vor den anderen Mitgliedern der Gemeinschaft zu enthüllen, also öffentlich oder privat gegen sich selbst auszusagen.“ (ebd. 52)

Diese öffentlichen oder privaten Bekenntnisse haben nicht mehr die Funktion, die Individuen in ihrer Selbstbeherrschung zu leiten, wie dies in der (männlichen) antiken Welt der Fall war, sondern vielmehr das Unterwerfungs- und Abhängigkeitsverhältnis zwischen den Gläubigen und den Priestern permanent und beständig auszuweiten. Insofern kann die Macht der christlichen Pastoral als eine Machtform definiert werden, die sich der Führung, Leitung und letztlich Formung der Seelen aller Gläubigen widmet. Dies ist für Foucault eine ganz wesentliche Veränderung im Verlauf der Geschichte:

> „Die christliche Pastoral [...] hat die einzigartige und der antiken Kultur wohl gänzlich fremde Idee entwickelt, daß jedes Individuum unabhängig von seinem Alter, von seiner Stellung sein ganzes Leben hindurch und bis ins Detail seiner Aktionen hinein regiert werden müsse und sich regieren lassen müsse: daß es sich zu seinem Heil lenken lassen müsse, und zwar von jemandem, mit dem es in einem umfassenden und zugleich peniblen Gehorsamsverhältnis verbunden sei.“ (WiK 9 f.)

Foucault folgend, hat sich diese pastorale Machtform „über das Relais der christlichen Kirche“ (GG I 193) in die abendländischen Gesellschaften eingeschrieben und manifestiert. Insofern hat das Individuum in vielen Jahrhunderten sowohl gelernt „sich als Schaf unter Schafen zu betrachten“ und ebenso „sein Heil von einem Pastor zu erbitten“ (ebd. 194).

Foucault bezeichnet die Pastoralmacht deshalb als „das Präludium“ (ebd. 268) für die Entstehung des modernen westlichen Staates und dessen Form des Regierens, die sich ab dem 16. Jahrhundert zu konstituieren beginnt. Diese Machtform geht mit den

Fragen, „wie regiert man die Kinder, wie regiert man die Armen und die Bettler, wie regiert man eine Familie, ein Haus, wie regiert man die Heere, wie regiert man die verschiedenen Gruppen, die Städte, die Staaten, wie regiert man seinen eigenen Körper, wie regiert man seinen eigenen Geist?", (WiK 11) von den christlichen Kirchen in das politische Regierungsverständnis ein.

Wie ich bereits dargestellt habe, wird die pastorale Macht ganz wesentlich in den entstehenden Asylen des Wahnsinns genutzt, indem die Irre von der Person der Vernunft einer permanenten Befragung und Aufforderung zum Sprechen und Erklären unterzogen wird. Dieses wiederkehrende Prozedere evoziert eine Gehorsamsbeziehung zwischen Vernunfts- und Wahnsinnsmenschen.
Diese sich verbreitende Praxis ermöglicht die Etablierung dessen, was Foucault als „Geständnis-Wissenschaft" (WzW 68) bezeichnet, also eine Disziplin, die es geschafft hat, ihre Wissenschaftlichkeit auf das Geständnis zu gründen. Wie konnte das gelingen? Foucault gibt dazu fünf unterschiedliche Postulate und Verfahren an:

1. Die *„klinische Kodifizierung des ‚Sprechen-Machens'"* (ebd. [Kurs. i. Orig.]), die das Bekenntnis mit der Disziplinartechnik der Prüfung verbindet und das Ziel verfolgt, „die Geständnisprozedur in ein Feld wissenschaftlich akzeptabler Beobachtungen einzugliedern" (ebd. 69).
2. Das *„Postulat einer allgemeinen und diffusen Kausalität"* (ebd. [Kurs. i. Orig.]), die auf der Überzeugung eines diffusen Einflusses der Sexualität auf sämtliche Leidenszustände gründet, weshalb die „erschöpfende Inquisition" (ebd.) als legitim behauptet wird.
3. Das *„Prinzip einer der Sexualität innewohnenden Latenz"* (ebd. [Kurs. i. Orig.]), das die Sexualität als etwas propagiert, dass irgendwo im Dunkeln darauf wartet, an Licht gebracht zu werden: „Man muß es hervorzerren, gewaltsam hervorzerren, weil es sich verbirgt" (ebd. 70).

4. Die *„Methode der Interpretation"* (ebd. [Kurs. i. Orig.]), die besagt, dass die Wahrheit der Sexualität, die über das Geständnis zutage tritt, einer Expertin bedürfe, um dechiffriert zu werden.
5. Die *„Medizinisierung der Wirkungen des Geständnisses"* (ebd. [Kurs. i. Orig.]) betont, dass das Geständnis sowohl für die Diagnose der Expertin als auch bereits als therapeutische Maßnahme für die Patientin unverzichtbar sei.

Die dieser Praxis des Geständnisses innewohnende Macht liegt „nicht mehr bei dem, der spricht (dieser ist der Gezwungene), sondern bei dem, der lauscht und schweigt; nicht mehr bei dem, der weiß und antwortet, sondern bei dem, der fragt und nicht als Wissender gilt" (ebd. 66). Die verändernde Wirkung dieser Wahrheitsfindungsprozedur soll sich „nicht bei dem, der ihn empfängt, sondern bei dem, dem man ihn entreißt" (ebd.) entfalten.

Um hier kein Missverständnis entstehen zu lassen: „Regieren [ist] nicht mit der Pastoralmacht gleichzusetzen" (Ludwig 2011, 101). Vielmehr sind Foucaults Ausführungen derart zu verstehen, dass die Macht der Pastoral den historischen Hintergrund oder „das Vorspiel" (GGI 268) zu der Regierungskunst darstellt. Von der Pastoralmacht zum modernen Regieren findet eine „Transformation" (ebd.) statt, die einerseits die Gehorsamsbeziehung in ein Potential der Selbstführung umwandelt und andererseits das Versprechen des christlichen Heils über das Postulat eines guten und richtigen Lebens „ins Diesseits" (ebd. 102) verschiebt.

Subjektivität und Freiheit

Mit der Untersuchung der Pastoralmacht gelingt es Foucault, „die Praktiken zu analysieren, durch welche die Individuen dazu veranlasst wurden, die Aufmerksamkeit auf sich selbst zu richten, sich zu entschlüsseln, sich zu erkennen" (GLTS 661).

Wie angedeutet, verschiebt sich der Forschungsfokus Michel Foucaults in den Gouvernementalitätsvorlesungen und weiteren Schriften speziell in Bezug auf das Subjektverständnis. In den früheren Arbeiten liegt der Schwerpunkt seiner Forschung auf dem ersten Teil des Wortes Subjekt, also auf dem *Sub*, was so viel bedeutet wie „unter etwas sein". Insofern hat er das Subjekts als Unterworfenes bzw. als ein Sich-selbst-Unterwerfendes verortet. Dieses so beschriebene Subjekt wird als „Formierung eines Gehorsamssubjekts, das den allgemeinen und ausgeklügelten Prozeduren irgendeiner Macht unterworfen ist" (ÜS 167) bezeichnet, dem eine individuelle Identität aufgezwungen wird.

An dieser Konzeption übt der „späte" Foucault nun deutliche Selbstkritik und wirft seinen Blick in den Studien zur Gouvernementalität und weiteren Arbeiten verstärkt auf Formen und Praktiken, die es dem Individuum[31] erlauben, an seiner Subjektkonstitution selbst mitzuwirken:

> „Vielleicht habe ich die Bedeutung der Technologien von Macht und Herrschaft allzu stark betont. Mehr und mehr interessiere ich mich für die Interaktion zwischen einem selbst und anderen und für die Technologien individueller Beherrschung, für die Geschichte der Formen, in denen das Individuum auf sich selbst einwirkt, für die Technologien des Selbst." (TS 27)

Bereits der Terminus „Technologien des Selbst" verweist auf eine veränderte Machtanalytik Foucaults, weil dem Subjekt nun eine Freiheit zugeschrieben wird, selbst aktiv zur eigenen Subjektivierung beizutragen. Stehen also in den früheren Arbeiten über die

31 Foucault vollzieht in seinen Werken meines Wissens keine eindeutige konzeptionelle Trennung zwischen den Begriffen Individuum und Subjekt. Was allerdings sehr wohl ausgeführt wird, ist, dass es eines *machtvollen* Prozesses bedarf, damit aus einem Individuum ein Subjekt wird.

Machtformen der Disziplinen die unterwerfenden Aspekte im Vordergrund, so interessieren ihn nun die, die das Subjekt mit der Frage der Freiheit zusammendenken: Die „Freiheit ist nun zu einem unverzichtbaren Bestandteil der Gouvernementalität selbst geworden" (GG I 506). An Stelle der ausschließlichen Unterwerfung wird Regieren nun unter dem Modus einer „freiwilligen Akzeptanz" (Dahlmanns 2008, 99) konzipiert. Aber nicht nur das: Die Machtmechanismen des Regierens werden die Freiheit, die mit der Selbstführung und den Selbsttechnologien verknüpft ist, nicht nur hinnehmen, sondern sogar aktiv anregen: „Man wird beeinflussen, anreizen, erleichtern, tun lassen" (GG I 506). Indem das Individuum angehalten/geleitet wird, auf sich selbst vermittels Selbsttechnologien einzuwirken, wird es „durch Bewusstsein und Selbsterkenntnis an seine eigene Identität gebunden" (SuM 275). Dennoch sind die Techniken der Disziplinen „keineswegs eliminiert" (GG I 161), sie fallen nicht aus der Gouvernementalität heraus, sondern sind nach wie vor Teil ihres Funktionierens. Denn „die Bevölkerung zu verwalten heißt, sie gleichermaßen in der Tiefe zu verwalten, in den Feinheiten und im Detail" (ebd.).

Die Regierung des Selbst durch Selbsttechnologien konnte sich über die Jahrhunderte alte Achse der Pastoralmacht entfalten. Sie ermöglichen es dem Individuum,

> „aus eigener Kraft oder mit Hilfe anderer eine Reihe von Operationen an seinem Körper oder seiner Seele, seinem Denken, seinem Verhalten und seiner Existenzweise vorzunehmen, mit dem Ziel, sich so zu verändern, daß […] [es] einen gewissen Zustand des Glücks, der Reinheit, der Weisheit, der Vollkommenheit oder der Unsterblichkeit erlangt." (TS 26)

Bei der Untersuchung der Selbsttechnologien spielt für Foucault nicht der Wahrheitsgehalt des biologischen, psychiatrischen, medizinischen oder strafrechtlichen Wissens die zentrale Rolle, sondern die „Analyse der sogenannten Wissenschaften als hochspezifischer ‚Wahrheitsspiele' auf der Grundlage spezifischer Techniken, welche die Menschen gebrauchen, um sich selbst zu verstehen" (ebd.). Obwohl die Technologien des Selbst ebenso mit den Strategien der Macht in Verbindung stehen, ist es Foucaults zentrales Anliegen die Selbsttechniken als Ausgangspunkt der Subjektivierung zu untersuchen. Im Unterschied zu seinen vorangegangenen Arbeiten, deren Untersuchungsschwerpunkte zwischen dem 16. und dem 20. Jahrhundert liegen, fokussiert er nun weiter zurück bis in die griechische Antike. Dies erscheint deshalb zielführend, weil die Selbsttechnologien der Moderne, die die Menschen dazu anleiten, sich selbst zu entschlüsseln, in den Grundla- gen der pastoralen Führung zu finden sind und diese wiederum, allerdings in etwas anderer Form, in den antiken Selbsttechniken ihren Ursprung haben. Foucault arbeitet also den Unterschied der griechisch-römischen Philosophie und der christlichen Spiritualität heraus.

In der griechisch-römischen Philosophie gilt als oberstes Prinzip, „auf sich selbst zu achten" (ebd. 28). Damit ist gemeint, dass jeder für sein soziales und persönliches Verhalten ebenso wie für seine individuelle Lebenskunst selbst die Verantwortung trägt. Die Praxis dieser Verhaltensregeln zielt auf die selbstbestimmte Freiheit, moralisch zu handeln, und auf die Gestaltung des eigenen Lebens nach ästhetischen Kriterien. Auf sich selbst zu achten bedeutet den antiken Griechen eine praktische Anleitung, ein Regelwerk der Lebensführung. Zu dieser Praxis gehört der richtige Umgang mit dem Körper, womit die kontrollierte sexuelle Betätigung, eine maßvolle Ernährung und körperliche Ertüchtigung miteingeschlossen sind. Zentrales Augenmerk im Zusammenhang mit dem Körper gilt sowohl der Verhinderung, den Körper zu schwächen, als auch der Sorge um die Nachkommenschaft. Die antiken Formen der Subjektivierung sind also an bestimmte ethische Arbeiten, wie Askese oder Läuterung, und an eine Selbstzuwendung gebunden, die ein Subjekt des rechten Handelns konstituiert. Diese „Sorge um sich" (ebd.) muss als Luxus dieser Zeit verstanden werden, denn sie ist ausschließlich Status des freien Mannes in der Polis, gilt also nicht für Frauen und Sklaven.

Anders stellt es sich bei der christlichen Spiritualität dar. Hier beginnt eine Auffassung zu greifen, die eine gewisse Besorgnis, beinahe eine Angst vor der Unberechenbarkeit des Inneren ausdrückt. Nun wird das sexuelle Verlangen nicht mehr als Herausforderung für den Mann verstanden, sich in der Beherrschung zu üben, sondern als eine Art bedrohliche Kraft, die den Seelenfrieden stört und deshalb einer wiederholenden Introspektion und Gewissensprüfung bedarf. Hier wird die Praxis der Gewissensprüfung als Imperativ – „Erkenne dich selbst" (ebd. 29) – zur Anleitung des rechten (gottgefälligen) Lebens und Handelns. Zwar gibt es den Selbsterkennungsapell auch in der griechisch-römischen Verhaltensvorschrift, im Sinne des Orakels von Delphi. Er ist jedoch gewissermaßen als Imperativ der Erkenntnis gemeint, dass der Mensch Gott nicht ebenbürtig sei. Es gilt also zu erkennen: Du bist ein Mensch und nicht gottgleich! Damit ist ein Aufruf zur Demut verbunden. Der Appell zu dieser spezifischen Form der Selbsterkenntnis ist der Sorge um sich selbst untergeordnet.

Der christlich pastorale Anspruch der Selbsterkenntnis wird mit der Technik des Geständnisses oder der „Enthüllung des Selbst" (TS 62) ab dem 17. Jahrhundert aus dem Raum der christlichen Kirchen ihren Weg in die ärztlichen, psycho-logischen und im 20. Jahrhundert in die psychotherapeutischen Sphären finden. Die antike Selbstsorge hat zum Ziel, ein Subjekt des rechten Denkens und Handelns zu konstituieren, während das Subjekt der Moderne sich insofern um sich selbst sorgt, als es durch eine permanente Suche nach einer inneren Wahrheit zur Selbsterkenntnis zu gelangen trachtet. Das ist tatsächlich ein bedeutsamer Unterschied in der Subjektkonzeption dieser unterschiedlichen Zeiten. War in der Antike die Beziehung, die zur Anleitung des rechten Handelns dient, eine freiwillige, zeitlich begrenzte Form, die der eines Lehrers zu seinem Schüler ähnelt, mutiert die christliche Beziehung zwischen dem Pastor und dem Gläubigen zu einer, die durch den Gehorsam gekennzeichnet ist. Oder anders formuliert: Antike Techniken, die eine bestimmte, vorbildliche Art der Lebensführung und der Selbstbeherrschung verfolgen, werden in der christlichen Pastoral „zu einem Instrument der Abhängigkeit" (GG I 266), also einer permanenten „Gehorsamsbeziehung" (ebd. 266 f.), die sich der Wahrheitsfindung einer inneren Natur widmet. So mutiert die ethische Frage nach einer richtigen Lebensführung in der Moderne „zur objektiv-wissenschaftlichen Frage nach der menschlichen Natur" (vgl. Dahlmanns 2008, 116).

Die Ideen des „Inneren", der „Seele" oder der „Psyche" ortet Foucault nun nicht mehr als ausschließlich durch Unterwerfung und Repression erzeugt, sondern sieht sie in der direkten Mitarbeit des Subjektes begründet, welches durch Introspektion eine innere oder psychische Wahrheit sucht. Dennoch ist die Psyche mit Foucault keine objektivierbare Realität oder Essenz, sondern immer noch über den Komplex aus Macht und Wissen hervorgebracht. Aus dieser Perspektive ist die Psyche ein mächtiges, diskursiv erzeugtes Konstrukt, das sich in das Selbstverständnis der Subjekte eingeschrieben hat und so zu einem festen Bestandteil der je eigenen Subjektivität geworden ist. Insofern sind auch die Polemiken Foucaults gegen die Psychoanalyse zu verstehen, der er attestiert, dass sie nicht die Erfinderin oder Entdeckerin des Unbewussten sei, sondern vielmehr mit dem Akt des „Sprechen-Machens" die historische Tradition der christlichen Pastoral, wenn auch in veränderter Form, fortsetzt. Damit stelle die Psychoanalyse ganz bestimmte Denkschemata bereit, die sich mit der Macht dieser spezifischen Historie erfolgreich verknüpfen konnten. So halten die Machtverhältnisse Einzug in das Subjekt, welches nun eine Wahrheit oder innere Natur seiner selbst zu erforschen sucht. Allerdings sind die Aspekte, die als „eigene Natur“ identifiziert werden, nichts anderes als „die Effekte unterschiedlicher Diskurse und Praktiken, durch die Körper, Lüste und Sehnsüchte dem Subjekt vermittelt werden“ (Ott 1998, 51).

Die Selbsttechnologien lassen sich, und das sei hier nochmals besonders betont, nicht ohne Macht vorstellen, weil mit Foucault kein machtfreier Raum zu haben ist. Es gibt „kein absolutes Außen“ (WzW 96) der Macht. Aber die Selbsttechnologien

ermöglichen den Subjekten einen gewissen „Freiheitsspielraum“ (Dahlmanns 2008, 101) oder, wie Foucault schreibt, ein mögliches Handlungsfeld (vgl. SuM 287). Damit bleibt die Zirkularität von Macht und (freiem) Subjekt zwar bestehen, trägt aber nicht mehr die Fesseln des Determinismus. In dieser Konzeption ist das Subjekt insofern frei, als es innerhalb der Spielräume oder Möglichkeitsfelder der Freiheit gestaltend handeln kann. Es kann diejenigen Freiheiten nutzen, die es in seiner Gesellschaft vorfindet und diese haben bereits durch ganz spezifische, historische und politische Macht- und Denkverhältnisse eine Strukturierung erfahren. Deshalb ist in diesem Verständnis jede Identität niemals eine ausschließlich selbstentworfene. Vielmehr lassen sich die unterschiedlichen möglichen Identitäten des Subjekts als „Masken, welche es tragen kann und die ihm die Gesellschaft für diesen Zweck zur Verfügung stellt“ (Daiber 1999, 79), verstehen.

Damit zeigt sich, dass Foucault in seinen späteren Texten dem Subjekt einen Raum der Freiheit zuerkennt, der von der Macht selbst hergestellt und vorausgesetzt wird:

> „Macht wird nur auf ‚freie Subjekte‘ ausgeübt und nur sofern diese ‚frei‘ sind. Hierunter wollen wir individuelle oder kollektive Subjekte verstehen, vor denen ein Feld von Möglich-

> keiten liegt, in dem mehrere ‚Führungen', mehrere Reaktionen und verschiedene Verhaltensweisen statthaben können." (DSdM 255 f.)

Ein Subjekt zu sein bedeutet unter dieser Prämisse, immer schon an die Gesellschaft gebunden und mit ihr verstrickt zu sein – das Subjekt ist außerhalb des Gesellschaftlichen undenkbar. Damit operiert diese Form der Macht über Techniken und Praktiken, die sich weitgehend der individuellen Wahrnehmung entziehen, was die subjektive Bindung an die Macht nur noch verstärkt. Wesentliches Apriori dieser Perspektive ist die Unabgeschlossenheit der Art und Weise der Subjektkonstitution, weil Foucault keinen inneren Wesenskern oder fixe Ontologie innerhalb des Subjekts annimmt. Stattdessen ist das Subjektverständnis den „je schon historischen Veränderungen ausgeliefert, die seine Definition permanent verändern" (Daiber 1999, 80). Dies begründet Foucault damit – und bleibt so seinen frühen Arbeiten treu – dass jedwede Konzeption des Subjekts immer nur innerhalb des „Komplex[es] Macht/Wissen" (ÜW 39 f.) der je spezifisch politischen und historischen Epoche zu suchen und zu verstehen ist. Deshalb findet zwischen dem Sozialen, das das Subjekt generiert, und der Subjektivitätsform, die daraus entsteht, ein permanenter austauschartiger und damit verändernder Prozess statt. Gesellschaft und Subjekt sind so in der gegenseitigen permanenten Bezug- und Einflussnahme einer unentwirrbaren Verstrickung ausgesetzt.

Daraus darf allerdings nicht geschlossen werden, dass Foucault das Subjekt der Beliebigkeit oder Bedeutungslosigkeit ausliefert. Vielmehr verabschiedet er sich von der Idee, das Subjekt sei gänzlich als autonom und einheitlich bestimmbar. Dies ist ein Kernstück seiner Theorie, die ohne die Annahme eines „selbstreflexiven, sich seiner selbst bewußten und autonomen Subjekt[s] [auskommt], das in den Humanwissenschaften als Ausgangspunkt und Motor von Sinn und Geschichte vorausgesetzt" (Ott 1998, 27) wird. Er verweist mit dieser Konzeption auf die Veränderbarkeit und Vergänglichkeit jeder Subjektkonstitution, weil diese immer in die jeweilige politische Historie mit ihrem Macht-Wissens-Komplex eingebettet ist. Deshalb müsse das moderne Subjekt „als eine historische Form des Menschen angesehen werden, die sich einer Macht verdanke, die gerade deshalb kaum zu erkennen sei, weil sie sich den Anschein des Natürlichen, des Evolutionär-Emanzipatorischen, des Ewig-Menschlichen" gibt (ebd. 32).

Während also – um es hier noch einmal pointiert zu sagen – die Macht der Disziplinen das Individuum zum Objekt macht, derart unterwirft und subjektiviert, fungiert die Macht der Gouvernementalität über diverse Praktiken, die die Technologien des Selbst miteinschließen. Durch diese Verschiebung im Verständnis von Subjektivität und Macht, die nun die individuelle Freiheit des Subjekts in Foucaults späteren Arbeiten mitdenkt, kann erahnt werden, dass die Macht und ihre Effekte nun wesentlich schwieriger aufzuspüren sind, weil sich die Macht über den Imperativ der Freiheit wesentlich unsichtbarer machen kann, gerade weil die Freiheit „die Existenzbedingung von Macht ist" (DSdM 256).

Mit den Technologien des Selbst, die Foucault in die Formierung der Subjektivität integriert, wird eine Trilogie des Regierens geknüpft: Das Subjekt regiert sich selbst durch Selbstführung und Technologien des Selbst, es regiert andere über das strategische Feld von Möglichkeiten in den Beziehungen zueinander und wird über Machttechniken des Führens der Führungen, der Disziplinen und der Bio-Macht regiert.

Kritik und Widerstand

Wie kann das Subjekt nun innerhalb der Verhältnisse, die es konstituieren, Kritik üben und/oder Widerstand leisten? Diese Frage erörtert Foucault insbesondere in den beiden Texten *Was ist Kritik?* (WiK) und *Was ist Aufklärung?* (WiA).

Den Begriff der Kritik definiert er als

> „eine bestimmte Art zu denken, zu sagen, zu handeln auch, ein bestimmtes Verhältnis zu dem, was existiert, zu dem, was man weiß, zu dem, was man macht, ein Verhältnis zur Gesellschaft, zur Kultur, ein Verhältnis zu den anderen auch – etwas, was man die Haltung der Kritik nennen könnte" (WiK 8).

Diese Haltung der Kritik ist nicht etwas, das als universale, überhistorische Form existiert. Vielmehr kristallisiert sie sich erst mit der Vorstellung des modernen Subjekts heraus, wird also erst für die moderne Zivilisation „typisch" (ebd.), weshalb sie seither in einem unaufhörlichen Wandel begriffen ist. Die Kritik lässt sich als eine Praxis verstehen, die das Ziel verfolgt, „nicht so, nicht dermaßen, nicht um diesen Preis regiert zu werden" (ebd. 52).

Die Kritik wird nicht mit dem Ziel eingesetzt, Herrschaft per se abzuschaffen und stattdessen allgemeingültige Strukturen in Anschlag zu bringen. Vielmehr streben kritische Auseinandersetzungen so etwas wie „partielle [...] Umgestaltungen" (WiA 703) an. Eine kritische Haltung einzunehmen heißt deshalb, ganz spezifische historische Diskurse in den Blick zu nehmen und die konkreten Effekte und Auswirkungen ihres Zusammenspiels zu untersuchen. Diese kritischen Untersuchungen behaupten nicht, zwischen wahr und falsch zu unterscheiden. Sie verstehen sich selbst nicht als eine „wissenschaftlich-aufgeklärte Haltung" (Sauer 2015, 25), sondern als eine „Analyse der Grenzen" (WiA 702) des historisch spezifischen Denk- und Vorstellungsvermögens. Die kritische Haltung geht also davon aus, dass die Machtverhältnisse mit ihren historisch spezifischen Wahrheitsdiskursen, die dieses Denk- und Vorstellungsvermögen speisen, äußerst fragil, instabil und umkämpft sind. Sie sind daher grundlegend veränderbar.

Dadurch wird deutlich, wie sehr Kritik selbst mit den Faktoren Macht und Wissen verbunden ist. Der Widerstand und die

Kritik sind deshalb nicht außerhalb der Macht, sondern „nur im Verhältnis" (WiK 8) zu ihr und ihren Wissensimperativen zu denken. Deshalb gerät auch die Wissenschaft mit ihrem Wahrheitswissen in den Fokus der Aufmerksamkeit. Denn wenn Wissen und Macht zirkulär verbunden sind, muss davon ausgegangen werden, dass die „Wissenschaft selbst Teil von Herrschaftsbeziehungen ist" (Sauer 2015, 26).

Mit diesem Kritikverständnis ist es möglich, aktuelle gesellschaftspolitische Verhältnisse mit ihren ganz spezifisch historischen Formen des Regierens in Frage zu stellen. Dabei muss beachtet werden, dass die kritische Haltung oder der Widerstand das
 „Gegenstück zu den Regierungskünsten" (WiK 12) darstellen. Kritik ist so verstanden die „Partnerin und […] Widersacherin" (ebd.) der Regierungskünste und hat die Funktion, „zu mißtrauen, sie abzulehnen, sie zu begrenzen und sie auf ihr Maß zurückzuführen, sie zu transformieren, ihnen zu entwischen oder sie immerhin zu verschieben zu suchen" (ebd.). Deshalb bezeichnet der Widerstand die „Kunst nicht auf diese Weise und um diesen Preis regiert zu werden" (ebd.).

Dies kann so erfolgen, das ich etwas „nicht als wahr annehme […], was eine Autorität als wahr ansagt, oder jedenfalls nicht etwas als wahr annehme […], weil eine Autorität es als wahr vorschreibt" (ebd. 14). Ich kann mir das Recht herausnehmen, „die Wahrheit auf ihre Machteffekte hin zu befragen und die Macht auf ihre Wahrheitsdiskurse hin" (ebd. 15). Ich kann ergründen, welche Folgen und Konsequenzen spezielle Wahrheiten auf das Leben der Menschen haben, im Sinne von: Welche Personengruppe profitiert, welche hat das Nachsehen? Geltende Wahrheiten lassen sich derart auf ihre diskriminierenden, ausschließenden und marginalisierenden Effekte hin untersuchen. So wird die Kritik zur „freiwilligen Unknechtschaft" (ebd.), denn wenn Wissen und Wahrheit mit Macht verknüpft gedacht werden, hat „die Kritik die Funktion der Entunterwerfung“ (ebd.).

Kritik ist also als politische Praxis zu verstehen, die nach „möglichen Überschreitungen“ (vgl. WiA 702) des Herrschenden, als „eine historisch-praktische Erprobung der Grenzen, die wir überschreiten können“ (ebd. 703) sucht.

Mit Foucault ist es für Formen des Widerstandes bedeutsam, dass sie, so sie erfolgreich sein wollen, wie die Macht operieren, nämlich „genauso erfinderisch, genauso beweglich, genauso produktiv wie sie“ (DM 195). Sie sollten sich „von unten“ (ebd.) aus entfalten, also aus der Mitte der Gesellschaft.

Ich fasse mit Foucault zusammen: „[S]obald es ein Machtverhältnis gibt, gibt es Widerstandsmöglichkeit. Wir stecken nie völlig in der Falle der Macht: unter bestimmten Bedingungen und mit einer präzisen Strategie kann man immer ihren Zugriff abwenden“ (ebd. 196).

Psyche II

In seiner Arbeit *Der Wille zum Wissen. Sexualität und Wahrheit I* (WzW) nimmt sich Foucault der Fragestellung an, wie es moderner Macht gelingt, in der individuellen Subjektivität so etwas wie eine „Innerlichkeit“ oder „innere Welt“ entstehen und hegemonial werden zu lassen. Das heißt nicht, dass Foucault den Körper, der in seinen frühen Schriften eine tragende Rolle spielt, in diesem Buch beiseiteschiebt, aber es geht nicht mehr ausschließlich um Subjektivierungsweisen, die „von außen“ auf das Individuum einwirken und es normierend an die Macht binden. Obwohl die nun beschriebenen Machttechniken nach wie vor objektivierend und normierend operieren, interessiert sich Foucault nun dafür, wie es der Macht gelingt, das Individuum dahingehend zu motivieren, die je eigenen Verhaltensweisen, Gefühlsregungen und Begehrlichkeiten zum einen bewusst wahrzunehmen und zum anderen als ganz individuelle Einzigartigkeiten einer ebenso individuellen Innenwelt zu begreifen. Das Individuum wird nun zur Beteiligung an der eigenen Subjektivierung angestachelt, indem die Empfindungen und Wahrnehmungen entdeckt oder mit Foucaults Worten „ans Licht“ (ebd. 51) gezerrt werden und zu einem veränderten Selbstverständnis mutieren.

Für dieses Anstacheln, sich der eigenen Subjektivierung anzunehmen, nützt moderne Macht, Foucault folgend, die Sexualität als Angriffsfläche. Ihr kommt aus zweierlei Gründen eine ganz zentrale Funktion zu. Zum einen dient sie als Verbindungsglied zwischen der Regierung des Individuums und der Regierung der

gesamten Bevölkerung. Und zum zweiten zeigt auch sie das je individuelle Selbstverständnis der einzelnen Subjekte. Denn das sexuelle Begehren „verrät“ die Wahrheit eines Menschen und dient „uns als Universalschlüssel, wenn es darum geht zu wissen, wer wir sind“ (ebd. 80). Die Sexualität wird zum „Chiffre der Individualität“ (ebd. 141) quasi nach dem Motto: Sage, wie du begehrst, und erkenne, wer du bist. Mit den Worten von Cornelia Ott lässt sich die Bedeutung der Sexualität für das einzelne Individuum im Anschluss an Foucault derart formulieren: „Sexualität werde so zum Stützpunkt des modernen Subjekts, da sich die Individuen mehr oder weniger durch das definieren und definiert werden, was sie sexuell tun, denken oder träumen, beziehungsweise was sie sexuell tun, denken und träumen sollten“ (Ott 1998, 51).

Um historisch nachzuvollziehen, wie die Sexualität eine derart tragende Rolle für das Selbstverständnis der Individuen erlangt hat, begibt sich Foucault auf die Spur der Sexualität selbst, indem er Schriften und Abhandlungen daraufhin untersucht, was über sie geschrieben, gesagt, vermittelt und gelehrt wurde. Dabei stößt er immer wieder auf die sogenannte „Repressionshypothese“ (ebd. 17), die besagt, dass die Sexualität vom 17. bis zum 19. Jahrhundert einer permanenten Repression unterworfen gewesen sei. Foucault weist die Hypothese der Repression in seinen Überlegungen nicht generell zurück. Er möchte nicht einmal bestreiten, dass es Repression gab und gibt. Vielmehr versucht er zu ergründen, was genau vom Sex[32] gesagt werden konnte, welche Machtwirkungen dieses Gesagte entfaltete und welches Wissen sich rund um diesen Themenkomplex zu spinnen beginnt. „Kurz, es geht darum, das Regime von Macht – Wissen – Lust in seinem Funktionieren und in seinen Gründen zu bestimmen, das unserem Diskurs über die menschliche Sexualität unterliegt" (ebd. 18).

Den Ursprung, den Sex in das gesprochene Wort überzuführen, bestimmt Foucault mit den Bußpraktiken der römisch-katholischen Pastoralmacht, die seit dem vierten Laterankonzil (1215) den Gläubigern auferlegt wird. So ist seit dem Mittelalter das „Geständnis" (ebd. 61) ein zentrales Ritual in abendländischen Gesellschaften. Die christliche Pastoral erklärt „den Sex zum Gegenstand des Geständnisses par excellence" (ebd. 40), das in einer erschöpfenden, periodisch stattfindenden Regelmäßigkeit erfüllt werden soll. Werden vom Konzil von Trient (1545–1563) bis ins 17. Jahrhundert direkte Fragen zum Sex, zur Lüsternheit und zu Sexualpraktiken verbal umschifft, ändert sich dies zur Zeit der Gegenreformation. Die Seelsorge macht sich zur Aufgabe, alles, was auch nur irgendwie in den Bereich der Sexualität fällt, einer genauen Befragung und gegebenenfalls einer Busse zu unterziehen. „Gedanken, Begehren, wollüstige Vorstellungen, Ergötzungen, verschlungene Regungen der Seele und des Körpers – all das muß fortan bis ins Detail genau ins Spiel der Beichte und der Seelenführung eintreten" (ebd. 25).

32 Im französischen Originaltext wird der Begriff „sexe" verwendet, der mit dem umgangssprachlichen englischen Wort „sex" nicht ident ist, da dieses das Bedeutungsfeld von „sexe" nicht abdeckt. Letztgenanntes meint jegliches Betont-Lustvolle (vgl. WzW 13).

Damit entsteht ein Imperativ, über den Sex zu sprechen, der in der christlichen Seelsorge seinen Ausgangspunkt hat. Sämtliche sexuellen Regungen und Begierden werden in der christlichen Pastoral als Bedrohung für das Seelenheil identifiziert, weshalb es einer regelmäßigen Gewissenserforschung bedürfe. Mit der Prozedur des Geständnisses muss das Selbst seine Gedanken, Gefühle und Begehrlichkeiten beständig überwachen und mit Hilfe des Priesters dechiffrieren. „Und wenn es das Ziel ist, am Ende alles Unreine und zur Unreinheit Verführende auszulöschen, dann lässt sich dies einzig durch eine nie erlahmende Wachsamkeit, ein Misstrauen erreichen, das man stets und überall gegen sich selbst zu hegen hat" (DKK 367). Es handelt sich also um eine Aufgabe im Leben, die „nur unendlich sein kann" (SE 211) und die auf die Unterwerfung unter eine höhere Autorität in doppeltem Sinne verweist. Denn es ist zum einen der religiöse Glaube mit all seinen Dogmen als auch die pastorale Autorität des Priesters, die als universale Wahrheiten für das moderne Subjekt zu gelten haben.

Diese von der christlichen Pastoral ausgehende Geständniskultur weitet sich im Staat und seinen Institutionen aus. Es ist die Zeit, da der Staat erkennt, dass er über seine Bevölkerung Bescheid wissen muss, insbesondere über deren Gebrauch der Lust. Der Sex mutiert von einer Sache der Laien zu einer „Staatssache" (WzW 115). Das Geständnis wird über die Justiz, die Medizin, die Psychologie und die Pädagogik ebenso wie in den Sphären der Familie, der Liebesbeziehung und der Freundschaft zur gängigen Praxis. Gestanden werden Erfahrungen der Kindheit, intime Erlebnisse aller Art, Verfehlungen und Erfolge, sämtliche Krankheiten, Freuden und Leiden aller nur vorstellbaren Variationen. Das Geständnis verbreitet sich sowohl im öffentlichen Raum als auch im intimen Rahmen des Privaten. Der Mensch wird im Abendland langsam aber sicher zum „Geständnistier" (ebd. 63).

Dass die Praktik des Geständnisses als Selbstverständlichkeit in die menschliche Kommunikation eingegangen ist, verschleiert – laut Foucault –, dass es sich um einen „Zwang" (ebd.), also um ein machtvolles Unterfangen, handelt. Die Anreize zur verbalen Artikulation oder zum Gestehen versprechen Befreiung oder Erleichterung, zumindest aber eine Art der Veränderung des Selbst. In diesen Versprechungen lässt sich die Macht der christlichen Pastoral erkennen, die ihre Gläubigen im weltlichen Sein mit der Verheißung auf ein jenseitiges, ewiges Leben anleitet. Dieses Machtverhältnis zwischen den Priestern als Wissende und den Gläubigen als Unwissende spiegelt sich in der nun entstandenen Geständniskultur wider. Das Geständnis ortet Foucault als bis heute allgemein geltende Matrix, die die Wahrheit (nicht nur) über den Sex hervorbringen soll.

Insofern lässt sich diese Vorgehensweise der Wahrheitsfindung als machtvolle „Überwachung" (ebd. 115) verstehen, die ab dem Ende des 18. Jahrhunderts drei bedeutsame Ziele anpeilt. Erstens die kindliche Sexualität, derer sich die Pädagogik annimmt, indem sie Regeln, Vorschriften und Ratschläge für Schulen, Internate und Eltern erarbeitet, um beispielsweise der falschen Handhabung der Lust in der Onanie Einhalt zu gebieten. Zweitens der Körper der Frau, der, durch und durch von Sexualität durchdrungen, bestimmt, von der Medizin okkupiert und der entstehenden Gynäkologie unterworfen wird. Die dritte Angriffsfläche ist die Kontrolle der demographischen Entwicklung, die der Geburtenregelung ihre ganze Aufmerksamkeit schenkt. Im Zuge all dieser Verfahren, die sich kreuzen, verstricken und ordnen, richtet sich die Sexualität

> „neu ein, wird von der Kleinfamilie konfisziert und geht ganz im Ernst der Fortpflanzung auf. Um den Sex breitet sich Schweigen. Das legitime, sich fortpflanzende Paar macht das Gesetz. Es setzt sich als Modell durch, es stellt die Norm auf

> und verfügt über die Wahrheit, es bewahrt das Recht zu sprechen, indem es sich das Prinzip des Geheimnisses vorbehält." (WzW 11)

Die heterosexuelle (eheliche) Sexualität avanciert zur Norm und drängt andere Begehrensformen an den Rand: „Was nicht auf Zeugung gerichtet oder von ihr überformt ist, hat weder Heimat noch Gesetz. Und auch kein Wort." (ebd.)

Der Interpretation, dass sich um den Sex ein repressives Schweigen legt, hält Foucault entgegen, dass es sich „keineswegs um ein reines und einfaches Schweigegebot handle, sondern eher um ein neues Regime der Diskurse. Man sagt nicht weniger, im Gegenteil. [...] unaufhörlich dreht sich alles um Sex" (ebd. 33). Welchen Interessen dient diese Diskursivierung des Sexes? Foucault stellt hier eine Hypothese zur Verfügung:

> „Steht nicht die geschwätzige Aufmerksamkeit, die seit zwei oder drei Jahrhunderten ihren Lärm um den Sex macht, im Dienste eines elementaren Bemühens, nämlich dem, das Bevölkerungswachstum zu sichern, Arbeitskraft zu produzieren, die Form der gesellschaftlichen Beziehungen aufrechtzuerhalten, kurz: im Dienste der Absicht, eine ökonomisch nützliche und politisch konservative Sexualität zu bilden" (ebd. 41)?

Dieses Sexualitätsdispositiv[33] vermehrt und erweitert die Wahrheit um den Sex und bringt immer mehr Spielarten ans Tageslicht. Foucault folgend, haben „die Medizin, die Psychiatrie, die Justiz aus einer nicht näher spezifizierten sexuellen Vorliebe ein (abwei-

33 Ein Dispositiv besteht lt. Foucault aus dem Zusammenwirken von Diskursen, Institutionen, architektonischen Einrichtungen, reglementierenden Entscheidungen, Gesetzen, administrativen Maßnahmen, wissenschaftlichen Aussagen, philosophischen, moralischen und philanthropischen Lehrsätzen sowie Gesagtem und Ungesagtem (vgl. Ruoff 2007, 109).

chendes) homosexuelles Subjekt geschaffen" (Ott 1998, 51). So wird mit der voranschreitenden Diskursivierung des Sexes die Kategorisierung und Klassifizierung erwünschter als auch unerwünschter Sexualitäten möglich. Letztere finden Einzug in die Kompetenzbereiche der Medizin, Psychiatrie und Psychologie oder mit Foucaults Worten: „[W]enn man schon den gesetzwidrigen Sexualitäten einen Platz gewähren muß, so sollen sie ihren Lärm dort machen, wo sie, wenn schon nicht in die Kreise der Produktion, so wenigstens in die des Profits wieder eingegliedert sind. Das Bordell und die Klinik werden diese Stätten der Toleranz sein." (WzW 12)

Die je eigene Identität wird sich im Voranschreiten der Geschichte nicht mehr wie zu Feudalzeiten über den sozialen Stand oder die Familie offenbaren, sondern über den Vorgang der Introspektion mit Hilfe einer Expertin. Sie wird es sein, die aus dem Geständnis die Wahrheit herauslesen wird. Die Wirkung dieser hermeneutischen Interpretation wirkt extrem individualisierend und stachelt dazu an, ins imaginierte Innere hineinzuhorchen und verborgene Wünsche, Kränkungen oder Gefühle zu entdecken. Durch die Verbreitung dieses „Wille[ns] zum Wissen" (WzW) wird die Idee eines menschlichen Innenraums, den es zu ergründen und für den es zu sorgen gilt, zur Wahrheit. Damit wird erkennbar, dass es sich um eine Macht „des pastoralen Typus" handelt, der sich in der „Gestalt der Gewissensleitung, der Seelenführung" (GG I 185) zeigt.

Die Praktik des Geständnisses mutiert im Verlauf der Geschichte zu einer Vorgehensweise, sich selbst zu verstehen. Sie geht ein in ein allgemeingültiges Wissen, die Wahrheit des Selbst in einem zu erforschenden Innenraum erkennen zu können. Über diese machtvolle, vielschichtige Vorgehensweise wird eine Subjektivierungsform möglich, die das einzelne Individuum als autonomes, selbstreflexives und handelndes Subjekt konstituiert, was insbesondere auch die je eigene Sexualität miteinschließt. Andererseits ist es damit auch unterworfen, weil es die Macht, die in der Geständnispolitik verborgen ist, nicht oder nicht immer bewusst wahrnehmen oder erkennen kann, denn die Freiheit kann in diesem Denken nur durch das Geständnis errungen werden. Mit Foucaults Worten:

„Die Verpflichtung zum Geständnis wird uns mittlerweile von derart vielen verschiedenen Punkten nahegelegt, sie ist uns so tief in Fleisch und Blut übergegangen, daß sie uns gar nicht mehr als Wirkung einer Macht erscheint, die Zwang auf uns ausübt; im Gegenteil scheint es uns, als ob die Wahrheit im Geheimsten unserer selbst keinen anderen ‚Anspruch' hegte als den, an den Tag zu treten; daß es, wenn ihr das nicht gelingt, nur daran liegen kann, daß ein Zwang sie fesselt oder die Gewalt einer Macht auf ihr lastet, woraus folgt, daß sie sich letzten Endes nur um den Preis einer Art Befreiung wird äußern können. Das Geständnis befreit, die Macht zwingt zum Schweigen" (WzW 63 f.). Die Paradoxie, die sich laut Foucault in diesem Dispositiv verbirgt, ist, dass sie einerseits glauben macht, es ginge darin um unsere „Befreiung" (ebd. 153) und uns andererseits im Ritual des Geständnisses einem „Wahrheitsspiel […]" (TS 26) unterwirft, das uns erst zu Subjekten macht.

Einmal mehr ist erkennbar, wie sehr das Foucaultsche Subjektverständnis innerhalb des Komplexes von Macht und Wissen zu finden ist. Denn die Behauptung, dass die Wahrheit einer jeden im eigenen Innenraum zu finden ist, folgt den Konzepten und Techniken der Pastoralmacht. Gerade weil die Praxis des Geständnisses so eng mit den sexuellen Begierden verknüpft ist, findet dieses Denkschema mit Hilfe der „Sexualwissenschaften, die in enger Verzahnung mit Medizin, Psychiatrie und Pädagogik einen ‚inneren Raum' produzierten und gleichzeitig ans Licht holten" (Ott 1998, 31), eine derart weite Verbreitung. Diese Konstitution des

Subjekts wirkt individualisierend, weil sie unterscheidet und vereinzelt. Aber nicht nur das: Zugleich wirkt sie „totalisierend, indem sie möglichst alle Menschen gleichen Prozeduren unterzieh[t], ihnen einen einheitlichen Körper, einheitliche Bedürfnisse und Fähigkeiten zukommen" (ebd.) lässt. Erst über dieses Zusammenspiel von bestimmten Machtformen, die ganz spezifisches Wissen evozieren, kann so etwas wie eine Norm dingfest gemacht werden, die jeden Menschen in einzelne Teile zerlegt, in Bewusstes/Unbewusstes, Körper/Geist, Gefühl/Verstand. Gleichzeitig trennt diese normalisierende Macht die Menschen auch untereinander, in Frau/Mann, gesund/krank, verrückt/normal und kriminell/rechtschaffend. Diese Machttechniken der „Normalisierung" (WzW 90) vollziehen sich „auf Ebenen und in Formen [...], die über den Staat und seine Apparate hinausgehen." (ebd.).

Die Subjektkonzeption Foucaults werde ich im letzten Kapitel noch einmal aufgreifen, um sie mit Überlegungen einer politischen Psychotherapie zusammenzuführen.

Conclusio II

Macht lässt sich in Foucaults Spätwerken als „Vielfältigkeit von Kräfteverhältnissen" (WzW 93) auf den Punkt bringen. Sie wird nicht von einem zentralen Ort oder von einer bestimmten Personengruppe ausgehend ausgeübt. Diese vielfältigen Kräfteverhältnisse lassen sich mit dem Konzept der Gouvernementalität analysieren, das nicht das Ende des Politischen und den Aufstieg der Ökonomie propagiert, sondern vielmehr die veränderte Form des Politischen selbst ins Zentrum der Aufmerksamkeit rückt. Somit lässt sich erkennen, dass die neoliberale Gouvernementalität weniger das Ende, sondern „eine Transformation des Politischen" (Lemke et al. 2000, 26) bedeutet. Die neoliberale Kunst des Regierens ist so kein von der Ökonomie getrennter Bereich, sondern die Rede von der „Übermacht oder Dominanz des Marktes" wird mit Foucault als *„politisches* Programm dechiffriert" (ebd. [Kurs. i. Orig.]). Dieses politische Programm zeichnet sich durch ganz bestimmte Parameter aus.

Da ist an erster Stelle die Logik des Marktes zu nennen, die mit der Regierung verschmilzt und so zum zentralen Dreh- und Angelpunkt neoliberaler Regierungskünste avanciert. Damit geht eine Veränderung im Verständnis des Regierens selbst hervor, das sich einerseits der Genügsamkeit verschreibt und andererseits wachsam und aktiv den gesamten gesellschaftlichen Bereich ökonomisiert, also nach Wert und Nutzen organisiert. Die Aufmerksamkeit der Regierung ist darauf gerichtet, jedem Individuum den Status des *Homo oeconomicus*, also einer eigenverantwortlichen Managerin ihrer selbst, nahezubringen und gegebenenfalls aufzuzwingen. Nach diesem Modus ist das Subjekt aufgerufen, sich selbst zu führen beziehungsweise zu regieren. So etabliert sich die Regierungskunst als „Führen der Führungen" (DSdM 255), wodurch jedes Individuum selbst die Chancen, Risiken, kurz die gesamte Verantwortung für das je eigene Sein trägt. Damit lässt sich im Modus des neoliberalen Regierens eine Veränderung erkennen, die sich nicht sofort als machtvolle Einflussnahme zu erkennen gibt. Denn es vollzieht sich „eine Verschiebung von formellen zu informellen Formen der Regierung" (Lemke et al. 2000, 26), die sich der individuellen Wahrnehmung weitgehend entziehen.

Als Hintergrundfolie des Verstehens nützt derart verstandene Macht die traditionsreiche Achse der Pastoralmacht, die dadurch gekennzeichnet ist, dass sie über die Autorität des Glaubens und des Priesters auf sämtliche menschlichen Belange leitend Einfluss nehmen kann. Die Pastoralmacht bedient sich Techniken, deren bedeutsamste das Geständnis darstellt. Das Geständnis regt an, in permanenter Wachsamkeit alle verborgenen Lüste und Begierden aufzuspüren und über die Sprache ans Tageslicht zu befördern. Dass hier die Sexualität eine entscheidende Rolle spielt, wundert nicht, gilt sie doch im christlichen Diskurs als eine immerwährende Bedrohung des Seelenheils. Das Geständnis, das sich ausgehend von der christlichen Pastoral im Staat ausweitet und sich so in der medizinischen Untersuchung, dem pädagogischen Bericht und den familiären Kotrollen wiederfindet, wirkt äußerst produktiv: Die Diskurse und Praktiken um den Sex bringen immer neue sexuelle Spielvarianten hervor, sie erschaffen quasi immer neue Formen des Begehrens und der Lust.

Die Erforschung der Pastoralmacht erlaubt es Foucault zu ergründen, wie es gelingen konnte, das Individuum dazu zu bringen, seinen Blick auf ein imaginäres Innen zu richten, wo es sich selbst zu entschlüsseln erhofft. In diesem Zusammenhang konzipiert Foucault die sogenannten Technologien des Selbst oder Selbsttechnologien, mit deren Hilfe die Individuen mit Unterstützung anderer oder allein auf sich selbst einwirken, um sich zu verändern. Da es sich beim Akt des Entschlüsselns um eine Form individueller Aktivität handelt, geht Foucault davon aus, dass das Individuum dazu einen gewissen Spielraum vorfindet, der es ihm ermöglicht, diese Aktivität umzusetzen. Insofern nimmt er in diesem Konzept die Idee der Freiheit in seine Machtanalyse auf, die er nun als fixen Bestandteil für die Möglichkeit der Selbstführung denkt. Diese Freiheit ist allerdings nicht unbegrenzt, vielmehr handelt es sich um ein Feld von Möglichkeiten, das in einer historischen Epoche zur Verfügung steht. Daran lässt sich erkennen, dass die Freiheit selbst oder eine spezifische Form der Freiheit bereits wieder ein machtvolles Postulat darstellt.

Die Machttechnik des Geständnisses findet, wie bereits erwähnt, erfolgreich Eingang in die Bereiche der Pädagogik, Psychologie, Justiz, Sozialarbeit und Medizin sowie ihrer Teildisziplin, der Psychiatrie. Dadurch lässt sich kaum wahrnehmen, dass es sich um den Komplex eines machtvollen Unterfangens handelt, das über Prüfung, Überwachung, Übung, Regulierung und Disziplinierung operiert und die Unterwerfung unter Kategorien wie Identität, sexuelle Orientierung, Persönlichkeitsstruktur und Geschlecht ermöglicht. So wird verständlich, dass Foucault die „in Fleisch und Blut" übergegangene Praxis des Geständnisses, die Subjektivierung und die Sexualität als untrennbare Dreieinigkeit des modernen Subjekts versteht.

Angriffsfläche moderner Macht ist das Herstellen sowohl einer spezifischen Wahrheit über das Subjekt als auch das Selbstverständnis des Subjekts selbst. Macht operiert so über ganz
 bestimmte Subjektivierungstechniken. Dabei nützt sie quasi Schleichwege diskursiver Verbreitung in Wissenschaft, rechtlichen Regelungen und im Bildungswesen, die das Individuum als freies, autonomes Subjekt anrufen. Dieses Wissen schreibt sich in das Individuum als Selbstverständnis ein, wodurch es noch fester und sicherer an die Macht gebunden ist, weil die Kategorie der Freiheit selbst ein bedeutsames Apriori der neoliberalen Gouvernementalität darstellt.

Moderne Macht und somit Regieren bedeutet auch, dass Subjekte angehalten sind zur „Sorge um sich" (DSs) und zwar in Form von Selbsttechnologien, die eine Selbstmodifizierung auf körperlicher, geistiger und psychischer Ebene verlangen. So entpuppt sich in der Gesamtheit der Machtwirkungen eine paradoxe Bewegung. Einerseits stellen sie einen optionalen Spielraum zur Verfügung, der durch Diskursformationen, Institutionen, gesetzliche Regelungen und historisch spezifische Deutungsmuster Bilder eines „guten, richtigen und normalen" Lebens aufzeigen, während sie andererseits den Imperativ der Freiheit postulieren. Moderne Macht ist also beides: Unterwerfung und Ermächtigung. Dadurch wird erkennbar, dass sie bis in den „hintersten Winkel" jeder menschlichen Existenz vor- bzw. durchdringt. Ein „praktischer“ Nebeneffekt dieser machtvollen Form des Selbstregierens und des Regiert-Werdens ist, dass die Wirkungen und Effekte der Macht als eigene, also individuell hergestellte, Konstruktionen gelesen werden und als freie, autonome Entscheidungen erscheinen.

Wie die Leserin sicherlich bemerkt, lassen sich die verschiedenen Aspekte, mit denen Michel Foucault die Gouvernementalität denkt, nicht haarscharf voneinander trennen. Ganz im Gegenteil verschmelzen die Ökonomie, das Regieren, der *Homo oeconomicus*, die Praxis des Geständnisses in seiner weit verbreiteten Form und das Verständnis eines beeinflussbaren und bearbeitbaren Innenraums menschlichen Seins zu einem komplexen Machtdispositiv, das als Kennzeichen für die neoliberalen Regierungskünste zu verstehen ist.

Zu den Technologien des Selbst zählt Foucault, meiner Lesart zufolge, auch die Psychotherapie, als „Geständnis-Wissenschaft“ (WzW 68)[34]. Bezug nimmt er in seinen Texten auf die Psychoanalyse, der er vorwirft, durch die Prozedur des Geständnisses das Gehorsamssubjekt weiter zu tradieren, anstatt „das Sexualitätsdispositiv von den Machttechniken her [zu] denken, die ihm zeitgenössisch sind“ (ebd. 145). Er konfrontiert die Psychoanalyse also damit, zwar die Technik des Geständnisses modifiziert zu haben, sich aber nicht selbstkritisch zu fragen, welche Machteffekte diese Vorgehensweise grundsätzlich hervorruft.

Selbst wenn ich mich nicht auf die Psychoanalyse beziehe, so werde ich doch versuchen die Macht und die Effekte der Psychotherapie aufzuspüren. Dazu ist es in einem ersten Schritt notwendig, die Entstehung dessen, was wir heute ganz selbstverständlich

34 Die Psychotherapie hat sich im herkömmlichen Verständnis von Wissenschaft, also im öffentlichen (!) universitären Kanon, aktuell noch nicht etabliert. Ich werde darauf noch zurückkommen.

als Psyche bezeichnen, zu verfolgen. Denn das Verständnis der Psyche unterscheidet sich grundlegend von dem der Seele in der antiken und römischen Welt. Die griechisch-römische Verhaltensanleitung für ein rechtes Leben verschiebt sich mit der Verbreitung der christlichen Pastoral zur einer Aufforderung im Sinne des „Erkenne dich selbst“, das sich in der permanenten Beforschung eines angenommenen Innenraumes zeigt und über das Geständnis in die gesellschaftliche Sphäre gelangt.

Die Psyche wird politisch

„Das Individuum ist also nicht das gegenüber [sic] der Macht; es ist, wie ich glaube, eine seiner ersten Wirkungen."
Michel Foucault, DM 83

„Diese wirkliche und unkörperliche Seele ist keine Substanz; sie ist das Element, in welchem sich die Wirkungen einer bestimmten Macht und der Gegenstandsbezug eines Wissens miteinander verschränken;"
Michel Foucault, ÜS 42

Der folgende Abschnitt spannt einen weiten Bogen vom Ende der Feudalherrschaft in die Moderne und betrachtet die Transformation der christlichen Seele auf ihrem Weg zur modernen Psyche. Das Psychische, wie es aktuell beinahe in jeder Lebenssituation zum Thema wird, war nicht immer derart vordergründig und schon gar nicht mit der Bedeutung und Bewertung versehen, die ihm heute beigemessen wird. Obwohl sich die Menschen in verschiedenen Epochen auf eine Art der Innerlichkeit beziehen, ist die Idee, wie diese beschaffen sei oder was sie möglich macht oder machen soll, mit je unterschiedlichen politischen Verhältnissen verwoben. Nun ist es hier undenkbar, sämtliche Vorstellungen eines menschlichen Innenraumes darzustellen. Daher wähle ich als historischen Ausgangspunkt das europäische Ende des Mittelalters mit seiner Folge der sukzessiven Auflösung der feudalen Gesellschaftsform, innerhalb der die christliche Seele zentraler Angelpunkt menschlicher Innerlichkeit war. Der Seele liegt, wie sich zeigen wird, eine gänzlich anders geartete Vorstellung und

Zuschreibung zugrunde, die in den folgenden Epochen eine radikale Verwandlung erfahren wird, die sich in der heutigen Psyche offenbart.

Dieses Kapitel verfolgt deshalb die Absicht, die Formierung dessen, was heute als Psyche bezeichnet wird, historisch nachzuzeichnen. Ich möchte zeigen, dass sich die Existenz der Psyche einem massiven, langandauernden gesellschaftspolitischen Veränderungsprozess verdankt. Dabei steht nicht im Zentrum, was die Psyche „wirklich" ist oder wie sie zu definieren sei. Vielmehr interessiert, wie und wodurch dieses Wissen um die Psyche in einer Weise Bedeutung erlangt hat, dass sie heute nicht nur mit einem

Wahrheitsgehalt, sondern auch mit dem Potential der Modellierbarkeit ausgestattet ist. Es soll deutlich werden, dass es weder ein Zufall noch eine plötzliche Erkenntnis war, die die Psyche in die Wirklichkeit geholt hat, sondern dass mit den Transformationen vom Ende des Mittelalters in die Moderne eine umfassende politisch-ökonomischen Umwälzung in Gang gekommen ist, die ein Neuorientierung im Selbstverständnis herausgefordert hat. Insofern geht es im Foucaultschen Sinne um das pointierte Nachzeichnen des Prozesses,

> „inwiefern es eine bestimmte Herrschaft der Wahrheit und folglich kein Irrtum war, was dazu führte, daß etwas Nichtexistierendes zu etwas werden konnte. Es handelt sich nicht um eine Illusion, da es gerade eine Gesamtheit von Praktiken, und zwar wirklichen Praktiken, war, die diese Herrschaft begründet hat und sie unabweislich in der Wirklichkeit in Erscheinung treten läßt. Worum es bei allen diesen Unternehmungen im Hinblick auf den Wahnsinn, die Krankheit, die Delinquenz, die Sexualität und bei dem geht, worüber ich jetzt zu Ihnen spreche, ist der Nachweis, wie die Koppelung einer Reihe von Praktiken mit der Herrschaft der Wahrheit ein Dispositiv des Wissens und der Macht bildet, das das Nichtexis-

> tierende in der Wirklichkeit tatsächlich in Erscheinung treten läßt und es auf legitime Weise der Unterscheidung zwischen dem Wahren und Falschen unterwirft." (GGII 39)

Es kann, um es abermals zu betonen, nicht darum gehen, die Existenz der Psyche abzustreiten, zu leugnen oder als schlichtes Phantasma zu diskreditieren. Ganz im Gegenteil ist ihr Vorhandensein unbestreitbar. Dennoch war das nicht immer so. Und genau deshalb soll ihr Eintritt in die Welt nachvollzogen und in einen historisch-politischen Kontext gestellt werden, ohne den ihre Existenz in der heutigen Form keine Gültigkeit hätte.

Mit einem überblicksartigen historischen Abriss soll veranschaulicht werden, dass nicht eine Art genaueres, intensiveres oder besseres Hinschauen und Beforschen die Psyche etabliert hat, sondern der aufstrebende Kapitalismus eine ökonomische und soziale Umwälzung in Gang gesetzt hat, die einen langandauernden Prozess der Individualisierung evoziert hat. Herausgerissen aus der Feudalgesellschaft, wird der Mensch auf sich selbst zurückgeworfen und im Zuge dieser mannigfaltigen Transformationen langsam aber stetig dazu angehalten in einen imaginierten Innenraum hineinzuhorchen und sich hineinzudenken. Erst dadurch wird es möglich, eine Beziehung zu sich selbst herzustellen und die Idee einer formbaren Psyche in die Wirklichkeit zu holen. Michael Sonntag fasst dieses historische Werden so zusammen:

> „Es heißt […], daß ein ‚psychischer Apparat' in seiner heutigen Form nicht denkbar und lebensfähig wäre, der sich nicht von vornherein aus den Operationen eines auf der sozialen Ebene operierenden ‚psycho-logischen Apparates' mit den entsprechenden wissenschaftlichen und sonstigen Institutionen und Unternehmungen konstituiert und auf dessen Problemlagen und Fragestellungen antwortet, die ihrerseits wiederum mit gesellschaftlichen Problemen in Verbindung stehen." (1988, 185)

Mit diesen historischen Problemen der Individuen steht ab dem 17. Jahrhundert auch die langsame, aber stetige Etablierung der Humanwissenschaften, speziell die der Psychiatrie und Psychologie, in Zusammenhang. Dass in diesem Prozess auch „das vertrackte Problem mit dem Geschlecht" (Honegger 1996, 6) eine zentrale Rolle spielt, kann nicht vernachlässigt werden, denn mit der Etablierung der bürgerlichen Gesellschaft findet eine zweigeschlechtliche Polarisierung statt, die ihresgleichen in der Geschichte sucht.

Der transformative Prozess der Seele auf dem Weg zur Psyche ist von einem weiteren Begriff, nämlich dem der Individualität, begleitet. Unter Individualität ist weitgehend das gemeint, was den einzelnen Menschen „eigentlich ausmacht". Damit wird Individualität als Phänomen imaginiert, das jedem Menschen eine ganz spezifische Einzigartigkeit und Unverwechselbarkeit unterstellt. Diese Idee des Selbst, wie sie heute als selbstverständliches und somit überwiegend nicht hinterfragungswürdiges Wissen in der westlichen Welt inkorporiert ist, verdankt sich ebenfalls der gesellschaftspolitischen Veränderung, die sich vom Ende der Feudalherrschaft in die Moderne vollzieht. Pointiert zusammengefasst kann gesagt werden, dass Kapitalisierung und Individualisierung als Bedingungsgefüge fungieren, die Zweigeschlechtlichkeit zur universellen Wahrheit, die Psyche zum Wissensobjekt, die Psychologie zur Wissenschaft und die Psychotherapie zur eigenständigen Disziplin zu machen. Damit möchte ich hervorheben, dass sich das weitgehend ganz selbstverständliche Wissen um Parameter wie Geschlecht, Psyche, Psychologie und Psychotherapie ganz spezifischen historischen Ereignissen verdankt. Dies wird im weiteren Verlauf dieser Arbeit noch deutlicher werden.

Bevor ich diesen historischen Abriss beginne, muss im Foucaultschen Sinne eine zentrale Denkgrundlage hervorgehoben werden. Üblicherweise werden sowohl in der modernen Vorstellung als auch weitgehend in der Geschichtsschreibung die aktuell geltenden „Menschenbilder" wie allgemeingültige Schablonen über die Menschen der Vergangenheit gestülpt. So wird die Menschheitsgeschichte wie der „Lebenszyklus des Schmetterlings" (Sennett 2008, 56) erzählt. Der Fortlauf und die Transformationen der Geschichte werden als stringenter Fortschritt oder Höherentwicklung beschrieben, so als ob die „Anlagen" oder „Grundlagen" immer schon da gewesen wären und nur mehr zur Entfaltung gebracht werden mussten. Diesem Geschichtsverständnis folgend, hätten es die Akteurinnen vergangener Zeiten eben „nicht besser gewusst", wie das mit der Individualität und der mit ihr verknüpften Psyche „eigentlich" zu denken sei. Unter dieser Prämisse versucht Wolfgang Schmidbauer die Geschichte der Psychotherapie zu rekonstruieren, indem er „mit den Begriffen der heutigen Psychologie die Psychotherapiegeschichte interpretier[t]" (2012, 47). Er geht mit dieser Vorgehensweise von einer Psyche als einem immer schon dagewesenen Rohling aus, den zu erkennen über die Jahrhunderte erst entwickelt werden musste, um ihn auf eine höhere Stufe zu bringen.

Genau diesem unreflektierten Wissen der Moderne mit ihrem unvergleichlichen (und meines Erachtens äußerst präpotenten) Wahrheitsanspruch widerspricht Foucault aufs Schärfste, indem er es als vermeintlich herrschafts- und machtlose Täuschung entlarvt. Er macht deutlich, dass jedes Wissen und jede Wahrheit niemals ohne das Verständnis der jeweiligen Machtstrukturen, Elitebildungen sowie ökonomischer und technologischer Entwicklung gelesen werden können. Insofern kann die heutige Vorstellung des Psychischen, und auch sie ist nicht mehr, aber auch nicht weniger als eine Interpretation, nicht auf vergangene Zeiten übertragen werden. Diesbezüglich schreibt Michael Sonntag:

> „Psyche, Psychologie usw. in ihrer modernen Bedeutung werden also erst im Laufe des 18. bzw. im Übergang zum 19. Jahr-

> hundert zumindest ansatzweise vollinhaltlich auf die abendländische Geschichte anwendbare Begriffe. [...] Nur einer unendlichen historischen Naivität ist es zu verdanken, wenn ein ununterbrochenes Kontinuum in die Geschichte gelegt wird, an dessen Anfang sich dann Aristoteles [...] als ‚erster Lehrbuchschreiber der Psychologie' oder als ‚erster wissenschaftlicher Psychologe' bezeichnen lassen muß. [...] Es kann demnach nicht um die Geschichte einer Seele gehen, die sich in einer unbegrenzten und ununterbrochenen Kontinuität von dunklen griechischen Ursprüngen über das mittlerweile bunte Mittelalter bis in unsere tristen Tage erstreckt. Es handelt sich um eine diskontinuierliche Geschichte." (1988, 234 f.)

Demnach waren in den je unterschiedlichen historischen Epochen sowohl die Ideen einer Innerlichkeit als auch der Umgang mit deren Abweichungen nicht dieselben wie heute. Die Frage nach dem epochenspezifischen Verständnis einer Innerlichkeit kann nur in zirkulärer Verstrickung mit der Analyse von Macht und Herrschaft verständlich werden. Die jeweils geltende Wahrheit einer Innerlichkeit – auch die heutige – ist nicht frei von Macht. Das verbindet uns mit den Menschen vergangener Zeiten.

Auch das Subjekt lässt sich nicht als universal gültige Dimension erfassen. Der Begriff des Subjekts, schreibt Foucault,

> „hat zwei Bedeutungen: Es bezeichnet das Subjekt, das der Herrschaft eines anderen unterworfen ist und in seiner Abhängigkeit steht; und es bezeichnet das Subjekt, das durch Bewusstsein und Selbsterkenntnis an seine eigene Identität gebunden ist. In beiden Fällen suggeriert das Wort eine Form der Macht, die unterjocht und unterwirft." (SuM 275)

Aus dieser Perspektive kann das Subjekt immer nur innerhalb eines gesellschaftlichen Machtverhältnisses mit seinen Fremd- und Selbstzuschreibungen bestimmt werden. Es gibt keine ideale oder prototypische Form der Subjektivität an sich, welche ein selbstbestimmtes, gänzlich autonomes oder mit sich selbst identisches Subjekt voraussetzt, das bis heute in diversen Theorien unterschiedlicher Wissenschaftsdisziplinen umhergeistert. Insofern existiert auch keine wie immer geartete ursprüngliche Essenz oder Naturhaftigkeit des Subjekts in der Welt, die unabhängig einer gesellschaftlichen Interpretation ist. Jedes Subjekt kann nur innerhalb des Denkraumes der jeweils historisch gesellschaftspolitischen Situation gelesen werden. Ebenso ist dieses Subjekt nur innerhalb des von dieser Gesellschaft zur Verfügung gestellten „Möglichkeitsfeld[es]" (DSdM 255) „frei" zu handeln in der Lage.

Der folgende Abschnitt versteht sich als Verflüssigung des vorangegangenen Kapitels, indem Foucaults Denken für die von mir gestellte Fragestellung der psychotherapeutischen Macht genützt wird. Es geht um die Auseinandersetzung, wie und unter welchen Bedingungen das aktuell gültige Wissen um die Psyche und ihre Therapien entstanden ist und weitertradiert wird, welche Funktion ihm für die Konstitution von Subjektivität und die Formierung moderner Gesellschaften zukommt. Denn es ist unmöglich, Kritik zu üben, ohne nachzuvollziehen, wie eine Gesellschaft oder eine Kultur funktioniert. Notwendig dafür ist zu verstehen, „wie Bedeutungen produziert und wie sie ins soziale Netz eingeflochten werden, wie sie im Alltag verwendet werden, um Beziehungen zu gestalten und mit einer ungewissen sozialen Welt zurechtzukommen" (Illouz 2011, 15).

Die Seele im Mittelalter

Wann genau Beginn und Ende des Mittelalters zu datieren sind, ist umstritten. Grob kann die mittelalterliche Epoche etwa vom 6. bis ins 15. Jahrhundert angesetzt werden. Das ist die Zeit, die heute weitgehend mit zweierlei Zuschreibungen bedacht ist. Da gibt es zum einen die Idee, dass die mittelalterlichen Menschen „noch im Einklang mit der Natur" ein einfaches Leben zu gestalten wussten, und ganz entgegengesetzt die Vorstellung grausamer, extrem brutaler, unorganisierter und brandschatzender Menschengruppen. Ein Blick in diese historische Epoche erscheint daher lohnend.

Der zentrale Angelpunkt des mittelalterlichen Menschen ist seine Eingebundenheit in eine soziale Gruppe. Dabei ist nicht nur wesentlich, in welche soziale Schicht, mit welchen väterlichen, freundschaftlichen und politischen Beziehungen ein Mensch hineingeboren wird. Der mittelalterliche Mensch[35] ist ebenso permanent dazu angehalten, neue Freundschaften, Lehensbindungen oder politische Kontakte zu knüpfen, um das Leben, mitunter

auch das Überleben, zu sichern. Der Begriff der Verwandtschaft ist, wie heute, nicht zwingend an die Blutsverwandtschaft oder an Gefühlsbeziehungen gebunden, sondern wird als politisch-rechtliche Kategorie aufgefasst. Insofern fällt der Begriff *familia* nicht unbedingt mit dem der Blutsverwandtschaft zusammen, sondern mit dem ebenso gebräuchlichen Begriff des „Hauses", dem die herrschaftliche Familie, das Gesinde, die Gesellen und Lehrlinge zugerechnet sind. Damit ist mit dem Haus quasi eine Zentrale der sozial, wirtschaftlich und politisch verbundenen Gruppe bezeichnet, die in der Realität durchaus aus mehreren Häusern oder Gütern bestehen kann. Der Großteil der Bevölkerung lebt im ländlichen Raum in mehr oder weniger großen hierarchisch organisierten sozialen Verbänden, die mittels Arbeitsteilung die Selbstversorgung erwirtschaften.

Es besteht im mittelalterlichen Herrschaftsgefüge nicht etwas, das mit unserer heutigen Vorstellung von einem Staat mit den dazugehörigen Rechts- und Friedensordnungen gleichgesetzt werden kann. Daher gibt es auch keine Begrifflichkeit von Herr-

35 Der Mensch ist hier als männliches Individuum gemeint, da Frauen zu jener Zeit weder gleichgestellt noch gleichberechtigt sind.

schaft oder Freiheit im heutigen Sinne. Im Zentrum der frühmittelalterlichen Herrschaftsstruktur steht die grundherrliche Gewalt, die jemand kraft angestammter Rechte innehat und die sich nicht ausschließlich auf familiäre Grundlagen stützt. Im Unterschied zur neuzeitlichen Ausbildung von Souverän und Untertan funktioniert das Gesellschaftssystem nach ganz anderen Regeln. Das vertragsähnliche Verhältnis zwischen dem Grundherrn und dem Gefolgsmann basiert nicht allein auf der Grundlage von Befehl und Gehorsam, sondern auch auf Verbindungen, die beiden Vertragspartnern Rechte und Pflichten sichern sollen: „Herrschaftsverhältnisse sind kaum institutionalisiert, sie existieren als Beziehungen zwischen konkreten, sich nach Stand und Rang unterscheidenden Personen“ (Sonntag 1999, 33). Diese gegenseitige Verbindung verlangt dem Grundherrn das Versprechen ab, der Person niederen Ranges „Schutz und Schirm“ (ebd. 44) zu gewähren und dieser wiederum bezeugt dem Grundherrn seine Loyalität mit der Zusage von „Rat und Hilfe“ (ebd.). Das bedeutet, dass die Herrschaft des Grundherrn durch den „vollen Einsatz“ seiner Gefolgsleute gekennzeichnet ist, dessen zentrales Element die Beratung miteinschließt. Diese Herrschaftsform, die auch den König erst durch ein ganzes System von beratenden Gruppierungen und Mitdenkern mächtig macht, ist ein von der Überlieferung häufig unberücksichtigter Aspekt, weil er so ganz und gar nicht der weitgehenden Überzeugung einer ausschließlich repressiven selbstherrlichen Machtausübung entspricht. Es bedeutet auch nicht, dass sich Machtbeziehungen im Mittelalter nach dem Modus der Moderne in öffentliche und private Dimensionen abgrenzen lassen. Diese Differenzierung wird sich erst viel später als Ordnungskategorie etablieren und findet im Mittelalter noch keine Anwendung. Beziehungen jeglicher Art verstehen sich ähnlich verwandtschaftlicher Beziehungen nach den Möglichkeiten ihrer politisch-rechtlichen Sinnhaftigkeit.

Die zentrale Gesellschafts- und Wirtschaftsform, die sich ab dem späten Mittelalter in Europa herauskristallisiert, ist die des Feudalismus, der die Bevölkerung nach sozialen Ständen ordnet, einem christlichen Weltbild und einer ebenso christlichen Wissenschaft und Kultur verpflichtet. Hier kann keine Rede sein vom Mensch als individuellem Exemplar mit ebenso individuellen Motiven und Begehrlichkeiten. Das Verständnis des Menschen folgt dem eines Mitgliedes, einem Teil einer bestimmten sozialen Gruppe, die sich an den christlichen Regeln und Vorgaben orientiert. Diese Leitlinien verweisen auf eine transzendentale Dimension, nämlich die des „ewigen Lebens", welches durch ein dem sozialen Stand entsprechendes diesseitiges gottgefälliges Leben erreicht werden kann. Somit versteht sich das jeweilige Sein als vorgegeben und nicht verhandelbar, was heute weitgehend ausschließlich als repressiv und einschränkend interpretiert wird.[36]

Die Mehrheit der mittelalterlichen Menschen Europas gehört dem Christentum an, das sich auf eine menschliche Innerlichkeit, die Seele, beruft. Diese ist aber mit einer gänzlich anderen Bedeutung und Bewertung aufgeladen als das, was heute weitgehend unter der Psyche verstanden wird. Im Vordergrund steht die Bezugnahme auf das Göttliche: „Die Seele ist eine transzendente Instanz und gehört dem einzelnen Menschen nicht zu" (ebd. 67).

36 Diese Deutung verweist letztlich auf die Interpretin der Gegenwart, die mit dem aktuell wirkmächtigen Verständnis des individuellen Menschen mit seinen ganz persönlichen Motiven, singulären Triebfedern und einzigartigen Begierden in die Vergangenheit blickt. Oder wie Michael Sonntag schreibt: „Wir mögen die ‚recht sonderbare Idee' der Person als abgegrenzter, autarker Einheit aus unserer eigenen Kultur und ihrer Vergangenheit nicht entlassen. Handelt es sich doch um *unsere* Geschichte, in der wir uns alle wiederfinden wollen und in der wir uns *geworden* glauben" (ebd. 69 [Kurs. i. Orig.]).

Insofern schreibt das Christentum dem singulären Menschen keineswegs so etwas wie Individualität mit autarker seelischer Verfassung zu. Individuum ist der Mensch nur als „einzelner Träger einer allgemeinen Seelensubstanz [...], ihre nicht weiter teilbare, ihre kleinste mögliche *Anteilschaft*" (ebd. [Kurs. i. Orig.]). Es handelt sich also nicht um Menschen mit irgendwie gearteten eigenen inneren Motiven und Beweggründen, sondern um Mitglieder sozialer Gruppen, die ihr Leben an den Regeln und Vorschriften der christlichen Kirche ausrichten. Oberstes Ziel ist, das zugewiesene, nicht in Frage gestellte Leben möglichst gottgefällig zu durchlaufen. Gerade dieses banal erscheinende Durchlaufen des Lebens mutet heute mehr als einengend an, zumindest äußerst befremdlich.

Eine häufige Argumentation, dass diese Vorgaben und Richtlinien das mittelalterliche Leben in extremer Weise eingeschränkt hätten und es somit nur fremd- oder von äußeren Zwängen bestimmt gewesen sei, muss entgegengehalten werden, dass die Differenzierung zwischen einem menschlichen „Äußeren" und einem „Inneren" eine Erfindung der Moderne ist, also für das Mittelalter keine Gültigkeit hat. Deshalb kann jedem Handeln, jeder Zeremonie oder Symbolik dieser Zeit schlichtweg nicht irgendeine Äußerlichkeit oder Innerlichkeit unterstellt werden. Vorgänge, Rituale und Zeremonien folgen nicht der Logik „des Eigentlichen", sondern sind „die Sache selbst" (ebd. 71). Die Trennung von einer heute selbstverständlichen Innerlichkeit und ihre Abgrenzung von gesellschaftlicher Äußerlichkeit machen im Mittelalter keinen Sinn, weil der soziale Stand mit den dazugehörigen Verhaltens- und Tugendparametern zwischen einer inneren und äußeren Organisation nicht unterscheidet.

Die Zeitgenossinnen des Mittelalters erkennen die Welt als eine vorgegebene göttliche Ordnung an, in die sie als Teile der göttlichen Vorsehung eingebunden sind. Es ist nicht vorstellbar und auch nicht notwendig, zu sich selbst eine wie immer geartete Distanz einzunehmen, um sich aus einer veränderten Perspektive zu beobachten oder gar die eigene Innerlichkeit zu analysieren. Es braucht keine Problematisierung innerer oder individueller Besonderheiten. Eigenschaften werden dem Natürlichen, das zugleich das Gottgegebene ist, des jeweiligen sozialen Standes zugeordnet. Damit ergibt sich, dass die jeweiligen Lebensziele einer Person ähnliche sind wie die der zugehörigen Gruppe. Anders formuliert: „Man weiß, wo man hingehört, um seine Aufgaben, was man ist und sein wird" (Rau 2010, 186). Natürlich bedeutet das nicht, dass es keinerlei Unzufriedenheit, Leid oder Emotionalität insgesamt gibt, aber diese Parameter dienen nicht als Definitionskriterium für die Einzelnen und ihre Beziehungen.

Die Idee einer Innerlichkeit erlangt erst politische Relevanz, als neue Formen der Handhabung von Verhaltensabweichungen zum Thema werden. Neben den Möglichkeiten des Ausschlusses und der Verbannung werden ab dem vierten Laterankonzil im Jahr 1215 alle Gläubigen angehalten, sich jährlich die Beichte abnehmen zu lassen. Allerdings sind bis ins späte Mittelalter die Motive für die Verfehlungen völlig irrelevant. Allein die Tat stellt das Sündhafte dar, nicht die Beweggründe für selbige.

Dies ändert sich zu der Zeit, als die Inquisitionsgerichtsbarkeit installiert wird, welche neben den verwerflichen Handlungen auch verstärkt den Intentionen „hinter" der Tat einen breiten Raum der Befragung widmet. Eine intensive Untersuchung der Seele wird notwendig, um wirklich alles Sündhafte einer Vergebung zuzuführen.

Diese sich ausweitende Praxis der verpflichtenden Beichte, die wohlgemerkt als langsamer aber steter historischer Prozess verstanden werden muss, kann nicht nur als bloße Kontrollmaßnahme von bestimmten „vorhandenen" Bereichen der Seele und des Handelns bewertet werden. Die neue Kultur der kollektiven

Selbstthematisierung „greift [...] in das vorhandene Material ein und verändert es bzw. erzeugt es in großen Teilen überhaupt erst" (Sonntag 1999, 79). Das heißt, erst durch die intensiven, detailreichen Befragungen werden die Gläubigen mit der Idee konfrontiert, dass es da irgendetwas im Inneren geben könnte, das es zu erforschen gäbe. Die Beschäftigung mit Phantasien, Befindlichkeiten und Gedanken evoziert erst die Vorstellung eines eigenständigen Innenraumes. Oder anders formuliert, durch die Praxis des Beichtens und Bekennens wird das Innen erst erzeugt und als bedeutsame Kategorie erschaffen. Mit der Prozedur der Beichte entsteht erst eine Seele, die beobachtet, untersucht und beforscht werden soll. Damit baut sich das Subjekt quasi selbst um, denn es
wird „in wirklichen Praktiken – historisch analysierbaren Praktiken – konstituiert" (ZGdE 773). Es entsteht ein Subjekt, das sich selbst als mit einer Seele ausgestattet versteht.

Hier offenbart sich dasjenige Phänomen von der Produktivität der Macht, die Foucault immer wieder betont: „In Wirklichkeit ist die Macht produktiv; und sie produziert Wirkliches. Sie produziert Gegenstandsbereiche und Wahrheitsrituale: das Individuum und seine Erkenntnisse sind Ergebnisse dieser Produktion" (ÜS 250). Die Transformation des Seelischen, die mit dem Hochmittelalter einsetzt, lässt sich also als prozesshaftes Geschehen verstehen, dass durch den christlichen Anreiz, nach „Innen" zu schauen, erst die beobachtbare und untersuchbare Seele erzeugt und damit in die Realität holt.

Selbst wenn die Seele langsam zu etwas wird, dem Aufmerksamkeit geschenkt werden soll, so verbleibt sie in dieser Zeit noch immer der Transzendenz verpflichtet. Die Seele ist „bis ins 17. Jahrhundert als eine überpersönliche und transzendente Weltseele repräsentiert, deren individuelle Abkömmlinge den Körper regieren und alle Individuen als Teile des Kosmos miteinander verbinden, der ein zusammenhängender lebendiger Organismus ist. Sie gibt zugleich die Vermittlung des Weltganzen zwischen Stofflichem und Geistigem, innerhalb einer hierarchischen Ordnung, an deren unterstem Ende der unbelebte Stoff und an deren Spitze Gott steht. Alles Wissen über die Individuen findet seinen Platz und eine Begründung in dieser Ordnung. Das Individuum existiert primär nicht als Individuum, sondern als Glied dieser Ordnung und ihrer irdischen Repräsentanzen. Insoweit hat die Seele ein Kollektiv im Zentrum, die feudale Produktions- und Reproduktionsgemeinschaft ebenso wie das große Kollektiv der Gläubigen als Gemeinde Christi. Die Seele ist orientiert auf das Jenseits, aus dem sie kommt, auf den Tod oder das Nachleben, welches das eigentliche Leben ist, auf das Seelenheil und die Gnade, auf den Geist, der von Gott stammt, und auf den Glauben, der die Wege hin zu ihm aufschließt.“ (Sonntag 1988, 242)

Die bis ins 18. Jahrhundert aufrechterhaltene Gesellschaftsordnung der ständischen Feudalherrschaft gibt Gewissheit über Rechte, Pflichten, Eigentumsverhältnisse und Lebensweisen, weshalb die Idee, den Innenraum für irgendwelche persönlichen Ziele zu nutzen, noch lange weder denkbar noch notwendig ist. Dennoch muss betont werden, und Foucault weist explizit darauf hin, dass es genau diese sich institutionalisierende Befragung in der Prozedur der Beichte ist, die „zu einer Orientierung auf die eigene Innenwelt“ und „zu deren erheblicher Modifikation und Differenzierung führen wird“ (Sonntag 1999, 81).[37]

37 Für die Form der Befragung erhalten die Beichtväter immer neue und genauere Anweisungen, wie und in welchem Ausmaß befragt werden sollte, weil die Gefahr sehr wohl erkannt wird, dass die Gläubigen durch die Fragen selbst auf Ideen und Gedanken kommen könnten, die so ganz und gar nicht im Sinne der christlichen Ordnung wären (vgl. Sonntag 1999, 81).

Seelische Transformationen in der Neuzeit

Der Übergang vom Mittelalter in die Neuzeit ist fließend und wird daher auch mit unterschiedlichen einschneidenden Ereignissen in Verbindung gebracht. Hier sind die Erfindung des Buchdruckes um 1450 mit der folgenden Verschriftlichung des Wissens, die Entdeckung der „Neuen Welt" mit Christoph Kolumbus im Jahr 1492, aber auch der zunehmende Verlust der katholischen Macht und der Beginn der Reformation (1517–1648) zu nennen. Diese unterschiedlichen Ereignisse läuten eine radikale politische Umbruchsphase ein, die die folgenden Jahrhunderte prägen und die Zeit des Mittelalters in weite Ferne rücken lassen.

Als Ausgangspunkt dieser Transformation der gesamten politischen Organisation Europas gilt der „spektakuläre Feldzug" (Sonntag 1999, 84) des französischen Königs Karls VIII. im Jahr 1494 nach Italien, wo er unter anderem Rom und Neapel erobert und damit dem deutschen Kaiser die Vormachtstellung in Europa streitig macht. Dieser Kriegszug lässt eine neue Form staatlicher Machtpolitik „nach außen" entstehen, die zur Vorläuferin für den Kampf der Großmächte wird. Zur selben Zeit finden sich unterschiedliche antiklerikale Strömungen, die wiederum der Kirche ihren Einfluss zu nehmen trachten. Speziell die Geldpolitik des Klerus ist einem zunehmend massiven Angriff ausgesetzt. Diese Bewegungen und Konstellationen bieten einen fruchtbaren Boden für die Reformation, die mit Martin Luther einen Höhepunkt erreicht.

Im Besonderen für die Frage des Seelenverständnisses dieser Zeit sind die Reformation und die Argumentationsfigur Martin Luthers aufschlussreich. Luther versteht die Seele als eine von Gott gegebene Größe, die durch keinerlei menschliches Zutun irgendeiner Veränderung zugeführt werden kann. Damit ist auch die im christlichen Sinne wie immer geartete verordnete Läuterung keine Option, das Seelenheil zu retten. Dieses Verständnis des Seelischen findet durch Luther selbst eine überlieferte „Bestätigung". Als er im Jahr 1521 zum Reichstag nach Worms vorgeladen wird, begründet er die Unmöglichkeit des Widerrufes seiner Thesen so: „Wenn ich nicht durch das Zeugnis der Heiligen Schrift oder durch klare Vernunftgründe überzeugt und überwunden werde, … so [bleibt] mein Gewissen in Gottes Wort gefangen, und ich kann und will nicht widerrufen, da es beschwerlich, ungut und gefährlich ist, gegen das Gewissen zu handeln" (Luther 1521, zit. n. Sonntag 1999, 86). Diese Ansage ist aus zwei Gründen bemerkenswert. Erstens beruft sich Luther auf eine *innere* Dimension, sein Gewissen, die es ihm verunmöglicht, dem Papst und seiner Lehre zu folgen. Damit stellt sich ein singulärer Mensch mit einem ebenso singulären Gewissen vor eine geballte Herrschaftsmacht und verkündet nach bekannter Überlieferung: „Hier stehe ich; ich kann nicht anders." Zweitens verknüpft Luther sein singuläres Gewissen mit dem Wort Gottes („mein Gewissen ist in Gottes Wort gefangen") also mit der Heiligen Schrift – natürlich wie *er* sie interpretiert. Oder mit anderen Worten: „Luthers Gewissen […] steht sozusagen gegen Luther selbst auf und untersagt ihm, den Lehren der Papstkirche zu folgen" (ebd. 87).

Diese historische Begebenheit lässt erkennen, dass sich Luther nicht auf eine unabhängige oder eigenständige Innerlichkeit bezieht, sondern auf eine Instanz, die zur Gänze mit der Transzendenz verbunden ist. Dieses Gewissen *gehört* ihm nicht, weil es einer wesentlich höherwertigen, göttlichen Instanz untergeordnet ist.

Was Luther stellvertretend für seine Zeit deutlich macht, ist, dass eine Hinwendung zum Persönlichen beginnt, die sich hier in Form einer individuellen Auslegung der göttlichen Wahrheit zeigt: „Das Individuum der frühen Neuzeit entwickelt ein auf das eigene Ich gerichtetes Selbst-Bewußtsein, aber […] gegründet in überindividuelle Deutungszusammenhänge" (ebd. 87). Obwohl die sozialen Zusammenhänge immer noch mit einer herausragenden Wichtigkeit versehen sind, verlieren sie ihre unumstößliche Klarheit. Es findet eine langsame Hinwendung zu so etwas wie einer Individualität statt.

Dieser Blick des frühneuzeitlichen Individuums auf sich selbst ist keine Handlung „aus sich selbst heraus“, also von einer Innerlichkeit ausgehend, der die Fähigkeit der Selbstbeobachtung zugeschrieben wird. Vielmehr legen Abhandlungen dieser Zeit nahe, dass das Individuum zwar eine Distanz zu sich einnimmt, von dieser Perspektive aus das eigene Selbst aber wie eine fremde Person wahrnimmt und auch so beschreibt. Ein Vertreter, der dies in einzigartiger Weise zu Papier gebracht hat, ist Michel de Montaigne (1533–1592):

> „… ich selbst trage durch meine schwankende Haltung zu diesem verwirrenden Hin und Her bei; und wer sich angespannt beobachtet, wird feststellen, daß er kaum zweimal in derselben Verfassung ist. Ich gebe meiner Seele bald dieses, bald jenes Gesicht, je nach welcher Seite ich sie wende. Wenn ich unterschiedlich von mir spreche, dann deswegen, weil ich mich als unterschiedlich betrachte. Alle Widersprüche finden sich bei mir in irgendeiner den Umständen folgenden Form. Schamhaft und unverschämt, keusch und geil, schwatzhaft und schweigsam, zupackend und zimperlich, gescheit und dumm, mürrisch und leutselig, verlogen und aufrichtig, gebildet und ungebildet, freigebig und geizig und verschwenderisch – von allem sehe ich etwas in mir, je nachdem wie ich mich drehe; und wer immer sich aufmerksam prüft, entdeckt in seinem Inneren dieselbe Wandelbarkeit und Widersprüchlichkeit, ja in seinem Urteile darüber. Es gibt nichts Zutreffendes, Eindeutiges und Stichhaltiges, das ich über mich sagen, gar ohne Wenn und Aber in einem einzigen Wort ausdrücken könnte. […] Wir bestehen alle nur aus buntschecki-

> gen Fetzen, die so locker und lose aneinander hängen, dass jeder von ihnen jeden Augenblick flattert, wie er will; daher gibt es ebenso viele Unterschiede zwischen uns und uns selbst wie zwischen uns und den anderen.“ (1998, 167 f.)

Durch die erheblichen politischen und wirtschaftlichen Umwälzungen dieser Zeit ist ein Phänomen ob der Thematik dieser Arbeit bemerkenswert, nämlich die Sichtweise auf das, was den Menschen ausmacht. Mit dem beginnenden 16. Jahrhundert lässt sich eine Verschiebung der Interpretation des Menschlichen erkennen, die sich von der Orientierung am Jenseits zu lösen beginnt und einen diesseitig orientierten Blick auf das Mensch-Sein richtet. Es ist die Epoche, da die Vernunft zum zentralen Wert avanciert. Der Mensch wird von Natur aus als durch und durch von Trieben, Affekten und Leidenschaften gesteuertes Wesen interpretiert. Diese interpretative Bewegung geht mit einer weiteren Transformation einher, die mit einer Erstarkung des Ökonomischen in Verbindung steht, die die Erwerbsarbeit zur zentralen menschlichen Zielsetzung macht. Schon bevor John Locke im 17. Jahrhundert propagiert, dass vernünftiges Verhalten nicht ohne die Anhäufung von Gütern zu verstehen ist, bildet sich die Transformation des richtigen und vernünftigen Verhaltens in Form von Arbeit langsam aber beständig heraus. Insofern wird ein Verhaltensregulativ ersonnen, dass Vernunft und Ökonomie mit der Trieb- und Sündhaftigkeit in Zusammenhang stellt. Wenn das Menschenbild dieser Zeit als triebhaftes und ungestümes gesehen wird und Arbeit zum grundlegenden Wert avanciert, erscheint nur ein Weg zielführend, nämlich die Menschen mittels Disziplinierung im wahrsten Sinne des Wortes „zur Vernunft zu bringen“. Das heißt konkret, dass der deutlichste Ausdruck eines vernünftigen Menschen in seiner Arbeit zu finden ist, was erhebliche Konsequenzen, insbesondere für untere soziale Schichten, nach sich zieht. Denn aus „der mittelalterlichen Auffassung von Armut als gottgegebenem Zustand, der zur Arbeit zwingt, wird ein obrigkeitlicher Zwang zur Arbeit, um Armut *vorzubeugen*" (Sonntag 1999, 108 [Kurs. i. Orig.]). Arbeit an sich avanciert zum vernünftigen Verhalten, zur Vernunft schlechthin.

Dies bedeutet eine radikale Zäsur in der europäischen Geschichte, denn ab nun wird sich die Haltung gegenüber abweichendem Verhalten und seiner Definition drastisch verändern. Es entsteht die Idee, die soziale Ordnung einzig und allein durch massive, zielgerichtete Interventionen aufrechterhalten zu können. Die disziplinierenden Eingriffe finden sowohl im Bereich der Bildung als auch im Umgang mit unerwünschtem Verhalten ihren deutlichen Ausdruck. Entstehende Institutionen der Sozial-
disziplinierung werden ganz unterschiedliche Bevölkerungsgruppen unter ihre „Fittiche" nehmen und ihnen die vernünftigen Tugenden des Fleißes und der Ordnung „beibringen". Daraus erwächst die Praxis der massiven Einschließung, auf die Foucault hinweist:

> „... eingeschlossen werden arme Invalide, alte Leute im Elend, Bettler, hartnäckig Arbeitsscheue, Venerische, Sünder, Libertins aller Art, Leute, denen ihre Familie oder die königliche Obrigkeit eine öffentliche Bestrafung ersparen möchte, verschwenderische Familienväter, Kleriker im Bannbruch, kurz alle, die hinsichtlich der Ordnung, der Vernunft, der Moral und der Gesellschaft Anzeichen von Zerrüttung zu erkennen geben." (PG 104)

Als Vorläuferin der Sozialdisziplinierung dient die Erfahrung mit der epidemischen Pest, die 1347/48 ganz Mitteleuropa heimsucht und der weitere Wellen folgen. Die Städte, von der Erkrankung am heftigsten betroffen, erlassen Pestverordnungen, die durch gesundheits- und ordnungspolizeiliche Maßnahmen gekennzeichnet sind und bei Nichteinhaltung von erheblichen Strafandrohungen begleitet werden.

> „Der Pest als zugleich wirklicher und erträumter Unordnung steht als medizinische und politische Antwort die Disziplin gegenüber. [...] Die Pestkranken hingegen werden sorgfältig erfaßt und individuell differenziert – von einer Macht, die sich vervielfältigt, sich gliedert und verzweigt. Die große Einsperrung auf der einen Seite und die gute Abrichtung auf der anderen; [...] Es handelt sich um zwei Methoden, Macht über die Menschen auszuüben, ihre Beziehungen zu kontrollieren und ihre gefährlichen Vermischungen zu entflechten. [...] Die Pest [...] ist die Probe auf die ideale Ausübung der Disziplinarmacht" (ÜS 254 f.).

154 Auf diese disziplinierenden Erfahrungen zurückgreifend, werden nun neue Ordnungskategorien und Techniken ihrer Verwirklichung entwickelt, die eine Hintergrundfolie erzeugen, die Abweichungen welcher Art auch immer verstärkt in den Vordergrund rücken lassen.

So entsteht eine Disziplinierungsmechanismus, der in den folgenden Jahrhunderten „immer neue Devianzen in dem Maß produzieren wird, in dem er die einmal kreierten Standards ausdifferenziert" (Sonntag 1999, 107). Die Disziplin wird ihr Werk in den Schulen, beim Militär, in den Spitälern und den Gefängnissen vollbringen und sukzessive in der einen oder anderen Weise in der gesamten europäischen Population ihren Niederschlag finden. Bald gibt es keine menschliche Sphäre mehr, die von der Disziplinarmacht unerreicht bleibt – „die politische Macht eben [hat] die Verwaltung des Lebens übernommen" (WzW 134). Das ganze Leben der Bevölkerung wird zur Zielscheibe „eingreifender Maßnahmen und *regulierender Kontrollen*" (ebd. 135 [Kurs. i. Orig.]). Foucault wird es die *„Bio-Politik der Bevölkerung*" (ebd. [Kurs. i. Orig.]) nennen. Er versteht darunter eine Machtform, die sich insofern von der des Souveräns unterscheidet, da sie nicht mehr als Entscheidungsgewalt über Leben und Tod und auf der

Aneignung von Abgaben oder Dienstleistungen beruht, sondern sich vermehrt der Verwaltung und Organisation des Lebens insgesamt annimmt. Es handelt sich dabei um eine Macht, die sich „fortlaufender, regulierender und korrigierender Mechanismen" bedient.

Ontogenese im Absolutismus

Im 16. Jahrhundert spitzen sich die politischen und sozialen Verhältnisse Europas zu, die sich seit langem im zähen Ringen um das Ende des ständischen Feudalismus ankündigen. Durch die unterschiedlichen Interessenslagen der heterogenen ständischen Gruppierungen und die Erkenntnis nach dem Dreißigjährigen Krieg, dass ein Reich seine Grenzen nur über eine gemeinsame Strategie seiner Länder zu sichern vermag, entstehen zum ersten Mal Verbände, die besonders geeignete und fähige männliche Untertanen zu militärischen Truppen zusammenfassen. Diese sind nicht wie bisher Kampftruppen mit mehr rechter als schlechter Ausstattung und Bewaffnung, sondern eine neue durchstrukturierte Organisationsform, deren Mitglieder einheitlich gekleidet, bewaffnet und mit Drill für potentielle Feldzüge oder Kriegseinsätze ausgebildet werden.

Zeitgleich gehen radikale politische und soziale Neuerungen und Veränderungen einher, die die neue Form der durchdeklinierten Zurichtung und Disziplinierung in Einklang mit allen Untertanen des Staates bringen sollen. Dazu benötigt es Institutionen, die die gesamte Bevölkerung überhaupt erst zu erfassen vermögen. Es entstehen Behörden und Archive für statistische Erhebungen, die die spezifischen Parameter der einzelnen Individuen, wie Alter, Geschlecht, Gesundheit, Schulbildung, Beruf etc., zu explorieren beginnen. Erstmals etablieren sich Verwaltungsapparate, die durch genaue Dienstzeiten, Aufgaben und sonstige Vorschriften organisiert und für die Abwicklung bürokratischer Formalitäten, Steuerbelange und die Archivierung des zunehmenden Datenmaterials installiert werden.

Dieser Übergang ist selbstredend ein prozesshaftes Geschehen, weshalb über eine lange Periode ganz unterschiedliche königliche, grundherrschaftliche und klerikale Institutionen nebeneinander operieren. Dadurch wird erkennbar, dass sich der absolutistische Staat „nicht einfach von oben nach unten durch[setzt]; seine Interventionen treffen vielmehr auf Widerstand traditioneller Verbände, so daß Zentralisierung fast überall das Ergebnis von Auseinandersetzungen und Konflikten ist“ (Sonntag 1999, 122). Die Entstehung des absolutistischen Staates lässt also die weitverbreitete Meinung einer einseitigen Machtausübung von „oben“ nach „unten“ zweifelhaft, zumindest aber mit extremen Hürden erscheinen. Es handelt sich um eine Zeit, die bis zur Französischen Revolution 1789 von Kämpfen um Machtansprüche zwischen den Ständen und der königlichen Herrschaft gekennzeichnet ist.

Im Zuge dieser politischen Auseinandersetzungen um Privilegien und Macht verändert sich die soziale Situation drastisch. Langsam beginnt die Standessicherheit durch Geburt oder vertragliche Regelungen zu bröckeln. Es kristallisieren sich neue schichtspezifische Kategorien heraus, die sich im entstehenden Bürgertum verkörpern. Ebenso geht damit langsam eine Ära zu Ende, die bis dahin Standesgrenzen kaum zu überwinden vermochte. Zu dieser Zeit bilden sich Ansätze einer Gerichtsbarkeit, die der Bevölkerung zu ihrem Recht verhelfen sollen. Zwar steht der König dem Staat und der Gesellschaft als absoluter Herrscher vor, deren Sicherheit und Recht er gewährleistet, aber gleichzeitig ist die Durchsetzung von Interessen mittels Gewalteinwirkung einer zunehmenden Ächtung ausgesetzt. Mit diesen juridischen Veränderungen handelt es sich nicht ausschließlich um eine einfache Richtschnur von Verboten, sondern um einen Definitionsausbau dessen, was als strafbar gilt. Dabei zeigt sich eine eindeutige quantitative „Verschiebung von den Gewalttaten auf Verstöße gegen die moralische und die Eigentumsordnung, weil weite Bereiche neuer Straftatbestände geschaffen werden und das gesamte politische, soziale und wirtschaftliche Leben obrigkeitlicher Regulierung zugeführt wird“ (ebd. 127). Dies läutet eine gänzlich neue gesellschaftliche Situation ein, weil die erstmalig ersonnenen Delikte tradierte Verhaltensweisen sanktionieren und neuartige erwarten lässt.

Aus heutiger Perspektive erscheint es verwunderlich, dass gerade zu dieser Zeit die Kategorie Glück die politische Bühne betritt. Dieses Glück ist allerdings eines, das von der Obrigkeit den Untertanen gewährt wird. Keinesfalls versteht sich dieses Glück als individuell definiert oder gar gewählt, ist doch der einzelne Mensch, nicht zu vergessen, von Grund auf sündhaft. Damit verknüpft ist die Fragestellung, was denn nun eigentlich die Eigenschaften oder „Tugenden sein sollen, die zu leben sind“ (ebd. 130), welche die „Hintergrundmusik“ der Konfessions- und Bürgerkriege dieser Zeit spielen.

Die Deutungshoheit eines Welt- und Menschenbildes ebenso wie die Frage, was unter Gerechtigkeit verstanden werden kann, sind zu allen Zeiten mit unterschiedlichen Formen von Kämpfen verbunden. Der hegemoniale Diskurs dieser Zeit erhofft und verlangt die Lösung dieser brennenden Fragen vom absolut herrschenden Monarchen: „Wiederum haben die Menschen kein Vergnügen (sondern vielmehr großen Verdruss), zusammenzuleben, wenn es keine Macht gibt, die in der Lage ist, ihnen Ehrfurcht abzuverlangen“ (Hobbes 2014, 117 [1651]). Es braucht also eine Macht, die die Menschen „ruhig hält“ (ebd.). Diese Macht muss eine sein, die die Bevölkerung *unabhängig von ihren jeweiligen Zielen und Interessen* zu schützen, den Frieden zu bewahren und deren Eigentum zu sichern vermag. Insofern entsteht die Idee, dass Religion, verstanden als Interesse, der privaten Sphäre zugeordnet gehöre, weil sie nicht als Richtlinie für politisches Handeln geeignet sei. Derjenige, der die Macht verkörpert, muss über den unterschiedlichen Interessen und Zielsetzungen stehen. Er „wird der SOUVERÄN genannt und hat, wie man sagt, souveräne Macht. Jeder andere außer ihm ist sein UNTERTAN" (ebd. 127).

Diese hier dargestellte politische Situation ist deshalb von Bedeutung, weil sich die absolutistische Macht des „Ruhig-Haltens" insbesondere in der Verbreitung einer Sozialdisziplinierung offenbart, die wohlgemerkt nicht ausschließlich bei den Armen und Abweichlerinnen zur Umsetzung kommt. Die Eliten bemäch-

tigen sich früh der militärischen Disziplin und Ordnung. Der Drill dient als grundsätzlich nützliche Begegnung und Korrektur des von Natur aus sündhaften Menschen, dem gewissermaßen der zentrale Wert der Vernunft anerzogen werden müsse.

Da sich in dieser Zeit die Vernunft[38] mit ökonomischen Zielsetzungen verbindet, werden nun im großen Stil sämtliche Institutionen, Waisen-, Armen-, Narren-, und Korrektionshäuser, einem Zwang unterworfen, der sich in der Erziehung zur Arbeit zeigt. Dahinter steht die Vorstellung, den individuellen Charakter mittels Affektregulierung zu steuern, wobei ein besonderes Augenmerk der Übung geschenkt wird, die eine anhaltende, andauernde Wirkung erzielen soll. Bevorzugt wird der „Bereich des Übens, des intensivierten, vervielfachten, wiederholten Lernens" (ÜS 232). Die Ziele der disziplinierenden Übung sind die Überwachung des

38 Dass die Kategorie Vernunft in dieser Zeit auf den Plan gerufen wird, hat selbstverständlich nicht nur mit der zunehmenden Bedeutung der Ökonomie zu tun, sondern ganz zentral auch mit Kämpfen um Gerechtigkeit und Gleichheit. Ob der Thematik dieser Studie, die letztlich auf das Zusammenspiel von neoliberaler Ökonomie und der Psychotherapie zuläuft, liegt der Schwerpunkt der Aufmerksamkeit auf dem Bedeutungszugewinn der Ökonomie.

Verhaltens, die Überprüfung der Fähigkeiten sowie die Steigerung der Leistung. Kurzum handelt es sich um die Frage, wie man den Menschen genau an den Platz stellen kann, „an dem er am nützlichsten ist“ (MM 233).

An den Orten der Disziplinierung gerät in neuartiger Weise das einzelne Individuum in den Blick. Es wird untersucht, kategorisiert und bei Bedarf korrigierenden Maßnahmen ausgesetzt. Hier beginnt die langsame, aber stetige Fokusverschiebung, die sich von der ganzen Bevölkerung hin zum *Einzelwesen* vollzieht.

Nun erscheint es an dieser Stelle so, als ob es sich ausschließlich um äußere Zwangseinwirkung auf jede Einzelne gehandelt habe, aus der es kein Entrinnen gab. Hier wird Michael Sonntag folgend zumeist „der Widerstand der Betroffenen“ (1999, 140) übersehen, der sich in *allen* Bevölkerungsgruppen als massiv herausstellt. Insbesondere die Landbevölkerung wird ihre bisherige Lebensweise noch lange verteidigen, während in den Städten die Armen sich „in derart desaströse Arbeitsbedingungen hineinpressen lassen“, weil es sich um „blanke[…] Überlebensnotwendigkeit“ (ebd. 144) handelt.

Sonntag gibt zu bedenken, dass zu dieser Zeit ein umfassender gesellschaftlicher Umbau im Gange ist, in dem sich ein neues Selbst einzurichten versucht. Es findet sich damit in einer gänzlich veränderten Welt wieder, „in der sich alle Kriterien dafür ändern, was überhaupt Moral, Gewissen, Individualität, Selbst-Sein usw. ausmacht“ (ebd. 140).

Bürgerliche, marktorientierte Individualität

Zunehmend verschafft sich ein Verständnis Geltung, nach dem die Ökonomik des „Hauses“ein passendes Modell für den Staat darstellt. Der einzelne Bürger soll seinen Geschäfts- und Handelsbeziehungen in seiner individuellen Form nachgehen, da gerade das in weiterer Folge den monarchistischen Staat als Ganzes reicher und stärker machen werde. Der Einfluss der Ökonomie auf die politischen Belange fungiert als wesentliche Bedingung in der Ausbildung einer bürgerlichen Individualität. Mit dem männlichen bürgerlichen Marktteilnehmer avanciert das Privateigentum zur verteidigungswürdigen Kategorie. Es muss sogar als eigentliche Begründung für die Notwendigkeit eines Gemeinwesen herhalten: „Das große und hauptsächliche Ziel also, zu dem sich Menschen in Staatswesen zusammenschließen und sich unter eine Regierung stellen, ist die Erhaltung ihres Eigentums" (Locke 2014, 144 [1689]). Der Reichtum jedes Einzelnen soll den Wohlstand des ganzen Reiches vermehren. Das Modell des „Hauses"

wird auf den Staat übertragen, sodass dem Herrscher die Position des Hauspatriarchen zukommt. Er hat die Aufgabe, die individuelle Marktteilnahme unabhängig von jeglichen ständischen Privilegien zu ermöglichen und zu unterstützen. Davon profitiert der Staat in seiner Gesamtheit und erspart sich zugleich seinen bisher bedeutsamen gemeinschaftsstiftenden Auftrag. Mit dieser Bewegung etabliert sich in historisch neuartiger Weise eine Verknüpfung von Staat, Ökonomie und Individuum.

Wenn dem einzelnen Bürger als individuell Wirtschaftendem eine derart herausragende Funktion in der Staats- und Gemeinschaftsbildung zugeschrieben wird, ist es nur folgerichtig, den politischen Blick nicht nur auf die Bevölkerung in ihrer Gesamtheit, sondern verstärkt auf das einzelne Individuum zu richten.

Infolgedessen löst sich mehr und mehr das Verständnis vom Menschen als gottgegebener Natur hin zu einem universell regulierenden Vernunftwesen. Die Natur als bedeutsamer Aspekt wird allerdings nicht ad acta gelegt, sondern steht in direkter Verknüpfung mit der dem Individuum innewohnenden Vernunft. Die Vernunft ist in der menschlichen Natur quasi angelegt und strebt nach einem gerechten, tugendhaften Sein. Diese Idee des menschlichen Seins wird zu einer Waffe, die sich gegen den Adel und die herrschaftliche Bevormundung richtet.[39] Denn Herkunft kann damit nicht mehr etwas sein, das sich durch Geburt oder Stand auszeichnet, sondern allein die Leistungen und Verdienste als Zeichen vernünftigen Handelns sollen als Maßstab für bürgerliche Rechte dienen. Der Ruf diverser Einzelinteressen und -forderungen, die individuellen Eigenschaften und Fähigkeiten zu nutzen und nicht von einer Obrigkeit behindern zu lassen, wird immer lauter und unüberhörbar. Damit entsteht eine Spannung zwischen den einzelnen Individuen und der Gemeinschaft, weil sich eine Ansammlung widersprüchlicher, kontingenter und permanent wechselnder Begehrlichkeiten zu zeigen beginnt. Da Einzelinteressen oder Bedürfnisse keine verbindlichen Schablonen eines gerechten, tugendhaften oder gar solidarischen gemeinschaftlichen Zusammenlebens kennen, ist umfangreiches Konfliktpotential evoziert. Oder wie Michael Sonntag schreibt: „Der entpolitisierte Bürger bewegt sich als Marktteilnehmer in einer ebenso entpolitisierten gesellschaftlichen Sphäre“ (1999, 161).

Im Zuge der vielschichtigen und komplexen Transformationsbewegungen dieser Zeit wächst eine bedeutsame gesellschaftspolitische Neuheit, nämlich die berühmte Spaltung der „öffentlichen“ und der „privaten“ Sphäre. Sukzessive werden diese beiden, als gänzlich konträr konzipierten Räume, mit den Begriffen „männlich“ und weiblich“ in Einklang gebracht. Obwohl nicht geschlechteregalitär organisiert, gab es in der Feudalherrschaft keine Notwendigkeit einer Trennung von Erwerbsarbeit und Privatleben. Es existierte „keine voneinander isolierte Erwerbstätigkeit und Hausarbeit“ (Bock/Duden 1977, 125). Vielmehr wurden

39 Dass die Frage nach dem Menschlichen gerade zur selben Zeit wie die Hochkonjunktur des europäischen Sklavenhandels Furore macht, zeigt, welche ideologisch-politische Färbung und Funktion ihr tatsächlich zukommt.

die vielfältigen Aufgaben von allen dem „ganzen Haus" zugehörigen Personen verrichtet. Das ändert sich mit der Entstehung der bürgerlichen Familie radikal. Mit dem Erfolgszug der Industrialisierung bauen sich die Zuständigkeiten und Aufgaben in der bürgerlichen Familie komplett um, wiewohl auch der Begriff der Familie in seiner heutigen Bedeutung damit erst entsteht. Im Zuge dieser Neuformierung menschlichen Zusammenlebens etabliert sich eine Tätigkeit, die heute selbstverständlich als Hausarbeit bezeichnet wird – eine Arbeit, die ab nun der Unsichtbarkeit des Privaten unterworfen und einem Geschlecht zugeordnet wird: der Frau.

 Im Gegensatz zur Marktteilnahme im öffentlichen/beruflichen Raum findet das männliche bürgerliche Individuum im privaten Bereich einen intimen Gegenpol, der ihm die Begegnung von „Mensch zu Mensch", ganz so wie von der Natur hervorgebracht, ermöglicht. Diese Natur offenbart sich in einem Modell der Zweigeschlechtlichkeit, die sich in historisch einzigartiger Weise hierarchisch zuspitzt und in Rechten und Pflichten zweier gänzlich unterschiedlicher Wesen verbalisiert.[40] Dem Mann wird nach der harten industriellen Rationalität des Alltags im privaten Heim Entspannung und Erholung versprochen, während für die Frau eine einzig wahre und naturhafte Existenzweise propagiert wird , nämlich die der Hausfrau, Ehefrau und Mutter.[41] Die Trennung von öffentlicher und privater Sphäre etabliert die

40 Die Zuspitzung der heterosexuellen Zweigeschlechtlichkeit wird auch für die Konzeption der Psyche nicht folgenlos bleiben.

41 Nicht alle Frauen haben sich widerstandslos dem Diktat dieser Bestimmung unterworfen. Es wurden drastische Mittel zur Durchsetzung dieses weiblichen Existenzideals vorgenommen. Vielen Frauen in Europa und im US-amerikanischen Raum wurde im 19. bis ins 20. Jahrhundert die Klitoris entfernt oder „korrigiert" (vgl. Bock/Duden 1977, 168).

Geschlechterhierarchie und macht die Entstehung moderner Staatlichkeit erst möglich (vgl. Sauer 2001, 13).

Ist die menschliche Natur, wie sie wirklich ist, einmal erkannt, lässt sich auch die Art der Bildung und Erziehung genauer bestimmen. Das Bildungswesen und diverse Kontrollinstitutionen erfahren eine noch nie dagewesene quantitative und qualitative Expansion. Kaum eine Epoche hat derart vielfältige Verhaltensanweisungen und -vorschriften, moralische Anregungen und die Tugenden bespitzelnde Überwachungen hervorgebracht wie das bürgerliche Milieu des 19. Jahrhunderts. Die hochgehaltene Individualität verschwindet „hinter die doppelmoralischen Paravents bürgerlicher Wohlanständigkeit" (Sonntag 1999, 215), weshalb die vielgepriesene befreiende Individualisierung aus heutiger Perspektive tatsächlich eher als „Gefängnis des Individuums" (ebd.) verstanden werden kann.

Wie gelangt nun die Idee der Psyche in die gesellschaftliche Realität? Nach Michael Sonntag gewinnt ein „wie immer geartetes Phänomen [...] als ‚psychisches' oder ‚individuelles' eine Existenz erst, wenn eine historisch-gesellschaftliche Bereitschaft und ‚Fähigkeit' vorhanden ist, es als solches zu identifizieren, wenn ein entsprechendes historisch-gesellschaftlich evoziertes Interpretationsmuster, ein kollektiv verfügbares System der Codierung und Decodierung, vorliegt" (1988, 102). Diese Bereitschaft lässt sich in der Zeitspanne erkennen, wo sich politische und ökonomische Gegebenheiten durch Kapitalismus und Liberalismus derart massiv wandeln, dass sie die Bedingungen für einen neuen Interpretationsmodus stellen. Die Menschen werden im Zuge dieser Umwälzung sukzessive aus ihrer bisherigen Determiniertheit, die auch als Lebensorientierung verstanden werden kann, herauskatapultiert. Das Individuum ist mit einer erheblichen Verunsicherung der eigenen Position innerhalb des sozialen Gefüges konfrontiert, weil die bisher Halt gebenden Leitlinien wegbrechen. Die Sicherheit im eigenen Sein bröckelt mit der voranschreitenden kapitalistischen Produktionsweise derart, dass eine neue Idee des Selbst zwangsläufig notwendig wird. Die Menschen sind auf sich selbst zurückgeworfen, sodass ein gesellschaftspolitisches Vakuum entsteht, das von der Frage, „Wie sollen und können wir uns als nunmehr gesellschaftliche Individuen regieren?" (Rau 2010, 188), dominiert wird. Auf diese äußere Orientierungslosigkeit wird zwar mit recht unterschiedlichen Lösungen reagiert, allen Lösungsversuchen ist aber eines gemeinsam, nämlich ein gewisser Fokus nach innen.

Sich selbst ins Zentrum der Aufmerksamkeit zu rücken wird

zur Idee, um die Möglichkeiten des eigenen Seins ausloten zu können. Wenn dem Individuum von Natur aus Eigenschaften und Fähigkeiten gegeben sind, so gilt es, diese zu erforschen und (auf ihre Markttauglichkeit hin) zu überprüfen. Erkennbar wird die Praxis der Selbstthematisierung im 18. Jahrhundert an den entstehenden Salons und Tischgesellschaften, die von gebildeten männlichen Kaufleuten, Gelehrten und Geistlichen besucht werden, um sich über das eigene Selbst auszutauschen. Ebenso stellt das Schreiben von Tagebüchern, Briefen und literarischen Abhandlungen einen zentralen Ort der Selbstthematisierung von Gefühlen, (Lebens-)Träumen und Befindlichkeiten dar. Hier können sowohl der Beginn der Suche nach dem „wahren Selbst" (Illouz 2012, 48) als auch die damit verbundenen Veröffentlichungen und Veräußerungen von Innenwelten ausgemacht werden. Diese sowohl verbalen als auch schriftlichen Ausdrucksformen des Psychischen dienen in ganz zentraler Weise der Suche, Vergewisserung und Bestätigung der je individuellen Vergesellschaftung. Damit zeigt sich, dass die Beschäftigung und Auseinandersetzung mit dem Psychischen, „obgleich es als Intimes und Innerstes des Selbst gilt, [...] immer schon auf ein Publikum bezogen [ist]" (Rau 2010, 190). Es ermöglicht eine neue Modalität, Orientierung zu finden und sich seiner selbst über andere zu vergewissern. Wie bereits angedeutet, betrifft diese neue Praxis der Selbstthematisierung weder die breite Masse der Bevölkerung noch Frauen. Dieser Diskurs findet (vorerst) innerhalb der gebildeten männlichen Mittel- bzw. Oberschicht statt.

Somit verdanken sich die ersten Spuren der Psyche[42] der Suche nach einer neuen Positionierung im aufstrebenden kapitalistisch-liberalen Gesellschaftsgefüge. Erst in der Zeitspanne, als die Menschen beginnen sich jenseits des Bezuges auf das Göttliche zu denken, lassen sich erste Ideen der Psyche ausmachen. Die Seele mit ihrer Verbindung zur Transzendenz wird langsam von einer neuen Idee abgelöst, die sich als Psyche mit ihrer Verknüpfung zur Immanenz zeigt.

Hierbei soll betont werden, dass diese neue Form eines Innen, die Psyche, nicht etwas ist, das plötzlich entdeckt wurde. Vielmehr wird sie durch die sich verbreitende Praxis des Über-sich-selbst-Redens oder des Sich-selbst-zum-Thema-Machens erst erzeugt. Das heißt, dass das Ausgesagte nicht eine Beschreibung eines bereits bestehenden Innenraums ist, sondern der Innenraum wird erst durch das Reden zur Existenz und so auf ein Realitätsniveau gebracht. Oder mit den Worten von Michael Sonntag: „Diskursivierung von Innenwelten […] bilden Gefühle nicht einfach nur ab, sondern sind das Medium ihrer Erzeugung und Veränderung, sind ‚Produktionsmittel' von Subjektivität ebensosehr wie ihr Produkt" (1999, 210). Durch diesen Prozess der Hinwendung zu den

42 Weitgehend wird in der Fachliteratur der Psy-Disziplinen nicht zwischen Seele und Psyche unterschieden. Ich verwende den Begriff der Psyche als ein Phänomen, das der Seele, die im christlichen Verständnis auf das Jenseits gerichtet ist, nachfolgt und ihr „Heil" (vorwiegend) im Diesseits sucht. Trotzdem werde ich weiter Zitate wiedergeben (müssen), die beide Begrifflichkeiten identisch verwenden.

individuellen Gefühlen, Regungen und Begehrlichkeiten beginnt das Individuum sich selbst mehr und mehr als psychisches Wesen zu begreifen. „Historisch einmal entstanden, *haben* die Menschen eine Seele, ein Gewissen oder eine Subjektivität" (Maihofer 1995, 50 [Kurs. i. Orig.]). Wie bei der Praxis der christlichen Beichte zeigt sich hier die Produktivität der Macht, wie sie Foucault denkt: Es ist die Produktion eines Subjekts mit einer ganz und gar individuellen Psyche.

Wir gelangen nun in das Zentrum bürgerlichen Selbstverständnisses. Genau dort werden sich Ökonomie und Psychologie unentwirrbar verschränken und „einander wechselseitig begrün-

den" (Sonntag 1999, 175). In dieser Bewegung der wechselseitigen Begründung und Verschränkung gelingt es der Psychologie, sich als Wissenschaft zu profilieren.

Die Psychologie wird Wissenschaft

Das Reden über sich selbst als Ausdruck von Verunsicherung im eigenen Sein ist der Ursprung des psycho-logischen Diskurses, der als Hoffnungsträger für eine Neuorientierung der je eigenen gesellschaftlichen Verortung fungiert. Obwohl bis ins 19. Jahrhundert von einer wissenschaftlichen Psychologie nicht die Rede sein kann, finden sich in den 1780er-Jahren die ersten regelmäßig erscheinenden Zeitschriften, die sich der Erfahrungsseelenkunde und damit dem Aufruf zur Selbsterkenntnis widmen. Fällt die Auseinandersetzung um das Erleben und Verhalten von Menschen bis dahin in den Kompetenzbereich von Philosophie, Theologie, Medizin und Physik, führt die „Diskursivierung von Innenwelten" (Sonntag 1988, 33) zur psycho-logischen Verwissenschaftlichung im 19. Jahrhundert. Die junge psycho-logische Wissenschaft profitiert von dem enormen Datenmaterial der aufstrebenden Naturwissenschaften. Auf die physiologischen Erhebungen der Medizin mit ihrer jungen Teildisziplin, der Psychiatrie, zurückgreifend, positioniert die Psychologie ihren Forschungsgegenstand weg von der Seele hin zum Bewusstsein. Die Seele verschwindet, da die Biologie mit ihrer Etablierung zu Beginn des 19. Jahrhunderts die treibende Lebenskraft im eigenen Untersuchungsbereich behauptet und sich erfolgreich mit der Medizin verbinden kann. Die Psychologie erobert wissenschaftliches Terrain also erst, als sie sich mit den mächtigen Naturwissenschaften und deren Erklärungsansätzen inhaltlich trifft und nicht bei der Seele verweilt, die sich durch ihre Verbindung mit dem Göttlichen jeglicher Einflussnahme zu entziehen vermag. Um ihre Reputation ringend, wundert es also nicht, dass sich die junge psycho-logische Disziplin von der Seele abwendet und den Sitz der Psyche ins Bewusstsein verlegt.

Im Jahr 1860 unterlegt Gustav Theodor Fechner die Mess- und Quantifizierbarkeit psychischer Phänomene mit dem Begriff der „Psychophysik“ (vgl. Rau 2010, 201). Fechner folgend, wird Wilhelm Wundt, der gemeinhin als Begründer der experimentellen Psychologie gilt, sein Forschungsinteresse in den Dienst der gesamten Erfassung des Psychischen stellen, was „mittels labortypischer Arbeitstechniken aus Physik, Chemie, Anatomie und Physiologie erfolgen soll“ (ebd. 203). Die Psyche wird als Einheit aller Erlebnisse, Vorstellungen, Empfindungen und Wünsche im Bewusstsein definiert. Zum Schwerpunkt psycho-logischen Forschens wird das Berechnen von Wahrscheinlichkeiten, Vermessen und Interpretieren menschlichen Verhaltens.

Der Erfolg der Psychologie speist sich somit aus „der Entfernung der Seele aus dem legitimen Gegenstandsbereich der Disziplin“ (Sonntag 1988, 52) und der Verbindung mit der messbaren Physiologie. Diese disziplinäre Kooperation kann nicht ohne den Zusammenhang mit dem Aufschwung der Industrialisierung gesehen werden. Denn es „entsteht ein Bedarf an einem Wissen darüber, wie die menschliche Arbeitskraft in ihrem Verhältnis zur maschinellen Leistung genauer zu bestimmen ist“ (Rau 2010, 202).

Es braucht ein Konzept, um Individualität, Arbeitskraft und Psyche zusammenzudenken, weil die „Neuzeit [...] im siebzehnten Jahrhundert damit begonnen [hat], theoretisch die Arbeit zu verherrlichen" (Arendt 2014, 12).

Dies erschafft ein politisch äußerst relevantes Phänomen, nämlich jenes eines einzigartigen Individuums mit ebenso einzigartigen Eigenschaften, Wesensmerkmalen und Begehrlichkeiten. Das psycho-logische Wissen kann sich derart in eindrucksvoller Weise sowohl mit den Postulaten der Aufklärung als auch der Industrialisierung verbinden und dem mündigen Bürger eine neue Ressource zur Seite stellen. Nicht, dass sich das bürgerliche Individuum allein dem stetig weiterentwickelnden und ausbreitende psycho-logischen Diskurs verdankt, aber dieser kann als *ein* treibender Motor neben mannigfaltigen politischen und ökonomischen Faktoren identifiziert werden, der die neue bürgerliche Subjektivierungsweise beflügelt. Letztlich etabliert sich mit der voranschreitenden Individualisierung die Idee eines Subjekts, das „durch Bewusstsein und Selbsterkenntnis an seine Identität gebunden" (SuM 275) ist.

Dass die Wissenschaft der Psychologie mit ihren unterschiedlichen, oft widersprüchlichen Theorien ein umkämpftes Feld darstellt, wird hier nur angemerkt und nicht weiter verfolgt. Es lässt sich allerdings vermuten, dass dies auch mit der von Anfang an zentralen Problematik einer umfassenden Definition ihres Gegenstandes zusammenhängt. „Kaum eine andere Wissenschaft hat im Laufe ihrer Geschichte so sehr um ihren Gegenstand gerungen und ihn so häufig gewechselt wie die Psychologie" (Ludwig Pongratz, zit. n. Sonntag 1988, 57). Erst durch die Verbindung theoretischer Konzepte aus der Philosophie und Physiologie gelingt es der Psychologie, sich im Wissenschaftskanon zu behaupten, allerdings in einem konstitutiven „Schwebezustand" (Sonntag 1988, 103) zwischen Natur- und Geisteswissenschaften. Dennoch ist damit der Grundstein für die Zusammenarbeit mit der Psychiatrie gelegt, über das Normale beziehungsweise Abnormale des Menschen zu verhandeln. Diese Kooperation mündet in eine sich gegenseitig befördernde diskursive Spirale, die die Verbreitung des psycho-logischen Wissens evoziert und die Menschen normierenden und normalisierenden Praktiken unterwirft.

Stellvertretend für die diversen Normierungspraxen, die die Psychologie im Laufe ihrer Geschichte hervorgebracht hat, soll eine exemplarisch hervorgehoben werden, die mir für die Thematik der Macht psycho-logischer Inhalte bedeutsam erscheint. Es ist dies die Psychotechnik.

Die Psychotechnik[43]

Der Begriff Psychotechnik wird im Jahr 1903 von dem Psychologen William Stern (1871–1938) eingeführt und von seinem Kollegen Hugo Münsterberg (1863–1916) populär gemacht. Münsterberg versteht unter der Psychotechnik eine „Wissenschaft von der praktischen Anwendung der Psychologie im Dienste der Kulturaufgaben“ (Münsterberg, zit. n. Rösgen 1999, 1). Mit dieser Definition kann die Psychotechnik theoretisch zwar für alle menschlichen Lebensbereiche Anwendung finden, wird aber in zentraler Weise im Bereich des Ökonomischen eingesetzt.

Dass die Psychotechnik gerade zu Beginn des 20. Jahrhunderts zum Einsatz kommt, wundert nicht, ist es doch eine Zeit, die mit enormen gesellschaftlichen, politischen und wirtschaftlichen Neuerungen und Veränderungen einhergeht. Hier ist die industrielle Revolution hervorzuheben, die durch das Aufkommen der Eisenbahn, die Erfindung der Dampfmaschine, die Elektrifizierung sowie die Entwicklung der frühesten Werkzeugmaschinen möglich wird. Im Europa des 19. Jahrhunderts setzt sich die kapi-

43 Ich halte mich in dieser Betrachtung vorwiegend an Petra Rösgen, 1999.

talistische Produktionsweise endgültig durch. Verbunden damit ist ein wirtschaftlicher Transformationsprozess, der nicht nur die Arbeit, sondern das ganze Leben der Individuen grundsätzlich neu organisieren wird. Mit der Etablierung von Industriebetrieben und Fabriken werden Wohn- und Arbeitsplatz einer Trennung unterzogen. Diese Spaltung ist ein entscheidender Moment für die Frage der Vergesellschaftung.[44] In der feudalen Ständegesellschaft war die Ausbeutungs- und Klassenorganisation durch Formen persönlicher Beziehungen mitgestaltet. Dies ändert sich mit der Industrialisierung ganz radikal. Die Lohnarbeitskräfte haben an ihren Arbeitsplätzen keine persönliche Beziehung mehr zu den Kapitalisten, denen sie ihre Arbeitskraft verkaufen müssen. So fallen private und ökonomische Person in der

> „kapitalistischen Gesellschaft in extremer Weise auseinander, und die Individuen erfahren in sich eine merkwürdige Spaltung in einen eigentlichen Menschen mit einer bestimmten einzigartigen Lebensgeschichte […] und eine ‚ökonomische Charaktermaske', die bei Strafe des ökonomischen Untergangs in den allseitigen Konkurrenz-Sachzwängen die Gesetze des Kapitalismus ausführen muß." (Ottomeyer 2014, 48)

Die Industrie verlangt für die Abwicklung des Produktionsprozesses eine klare Planung, Durchführung und Überwachung der unterschiedlichen Arbeitsschritte. Es braucht also ganz verschiedene Arbeitskräfte mit ganz unterschiedlichen Qualifikationen und Fähigkeiten für die Durchführung der diversen Arbeiten. Zum Teil ist es nicht möglich, auf traditionelle Handwerksberufe zurückzugreifen, weil diese durch ein gänzlich anderes Arbeitsprofil gekennzeichnet sind, die mit der Zerteilung des Arbeitsablaufes in einzelne Arbeitsschritte nicht in Einklang gebracht werden können.

44 Ganz zentral wird die Trennung in privat/beruflich die geschlechtliche Vergesellschaftung betreffen.

Für die Lösung dieser Problemlagen der voranschreitenden Industrialisierung gewinnen die Konzepte und Ideen des US-amerikanischen Ingenieurs Frederick Winslow Taylor (1856–1915) an Einfluss. Er entwickelt eine Richtlinie für Prozesssteuerungen von Arbeitsabläufen, die nicht nur für Maschinen, sondern auch für die menschliche Arbeitskraft gelten soll. Die Betriebsleitung soll demgemäß nicht nur die Arbeitsabläufe und -schritte, sondern die Mitarbeiterinnen selbst einer Rationalisierung unterwerfen. Für jede Tätigkeit sollen gemäß den Zeitstudien die Arbeitsbewegungen genau bestimmt und fixe Regelung für deren Einhaltung fixiert werden, um überflüssige, also für den Arbeitsschritt nicht erforderliche, Bewegungen auszuschließen. Für jeden Arbeitsvorgang sollen die passenden Instrumente und Bedingungen bereitgestellt werden, um sowohl menschliche Kraft als auch Zeit zu sparen. Besonders zentral erscheinen für Taylor, dass sowohl die geeignetsten als auch die für eine bestimmte Tätigkeit speziell geschulten Personen an den richtigen Stellen platziert werden. Nicht nur das aufgetragene Arbeitspensum, sondern auch die genaue Arbeitszeit inklusive Ruhezeiten sollten derart gestaltet werden, dass in Folge die optimale Ausnutzung der Arbeitskraft garantiert werden könne. Taylors Ideen betreffen nicht nur die Arbeiterin, sondern alle in der Betriebshierarchie tätigen Mitarbeiterinnen. Das bedeutet in der Umsetzung, dass jede auf ihre jeweiligen Fähigkeiten, Qualitäten und Eignungen hin geprüft werden muss, um sicherzustellen, dass auch wirklich die richtige Person am richtigen Platz eingesetzt wird.

Hier kommt nun die Psychotechnik ins Spiel, die sich laut Münsterberg als eine Technik zur Erfüllung gegebener Aufgaben versteht und der die Wertung der gestellten Aufgabe nicht zustehe. Die Psychotechnik bietet sich dem Taylorismus an, um mittels psycho-logischer Mittel die Auswahl geeigneter Personen mit dem Ziel der bestmöglichen Leistung und der Erreichung der angestrebten psychischen Wirkungen das neue Arbeitsorganisationsprinzip zu unterstützen. Hugo Münsterberg entwickelt für diese Zielsetzung die ersten systematischen Berufseignungstests.

Mit dem ersten Weltkrieg läuft die Psychotechnik zur Hochform an. Da dieser Krieg der erste ist, der technisiert und motorisiert geführt wird, bietet sich der Psychotechnik ein umfangreiches Betätigungsfeld. Die kriegsführenden Staaten richten zum Zweck der Auswahl und Ausbildung der Soldaten eigene psychotechnische Institute ein. Aber nicht nur direkt für die Kriegsführung, sondern auch für die Kriegswirtschaft kommt die Psychotechnik zum Einsatz. Die fehlenden Männer in der Rüstungsindustrie werden durch die massenhaft auf den Arbeitsmarkt drängenden Frauen ersetzt, die wiederum einer genauen psychotechnischen Überprüfung unterzogen werden müssen.

Die Psychotechnik wird ihren Einfluss während und nach dem Krieg in die Bereiche der Begabtenförderung, der Berufsberatung, der Lehrlingsausbildung, der Post und der Bahn als auch der Wiedereingliederung von Kriegsversehrten ausdehnen. Mit Beendigung des Krieges gelingt der Psychotechnik der Einzug in die Universitäten, wo an vielen psycho-logischen Fakultäten psychotechnische Lehrangebote zur Wirtschafts- und Arbeitspsychologie angeboten werden. Die tatsächlichen Forschungs- und Lehrinstitute aber befinden sich an den Technischen Hochschulen, die in permanenter Verbindung mit der Industrie stehen. Dabei gibt es mannigfaltige Überschneidungen in den Funktionen der Lehrenden und ihren Positionen in diversen Industriebetrieben.

Mit dem Ende der 1920er-Jahre, dem Rückgang des wirtschaftlichen Wachstums und dem rapidem Anstieg der Arbeitslosigkeit beginnt der Abstieg der Psychotechnik. Zusätzlich kommt es innerhalb der psycho-logischen Gelehrsamkeit zu einem Konfliktfeld darüber, was die Psychotechnik eigentlich sei, wer sie ausüben dürfe, wo sie angewendet werden solle und wo ihre Grenzen liegen.[45] Im Zuge der weiteren Ausdifferenzierung der Psychologie verliert die Psychotechnik innerhalb der Disziplin an Einfluss. Das zeigt sich nicht zuletzt an der Umbenennung von „psychotechnischer Eignungsprüfung" in „psychologische Eignungsuntersuchung". Dem psychotechnischen Blick auf Teilaspekte folgt ein ganzheitlicher auf die menschliche Existenz.

Zur Zeit des Nationalsozialismus ist es vordergründiges Interesse, ein Urteil nicht nach dem Leistungsprinzip allein, sondern nach dem Charakter und dem Willen des einzelnen Individuums zu fällen. Der sogenannten Charakterologie gilt es den Vorzug vor der psychotechnischen Eignungsprüfung zu geben. Mit dieser Verschiebung des Faschismus beginnt der Abgesang der Psychotechnik. William Stern emigriert im Jahr 1933 in die USA. In Europa verbliebene Psychotechnikerinnen werden ihr Wissen und ihre Dienste dem „neuen Staat" zur Verfügung stellen und das „deutsche Volk als Werksgemeinschaft zur Förderung der allgemeinen Wohlfahrt und Kultur verstehen" (vgl. Rösgen 1999, 42). Letztlich aber findet zu dieser Zeit eine Fokusverschiebung der Psychologie selbst statt, sodass die Psychotechnik als eigenständiges Modell stirbt.

Zusammenfassend kann festgehalten werden, dass sich die Psychologie mit der Psychotechnik der Affirmation politischer Vorgaben verschreibt und somit ganz und gar nicht außerhalb der herrschenden Machtverhältnisse zu verorten ist. Sie lässt sich unter dieser Perspektive als tragende Säule des Establishments verstehen, das Foucault mit seinem Begriff der Disziplin benennt:

> „Disziplin ist im Grunde der Machtmechanismus, über den wir den Gesellschaftskörper bis hin zum kleinsten Element, bis hin zu den sozialen Atomen, also den Individuen, zu kon-

45 Ein Problem, das diese Frage zur Diskussion brachte, war die Verwendung ethisch zweifelhafter Methoden mancher Psychotechniker.

trollieren vermögen. Es handelt sich um Techniken der Individualisierung von Macht. *Wie kann man jemanden überwachen, sein Verhalten und seine Eignung kontrollieren, seine Leistung steigern, seine Fähigkeiten verbessern? Wie kann man ihn an den Platz stellen, an dem er am nützlichsten ist?* Darum geht es bei der Disziplin." (MM 233 [Kurs. A.G.])

Die Psychotechnik lässt sich als wissenschaftlicher Teilbereich der Psychologie verstehen, der individualisierend operiert und derart Individuen mit Psyche hervorbringt. Das psychotechnische Wissen verwebt sich einerseits erfolgreich mit den herrschenden Machtverhältnissen und bietet andererseits den einzelnen Individuen selbst dieses Wissen an. Das Individuum erhält so rationale „Techniken des Selbst" (TS), die es ermächtigen sollen, sich selbst zu führen. Durch die damit verbundene Arbeit am Selbst durch Selbstbeobachtung und Selbstreflexion kann sowohl die gesellschaftliche wie auch die individuelle Produktivität maximiert werden. „Die Suche nach Defiziten und Mängeln wird zu einer Pflicht des verantwortungsbewussten Individuums und im Selbstverhältnis auf lebenslange Dauer abgestellt, sich auf Verbesserung hin prüfen zu lassen ebenso" (Rau 2010 265 f.).

Obwohl die Psychotechnik als solche heute nicht mehr existent ist, haben sich doch viele ihrer Teilaspekte in der heutigen Psychologie erhalten, beispielsweise in Form von Eignungs-, Begabungs- und Intelligenztests.

Insgesamt wird sich das gesamte Repertoire psycho-logischen Wissens im 20. Jahrhundert ausweiten und die Psychologie ermächtigen, gemeinsam mit der Psychiatrie über Fragen von Normalität zu verhandeln. Die Auseinandersetzung mit der Frage, was denn nun in den Bereich des Normalen und was in den der Abweichung gehört, ist selbstredend mit Definitions- und Machtkämpfen innerhalb der Humanwissenschaften verknüpft, die mit der Entstehung der Psychoanalyse als erste Psychotherapierichtung eine erneute Wendung nehmen wird.

Die Etablierung der Psychotherapie, die Eroberung des Marktes und eine neue Form der Politik

„Beinhaltet die psychisch gewordene Norm nicht nur die Verinnerlichung der Norm, sondern auch die Verinnerlichung der Psyche?“
Judith Butler 2001, 24

Mit der Wende vom 19. ins 20. Jahrhundert ist das psychologische Wissen bereits weit verbreitet. Für diesen Erfolg sind sicherlich unterschiedliche Faktoren verantwortlich. Ich hebe hier nur zwei hervor. Zum einen ist es der Psychologie durch die Integration naturwissenschaftlicher Wahrheiten gelungen, ihr Wissen vom Menschen als grundlegend zu positionieren. Zum anderen ist die Psychologie, wie bereits weiter oben ausgeführt, seit dem Zeitpunkt ihrer Institutionalisierung mit einem permanenten Grundlagenstreit beschäftigt, der sich zwischen natur-, geistes- und sozialwissenschaftlichen Konzepten bewegt. Insofern lässt sich kein „System der Klassifikation“ oder „System mit Verbindlichkeitscharakter“ (Sonntag 1988, 112) ausmachen. Gerade diese Unklarheiten innerhalb der Disziplin bringen sie in die „Lage, sich der Beschreibung und Erklärung aller nur denkbaren Phänomene und Ereignisse zu empfehlen“ (ebd. 113), die sich um die Thematik menschlichen Erlebens und Verhaltens drehen. So avanciert ihr Wissen zum interessanten und verlockenden Anknüpfungspunkt benachbarter Disziplinen. Psycho-logische Konzepte und Techniken fließen in die Bereiche der Medizin, Pädagogik, Kriminologie, Sozialarbeit und ebenso in die Köpfe weiter Teile der Bevölkerung.

Die voranschreitende „Veralltäglichung“ (Rau 2010, 268) psycho-logischer Konzepte nimmt zu Beginn des 20. Jahrhunderts mit der Psychoanalyse Sigmund Freuds als erste Psychotherapiemethode eine entscheidende Wendung. Der Wundtschen Theorie, die Psyche im Bewusstsein zu lokalisieren, erteilt Freud mit seinem Konzept des Unbewussten eine klare Absage. Das Individuum ist demnach ganz und gar nicht „Herr im eigenen Haus“. Freud konzipiert die Psyche als vielschichtigen psychischen Apparat, der durch die „Redekur“ einem genaueren Verständnis und damit einer Transformation unterzogen werden könne. Insofern wird die individuelle Psyche im psychoanalytischen Setting einer hermeneutischen Praxis mit Hilfe einer Expertin unterworfen.

Breite Aufmerksamkeit erfreuen sich Freuds Ideen anfänglich nicht in Europa, sondern in den USA und hier zuallererst in der „amerikanischen Unternehmenswelt“ (Ilouz 2011, 33). Eva Illouz erklärt dies damit, dass mit dem aufkommenden Konzernkapitalismus die Managerinnen daran interessiert gewesen seien, ein Werkzeug zu finden, die Produktivität der Belegschaft zu erhöhen und zugleich eine möglichst effiziente Kontrolle ausüben zu können. Die neuartige Form der Kommunikation scheint hierfür ein willkommenes Modell zu sein, um eine gewisse Harmonie und Zufriedenheit unter den Mitarbeiterinnen zu erreichen und damit effizient produzieren zu können. Auf diese Weise verbinden sich die Rationalität des Ökonomischen mit der psychoanalytischen (und später weiteren psychotherapeutischen) Methode(n), insbesondere mit deren Vokabular, Sprache und Formen der Kommunikation. Das Wirtschaftsleben etabliert derart eine neue Umgangsform, die mit einer Aufwertung des Emotionalen einhergeht, sodass von einer „Emotionalisierung des ökonomischen Verhaltens“ (ebd. 108) gesprochen wird.

Im Unterschied zu den USA, wo eine *„psychoanalytische Sintflut“* (Castel et al. 1982, 43 [Kurs. i Orig.]) ausgemacht wird, verschafft sich die Psychoanalyse im europäischen Raum in der ersten Hälfte des 20. Jahrhunderts nur sehr marginal Gehör (vgl. Elberfeld 2012, 172). Die verstärkte Diskursivierung des Psychotherapeutischen erfolgt erst nach dem Zweiten Weltkrieg zuerst über das breite Interesse an der Psychoanalyse und in weiterer Folge durch die Entstehung neuer therapeutischer Verfahren.

In den 1970er-Jahren entflammt ein wahrer „Psychoboom", der sich nicht nur aus dem steigenden Angebot therapeutischer Modelle, sondern auch aus dem Bestreben politischer Linksgruppierungen speist, das Individuum von den „Zwängen einer kapitalistisch-bürgerlichen Gesellschaft zu befreien" (vgl. ebd. 177). Ausgemacht werden diese Zwänge in den Praktiken der Erziehung, den tradierten Formen von Ehe und Familie, den verinnerlichten Normen und tabuisierten Zonen sexueller und sozialer Beziehungen und in der Unterjochung durch kapitalistische und patriarchale Gesellschaftsstrukturen.

Zu dieser Zeit kann von einer Krankenbehandlung im heutigen Verständnis nicht die Rede sein, überschneidet und überkreuzt sich die damalige Psycho-Kultur doch immer wieder mit esoterischen Heilsversprechen. Das Neuartige aber ist die Idee, eine Therapie auch ohne Krankheit in Anspruch zu nehmen. Therapie im weitesten Sinne wird in dieser Zeit zu „einer sozialen Praxis [...], die man anwandte, [...] mit dem Ziel, das eigene Selbst, die Psyche, den Körper oder das Karma zu verändern" (ebd.).

Es lässt sich an dieser Stelle unschwer erkennen, dass Psychotherapie etwas ist, das mit Foucault in der Tradition der „Technologien des Selbst" (TS 26) steht. Denn Psychotherapie soll ermöglichen, „aus eigener Kraft oder mit Hilfe anderer eine Reihe von Operationen an seinem Körper oder seiner Seele, seinem Denken, seinem Verhalten und seiner Existenzweise vorzunehmen" (ebd.), um eine Veränderung zu erreichen.

Dass Psychotherapie als Technologie des Selbst fungiert, die keinen krankheitswertigen Zustand erfordert, kann nicht ohne die Transformation verstanden werden, die mit der Etablierung der Psychoanalyse einhergeht. Freud selbst ist es, der die Grenzen des „Normalen" zum „Abnormalen" radikal verwischt. Er kolportiert die „Abschaffung oder Relativierung des Pathologischen" (Sonntag 1999, 14) und verwandelt es in ein „Kontinuum einer flexiblen Normalität" (ebd.). Die fluide Norm grenzt das „Abweichende" nicht mehr aus, sondern integriert das „Normale", weshalb man „aus ihr nicht mehr herausfallen kann; denn auch die größte ‚Abweichung' ist nur eine Entfernung von Mittelwerten *eines*

Kontinuums" (ebd. 15 [Kurs. i. Orig.]). Diese Freudsche Denkweise ist eine absolut revolutionäre, weil sie entstigmatisierend, emanzipatorisch und kulturkritisch ist.

In Bezug auf die Macht des Therapeutischen markiert dieses Konzept einen ganz entscheidenden Wendepunkt, der die in Folge entstehenden psychotherapeutischen Modelle prägen und den Einflussbereich der Psychotherapie erweitern wird:

> „Traditionsgemäß, und in gewisser Weise per definitionem, richtete sich die Therapie an Kranke, an wirkliche oder mutmaßliche, aber jedenfalls an solche etikettierte. […] In der nachpsychoanalytischen Ära wird man nunmehr in großem Umfang von einer ‚Therapie für Normale' sprechen können. Das ist eine Veränderung von entscheidender Bedeutung, denn sie impliziert, daß diese ‚Therapeuten' neuen Typs im Grenzfall für alle und jeden zuständig sind." (Castel et al. 1987, 286)

Das Psycho-logische insgesamt verschiebt sich also von einer Diagnostizierung und Klassifizierung zu einer hermeneutischen Praxis. Die diversen Überkreuzungen und Verschränkungen mit staatlichen Institutionen und Programmen verleihen dem weiten psycho-logischen Feld seine Legitimität. Zum „Interpretationsprinzip des gesamten sozialen Lebens erhoben" (ebd. 284), eignen sich die psycho-logischen Inhalte nun für eine breite Masse der Bevölkerung und deren „Unbehagen am Leben" (ebd. 285). Gleichwohl braucht es nicht einmal ein Unbehagen irgendwelcher Art. Motivator wird in zunehmendem Maße das Interesse am eigenen Sein oder der Frage, „wer ich *wirklich* bin". Das bedeutet, dass nun das einzelne Individuum mit seiner „Störung", seinem „Leidensdruck", seinem „Unbehagen", seinen „Problemen" oder einfach seinem Interesse an der Beforschung des „So-geworden-Seins" selbst aktiv eine Spezialistin aufsuchen kann, um Hilfe oder Erklärungen zu bekommen. Das impliziert, dass mit dieser Vorgehensweise eine Existenz verbunden ist, die grundsätzlich innerhalb des gesellschaftlich „Normalen" verbleibt.

Mit dieser entscheidenden Wendung, die für alle psychotherapeutischen Schulen Geltung besitzt, kann zu Recht von einem enormen Einfluss auf die Entwicklung westlicher Gesellschaften gesprochen werden. Der Soziologin Eva Illouz folgend besteht „Freuds größter Einfluß auf die Kultur darin, das Verhältnis des Selbst zu anderen neu zu formulieren, indem er eine neue Möglichkeit schuf, sich die (eigene familiäre) Vergangenheit und eine zukünftige Befreiung von dieser Vergangenheit vorzustellen" (2011, 32).

Psychotherapeutische Verfahren, die der Psychoanalyse nachfolgen, werden ihren Fokus nicht zwingend bei der Frage der familiären Herkunft belassen, sondern verstärkt sowohl auf Aspekte des persönlichen Wachstums und der Entwicklung als auch auf die Suche und Erweiterung individueller Fähigkeiten und Ressourcen setzen. Mit der Ausweitung psychotherapeutischer Modelle und der zunehmenden Bandbreite an therapeutischen Angeboten vollzieht sich eine Veränderung das einzelne Individuum wie die Gesellschaft insgesamt betreffend. Das individuelle Sein und der sozialpolitische Zusammenhang erscheinen in einem gänzlich neuen Licht, nämlich in einem im weitesten Sinne psycho-logischen. Denn die in der therapeutischen Beziehung „erprobten Modelle strahlen in das Alltagsleben hinein und durchdringen es“ (Castel et al. 1982, 278). Das soziale Leben wird durch „die Brille“ der psychotherapeutischen Modelle einer Untersuchung unterworfen und einer neuen Bewertung, Einschätzung und Deutung zugeführt. Diese Entwicklung spitzt sich insofern zu, dass eine regelrechte „Innerlichkeitssehnsucht“ (Keupp 2008, 24) ausgemacht wird, die die Geburt des *„Homo psychologicus“* (Straub 2013, 10 [Kurs. i. Orig.]) begleitet. Für ihn wird es zur Selbstverständlichkeit, „jedes Handeln und Verhalten, jedes Gefühl und jede unwillkürliche körperliche Regung unter Verweis auf Psychologie zu bewerten“ (Duttweiler 2013, 101).

Allerspätestens mit den 1970er-Jahren avanciert die Psyche zum festen Bestandteil moderner Subjektivität. Höchstwahrscheinlich lässt sich seither in der westlichen Welt kaum eine Person finden, die die Existenz der Psyche abstreiten, leugnen oder als unbekannte Kategorie bezeichnen würde.

Zu allgemeingültiger Wahrheit individuellen Seins geworden, wird der Psyche zudem ein Potential ihrer Modellier- und Wandelbarkeit attestiert. Sie mutiert zu einem inneren Motor, der genützt werden kann, um im Leben Orientierung zu finden, sich zu organisieren, Beziehungen zu gestalten oder sich selbst zu verstehen. Damit spielt die Psyche eine ganz wesentliche Rolle für die Lebensgestaltung insgesamt. Sie etabliert sich zu einem bedeutsamen Faktor für das einzelne Individuum, sich selbst zu führen oder „sich [selbst zu] regieren“ (GG I 184).

Aus diesem Blickwinkel kann

> „die Psyche als ein materialisiertes Ensemble von modernen Konzepten und Praxen des Selbst verstanden werden, das es dem Einzelnen erlaubt, sich praktisch und sinnhaft als individualisiertes Subjekt zu sich und anderen ins Verhältnis zu

> setzen und dieses Verhältnis durch eine reflektierte Arbeit am Selbst führen und verändern zu können." (Rau 2010, 179)

Damit soll abermals die einzigartige historische Bedeutungsverschiebung von der transzendentalen Seele zur immanenten Psyche, der eine Kraft zur Lebensführung zugeschrieben wird, betont werden. Denn diese Verschiebung in der Interpretation der Innenwelt führt zu einer fulminanten Wendung im Selbstverständnis der Einzelnen, nämlich zu einer neuen Form des Subjekt-Seins. Die Psyche wird zu einem zentralen Teil, ja zu einem Wirkfaktor moderner Subjektivität, und damit zu einer „gelebten Form der Innerlichkeit und des Selbstverhältnisses" (Rau 2010, 180). Dadurch stellt sie ein soziales Produkt aktueller menschlicher Existenz dar, das durch permanentes Tun erzeugt und am Leben erhalten wird. Im Foucaultschen Sinne kann somit festgehalten werden, dass die Macht in der breiten Zeitspanne von der Feudalgesellschaft in die Moderne „eine psychische Form an[nimmt], die die Selbstidentität des Subjekts ausmacht" (Butler 2001, 9). Es handelt sich bei der Psyche also um eine „Psyche der Macht" (vgl. ebd.).

Der Zeitpunkt, als die Psyche das Licht der Welt erblickt, korrespondiert mit der Entstehung des industriellen Zeitalters. Deshalb ist Micheal Sonntag zuzustimmen, wenn er schreibt:

> „Man kann nicht einfach eine dichotomische Unterscheidung aufstellen zwischen einer Geschichte der Disziplinen, des Wissens, der Macht auf der einen Seite, der ‚wirklichen' Individuen und der ‚wahren' Empfindungen und Subjektivitäten auf der anderen, und so tun, als sei letztere die langersehnte Geschichte der reinen psychischen oder sozialpsychischen Authentizitäten, der gegenüber die Macht und das Wissen das Prinzip einer Verzerrung an den Tag legen, wie die Vernunft gegenüber den Gefühlen." (1988, 236)

Als allgemeingültiger Tatbestand etabliert sich die Psyche auf frappierende Weise mit der Machtergreifung neoliberaler Konzepte in den 1970er-Jahren, wenngleich länderspezifisch zeitlich verschoben. Das ist kein Zufall: Wenn das Individuum verstärkt angehalten ist, sich als freies, marktförmiges Wesen selbst zu führen, braucht es Ressourcen, sich in dieser politischen Situation zurechtzufinden und zu positionieren. Dafür eignet sich die Psyche als „Produktivkraft" (Rau 2010, 179) auf ganz herausragende Weise, weil mit ihr jedem Individuum ein ganz persönliches Potential „in die Wiege" gelegt ist.

Als eine Form, dieses Potential der Psyche auszuschöpfen, zu aktivieren oder zu transformieren, gilt die Psychotherapie. Sie ist vorerst aber einer Elite vorenthalten, weil sie nur mit erheblichen

finanziellen Mitteln zu erwerben ist. Damit entstehen sowohl neue Konsumentinnen als auch ein enormer Markt für „Psycho-Waren" (Castel et al. 1987, 278). Die Psychoanalyse und nachfolgende psychotherapeutische Verfahren finden ihre Klientinnen zuallererst nicht in den psychiatrischen Kliniken, sondern in der Sphäre des freien Marktes, also innerhalb einer wohlhabenden Population. So wird „die Bearbeitung des menschlichen Seelenlebens in den Rahmen einer *Dienstleistungsbeziehung* gestellt." (ebd. 174 [Kurs. i. Org.]) Insbesondere US-amerikanische Spielfilme führen vor Augen, dass es für gutsituierte Personengruppen beginnt zum guten Ton zu gehören, sich einer Therapie zu unterziehen.

Nicht nur dadurch geht die Psychotherapie eine enge Kooperation mit dem Kapitalismus ein. Historisch stellt es tatsächlich eine Besonderheit des 20. Jahrhunderts dar, dass Menschen angehalten sind, sich „sowohl am Arbeitsplatz als auch in der Familie auf intensivste Weise ihren Emotionen zuzuwenden" (Illouz 2012, 12). Die Bedeutung der Emotionen und Befindlichkeiten fließen mittels psychotherapeutischer Konzepte in Betriebsführungen und Managementhandbücher ebenso ein wie in das weite Feld der Ratgeberliteratur für die breite Masse der Bevölkerung. Sämtliche Selbsthilfesparten sowohl im Buch- als auch im Zeitschriftenhandel (vorwiegend für weibliche Adressatinnen bestimmt) bemächtigen sich des therapeutischen Vokabulars und erreichen Auflagen und einen Markt, der schlicht staunen lässt. Ökonomische und psycho-logische Diskurse kreuzen und verschränken sich derart an unzähligen Punkten. So mutiert die psychotherapeutische Kultur zu einem „Markt der Selbstoffenbarungen" (Sennett 2008, 34), der sich nahtlos mit den ökonomischen Erfordernissen verbindet. Denn die Sprache, die Gesprächsführung, die Strategien, Interventionen und Denkmodelle des Psychotherapeutischen tragen dazu bei, „das Wachsen der Körper und der Bevölkerungen, ihre Stärkung wie auch ihre Nutzbarmachung und Gelehrigkeit" (WzW 136) und letztlich auch „die Abstimmung der Menschenakkumulation mit der Kapitalakkumulation" (ebd.) zu unterstützen.

Die Verschränkung von Kapitalismus, dem Wahrheits-Wissen der Psyche und ihrer Modellierbarkeit sowie die vielfältigen psychotherapeutischen Angebote evozieren eine neuartige Form des Regierens, die die Psyche selbst zu ihrem Ausgangspunkt kürt. Alexandra Rau bringt dies mit dem Begriff „Psychopolitik" (2010, 295) auf den Punkt. Darunter versteht sie „ein Set von Strategien und Alltagspraktiken der spätmodernen Gesellschaft, die sich auf die Führung und Bearbeitung der Technologien des Selbst beziehen und im Modus der Psyche mit Herrschaftstechniken vermitteln" (ebd.). Das heißt konkret, dass Individuen durch die Psyche regiert werden und sich selbst mittels Psyche durch Selbstbezug und Arbeit am Ich selbst regieren.

Aus diesem Blickwinkel gerät die Psychotherapie nolens volens in Verdacht, herrschende Machtverhältnisse mitzutragen, weil sie die Psyche beständig sowohl erzeugt als auch ihr transformatives Potential kolportiert. Wie Michael Sonntag schreibt, ist diese Erkenntnis nicht neu, zumal „sie bereits ein beträchtliches

Alter mit sich herumträgt“, das allerdings „in den Psychodisziplinen folgenlos geblieben [ist]“ (1988, 185).

Dieser kritischen Argumentation gegenüber steht das Konzept Psyche selbst, dem das Potential für Emanzipation und Freiheit zugeschrieben wird, wie Monica Greco schreibt:

> „[D]er Raum des Inneren, der das Subjekt in seiner Individualität definiert, ist vermutlich zugleich der Raum, der es ihm ermöglicht, von einer Norm, einem Durchschnitt, einem Kollektiv abzuweichen. Die Freiheit eines solchen Subjekts, die sich in dem Streben nach Erfüllung ausdrückt, verweist deshalb wiederum auf Freiheit als Möglichkeit zum Dissens“ (2000, 265).

Mit diesen beiden hier kurz angerissenen kontroversen Positionen muss die Psychotherapie in einer höchst spannungsgeladenen Situation mit entsprechenden Ambivalenzen, die sich zwischen Affirmation und Emanzipation bewegen, verortet werden. Dieser Einschätzung kommt in neoliberalen Zeiten eine ganz besondere Brisanz zu, die später weiterverfolgt wird. Zuvor soll noch einem Thema Aufmerksamkeit geschenkt werden, das für die Formierung der Psyche ein wesentliches Element darstellt – das Geschlecht. Es erscheint mir deshalb äußerst bedeutsam, weil Fragen zum Themenkomplex Geschlecht im psychotherapeutischen Kontext „keine Querschnittsaufgaben“ (Scheffler in Scherl/Fritz 2010, 31) darstellen. Dies ist insofern besorgniserregend, als Geschlecht, verknüpft mit Schicht, Ethnie und Verfügbarkeit von Ressourcen, die wichtigste Kategorie sowohl für die Möglichkeit der Lebensgestaltung als auch für die psychische und physische Gesundheit darstellt (vgl. Scheffler 2008, 655). Ich werde deshalb im nun folgenden Zwischenspiel einen Abriss um den Zusammenhang von Geschlecht, Psyche und Psychotherapie geben. Hierbei handelt es sich tatsächlich um ein sehr pointiertes Blitzlicht.

Zwischenspiel 1: Psyche, Geschlecht und Psychotherapie[46]

„Sexual difference does not belong to a single psyche, and when it does structure a psyche, as it invariably does, it does so by virtue of having been transmitted from somewhere else, from another time, and as that which is in the course of being transmitted elsewhere."
Judith Butler 2012a, 143

Nicht nur die Seele oder Psyche unterliegt in unterschiedlichen historischen und gesellschaftspolitischen Epochen einem variablen Verständnis. Auch dem Geschlecht werden im Lauf der Geschichte unterschiedliche Bedeutungen zugeschrieben, die jeweils in geltende Machtverhältnisse eingebettet sind und nicht unabhängig von diesen gelesen werden können. Das betrifft nicht nur die Vorstellungen, wie ein bestimmtes Geschlecht in einem konkreten kulturellen Zusammenhang leben kann, soll oder nicht soll. Auch die „einzelnen Körperteile sind keineswegs ahistorisch" (Maihofer 1994, 175). Das zeigt im Speziellen die Forschungsarbeit des Kultur- und Wissenschaftshistorikers Thomas Laqueur, der in seiner philosophisch-medizinischen Abhandlung die Kategorie Geschlecht von der Antike bis ins 18. Jahrhundert verfolgt.[47]

46 Teile dieses Kapitels habe ich bereits an anderer Stelle ausgeführt (vgl. Grubner 2014a).

47 Laqueurs Analyse ist eine oft zitierte, mittlerweile aber auch wissenschaftlich kritisierte. Hier ist der Sozialwissenschaftler und Biologe Heinz-Jürgen Voß zu nennen, der Laqueurs Arbeit zwar als bedeutsam hervorhebt, weil sie gezeigt habe, *„dass biologische und medizinische ‚Erkenntnisse' gesellschaftlich hergestellt werden – sie werden in einem gesellschaftlichen Rahmen erdacht, in dem Denk- und Sagbares stets bereits beschränkt sind, und sie liefern Antworten auf gesellschaftliche Phänomene"* (Voß 2011, 87 [Kurs. i. Orig.]). Kritisiert werden müsse aber, dass „ein vermeintlich ‚vorgeschlechtliches' Zeit-

Erstaunlicherweise ist in dieser langen Zeitspanne das sogenannte „Ein-Geschlechter-Modell" (Laqueur 1992, 10) gängige Lehrmeinung in der Medizin. Die Annahme ist, dass es sich grundsätzlich um *einen* Geschlechtskörper handle, der zwischen den Polen männlich/weiblich oszilliere. Der männliche Körper gilt als Standardmodell, der weibliche als imperfekter, umgekehrter Männerkörper. Die weiblichen Genitalien werden als ein nach innen gestülpter Penis gelesen. Der weibliche Körper wird als unvollständiger Männerkörper verstanden und ob seiner Unzulänglichkeit dem männlichen untergeordnet.

Obwohl auch in der Feudalherrschaft die Geschlechterarran-
 gements einem hierarchischen, „geschlechtlichen Dimorphismus" (ebd. 24) von Frau und Mann verpflichtet sind, so ist die Idee, *was* Geschlecht konkret bedeutet, weitgehend durch den sozialen Stand bestimmt. Geschlecht stellt somit vielmehr ein Tun, denn eine naturgegebene körperliche Eigenschaft dar. Das macht Fragen zum Themenkomplex Geschlecht zumindest „moralisch-normativ verhandelbar" (Rau 2010, 213).

Im Zuge der gesellschaftlichen Umwälzungen von der Feudalherrschaft in die Moderne geraten nicht nur das (männliche)

alter vor dem 17./18. Jh. in biologischer und medizinischer Hinsicht vorausgesetzt" (ebd.) werde. Dies verführe „zur Romantisierung des antiken naturphilosophischen Geschlechtermodells", ohne sich „der Komplexität historischer (auch antiker) Geschlechtermodelle bewusst zu werden" (ebd.). Dieser Kritik ist sicherlich zuzustimmen. Weil aber innerhalb der psychotherapeutischen Kultur das dichotome Denken – Frau/Mann (und alles, was sich nicht in diese hegemoniale Zweigeschlechtlichkeit einordnen lässt, ist von marginalem Interesse) – ein nur spärlich reflektiertes und kritisiertes ist, greife ich auf die Arbeit von Laqueur als Denkgrundlage zurück, da sich seine Studie meines Erachtens als wunderbarer Einstieg für die Erschütterung der vermeintlich gesicherten Zweigeschlechtlichkeit und deren implizite hierarchische Geschlechterordnung eignet.

Individuum in seiner sozialen Einbettung, sondern auch Fragen um die Bedeutung der Kategorie Geschlecht und das Geschlechterverhältnis insgesamt ins Wanken. Dienen zuvor Philosophie und Theologie als Orientierungshilfen der Lebensführung, verlieren sie in dieser Umbruchphase an Einfluss und werden von der Medizin als führende Wissenschaft abgelöst. Die neue Wahrheitsproduzentin etabliert ein verstärktes Interesse an der Ausarbeitung einer Unterschiedlichkeit zweier – und nur zweier – Geschlechter. So beginnt in der Mitte des 18. Jahrhunderts eine detailreiche Ausdifferenzierung in ein „Zwei-Geschlechter-Modell" (Laqueur 1992, 10), das ausschließlich Unterschiede in den weiblichen und männlichen Körpern ortet, die zuvor durchaus ähnlich gedacht wurden:

> „Organe, die man als innere Version dessen gesehen hatte, was der Mann außen hat – die Vagina als Penis, der Uterus als Scrotum –, wurden seit dem 18. Jahrhundert als etwas ganz anderes analysiert. Ähnlich war es bei physiologischen Vorgängen wie der Menstruation und Laktation, die man als Teil eines gemeinsamen Systems von Körperflüssigkeiten angesehen hatte und die nun als etwas allein für Frauen Spezifisches verstanden wurden." (ebd.)

Die Untersuchungen der Geschlechter folgen ab nun ausschließlich einer naturwissenschaftlichen Logik. Nur der Köper gilt als Bezugsgröße für das Geschlecht und seinen Platz in der Welt. Er wird zum zentralen Ort aller Erklärungen und Deutungen, er ist Träger der Wahrheit schlechthin. Dort findet sich „die Wahrheit des Geistes, der Moral, der Krankheit, des Geschlechts" (Honegger 1996, 214). Der unbändige „Wille zum Wissen" (vgl. WzW), der Wahrheit des Geschlechts auf die Schliche zu kommen, hat hier seinen Anfang. Er hat bis heute nichts von seiner Attraktivität verloren. Immer noch „findet man nicht nur in der Psychiatrie, Psychoanalyse und der Psychologie, sondern auch in der öffentlichen Meinung die diffuse Vorstellung, dass zwischen Geschlecht und Wahrheit ein komplexes, dunkles, aber wesenhaftes Verhältnis besteht" (DwG 145).

Im 18. Jahrhundert werden die männlichen Genitalien ob ihrer Lage außerhalb des Körpers als Kennzeichen von Weltoffenheit und Autonomiestreben interpretiert, während die weiblichen innerhalb des Körpers positionierten Geschlechtsorgane auf die Unselbständigkeit und Abhängigkeit der Frau verweisen (vgl. Honegger 1996, 206). Folglich werden dem Mann handlungsbezogene und verstandesmäßige Wesenseigenschaften (Zielgerichtetheit, Streben, Selbständigkeit, Geist, Vernunft, Denken, Wissen)

zugewiesen, während die Frau als passiv (schwach, wankelmütig, hingebungsvoll etc.), in ihrem Sein bewahrend und empfangend sowie von Emotionen durchdrungen und letztlich als unberechenbar bestimmt wird.

Mit dem Ende des 18. Jahrhunderts beginnt ein besonders eifriger Konstruktionsprozess differente „Geschlechtscharaktere" analog der bipolaren Physiologie auszumachen (vgl. Hausen 1976). In den Disziplinen Medizin, Pädagogik, Literatur und Psychophysiologie werden „Physis und Psyche der Frau [...] primär nach dem Fortpflanzungs- beziehungsweise Gattungszweck und der dazu sozial für optimal erachteten patriarchalischen monogamen Ehe bestimmt, die des Mannes hingegen nach dem Kulturzweck" (ebd. 369). Der Mann wird von seinem Geschlecht entlassen, er gilt schlicht und ergreifend als das Maß aller Dinge, als der Mensch schlechthin. Die Frau wird als eine durch und durch vergeschlechtlichte erkannt, sie ist „geschlechtlich markiert" (Rau 2010, 216). Diese Interpretationen stehen im Zusammenhang mit der prozessualen Etablierung der bürgerlichen Familie als strukturierendes Ideal, wie sie sich auch im Denken Foucaults findet:

„‚Die *Hysterisierung des weiblichen Körpers*' ist ein dreifacher Prozeß: der Körper der Frau wurde als gänzlich von Sexualität durchdrungener Körper analysiert – qualifiziert und disqualifiziert; aufgrund einer ihm innewohnenden Pathologie wurde dieser Körper in das Feld der medizinischen Praktiken integriert; und schließlich brachte man ihn in organische Verbindung mit dem Gesellschaftskörper (dessen Fruchtbarkeit er regeln und gewährleisten muß), mit dem Raum der Familie (den er als substantielles und funktionelles Element mittragen muß) und mit dem Leben der Kinder (das er hervorbringen und das er dank einer die ganze Erziehung währenden biologisch-moralischen Verantwortlichkeit schützen muß): die ‚Mutter' bildet mitsamt ihrem Negativbild der ‚nervösen Frau' die sichtbarste Form dieser Hysterisierung!" (WzW 103f [Kurs. i. Orig.])[48]

Der Körper mutiert aber nicht nur zum singulären Informant des Geschlechts, sondern er dient auch der sich etablierenden Psychophysiologie als Grundlage für die Bestimmung der psychischen Verfasstheit. Der weibliche Körper verwebt sich ganz unentwirrbar mit der Psyche, wie sich exemplarisch an einem Zitat aus dem ausgehenden 19. Jahrhundert zeigt:

> „Zweifellos fällt aber auch unter die Gynäkologie die *Psychologie des Weibes.* Ihre Kenntnis ist zum wahren Verständnis der Physiologie sowohl, wie der Pathologie unerlässlich, denn ungleich grösser wie beim Manne sind beim gesunden und kranken Weibe die reciproken Beziehungen zwischen Soma und Psyche." (Max Runge 1896, zit. n. Honegger 1996, 200 [Kurs. i. Orig.])

48 Mit dieser Pathologisierung werden die Fragen „*Frauen* – das verrückte Geschlecht?" (Chesler 1984) oder „Spinnt die Frau?" (Schneider/Tergeist 1993) zu Recht gestellt. Aktuell zu „Krankheit und Geschlecht" vgl. Zehetner 2012.

Dass die Psyche vorerst aufs Engste mit der Formierung des männlichen bürgerlichen Individuums verbunden ist, wurde bereits ausgeführt. Mit der weiteren Etablierung der bürgerlichen Familie vollzieht sich aber eine Transformation, die den beiden Geschlechtern gänzlich unterschiedliches psychisches Potential zuordnet. Durch die enge Kooperation der Psychophysiologie mit der entstehenden Gynäkologie entsteht ein gesellschaftliches Ordnungsmuster, das den Platz der Frau innerhalb des Hauses bestimmt, geeignet für die Aufzucht der Kinder und die Sorge um die Familienangehörigen. Parallel zu dieser natürlichen Bestimmung betritt „der Mythos vom Mutterinstinkt oder von der spontanen Liebe

einer jeder Mutter zu ihrem Kind" (Badinter 1984, 113) die gesellschaftspolitische Bühne. Im Gegensatz dazu ist der Mann prädestiniert für die bezahlte Arbeit, die Politik, Kultur und Universität. Der kulturelle Imperativ der Psychophysiologie, als hegemonialer diskursiver Faktor, lautet also: „Herrschaftsanspruch über alle Geschöpfe, Krieg, geistige Jagd und *innerweltliches Handeln* für die Männer; Unterwerfung, Abhängigkeit, geistige Trägheit und *innerleibliches* Dulden für die Frauen" (Honegger 1996, 206; [Kurs. i. Orig.]).

Nicht schwer zu erkennen, dass mit diesen Interpretationen die Psychophysiologie die Grundzüge für das Konzept der Geschlechtsidentität zu entwerfen beginnt. Sie ist damit an der Konstruktion der hierarchischen „psycho-physiologische[n] Geschlechterdualität" (ebd. 192) an prominenter Stelle beteiligt.

Dies ist keine unbedeutende Wendung in der Geschichte der Geschlechter, denn es entwickeln sich nicht nur die für uns so selbstverständlichen medizinischen Begriffe der Geschlechtsorgane, sondern auch das Gefühl, eine Vagina oder einen Penis zu haben und sich so in ganz unterschiedlicher Art und Weise als Frau und Mann zu spüren (vgl. Duden 1991). Allgemein formuliert entstehen so geschlechtliche Deutungsmuster und Empfindungen, die bis in unsere Zeit reichen. Sie lassen sich im Foucaultschen Sinne als Zwang zur Identität als Frau/Mann lesen. Die beiden „wahren Geschlechter“ (vgl. DwG 142) scheinen gefunden.

Diese naturalisierte, hierarchische Geschlechterordnung führt eine weitere Zuspitzung im Gepäck, nämlich die Idee, dass menschliches Lebens ausschließlich in zweigeschlechtlicher Form denkbar sei, nämlich in weiblich/männlich. Dieser Vorstellung ist impliziert, dass die beiden in ihrem Begehren ausschließlich aufeinander bezogen sind. Mit dieser Geschlechterkonzeption ist einerseits zwischen den Polen weiblich/männlich kein Platz für andere Formen körperlicher Existenz und andererseits werden weitere sexuelle Begierden und Praktiken außerhalb die Norm verbannt.
Das war allerdings nicht immer so.

Bevor sich dieses Bestehen auf Eindeutigkeit im Sinne eines Geschlechterbias an der Schwelle zur Moderne durchsetzt, ist die Vorstellung, dass Merkmale beiderlei Geschlechts in einer Person vorhanden sein können, durchaus denkbar. Im Mittelalter wird zum Beispiel durch das kanonische Recht sichergestellt, dass Menschen mit nichteindeutigen Geschlechtsmerkmalen den Status von Hermaphroditen (heute als Intersexe oder Intergeschlechtliche bezeichnet) erhalten. In einem derartigen Fall entscheidet der Pate oder der Vater darüber, welches Geschlecht Bedeutung haben und ob das Kind als Mädchen oder Junge erzogen werden soll. Wenn sich die Frage nach einer Eheschließung stellt, kann der Hermaphrodit selbst entscheiden, ob er das bisherige Geschlecht weiterleben oder verändern will – auch im Sinne einer urkundlichen Änderung. Daran ist allerdings die Bedingung geknüpft, dass diese ein Leben lang gelten müsse.

Der Prozess der Geschlechtertrennung spitzt sich mit der Durchsetzung des bürgerlichen Familienideals extrem zu. Wie bereits erwähnt, ist der neue Blick nach innen vorerst einer kleinen Gruppe von Menschen, nämlich der wohlhabenden männlichen, vorbehalten. Psycho-logische Inhalte bleiben also lange sowohl der breiten Masse der Bevölkerung als auch Frauen vorenthalten. Mit der Erfindung der Psyche ist die Innenwelt des männlichen Individuums adressiert – „die Frau [wird] die Andere“ (Beauvoir 1968, 46). Die in dieser Zeit noch in Entwicklung befindliche Profession der Psychologie beteiligt sich in nicht unwesentlichem Maße an der Etablierung der bürgerlichen Gesellschaftsordnung, und zwar durch ihre Kooperation mit den hegemonialen Naturwissenschaften. Insofern kann sie als *ein* Eckpfeiler benannt werden, die wirkmächtigen und langlebigen Deutungsmuster geschlechtlicher Ungleichheit mitentworfen zu haben. Die Erfordernisse der Ökonomie, die Sicherung des Bevölkerungswachstums sowie das Niederringen emanzipatorischer Frauenbewegungen sind nur einige der treibenden Faktoren, die diese Entwicklungen begleiten.

Mit dieser kompakten Darstellung geht es nicht um das „Wiederkäuen“ (hoffentlich) bekannter Tatsachen. Vielmehr ist es mir wichtig, auf zweierlei hinzuweisen: zum einen darauf, dass die Kategorien Geschlecht und Sexualität in der Form, wie wir sie kennen, sehr junge Konzepte darstellen. Mit Foucault gesprochen: „Eine Sexualität hat man seit dem 18. Jahrhundert, seit dem 19. ein Geschlecht“ (DM 145). Zum zweiten will ich darauf aufmerksam machen, dass das „vergeschlechtlichte Subjekt der Moderne [...] nicht ohne die Erfindung der Psyche möglich gewesen wäre“ (Rau 2015, 195). Oder andersrum, war die Psyche von Anfang an nicht neutral, geschlechtslos , sondern immer schon zweigeschlechtlich konnotiert.

Es kann also festgehalten und betont werden, dass psychologische Inhalte mit ihrem naturwissenschaftlichen Bündnis die naturwissenschaftliche Definition von Geschlecht mitbegründet haben. Dieses auch heute noch weitgehend selbstverständliche Alltagswissen einer biologischen Dichotomie von Frau und Mann ist den erfolgreichen „Wahrheitsspiele[n]“ (TS 26) der Naturwissenschaften, der Medizin, Psychologie und (seit kurzer Zeit) der Psychotherapie[49] geschuldet. Alle diese Wahrheitsproduktionen haben uns

> „immer wieder zu verstehen gegeben […], dass es von Natur aus zwei körperliche Geschlechter gibt, und wenn dieser Diskurs insofern hegemonial geworden ist, als er die Position des einzig Denkbaren eingenommen hat, dann werden sämtliche wissenschaftliche Untersuchungen und unser aller Blick auch immer nur zwei von Natur aus unterschiedliche Geschlechtskörper wahrnehmen." (Villa 2003, 86)

Damit wird ersichtlich, dass die Unterscheidung in Frau und Mann selbst eine kulturelle Deutung darstellt:

> „Erkenntnistheoretisch gesehen gibt es keinen unmittelbaren Zugang zur ‚reinen', ‚wirklichen' oder ‚bloßen' Natur; und anthropologisch gesehen läßt sich über die ‚Natur' des Menschen nicht mehr, aber auch nicht weniger sagen, als daß sie gleichursprünglich mit Kultur ist." (Gildemeister/Wetterer 1992, 210)

Die naturalistische Vorstellung von ausschließlich zwei entgegengesetzten Geschlechtskörpern ist genauso wie das heutige Verständnis der Psyche ein „Kind" der Moderne. Die Konzepte Psyche, Geschlecht und Zweigeschlechtlichkeit, können als ko-konstitutive Wahrheitskonzepte bezeichnet werden. Damit wird deutlich, dass die Verzweigeschlechtlichung ohne die Psyche kaum vorstellbar ist. Mit den Worten von Alexandra Rau präzisiert: „Frausein, Mannsein oder überhaupt Geschlechtsein ist

49 Die Annahme, dass es ausschließlich zwei mögliche Geschlechtskörper geben kann/darf, spiegelt sich auch in psychotherapeutischen Forschungsfragen wider, indem zwei Geschlechter vorausgesetzt werden, die sich in den erwartbaren Ergebnissen rekursiv bestätigen (vgl. Schigl 2012, 159).

heute nicht denk- und lebbar ohne das Sein der Psyche und umgekehrt" (2015, 201).

Dies hat radikale Konsequenzen für die Art und Weise, sich als Subjekt in der Gesellschaft einzurichten und zu führen. Denn wenn Geschlecht etwas Ontologisches sein muss, verknüpft sich die Art der Lebensgestaltung mit dem jeweils zugeordneten Geschlecht, das tatsächlich gelebt werden muss. Dabei fungieren nicht nur, aber eben in sehr bedeutsamen Maße, die sogenannten „Geschlechtscharaktere" (vgl. Hausen 1976) als Richtlinien, welche als Formen des Lebbaren zur Verfügung stehen. Diese physiologischen und psychischen Unterschiede von Frauen und Männern erweisen sich als geeignete Grundlagen für die entstehende bürgerliche Familie, die als neues Ordnungsideal zu zirkulieren beginnt.

Der Rückgriff auf die Andersartigkeit und insbesondere auf die Naturhaftigkeit der Frau wird zur Legitimation für die Vorenthaltung politischer Rechte und den Ausschluss von Frauen aus der Öffentlichkeit. In diesem Zusammenhang darf nicht übersehen werden, dass im Zuge der Aufklärung Emanzipationsbestrebungen von Frauen, die sich um Forderungen des Wahlrechts sowie den Zugang zu universitärer Bildung formieren, unüberhörbar sind. Das propagierte Wissenssystem heterosexueller Zweigeschlechtlichkeit avanciert zu universaler Gültigkeit und geht Hand in Hand mit der geschlechtsspezifischen Arbeitsteilung. So werden zwei Welten geschaffen: Die Welt der Frauen in der privaten und die der Männer in der öffentlichen Sphäre. Im aufgeklärten modernen Denken sind weibliche und männliche Psyche und Physis so verschieden wie noch nie in der Geschichte …

Der psycho-logische Diskurs fungiert mit seiner Etablierung im 19. Jahrhundert allerdings auch zu einer Quelle emanzipatorischer Argumentationslinien, die beginnend mit der ersten Frauenbewegung an der Schwelle zum 20. Jahrhundert genutzt wird. Denn die Familie wird sowohl von der Psychologie als auch vom Feminismus zunehmend als der zentrale Ort verstanden, der für die Entstehung von Pathologien verantwortlich zeichnet, weshalb dort „die Transformationen des Selbst durchzuführen sind" (Illouz 2012, 43). Mit dem Denkkonzept, das Private sei politisch, wird von feministischer Seite konsequenterweise gefolgert, dass sich das Politische im Privaten, der Psyche, spiegelt. Theorien vom Psychischen können somit als Potential emanzipatorischer Befreiungskämpfe dienen, um geschlechtliche Herrschaftsverhältnisse zu politisieren.

Wenn mit Foucault jedwede Theorie nicht frei von der spezifischen Macht ihrer Entstehung ist, so gilt dies ebenso für die Psychotherapie. Ein plakatives Beispiel dafür ist Freuds Theorie weiblicher Lust. Er denkt weibliche Sexualität dann als erwachsen, wenn sie den Übergang von der klitoralen zur vaginalen Lust vollzogen hat.[50] Dieser Konzeption hält Thomas Laqueur entgegen: Als Mediziner muss Freud

> „doch mit Sicherheit gewußt haben, daß es absolut keine anatomischen oder physiologischen Belege für die Behauptung gab, daß die ‚erogene Reizbarkeit' während der Reifung zur Frau erfolgreich ‚von der Klitoris auf den Scheideneingang' übertragen wird. Die Fülle spezialisierter Nervenenden in der Klitoris und die vergleichsweise armselige Ausstattung der Vagina waren ein halbes Jahrhundert, bevor Freud schrieb, demonstriert worden und in Umrissen seit Hunderten von Jahren bekannt. Medizinisches Allerweltswissen, wie es in jedem beliebigen Handbuch des 19. Jahrhunderts ver-

50 Natürlich gibt es Interpretationen, die das nicht so plakativ behaupten würden. Mir geht es hier aber ausschließlich um eine exemplarische Darstellung von psychotherapeutischer Theorie und Machtverhältnissen.

fügbar war, macht demnach Freuds Geschichte, interpretiert man sie als eine Narration der Biologie, zu einem Rätsel." (1992, 267)

Wie lässt sich Freuds Modell weiblicher Lust also begreifen? Die Erklärung kann nur mit einer gesellschaftspolitischen Bevorzugung heterosexueller Lust interpretiert werden, in die sich die Freudsche Theorie einfügt. Sie lässt sich als eine passende Erzählung der Kultur dieser Zeit verstehen, die in „anatomischer Verkleidung" (ebd.) in Erscheinung tritt. Freud schreibt darüber, wie der weibliche „Körper in eine Gestalt gebracht wird, die der Zivilisation nützlich ist" (ebd.), und nichts Konkretes über das körper-

liche Lustzentrum.

Die der Psychoanalyse nachfolgenden Psychotherapiemodelle werden sich im gesellschaftlichen Konsens der vermeintlich gesicherten Existenz naturhafter Zweigeschlechtlichkeit einrichten und bis heute ihre Forschungsfragen differenztheoretisch konzipieren, indem sie nach quantitativen Unterschieden zwischen weiblichen und männlichen Klientinnen und Psychotherapeutinnen suchen (vgl. Schigl 2012, 159). Damit schreiben sie sowohl das Konzept der Zweigeschlechtlichkeit als auch das damit implizite Unterschiedlich-sein-Müssen fest und schließen andere geschlechtliche Identitäten aus dem psychotherapeutischen Denken aus – oder verweisen sie in einen Sonderdiskurs. Geschlecht, Geschlechtsidentität und Begehren und die damit zusammenhängenden unmittelbaren realen Möglichkeiten im gesellschaftspolitischen Zusammenhang werden so der Diskussion enthoben und bleiben unhinterfragt.

Damit lässt sich zur Feststellung Heiner Keupps, dass sich die Psychologie nach wie vor im Sinne der Moderne auf der Suche nach einer wahren Identität oder einer grundsätzlichen Essenz des Menschen befindet (vgl. 2008, 13), hinzufügen, dass diese Suche weitgehend einer zweigeschlechtlichen Wahrheitssuche gewidmet ist. Ganz nach dem Motto: Wie ist eine Frau, wie ist ein Mann – oder wie soll eine „normale" Frau, ein „normaler" Mann sein?

Der psychotherapeutische Diskurs hält der konzeptionellen Unterscheidung Frau/Natur versus Mann/Kultur, die mit Jean-Jacques Rousseau (1712–1778) und Denis Diderot (1713–1784) zu einem Höhenflug ansetzt, kaum etwas entgegen. Mit ihren Wahrheits- und Wissensimperativen adressiert die Psychotherapie weitgehend nur zwei geschlechtliche Subjekte. Es gibt damit keinen Spielraum zwischen den Polen weiblich und männlich (außer im Sonderdiskurs jenseits des Allgemeingültigen). So bleiben sowohl im gesellschaftlichen Mainstream als auch schwerpunktmäßig in der psychotherapeutischen Kultur „Heterosexualität das Normale und Homosexualität die Abweichung, ebenso wie die Annahme naturgegebener Zweigeschlechtlichkeit und jene eines inneren, kohärenten geschlechtlichen Kerns' des Subjekts weiterhin fest und unflexibel in der heteronormativen Hegemonie verankert" (Ludwig 2011, 247). Somit kann festgestellt werden, dass die Psychotherapie innerhalb des wirkmächtigen Normalisierungsdispositivs operiert und konkrete Menschen als Frauen und Männer – qua Geschlecht – therapiert (vgl. Grubner 2014a, 100).

Dem Denken einer naturhaften Zweigeschlechtlichkeit haben sich auch die ersten beiden Wellen der Frauenemanzipationsbewegung angeschlossen, und es erfährt erst mit der Philosophie Judith Butlers in den 1990er-Jahren eine heftige Erschütterung. Die Idee festgesetzter, definierter Identitätskonstruktionen können Orientierung und Halt geben, gehen aber immer auch mit Diskriminierung, Marginalisierung, Ausschluss und Leid einher. Ich gebe deshalb in Form eines Exkurses einen blitzlichtartigen Einblick um die Auseinandersetzung der Identitätskategorie Frau innerhalb feministischer Wissenschaften; dieses Wissensfeld findet innerhalb des psychotherapeutischen Diskurses kaum Beachtung.

Exkurs: Identität Frau

„Die Behauptung, ich sei *etwas, impliziert eine vorläufige Totalisierung meines ‚Ich'."*
Judith Butler 2003, 147

„The categories ‚man' and ‚woman' […] are political categories and not natural givens."
Monique Wittig 1992, 13 f.

„Das gesellschaftliche Deutungsprinzip konstruiert den anatomischen Unterschied."
Pierre Bourdieu 2012, 23

Die Fragen, wer als Frau gilt, wer als solche bezeichnet wird, wer als Frau leben darf/kann, sind so alt wie die Frauenbewegungen selbst. Bereits während einer Frauenrechtsversammlung vorwiegend weißer Teilnehmerinnen im Jahr 1851 stellt die ehemalige Sklavin Sojourner Truth die vermeintlich gesicherte Identitätskategorie Frau in Frage:

> „That man over there say that women need to be helped into carriages, lifted over ditches, and to have the best place everywhere. Nobody ever helps me into carriages, or over mud-puddles, or gives me any best place! And aint't I a woman? Look at me! Look at my arm! I have ploughed, and planted, and gathered into barns, and no man could head me! And ain't I a woman? I could work as much and eat as much as a man – when I could get it – and bear the lash as well! And ain't I a woman? And when I cried out with my mother's grief, none but Jesus heard me. And ain't I a woman?" (Truth 1851)

Sie greift mit dieser Wortmeldung den universalisierten, hegemonialen Begriff Frau an, der aufgrund ihrer eigenen Lebenserfahrungen, als schwarze Sklavin, trauernde Mutter und männliche Arbeit Verrichtende, nicht zu passen vermag. Darf sie sich als Frau bezeichnen, ist diese Benennung auch für sie vorgesehen, und wird sie als Frau (an-)erkannt?

Diese Fragestellung, wer denn unter der Identitätskategorie Frau zu subsummieren ist und wer nicht, ist innerhalb feministischer Theorieentwicklung nie ganz verstummt. Im Jahr 1949 schreibt Simone de Beauvoir: „Kein biologisches, psychisches, wirtschaftliches Schicksal bestimmt die Gestalt, die das weibliche Menschenwesen im Schoß der Gesellschaft annimmt" (Beauvoir 1968, 265). Mit der dritten Frauenbewegung in den 1990er-Jahren erfährt die Auseinandersetzung um die Kategorie Frau einen vor-
läufigen Höhepunkt. Ausschlaggebend dafür ist die Philosophin Judith Butler, die im Anschluss an Foucault mit ihrer Studie *Das Unbehagen der Geschlechter* (1991) die sowohl in der Philosophie als auch im Feminismus implizite Trennung von Natur und Kultur einer machttheoretischen Befragung unterzieht. Sie übt mit dieser bekannten und breit rezipierten Arbeit Kritik an der Sex/Gender-Unterscheidung, die sie als machtvolle diskursive Strategie zur Aufrechterhaltung der hierarchischen Geschlechterordnung entlarvt. Insofern ortet sie in der immer noch vorherrschenden Bestrebung, das spezifisch Weibliche an der biologischen Grundverfasstheit und/oder Reproduktionsfähigkeit festzumachen, einen „Trugschluss":

> „Die eigentliche Frage ist aber: Es gibt viele Frauen, die nicht gebären können oder nicht wollen – behaupten wir, sie seien keine Frauen? Wenn wir sagen, Frauen unterscheiden sich von Männern durch diese Fähigkeit, es sich aber herausstellt, dass diese Fähigkeit nicht wesentlich dafür ist, wer sie sind, dann befinden wir uns in einem kulturellen Akt: Wir setzen eine kulturelle Norm der Reproduktion zur Bestimmung eines biologischen Unterschieds fest. Es lässt sich nicht wirk-

lich sagen, was in dieser Debatte biologisch ist und was kulturell." (Butler in Flaßpöhler/Hyatt 2013, 66)

Sie übt an der feministischen Repräsentationspolitik Kritik, da zugunsten der definierten Identitätskategorie Frau die politische Unsichtbarmachung konkreter Menschen und deren subjektiver Erfahrungen in Kauf genommen werden. Sie meint damit diejenigen Personen, die nicht den Anforderungen des Frau- beziehungsweise Mann-Seins entsprechen.

Butler zeigt, dass die Diskriminierung von Frauen gerade durch die machtvollen Diskursivierungen des Biologischen, das mit Weiblichkeit gleichgesetzt wird, möglich ist. Diese Diskursi-
 vierungen der Biologie werden in den Bereich des Vorsprachlichen verbannt, womit sie jenseits des politischen Zugriffs erscheinen. Dadurch geling es, Frauen seit jeher diverser Möglichkeiten und Lebenschancen zu berauben. Gerade die Verbannung der Biologie in einen vorsprachlichen Bereich, der vorgibt, außerhalb der Macht zu sein, ist laut Butler ein zutiefst politischer Akt. Denn das Subjekt ist „ein vollständig politisches Phänomen, ja möglicherweise ist es sogar am politischsten, wenn es behauptet, der Politik selbst vorgängig zu sein" (Butler 1993, 46).

Weil die hegemonialen Identitätskategorien immer mit Ausschluss und Diskriminierung verbunden sind, fordert Butler mit ihrer Theorie „durch die Möglichkeiten hindurch zu denken, die naturalisierten und verdinglichten Begriffe der Geschlechtsidentität, die die männliche Hegemonie und heterosexistische Macht stützen, zu subvertieren und zu verschieben" (Butler 1991, 61). Unter Zuhilfenahme ihrer Naturalisierungskritik plädiert sie für die Öffnung des Begriffes Frau, der sich nicht von einer Vielfalt an Geschlechtsidentitäten, wie beispielsweise der homoerotischen, bisexuellen oder transsexuellen, abschotten solle. Denn auf diese Weise können körperliche Merkmale und Eigenschaften als Grundlagen jeglicher Identitätskategorie in

Frage gestellt werden.[51] Gerade diese Infragestellung ermöglicht die Erweiterung des Vorstellbaren und damit eine emanzipatorische Perspektive für eine geschlechtliche Vielfalt, die letztlich das Lebbare für ganz konkrete Menschen erweitern kann.

51 Das heißt aber nicht, dass postmoderne, dekonstruktivistische Ansätze wie derjenige Butlers dem Feminismus oder anderen emanzipatorischen Gruppierungen jegliche Grundlage politischer Kämpfe zu entziehen suchen: „Ich meine, der Feminismus braucht die Kategorie ‚Frauen', und es wäre tragisch, wenn er diese Kategorie verlieren würde; der Feminismus würde aber auch darunter leiden, wenn die Kategorie als etwas Fundierendes und unveränderlich Feststehendes aufgefaßt würde. [...] Ich meine, daß es keine endgültige Antwort auf die Frage gibt, wer wir sind, und daß die Unmöglichkeit, eine definitive und inklusive Definition zu liefern, politisch durchaus vorteilhaft ist. [...] In diesem Sinne lehne ich die Kategorie ‚die Frauen' als fundierende Kategorie des feministischen Denkens und der feministischen Politik ab. Ich bejahe aber die Kategorie ‚die Frauen' als einen diskursiven Ort der beständigen politischen Neuverhandlung." (Butler 1993b, 10) Mit der Ablehnung der Kategorie Frau „als fundierende Kategorie" politischer Bestrebungen macht Butler deutlich, dass fixe, feststehende Identitätsdefinitionen immer mit Ausschlüssen verbunden sind. Diese ausgeschlossenen Personen(-gruppen), für die es in der Sprache, in der Gesellschaft (noch) keinen Platz gibt, haben so im Politischen keine Bedeutung. Denn: „Wer um Zuerkennung von Rechten kämpft, kämpft zugleich darum, im Politischen ‚jemand' zu sein" (Butler 2010, 11).
Für die Verfolgung feministisch motivierter politischer Ziele schlägt Butler deshalb einen strategischen Essenzialismus vor. Damit ist gemeint, sich als Gruppe unter dem Mantel der Identitätskonstruktion Frau zu versammeln und das Motto: „Der Feminismus braucht ‚die Frauen', aber er muss nicht wissen, ‚wer' sie sind" (Butler 1993b, 10) zu nutzen. Dazu ist es wesentlich, einander als Gleiche zu begegnen, unabhängig von jeglichen ontologischen oder sonstigen Eigenschaften. Vielmehr könnte die Gleichheit in den gemeinsam verfolgten Interessen begründet sein. Mit anderen Worten, muss das individuelle Handeln „ein Handeln sein, das versucht, Gleichheit herzustellen, so daß dieses Handeln zum pluralen Handeln werden und eine Chance haben kann, politisch wirksam zu wer-

Wie Michel Foucault zählt auch die Philosophin Judit Butler zu den postmodernen Denkerinnen, deren Arbeiten innerhalb psychotherapeutischer Aus- und Weiterbildung kaum Gehör finden.[52] Gerade für die Erweiterung von Denkbarem jenseits hegemonialer Konzepte, wie festgeschriebener Identitätskonstruktionen oder vermeintlich gesicherter biologischer, naturhafter menschlicher Grundlagen, sind postmoderne Theoretikerinnen meines Erachtens eine unverzichtbare Ressource einer fortschrittlichen und emanzipatorischen Theoriebildung innerhalb der Psychotherapie. Dort werden Arbeiten, die psychotherapeutische mit feministisch-philosophischen Theorien zusammendenken, als

Sonderdiskurs behandelt, der mit dem Allgemeinen nichts zu tun zu haben scheint. Dass es sich hierbei um fachspezifisch „unterdrücktes Wissen" (White/Epston 1998, 49) handelt, welches auf einen Machtdiskurs innerhalb der Disziplin verweist, bleibt weitgehend im Verborgenen.

Um diesen Abschnitt pointiert zu beenden, soll Thomas Laqueur noch einmal zu Wort kommen:

> „[D]ie Imperative der Kultur und des Unbewußten [diktieren] die Sprache des Geschlechts […]. Biologisches Geschlecht und biologischer Geschlechtsunterschied sind nicht einfach immer schon da, so wenig wie die sozialen Geschlechter" (1992, 251 f.).

den. Diese Vorstellung vom Menschen definiert keine apriorischen Merkmale oder Eigenschaften eines Individuums, sondern sie bezeichnet eigentlich eine Gleichheitsbeziehung unter Seienden. Das ist eine Art ontologische Forderung, während sie zugleich ein politisches Streben begründet (als ontologische ist sie deshalb aber nicht erfüllt)." (Butler in Butler/Spivak 2011, 40)

52 Ganz anders stellt sich dies im universitären Kontext dar.

Conclusio III

Es ist kein Zufall, dass die Psyche mit ihrer heutigen Bedeutung als zentraler Motor für ein gelingendes Leben gerade zu einer Zeit in die Welt kommt, da sich die Ökonomie grundlegend umarbeitet und in neuartiger Weise mit der Politik verwebt. Durch die politischen und ökonomischen Transformationen vom Ende der Feudalzeit in die Moderne mit ihrem kapitalistischen System im Gepäck ist es für das Verhältnis von Individuum und Gesellschaft notwendig, sich neu zu orientieren und zu formieren. Die radikalen Veränderungen reißen die Menschen aus ihrem bisherigen Selbstverständnis, das auf sozialer Herkunft und Stand baut, förmlich heraus. Ist so etwas wie Individualität und Subjektivität zunächst weder erforderlich noch denkbar, macht erst das industrielle Zeitalter mit seiner Trennung von Wohn- und Arbeitsbereich und den neuen Anforderungen der Lohnarbeit die Neuformierung und Neukonstituierung des Individuums notwendig. Die Konsequenz des aufgelösten Feudalsystems ist die Individualisierung, welche Einzelwesen ohne ständische Beheimatung erzeugt. Dieses prozesshafte Geschehen steht in zirkulärer Verstrickung mit der Veränderung in der Interpretation des menschlichen Innenraums. Zuallererst wird die Introspektion in dieser Umbruchphase zur Chance für eine neue Konstruktion und Konstitution des männlichen Selbst, um neuer Möglichkeiten des Zurechtfindens als Einzelner habhaft zu werden. Von Anfang an ist diese Suche im Inneren auf die Sozietät bezogen. Ob es sich um Briefe, Literatur oder Diskussions- und Tischgesellschaften handelt, immer ist ein Gegenüber angesprochen, das bei der Orientierung des eigenen Seins und der eigenen Positionierung als eine Art Versicherung oder Orientierung helfen soll. Gerade durch dieses Sprechen, Austauschen und Sich-Versichern, als dessen Hintergrundfolie die Beichtpraktiken der christlichen Pastoral dienen, entsteht ein vielschichtiger Diskurs, der die Psyche formiert und auf ein Realitätsniveau holt. Sie lässt sich demnach als gesellschaftlich hervorgebrachtes Produkt oder Konzept verstehen, das als Instrument oder Ressource für ein gelingendes Leben genutzt werden kann.

Obwohl die Psyche etwas ist, das sich einer räumlichen und zeitlichen Lokalisierung gänzlich zu entziehen vermag, sich also niemals „in ihrer ganzen Reinheit" (Kupke 1996, 176) zeigt, stellt sie sich dennoch als etwas dar, das einem Wahrheitsanspruch folgt. Mit zunehmendem Bedeutungsgewinn entpuppt sich dieser Wahrheitsanspruch des Psychischen durch und durch vergeschlechtlicht in eine weibliche und männliche Form.

Mit diesem Fokus kann die Psyche nicht etwas sein, das dem Gesellschaftlichen vorgelagert ist oder außerhalb des Gesellschaftlichen existiert. Weder war sie immer schon als irgendein Rohling da, noch hatte sie in vergangenen Zeiten die heute vorgestellte Bedeutung. Sie ist nichts Privates oder gar Intimes. Vielmehr ist sie ein Teil und eine Ausdrucksform gesellschaftlicher Machtverhältnisse und nicht jenseits davon zu betrachten. Als gewichtiger Anteil zweigeschlechtlicher Subjektivität lässt sich die Psyche als „Gemeingut, in unabschliessbarer Ko-Autorschaft produziert" (Redecker 2011, 123), erfassen.

Sowohl aus historischer als auch aus machttheoretischer Perspektive können die Etablierung des Wahrheitsgehaltes der Psyche und der Kapitalismus als ko-konstitutive Entwicklungen verstanden werden. Beide, der Kapitalismus und die Psyche, werden zeitgleich zu erfahrbaren Kategorien der Moderne. Ich möchte deshalb eine andere Verortung der Psyche vorschlagen, als dies in den Psy-Disziplinen weitgehend der Fall ist. Dort wird die Meinung vertreten, dass es auf der einen Seite den Kapitalismus (oder später den Neoliberalismus) und auf der anderen die Psyche gebe. Es wird davon ausgegangen, dass der Mensch seit jeher als Subjekt mit Psyche zu verstehen ist und sich jeweils den sich wandelnden Herrschaftsverhältnissen gegenüber entsprechend verhalten müsse.

Damit wird die Psyche als stabile, immer schon vorhandene Entität interpretiert, die dem Unbill unterschiedlicher Machtkonstellationen trotzen müsste. Demgegenüber habe ich den Weg der christlichen Seele zur modernen Psyche nachzeichnend dargestellt, dass die Psyche keinesfalls immer schon die heute geltende Bedeutung hatte. Sie entwickelt erst im Zuge der Industrialisierung ihren Wahrheitsgehalt und kann erst in dieser gesellschaftspolitischen Transformationsperiode ein Realitätsniveau beanspruchen, das die Individuen breitenwirksam erreicht. Es ist also unmöglich zu beurteilen, ob zuerst der Kapitalismus und dann die Formierung der Psyche oder zuerst die Psyche und dann der Kapitalismus wirkmächtig wurden. Insofern möchte ich anregen, nicht hier den Kapitalismus und dort die Psyche zu denken, sondern die Psyche selbst – als äußerst voraussetzungsvollen Motor – als Teil der kapitalistischen Logik zu verstehen. Sie verdankt sich denselben Macht- und Herrschaftsverhältnissen und lässt sich aus dem kapitalistischen System nicht herausschälen. Als Operationsfeld soll sie an prominenter Stelle die Einzelnen, mitunter auch mittels Unterstützung anderer, in der Selbstführung oder Selbstregierung unterstützen. Sie geht also ein in die von Foucault benannten „Künste des Regierens" (GGI 135). Das heißt, dass „die Psyche ein bedeutsamer Modus ist, durch den gegenwärtig regiert wird" (Rau 2006, 41). Erst mit dem Kapitalismus wird die Psyche mit ihrer heutigen Bedeutung zum Politikum, wodurch ein auf sie permanent verstärkender Zugriff beginnt, der im Neoliberalismus eine enorme Intensität erreichen wird. Nicht zuletzt die erfolgreiche Verschränkung psycho-logischer Inhalte mit der kapitalistischen Regierungsweise stützt diese Behauptung.

Die Psy-Disziplinen haben also dem herrschenden Establishment von Anfang an zugearbeitet und damit den Aufstieg des Kapitalismus mitgetragen. Dass sich psycho-logische Inhalte heute besonders gut für Rationalisierungsmaßnahmen und kosteneffizientere Betriebsführungen eignen und auch dafür herangezogen werden, ist kein Geheimnis.

Wenn das Subjekt in westlichen Gesellschaften als Subjekt mit Psyche angerufen wird, sich selbst als solches versteht und angehalten, ja geradezu permanent angestachelt wird, die Psyche für das eigene Leben zu nutzen, erscheint es nur folgerichtig, diese potentielle „Produktivkraft" (Rau 2010, 179) zu hegen und zu pflegen. Diese individuelle Sorgearbeit beginnt mit der Verbreitung psycho-logischer Inhalte. Sowohl durch die Psychotechnik als Teilbereich der Psychologie als auch in verstärkendem Ausmaß durch die Ideen der Psychoanalyse wird die Psyche als transformierbare Größe denkbar. Die Psychoanalyse und nachfolgende psychotherapeutische Theorien werden die Idee verfolgen, dass der Mensch in der Lage sei, durch das Erkennen der individuellen Lebensgeschichte mit all ihren Facetten sich selbst in neuartiger Weise zu verstehen und sich mittels dieses neuerworbenen Wissens zu verändern.

Da es sich bei der Psyche um eine machtvolle Interpretation des menschlichen Innenraums handelt, die Psyche sogar selbst ein Produkt der Macht ist, lässt sich die Psychotherapie als ihr Therapeutikum keinesfalls außerhalb der Macht denken. Das soll das nächste Kapitel noch deutlicher zuspitzen und zugleich kritisch beleuchten.

Psychotherapie – Neoliberalismus – Kritik

„Um etwas Neues zu denken, muss man die Matrix der herrschenden Wahrheiten in Frage stellen.“
Ulrich Brieler 2008, 23

„Eine Voraussetzung in Frage zu stellen, ist nicht das gleiche, wie sie abzuschaffen; vielmehr bedeutet es, sie von ihren metaphysischen Behausungen zu befreien, damit verständlich wird, welche politischen Interessen in und durch diese metaphysische Platzierung abgesichert wurden.“
Judith Butler 1997, 56

Das folgende Kapitel widmet sich dem Zusammendenken aktueller neoliberaler Gouvernementalität und der Psychotherapie. Ich werde dabei folgendermaßen vorgehen. Zu Beginn beziehe ich mich auf den österreichischen Kontext, der im Jahr 1990 die Psychotherapie gesetzlich regelt. Die für diese Studie ausschlaggebenden Grundzüge des Gesetzes sollen derart dargestellt werden, dass erkennbar wird, was die Gesetzgeberin unter der Psychotherapie versteht und wofür sie dienen soll. Damit sollen sowohl ihre aktuelle Praxis hierzulande nachvollzogen werden können, als auch offenen Fragen und problematische Entwicklungen aufgezeigt werden. Anschließend werden zentrale neoliberale Denkschemata mit der psychotherapeutischen Praxis verbunden und die Psychotherapie im Foucaultschen Sinne einer Definition zugeführt. Ich möchte also zeigen, wie die Psychotherapie unter einer machttheoretischen Perspektive verstanden werden kann. Dadurch lässt sich die Macht der Psychotherapie in neoliberalen Zeiten näher bestimmen. Der letzte Abschnitt des Kapitels verfolgt gesellschaftspolitisch relevante „Nebenwirkungen“ einer sich erweiternden Psychotherapeutisierung, die meiner Einschätzung nach innerhalb des fachspezifischen Diskurses vernachlässigt, ich möchte sogar behaupten: unterdrückt werden. Auch hier wird die psychotherapeutische Macht erkennbar sein.

Mit diesem Vorgehen und der daraus resultieren Analyse soll dem lauten Ruf nach mehr Psychotherapie eine Kritik entgegengesetzt werden, die sich durch das gesamte Kapitel ziehen wird. Dafür greife ich abermals auf Foucault zurück.[53] Meine kritischen Überlegungen zur aktuellen psychotherapeutischen Praxis und zu ihrer Einbettung in die neoliberalen Verhältnissen werde ich derart intensivieren und zuspitzten, dass tatsächlich von einer Streitschrift gesprochen werden kann.

Sowohl das Konzept Psyche als auch die Psychotherapie als ihr Therapeutikum befinden sich in einem konstitutiven Spannungsverhältnis zwischen Unterwerfung und Ermächtigung, wie ich bereits am Ende des letzten Kapitels angedeutet habe. Weil sich die Psychotherapie in ihrem Selbstverständnis meines Erachtens allzu sehr auf der Seite des *Empowerments,* also der subjektiven, individuellen Ermächtigung, positioniert, meidet sie weitgehend die Auseinandersetzung über ihre Beteiligung an der neoliberalen Hegemonie. Deshalb wird dieses Kapitel seinen Fokus vor allem auf die unterwerfenden Dimensionen des psychotherapeutischen Tuns richten.

Aus diesem Grund betone ich nun (wirklich) ein letztes Mal, dass es mir nicht um die Frage geht, ob Psychotherapie hilf-

53 Im Kapitel „Kritik und Widerstand“ habe ich seine Überlegungen zum Begriff der Kritik erläutert.

reich, wirksam und sinnvoll ist oder nicht. Das wäre absurd, da die Psyche, auf die mittels Selbsttechnologien Einfluss genommen werden kann, heute als wesentliches Element menschlichen Seins etabliert ist. Und mehr noch hat sie sich als Wahrheit sowohl innerhalb der Wissenschaft als auch im Mainstream durchgesetzt. Nichtsdestotrotz ist es gerade dieser durchgesetzte Erfolg des Psychischen, der mit Foucault nicht ohne Macht gedacht werden kann. Genau deshalb ist es mir wichtig, danach zu fragen, was die Psychotherapie in neoliberalen Zeiten *macht* und zwar in der doppelten Bedeutung dieses Wortes. Es gilt zu untersuchen, was eine sich erweiternde Kultur des Psychotherapeutischen *bewirkt.*

Psychotherapie in Österreich – fünf *Hot Spots*

> *„Durch die bloße Tatsache ihres Vorhandenseins halten Institutionen menschliches Verhalten unter Kontrolle. Sie stellen Verhaltensmuster auf, welche es in eine Richtung lenken, ohne ‚Rücksicht' auf die Richtungen, die theoretisch möglich wären. Dieser Kontrollcharakter ist der Institutionalisierung als solcher eigen."*
> Peter L. Berger, Thomas Luckmann 1987, 58

Wie bereits in der Einleitung erwähnt, tritt in Österreich 1990 das Psychotherapiegesetz in Kraft. Demnach wird unter Psychotherapie eine Bandbreite von Behandlungsverfahren verstanden, die Symptome mildern oder beseitigen, gestörte Verhaltensweisen und Einstellungen ändern und die Reifung, Entwicklung und Gesundheit der Behandelten fördern sollen (vgl. BGBL. Nr. 361/1990 §1). Mit diesem Gesetz sind die Ausbildung zur Psychotherapeutin, die Ausübung der Psychotherapie und die damit verbundenen Berufspflichten erstmals umfassend geregelt. Nach langwierigen Auseinandersetzungen wird eine Definition installiert, was genau unter dem Begriff Psychotherapie zu subsummieren ist und was nicht: Psychotherapie

> „ist die nach einer allgemeinen und besonderen Ausbildung erlernte, umfassende, bewußte und geplante Behandlung von psychosozial oder auch psychosomatisch bedingten Verhaltensstörungen und Leidenszuständen mit wissenschaftlich-psychotherapeutischen Methoden in einer Interaktion zwischen einem oder mehreren Behandelten und einem oder mehreren Psychotherapeuten mit dem Ziel, bestehende Symptome zu mildern oder zu beseitigen, gestörte Verhaltensweisen und Einstellungen zu ändern und die Reifung, Entwicklung und Gesundheit des Behandelten zu fördern." (BGBL. Nr. 361/1990 §1)

Mit dieser Definition gelangen fünf Themenfelder in den Blick, die in der praktischen Umsetzung heute meiner Einschätzung nach als problematisch einzustufen sind und folglich diskussionswürdig erscheinen. Insofern identifiziere ich jeden dieser Problembereiche mit dem Begriff des *Hot Spot.*

Das erste Themenfeld des Psychotherapiegesetzes bezieht sich auf die Voraussetzungen zur Zulassung für die Ausbildung zur Psychotherapeutin und die Art und Weise der „besonderen" Ausbildung. Das Gesetz installiert damit die Psychotherapie als eigenständige Profession. Im Unterschied zu anderen Ländern ist die Psychotherapie in Österreich daher nicht, wie beispielsweise in Deutschland, an die Bedingung eines ärztlichen oder psycho-logischen Studiums gebunden. Zwar legt das Gesetz sogenannte Quellenberufe (Psychologie, Pädagogik, Krankenpflege, Sozialarbeit, Medizin etc.) nahe, allerdings besteht auch ohne diese Qualifikationen die Möglichkeit, eine Psychotherapieausbildung zu absolvieren.

Der Umfang jeder psychotherapeutischen Ausbildung beinhaltet zwei Teile. Zu Beginn steht das sogenannte zweijährige psychotherapeutische Propädeutikum, das Basiswissen psychotherapeutischen Denkens vermittelt. Anschließend folgt das mindestens vierjährige Fachspezifikum, indem die jeweils gewählte psychotherapeutische Methode erlernt wird.

Zu der Zeit um das Inkrafttreten des Psychotherapiegesetzes gab es vielschichtige Überlegungen zur Weiterentwicklung der Profession. Von Anfang an gab es Stimmen, die eine Akademisierung der Psychotherapieausbildung anstrebten. Das ist durchaus nachvollziehbar, wenn bedacht wird, dass die psychotherapeutische Hilfe der ärztlichen per Gesetz gleichgestellt ist. Die Entwicklung der letzten Jahre in Richtung der Akademisierung und den derzeitigen Stand ihrer Umsetzung halte ich allerdings für mehr als
kritikwürdig, weshalb ich hier den ersten *Hot Spot* ausmache.

Die Ausbildung zur Psychotherapeutin nach dem Psychotherapiegesetz ist zur Gänze in privater Hand, also nur mit erheblichem finanziellen Aufwand zu erwerben. Daran ändert auch das Psychotherapiegesetz, das die psychotherapeutische Behandlung mit der ärztlichen gleichsetzt, nichts. Die rund um die Entstehung des Psychotherapiegesetzes noch vorhandene Idee, die Psychotherapieausbildung an einer öffentlichen Bildungseinrichtung zu installieren, ist im Sand verlaufen. Stattdessen gründete sich im Jahr 2005 die Sigmund Freud Privatuniversität (SFU) in Wien. Dort kann Psychotherapiewissenschaften studiert werden, was aber wiederum nicht gleichbedeutend mit einer Psychotherapieausbildung nach dem Psychotherapiegesetz ist. Um auch die Psychotherapieausbildung anbieten zu können, entstehen von Seiten der Privatuniversität diverse Kooperationskonstruktionen mit psychotherapeutischen Ausbildungsvereinen und -instituten. Dass eine Privatuniversität nur mit den entsprechenden finanziellen Mitteln absolviert werden kann, versteht sich von selbst.

Derzeit sind unterschiedliche Universitäten und Institute an der Planung und Erarbeitung weiterer *privater* Studiengänge. Eine

Integration in den öffentlichen Universitäts- oder Fachhochschulsektor ist in weiter, vermutlich unerreichbarer Ferne.

Die Sigmund Freud Privatuniversität ist, wie ihr Name schon sagt, weitgehend an der Psychoanalyse orientiert, obgleich auch Wert auf eine Methodenheterogenität gelegt wird. Gerade die Theorie der Psychoanalyse bietet – im Unterschied zu anderen Psychotherapiemethoden – ein reichhaltiges gesellschaftskritisches Potential. Umso erschreckender ist, dass sich dieses Potential in der Bildungspolitik der SFU nicht erkennen lässt. Denn dem Betrieb einer Privatuniversität, die mit ihren Studiengebühren ganz bewusst den größten Teil der Bevölkerung ausschließt, ist

beim besten Willen kein gesellschaftskritischer Ansatz im Sinne einer Hegemoniekritik auszumachen. Vielmehr scheint die neoliberale Privatisierungsflut eine weitere exklusive Zuspitzung zu erfahren, die der Psychotherapieszene nur allzu vertraut ist.[54] Daraus kann geschlossen werden, dass tatsächlich nur mehr „eine Minderheit von Psychoanalytikern den kulturkritischen Gehalt ihrer Lehre angestrengt gegen eine etablierte Mehrheit zu bewahren versucht, die aus ihrer gesicherten ökonomischen Stellung heraus nur noch eine Eremitagen- und Mandarinideologie vertritt" (vgl. Hermer 1995, 17).[55]

54 Ich möchte an dieser Stelle auf die bildungskritischen Publikationen von Erich Ribolits hinweisen. Hier insbesondere auf seine machtkritische Position, wenn er schreibt, dass es das „erklärte Ziel organisierten Lernens [ist], Individuen für den Konkurrenzkampf des Verwertungssystems fit zu machen, sie also zu befähigen, die eigene gesellschaftliche Position unter Inkaufnahme der Verschlechterung der Position von anderen zu verbessern" (2012, 48).

55 Hier soll keinesfalls das gesellschaftskritische Potential der psychoanalytischen Theorie bezweifelt werden – ganz im Gegenteil. Die Kritik bezieht sich vielmehr auf die psychoanalytischen Akteurinnen, die ihr Angebot (seit Beginn) in erster Linie an bürgerliche Bevölkerungsschichten adres-

Der zweite Bereich, den das Gesetz erfasst, sind die wissenschaftlich-psychotherapeutischen Methoden, die die Psychotherapie „zumindest in die Nähe von Wissenschaft“ (Slunecko 1999, 12) rücken lassen. Die Frage, um welche Art von Wissenschaft es sich hierbei handelt, wird vom Gesetz allerdings nicht erörtert und bleibt daher ungeklärt.

Der zweite *Hot Spot* benennt deshalb die Problematik der Psychotherapie und ihrer Wissenschaftlichkeit. Denn jenseits der oben angesprochenen bildungspolitischen Fragen ist keineswegs klar, um welche Art von Wissenschaft es sich bei der Psychotherapiewissenschaft eigentlich handelt. Weder ist beantwortet in welchem Sinn die Psychotherapie Wissenschaft sein kann, noch welchem Begriff von Wissenschaft das Wissen entspricht, das mittels der Psychotherapiewissenschaft beforscht und gesucht werden soll. Orientiert am Wissenschaftstheoretiker Thomas Kuhn (1973) kann daher konstatiert werden, dass sich die psychotherapeutische Disziplin immer noch in einem prä-paradigmatischen Zustand befindet, der dadurch gekennzeichnet ist, dass eine Vielzahl heterogener Methoden und Konzepte nebeneinander existieren, die untereinander widersprüchlich und teilweise gänzlich inkompatibel sind. Das heißt, dass die Psychotherapie noch kein allgemein anerkanntes Forschungsparadigma ihr Eigen nennen kann. So sie sich im Wissenschaftskanon positionieren möchte, wird sie nicht umhinkommen, ein derartig zugrundeliegendes Paradigma zu erarbeiten und auf seine empirischen und praktischen Inhalte hin zu überprüfen. Diese Aufgabe steht einer potentiellen Psychotherapiewissenschaft noch bevor. Kurzum lässt sich deshalb festhalten, dass es, obwohl die Frage der Wissenschaftlichkeit ungeklärt ist, in neoliberalen Zei-

sieren und dabei das der Psychoanalyse innewohnende Kritikpotential dem Mammon opfern.

ten gelingt, die Psychotherapie zur Wissenschaft zu küren, und zwar über den Ausbildungsmarkt.

Das dritte Thema, das das Gesetzt behandelt, ist die Frage, wem die Psychotherapie dienen soll. Neben der psychotherapeutischen Behandlung krankheitswertiger Störungen sieht das Gesetz Psychotherapie auch für gesunde Menschen als unterstützende und präventive Gesundheitsmaßnahme vor, und zwar im Sinne der Reifung, Entwicklung und Gesundheitsförderung.[56] Damit wird die Psychotherapie, wie bereits erwähnt, der ärztlichen Hilfe gleichgestellt und findet Eingang in das Gesundheitswesen. Allerdings gelingt es nicht, die Inanspruchnahme der Psychotherapie

analog dem medizinischen Behandlungsmodus zu regeln. Das ist der dritte *Hot Spot.*

Menschen, die eine Psychotherapie in Anspruch nehmen, haben mit der Installierung des Psychotherapiegesetzes vorerst nur die Möglichkeit, sich einen Teil der privat finanzierten Behandlungskosten von den Krankenkassen zurückzuholen. Das ändert sich teilweise im Jahr 2003, als die psychotherapeutische Versorgung um eine Facette reicher wird. Mangels des Zustandekommens eines Gesamtvertrages zwischen den Sozialversicherungsträgerinnen und dem Berufsverband der Psychotherapeutinnen schließen Erstgenannte mit unterschiedlichen psychotherapeutischen Vereinen und Institutionen Verträge für die sogenannte „Psychotherapie auf Krankenschein“ ab. Dafür verlangen die Sozialversicherungsträgerinnen von diesen Einrichtungen nicht nur die Zusammenarbeit mit nach dem Psychotherapiegesetz ausgebildeten Psychotherapeutinnen, sondern noch weitere Qualifikationen wie beispielsweise den Nachweis psychiatrischer Klinikerfah-

56 Für die Verrechnung mit den Sozialversicherungsträgerinnen ist allerdings eine krankheitswertige Störung notwendig.

rung.[57] Ab diesem Zeitpunkt etablieren sich immer mehr Organisationen, die mit den Krankenkassen die Kosten der Behandlungen zur Gänze verrechnen können. Zum besseren Verständnis sei hier erwähnt, dass die Psychotherapie solchermaßen nicht nur in räumlich gedachten Institutionen angeboten wird, sondern ebenso in vielen niedergelassenen Psychotherapiepraxen, die mit Institutionen und Verbänden kooperieren, die Verträge mit den Krankenkassen eingegangen sind.

Mittels diesen neuen vertraglichen Regelungen gelingt es erstmals, dass Psychotherapie auch von denjenigen Personengruppen in Anspruch genommen werden kann, die bisher aufgrund mangelnder finanzieller Ressourcen ausgeschlossen waren. Hier
kann zwar von einer Demokratisierung im Zugang zur Gesundheitsversorgung gesprochen werden, kritisch betrachtet bedeutet es aber auch, dass neue Personengruppen dem psycho-logischen Macht-Wissens-Komplex unterworfen werden. Ich werde in einem späteren Abschnitt auf diesen Aspekt noch zu sprechen kommen.

Das vierte Themenfeld des Gesetzes ist die Funktion der Psychotherapie, also die Frage, worauf sie denn einwirken soll. Hier werden psychosoziale oder auch psychosomatisch bedingte Verhaltensstörungen und Leidenszuständen sowie die Gesundheitsförderung genannt.

Was bei der Durchsicht des Gesetzestextes auffällt – und damit bin ich beim vierten *Hot Spot* –, ist, dass der Terminus der Psychotherapie auf eine Therapie der Psyche verweist, allerdings nicht definiert oder klärt, was unter dem Begriff Psyche eigentlich zu verstehen ist. Die gesetzliche Definition gibt nur an, dass eine Psychotherapie bei psychosozialen oder psychosomatisch beding-

57 Dass dieses Vorgehen die Berufsgruppe gespalten hat, wird hier nicht weiter verfolgt.

ten Verhaltensstörungen und Leidenszuständen oder zur Förderung der Reifung und Entwicklung von Klientinnen anzusetzen hat. Sie gibt also an, was unter der Psychotherapie verstanden wird, nicht aber wie sie den „Gegenstand" ihres Einwirkens – die Psyche selbst – definiert.

Mag das beim Gesetzestext durchaus nachvollziehbar sein, wundert es doch, dass es auch in der einschlägigen Fachliteratur an der Klärung, was denn unter der Psyche zu verstehen ist, weitgehend mangelt. Hier wird der Begriff der Psyche zumeist keiner Definition oder Klärung zugeführt. Im „Wörterbuch der Psychotherapie" (Stumm/Pritz 2000) wird auf Seite 542 beim Begriff
 „Psyche" darauf verwiesen, beim Begriff „Seele" weiterzulesen. Im „Handbuch für Psychotherapie und Psychosoziale Einrichtungen" (Stumm et al. 1996) findet sich gar keine Erklärung dafür, worauf die Psychotherapie einwirken solle. Dies ist erstaunlicherweise auch in dem Band „Einführung in die Psychotherapie" (vgl. Slunecko/Sonneck 1999) der Fall.[58]

Die Gleichsetzung von Seele und Psyche ist meiner Einschätzung nach unzulässig, zumindest äußerst ungenau, da beide Begrifflichkeiten mit gänzlich unterschiedlichen Bedeutungen und Selbstkonzepten verbunden sind. Während die pastorale Seele auf ein Jenseits nach dem Tod verweist, kommt der Psyche gegenteilig eine andere Funktion zu, nämlich als Produktivkraft für ein gutes Leben im Diesseits genutzt zu werden.

Als fünften *Hot Spot* mache ich den weitgehend unreflektierten Themenbereich aus, der als (erwünschte?) unmittelbare Folge des Psychotherapiegesetzes erwachsen ist. Es handelt sich um den Komplex, der sich aus dem fortlaufenden zahlenmäßigen Anstieg

58 In gleicher Weise unterscheidet auch der psychiatrische Bereich weitgehend nicht zwischen Seele und Psyche (vgl. etwa Lenz 2015, Paulitsch/Karwautz 2008, 13).

an Psychotherapeutinnen und der damit verbundenen Ausweitung psychotherapeutischen Wissens sowohl in benachbarte Hilfssysteme als auch in den Mainstream speist. Das heißt, dass durch die laufende Vergrößerung der Berufsgruppe das psychotherapeutische Wissen in immer mehr Denkzusammenhänge eindringt, diese beeinflusst und damit auch verändert. Dass es sich hier um ein äußerst machtvolles Geschehen handelt, wird innerhalb der psychotherapeutischen Szene kaum reflektiert, analysiert und schon gar nicht kritisiert.

Der Einfluss der Psychotherapie nimmt in neoliberalen Gesellschaften nicht nur deshalb zu, weil die Psyche als Motor immer intensiver in die Pflicht genommen wird,[59] sondern auch,
weil sich neben der Psychotherapie weitere Hilfstechniken etablieren, die mehr oder weniger Theorien und Konzepte psychotherapeutischer Denkschemata nützen. Die Sparten Supervision, Coaching, Unternehmensberatung, Sozial- und Lebensberatung haben sich „endgültig von einem medizinischen Krankheitsbegriff [ge]löst“ (Elberfeld 2012, 191). Dies macht es dem psychotherapeutischen Wissen heute möglich, sich problemlos jedwedem Kontext, den jeweiligen Kundinnen und den unterschiedlichen thematischen Anfragen und Anforderungen anpassen zu können und sich so in mannigfaltige Bereiche und Anwendungsfelder zu integrieren.

Laut der Internetplattform PsyOnline.at steigt die Zahl der Psychotherapeutinnen in Österreich von 905 im Jahr 1991 auf 8.728 Personen im Jahr 2016.[60] Das Psychotherapiegesetz etabliert also einen neuartigen Berufsstand, der bis heute nichts an Attraktivität verloren hat. Das zeigen nicht zuletzt die Zahlen der Studierenden

59 Ich führe diese Behauptung in den folgenden Abschnitten weiter aus.
60 Vgl. www.psyonline.at (Zugriff: 24. 4. 2015).

sowohl in den Ausbildungsvereinen als auch an der Privatuniversität.[61]

Was sich an dem bisher Gesagten deutlich zeigt, ist, dass die – wie die beiden anderen Psy-Professionen, Psychiatrie und Psychologie – von der Diskursivierung des Psychischen profitiert. Es ist ein neuartiger Berufsstand etabliert, der in die Gesundheitsversorgung integriert ist. Die Anzahl der Psychotherapeutinnen steigt nach wie vor. Insofern profitieren Psychotherapeutinnen nicht nur durch die direkte Arbeit mit den Klientinnen, sondern auch als Lehrende an den eigenen und thematisch benachbarten Ausbildungen und Lehrgängen.

 Aus diesen Gründen widerspreche ich dem deutschen Kollegen Wolfgang Schmidbauer, der den Profit der Berufsgruppe bestreitet (vgl. 2012, 431). Seine Einschätzung trifft weder für den deutschen noch für den österreichischen Kontext zu. Die österreichische Situation habe ich oben umrissen. In Deutschland sieht die Situation so aus, dass zunehmend mehr Psychiaterinnen ihren Arbeitsschwerpunkt weg von der medikamentösen Behandlung hin zur Psychotherapie verlagern, weil sich mit dieser Schwerpunktverschiebung mehr Geld verdienen lässt.[62] Sowohl deutsche

61 Dabei ist erkennbar, dass die Psychotherapie in erster Linie ein weibliches Tätigkeitsfeld ist. Von den 8728 Psychotherapeutinnen sind 6258 weiblich und 2470 männlich (Stand 1/2016; vgl. auch Schigl 2012, 127). Dies hat sicherlich vielfältige Gründe, von denen ich nur zwei hervorhebe. Zum einen wird Frauen weitgehend ein höheres Maß an Empathie und verständnisvoller Anteilnahme zugeschrieben und viele verstehen sich selbst auch so. Zum anderen erscheint der Beruf der Psychotherapeutin in freier Praxis gerade für Frauen mit Betreuungsaufgaben durch die Möglichkeit der mehr oder weniger freien oder verhandelbaren Zeiteinteilung als lebbar.

62 Dies wurde auf dem DGPPN Kongress 2014 dargestellt und diskutiert (vgl. Treek et al. 2014).

als auch österreichische Psychotherapeutinnen haben also einen finanziellen Nutzen vom sich verbreitenden Zugriff auf die Psyche. Deshalb: „Tatsächlich profitiert der Helfer vom Leiden seines Gegenübers" (Hermer 1995, 20).

Zusammenfassend kann daher damit gerechnet werden, dass die Psychotherapie insgesamt ein Berufsfeld darstellt, das sich vergrößern wird und von dem immer mehr Personen leben werden. Oder, wie Paul Verhaeghe diese Einschätzung kritisch zuspitzt, es „besteht demnächst die eine Hälfte der Menschheit aus Therapeuten und die andere Hälfte aus Patienten" (2013, 200).

Insofern gilt für die Psychotherapie dasselbe wie für andere Branchen: Wenn der Markt bedient werden kann, bleiben sozial-
politische Aspekte und Überlegungen, wie beispielsweise bildungspolitische, außen vor. Das ist kein unbedeutender Vorgang, weil er in neoliberalen Zeiten, wo der Markt alles ist, ermöglicht, die eigene Reputation und Macht zu erweitern.

Psychotherapie gouvernemental

> *„Wir sind also nicht einfach Zielscheiben, sondern Vehikel von Macht."*
> Wendy Brown 2006, 133

Ob aufgrund einer psychischen Erkrankung, eines krisenhaften Geschehens oder aus Motiven der Selbsterkenntnis, jedes psychotherapeutische Setting ist ein Ort, wo das Selbst zum Thema wird. Dabei – und das erscheint mir wesentlich – neigen „Menschen nicht von Natur aus dazu, sich über ihr Leben Rechenschaft abzulegen" (Hahn 1987, 18). Wie im zweiten und dritten Kapitel dargestellt wurde, gründen die Praktiken der Selbstthematisierung in Machtverhältnissen und deren bereitgestellten und institutionalisierten Formen. Bei der Abstraktion und Beschreibung des Selbst spielen deshalb die Wertvorstellungen, Wirklichkeitskonstruktionen und Wahrheitspostulate des jeweiligen gesellschaftspolitischen Zusammenhanges eine zentrale Rolle und können nicht ohne diese in eine verständliche Narration gebracht werden. Insofern stammen die im psychotherapeutischen Kontext hervorgebrachten Selbsterzählungen niemals von der Protagonistin allein, sondern stehen in zirkulärer Verbindung mit ihrer gesellschaftlichen Einbettung. Die Erzählungen sind damit solche, die in weiten Teilen den Vorgaben der Kultur folgen, die bereits vor der Geburt der Erzählerin eine Strukturierung erfahren haben und sich in Bedeutungs- und Wirklichkeitszusammenhängen äußern.

Diese Bedeutungszusammenhänge verweisen auf das innerhalb einer historischen Epoche wirkmächtige Subjektverständnis. Die Arbeiten Foucaults zeigen in eindrucksvoller Weise, wie das Wissen und die Wahrheit über das Subjekt mit der Kategorie der Macht verwoben sind. Jedes Subjektivitätskonzept ist nur innerhalb eines Komplexes aus Macht und Wissen verständlich. Dies ist der Grund, weshalb sich mit Foucault kein autonomes, jenseits des Gesellschaftlichen auffindbares Subjekt, wie es für die Moderne kennzeichnend ist, denken lässt. Allerdings können Akteurinnen vorausgesetzt werden, die in einem von den gesellschaftspolitischen Zusammenhängen bereitgestellten „mögliche[n] Handlungsfeld" (SuM 287) zu agieren in der Lage sind.

Wie ich im ersten Kapitel ausgeführt habe, verstehe ich die aktuelle politische Epoche als neoliberale, die, wie jeder andere historische Zeitabschnitt auch, ganz bestimmte Wertvorstellungen, Lebenskonzepte und -praktiken favorisiert und andere diskriminiert, marginalisiert oder ausschließt. Das aktuelle Zusammenspiel von Formen des Regiertwerdens und der Selbstregierung lässt sich mit Foucault als neoliberale Gouvernementalität bezeichnen. Was dies für das einzelne Individuum bedeutet, soll nun präzisiert werden. Anschließend folgt eine die Foucaultsche Machttheorie berücksichtigende Definition der Psychotherapie. Dadurch ist es möglich, den in der psychotherapeutischen Szene weitgehend ausgeblendeten Aspekt der psychotherapeutischen Macht freizulegen. Das Kapitel abschließend werden die „Nebenwirkungen" ihrer Ausweitung herausgearbeitet.

Neoliberale Subjektivierung als Selbstführung

„Die Herrschaft des Niemands ist so wenig Nicht-Herrschaft, daß sie sich unter gewissen Umständen sogar als eine der grausamsten und tyrannischsten Herrschaftsformen entpuppen kann."

Hannah Arendt 2014, 51

„Heute legen sich alle zum Geldverdienen als Beute aus, und das wird professionelles Verhalten genannt."

Marlene Streeruwitz 2016, 1

Wie ich bereits angedeutet habe, zielt die neoliberale Transformation nicht nur auf Ökonomie, Staat und die Gesellschaft als Ganzes, sondern ganz wesentlich auf das Subjektverständnis selbst. Deshalb werde ich nun die zentralen Kennzeichen neoliberaler Subjektivierung durch die Foucaultsche Brille zuspitzen. Dies ist deshalb sinnvoll, weil sich gerade im Subjektverständnis, Selbst- und Herrschaftstechnologien ineinander verweben und so den Prozess der Subjektformierung lenken. Dadurch zeigt sich, wie komplex die Subjektivierung selbst ist, die sich aktuell im Spannungsfeld von Freiheit und Zwang, Selbst- und Herrschaftstechnologien entfaltet.

Mit Michel Foucault ist kein Subjekt jenseits des Sozialen denkbar. Subjektivität versteht er ausschließlich in seiner Einbettung im je spezifischen historischen Komplex aus Macht und Wissen. Es lässt sich somit kein wie immer gearteter Wesenskern oder irgendeine universal gültige Ontologie des Subjekts bestimmen, die nicht in die Sinn- und Bedeutungszusammenhänge einer bestimmen gesellschaftlichen Organisation eingebettet ist. Es gibt nicht hier das Subjekt und dort das Soziale. Vielmehr befindet sich das Subjekt von Anfang an in einer permanenten Wechselbeziehung mit den gesellschaftlichen Verhältnissen. Ein Subjekt zu werden heißt deshalb immer schon, an die Sozietät gebunden zu sein. Mit den Worten Judith Butlers: „Die Macht ist dem Subjekt äußerlich, und sie ist zugleich der Ort des Subjekts selbst" (2001, 20). In diesem Sinne fallen die Entstehung und die Unterwerfung

des Subjekts untrennbar in eins zusammen.

Im Übergang von der Feudalherrschaft zum Kapitalismus finden ökonomische Denkweisen Einzug in das Selbstverständnis des Individuums. Zerfällt in diesem transformativen Prozess das (männliche) Individuum in einen ökonomischen und einen privaten Teil, verschmelzen diese beiden Teile in neoliberalen Zeiten auf untrennbare Weise. Waren im Fordismus Taylorscher Prägung Faktoren wie Eigeninitiative, Eigensinn, Erfahrungswissen und Emotionalität dem privaten Bereich des Individuums zugeordnet und für den öffentlich/beruflichen ein Tabu, werden sie in neoliberalen Zeiten auch mittels Psyche ganz fundamental in den Sektor Arbeit integriert und damit zu zentralen Ressourcen des ganzen Lebens. Das Individuum soll nun nicht nur seine Arbeitskraft, sondern sich selbst als Ganzes in jeder nur vorstellbaren Lebenssituation vermarkten, weil ökonomieorientiertes Denken für die gesamte Existenz mit all ihren Facetten Geltung erlangt. Hörten sich vor nicht allzu langer Zeit die Worte „Merkst du nicht, dass du dich verkaufst?" höchst vorwurfsvoll – fast anstößig – an, so wird heute bemerkt, „Du verkaufst dich nicht richtig!", worauf sofort Anregungen zum „Sich-besser-Verkaufen" hervorgezaubert werden.

Das „Leitbild" (Bröckling 2013, 7) neoliberaler Subjektivierung lässt sich deshalb mit Foucaults Modell des *Homo oeconomicus* (vgl. GG II 314) auf den Punkt bringen, der sich als „Unternehmer seiner selbst" versteht und „für sich selbst sein eigenes Kapital [...], sein eigener Produzent, seine eigene Einkommensquelle" (ebd.) darstellt. Damit ist nicht nur ein ökonomiewissenschaftlicher Terminus gemeint, der auf das Agieren im Wirtschaftsleben abzielt, sondern ebenso eine ganz spezifische Form menschlicher „Seins- und Denkweise" (GG II 304), die nun zur Norm erhoben wird. Diese setzt sich aus einem vielschichtigen Knäuel zusammen, das erstens aus Interpretationsmodi besteht, die die Individuen dazu nutzen, um sich selbst und ihr Leben begreifen zu können, zweitens aus normativen Erwartungen und Anforderungen, die als Orientierung für die Existenzweise dienen, und drittens aus verhaltensanleitenden institutionalisierten Formen der Fremd- und Selbstführung, die sich in ganz bestimmten – also keinesfalls beliebigen – Technologien äußern (vgl. Bröckling 2013, 7).

Diese vielschichtigen Parameter haben die Beziehung zwischen Individuum und Staat radikal verschoben. Sie verweisen auf eine menschliche Existenzweise hin, deren oberstes Credo die individuelle Projekthaftigkeit darstellt, und zwar in jeder nur vorstellbaren Lebenssituation. Im Alltagsverständnis verweist der Begriff des Projekts auf den Aspekt der Befristung, also auf eine zeitliche Vorgabe, die den Beginn und die Beendigung oder Fertigstellung eines Produktes markiert. Gerade diese Projekthaftigkeit ist in die neoliberale Subjektivität eingeschrieben und macht ihre ununterbrochene Veränderlichkeit deutlich. Insofern ist neoliberale Subjektivität nichts Statisches, sondern ganz im Gegenteil etwas äußerst Fluides, ständig Entstehendes. Am ehesten könnte dieses permanente Werden mit der Formel „Der Weg ist das Ziel" erfasst werden. Oder mit Ulrich Bröckling: „Ein unternehmerisches Selbst ist man nicht, man soll es werden" (2002, 179). Weil es so gesehen nie ein „fertiges“ Subjekt geben kann, bevorzuge ich den Begriff der Subjektivierung. Damit kann das kontinuierliche Werden hervorgehoben werden. Neoliberale Subjektivierung meint also ein prozesshaftes Geschehen ununterbrochenen Werdens und Formierens. Sie lässt sich mit den Begriffen Marktförmigkeit, Aktivität, Flexibilität und Fitness zuspitzen. Gefragt ist eine permanente Aufmerksamkeit, die jede kleine Veränderung wahrzunehmen vermag, um neuen Situationen entsprechend agieren oder reagieren zu können. Ob es sich um den Arbeitsplatzwechsel, die Verlegung des Lebensmittelpunktes, die Veränderung der Arbeitszeiten, die Turbulenzen einer Liebesbeziehung oder der Kinderbetreuung handelt, individuelle Aktivität und Flexibilität sind gefragt wie nie. – Ein Scheitern ist ausschließlich in der Eigenverantwortung zu suchen.

So wird die Ökonomietauglichkeit sowohl am Arbeitsmarkt als auch in der privaten Sphäre zur Verantwortung jeder Einzelnen. Das Ich avanciert zum zentralen Ort, sein „Glück zu machen“ (Duttweiler 2007, 221). Es wird mit „Leib und Seele“ zur universellen Leitinstanz, zur einzigen Ressource, die es zu hegen und zu pflegen gilt. Um die „eigene Verwertung“ (kritisch Brieler 2013) am Laufen zu halten, muss an Physis und Psyche permanent gearbeitet werden. Es kann gar nicht genug optimiert werden, weil nur das Selbst ausschlaggebend ist für ein gelingendes Leben. Daraus folgt die Erfordernis einer ständigen Beschäftigung, Selbstbeobachtung und kontrollierenden Achtsamkeit der körperlichen Konstitution, dem Aussehens, der Außenwirkung, den Affekten, den mentalen Fähigkeiten, der emotionalen Kraft und Stärke, der Sprache, der Bildung, dem sozialen Umgang und dem Job gegenüber. Es ist „ein lebenslanger Arbeitseinsatz“ (ebd.) mit und an sich selbst. Es wundert daher nicht, dass das neoliberale Mantra dem Anspruch einer unendlichen Aktivität folgt. „Mach etwas aus dir! Nur du selbst bestimmst und gestaltest dein Leben!", tönt es in unterschiedlichen Variationen.

Diese Appelle operieren nicht nur im Sinne von „Du sollst/du sollst nicht", die von außen auf das Individuum herangetragen werden, sondern insbesondere über die Produktionen von Wissensschablonen, wie es möglich wird, die individuellen Fähigkeiten und Ressourcen aufzuspüren oder die je individuelle Wahrheit des Seins („Wer bin ich wirklich?") zu erkennen und nutzbar zu machen. Diese Schablonen des Wissens finden sich in institutionellen Vorschriften und Regelungen, sozialen Programmen, institutionalisierten Ritualen sowie in Anreizen zu Selbsttechnologien, denen auch die Psychotherapie zuzurechnen ist.

Neoliberale Subjektivierung ist daher als spezifische Regierungskunst zu verstehen, die über mannigfaltige Denkschemata nahegelegter Existenzweisen operiert. In diesen Existenzweisen verschränken sich Fremd- und Selbstführungen auf unlösbare Weise und lassen sich daher als Effekte der Macht verstehen.

Das marktorientierte Machen und Gestalten des Lebens wird im Neoliberalismus immer öfter und eindringlicher eingemahnt. „Kein Fetzen Leben darf sich der Verwertbarkeit entziehen" (kritisch Brieler 2013) und Mittelmäßigkeit oder gar die Zufriedenheit sind strengstens tabu. Denn Achtung: Die bedrohliche Falle der Durchschnittlichkeit ist allgegenwärtig! „Leistungsvoraussetzungen" (Hengstschläger in Prammer 2015, 69) dürfen auf keinen Fall übersehen und derart vergeudet werden. Sie müssen „durch harte Arbeit entdeckt und durch Üben, Üben, Üben in besondere Leistungen umgesetzt werden" (ebd.). Mit dieser Haltung soll jeder die Teilnahme am Wettbewerb des freien Marktes offenstehen. Die „höchstmögliche Individualität und Flexibilität" (ebd.) ist notwendig, „um für eine Zukunft mit vielen neuen Fragen gerüstet zu sein" (ebd. 69 f.).

Erstaunlicherweise lenkt gerade die Wortwahl der Rüstung, die unweigerlich an einen Kriegsschauplatz erinnert, den Weg zu einem für alle geltenden „fairen" Wettbewerb. Dort aber lauert die Konkurrenz, die die individuellen Möglichkeiten und Errungenschaften bedroht. Die einzige Option in diesem „Wettlauf um Einzigartigkeit" (Ottomeyer 2014, 179) zwecks erfolgreicher Vermarktung[63] zu bestehen, ist die nie endende physische und psychische Selbstsorge. Sie erhöht die persönliche Fitness und damit die Chancen, in jeder nur vorstellbaren Lebenssituation (vorne) mit dabei zu sein. Das Modell des Marktes schreibt sich schonungslos in die neoliberale Subjektivität ein. Es formiert sich langsam, aber

sicher die „Ware Mensch" (Streeruwitz 2015).

Analog dem ökonomischen Modell werden folglich nicht nur Karrieren gemanagt, sondern auch Paarbeziehungen, Freundschaften, der Familienalltag und die gewinnbringenden, selbstoptimierenden (verschönernden, sportlichen, emotionalen, mentalen, weiterbildenden) Aktivitäten. Jede Sphäre einer Existenz also, auch das „traditionellerweise nicht-ökonomische Sozialverhalten wird in ökonomischen Begriffen interpretiert" (vgl. GG II 340). Alles und jedes wird „in Chiffren des Ökonomischen codiert" (Pieper 2003, 146). Jeder Lebensbereich und jede Entscheidung wird auf Grund des Kosten-Nutzen-Kalküls untersucht und bewertet. Der *Homo oeconomicus* befindet sich in einer Art unaufhörlichem „ökonomischen Tribunal" (GG II 342).

63 Diese permanenten Aufrufe zur Selbstoptimierung, um am Marktgeschehen erfolgreich teilhaben zu können, machen vor niemandem halt. Auch in der psychotherapeutischen Szene wird mittels Weiterbildungsangeboten marktkonformes, also wettbewerbsorientiertes, Vorgehen immer wieder in Erinnerung gerufen. Im aktuellen Fortbildungsprogramm des Berufsverbandes wird ein Seminar mit dem Titel „Der kompetente Werbeauftritt für PsychotherapeutInnen" angeboten, unter anderem mit dem Ziel, „sich von MitbewerberInnen abzuheben" (Behr/Rogenhofer 2015).

Da dieses Tribunal keine Sphäre menschlichen Lebens unberührt lässt, das Leben selbst förmlich durchdringt, fällt Foucaults *Homo oeconomicus* mit dem „Homo modificans" (Straub et al. 2012, 9) und dessen Bruder, dem „Homo psychologicus" (vgl. Straub 2013, 10), in eins zusammen. Es gibt keinen Bereich mehr, der jenseits der Marktlogik zu finden ist. Durch die Anrufungen der Selbstverantwortung und des Selbstmanagements in Verschränkung mit der weitgehend selbstverständlich gewordenen Auffassung, dass jede alles schaffen und für sich selbst möglich machen könne, werden physische und psychische Arbeiten am Selbst zum alltäglichen Tun im Prozess der neoliberalen Subjektivierung.

Diese operiert über das Versprechen der Machbarkeit, das als
permanente „Stimulation" (Bröckling 2013, 54) seine Wirkmächtigkeit entfalten kann. Suggeriert wird, dass durch Aktivität, Selbstsorge, Effizienz und Produktivität, denen mitunter noch ein „Top-" als Steigerung vorangestellt wird, schier alles möglich wäre. So als ob die jeweilige Subjektivität ein selbstkonstruiertes Produkt wäre, gänzlich unabhängig von Sozietät, Herkunft, Nationalität, Geschlecht, Alter, Behinderung oder Krankheit.

Mit der Machbarkeit geht ein weiteres neoliberales Versprechen Hand in Hand, nämlich das der Freiheit. Abgesehen von den mannigfaltigen Vorschriften sowie den sintflutartigen Gesetzen unserer Zeit, stellt sich die Frage, von welcher Freiheit hier eigentlich die Rede ist. Denn das, was als Freiheit angepriesen wird, ist „unauflöslich an ein Regime der Subjektivierung gebunden, in dem die Subjekte nicht nur ‚frei sind, zu wählen', sondern *gezwungen sind, frei zu sein*" (Nikolas Rose, zit. n. Krasmann 2000, 201 [Kurs. i. Orig.]). Der Neoliberalismus erschafft demnach eine Subjektivität, die autonom und frei imaginiert wird, tatsächlich aber nie subjektiv ausgedacht und gewählt sein kann, weil jede Gesellschaft eine bestimmte Form der Subjektivierung – mehr oder weniger – erzwingt. Auf diese Weise verwandeln sich diese imaginierten Kategorien der Autonomie und Freiheit in Herrschaft, die die Individuen sich selbst überlässt. Insofern gilt als Denkvoraussetzung, dass alle in gleichem Maße über das Potential verfügen, das Leben selbsttätig und autonom in „vernünftiger" – heißt unternehmerischer – Art und Weise zu meistern.[64]

Die Falle der singulären Verantwortlichkeit für Machbarkeit und Glück, die den neoliberalen Anrufungen implizit ist, liegt in dem Auf-sich-selbst-zurückgeworfen-Sein, also in der Idee als individuelle Schmiedin der eigenen Existenz zu fungieren und fungieren zu können. Daraus folgt, dass denjenigen, die „es nicht schaffen", den Kranken, den sozial Schwachen, den Erwerbslosen

und den Migrantinnen mangelnde Selbstdisziplin und irgendwie falsche Lebensführung zugeschrieben werden. Quasi nach dem Motto: Selber schuld! Der Imperativ, dass es jede schaffen kann, verschiebt so „Probleme sozialer Ungleichheit [...] in den Verantwortungsbereich der Betroffenen" (Pieper 2003, 146).

Gerade diese Thematik erscheint mir für die Psychotherapie zentral. Ob es sich um Klientinnen, die unter Arbeitslosigkeit, einer Krebserkrankung oder einer psychischen Störung leiden, immer wieder taucht die Frage, „Was habe ich denn falsch gemacht?", im psychotherapeutischen Arbeitsalltag auf. Krankheit und Armut werden zum eigenen Versagen eines irgendwie verkehrt geführten Lebens. Der Umkehrschluss dieses Denkens lautet, Probleme, Krisen und Erkrankungen seien „vermeidbar, wenn man nur ein ausreichendes Informations- und Risikomanagement betreibe und einen adäquaten Lebensstil pflege" (kritisch Schmidt-Semisch 2000, 174). Diese Argumentationsfigur wird auch im politischen Diskurs ganz offen oder „nur" zwischen den Zeilen für sämtliche Aspekte menschlichen Elends fleißig bedient. Ob es sich um Arbeitslosig-

64 Verhaeghe nennt die propagierte Freiheit neoliberaler Provenienz deshalb die „größte Lüge der Gegenwart" (2013, 167).

keit, finanzielle Notlagen, Isolation, Ausgrenzung oder Diskriminierung handelt, immer liegt die Verantwortung im Zuständigkeitsbereich der betroffenen Person oder Bevölkerungsgruppe.

Neoliberale Subjektivierung operiert also über Anrufungen zur Freiheit und Selbstermächtigung. Das bedeutet nichts anderes, als dass sich das einzelne Individuum selbst regieren, selbst führen soll. Insofern fallen der Souverän und der Untertan vergangener Zeiten in eins zusammen, oder anders gesagt, ist der Untertan sein eigener Souverän geworden. Offensichtlich wird das insofern, als das „ideale Individuum […] nicht mehr an seiner Gefügigkeit gemessen [wird], sondern an seiner Initiative" (Ehrenberg 2008, 19). Selbstregierung ist bestimmendes Merkmal neoliberaler Subjektivierung.

Von dieser Selbstführung, in der sich Herrschafts- und Selbsttechniken verschränken, ist niemand ausgenommen, weshalb sich die Totalität dieser Form des Regierens zu erkennen gibt, die „den Geist und die Seele der Subjekte durchkreuzt und formt" (Pieper/Gutiérrez 2003, 11).

Die Macht, wie sie Foucault für die neoliberale Gouvernementalität denkt, nutzt dazu Wege diskursiver Verbreitung in rechtlichen Regelungen und im Bildungswesen, die das Individuum ausschließlich als freies und autonomes Subjekt anrufen. Dieses „Subjektregime" (Hirsch 2001, 272) findet durch die „Regierung des Wissens" (Holland-Cunz 2005) im Sinne wissenschaftlicher Wahrheitsproduktion und -verbreitung ihren Niederschlag, welche sich in die Individuen als Selbstverständnis einschreiben und solchermaßen an die Macht binden.

Diese hier in kritischer Weise dargestellten neoliberalen Diskurse und Imperative, wie sie durch Medien, Bildungseinrichtungen und politische Statements vermittelt werden, kreuzen und verschränken sich in vielfältigen Bewegungen mit den gelebten Praxen der Individuen und formieren sich so zu den „großen neoliberalen Erzählungen" (Michalitsch 2015, 3) von individueller

Freiheit und Wahlmöglichkeit. Sie sind schon längst in der westlichen Subjektivität verankert und zirkulieren weitgehend „erfolgreich" in aktuellen Formen neoliberaler Lebenszusammenhänge. Diese sind – das sei hier nochmals betont – keine unabhängigen oder jenseits des Sozialen individuell „erfundenen" Existenzweisen, sondern der erkennbare „Effekt permanenter Mobilisierung" (Bröckling 2013, 54) – der Effekt der Macht.

Damit dürfte die Stoßrichtung neoliberaler Subjektivierung deutlich geworden sein. Allerdings, und das ist bedeutsam, lassen sich Selbstregierung oder Selbstführung und die mit ihr verbundenen Selbsttechnologien nicht als Determinierung der Macht begreifen – dies zumindest aus zweierlei Gründen. Erstens ist Macht nichts Statisches, ein für allemal Festgesetztes, sondern ein Kraftfeld, das durch ganz vielfältige und unterschiedliche Strategien, Taktiken und Aushandlungsprozesse in ständiger Bewegung ist. Und zweitens kann die hier dargestellte neoliberale Subjektivierung nicht das „tatsächliche Verhalten" (Bröckling 2002, 179) der Menschen beschreiben, sondern nur ein Schema aktuell nahegelegter Existenzweisen. Gerade deshalb kann dieses Schema mittels Selbstaktivität verschoben, neu besetzt oder umgebaut werden, woraus sich neue Praktiken entfalten können.

> *„Nicht weil Frauen und Männer verschieden sind, sind sie in ungleicher Form in Gesellschaft, Politik und Ökonomie eingebunden, sondern weil sie in gesellschaftlichen, politischen und ökonomischen Institutionen und Strukturen als vergeschlechtlichte und ungleiche Subjekte hervorgebracht werden, können sich Ungleichheitsverhältnisse herstellen und fortschreiben.“*
> Brigitte Bargetz, Gundula Ludwig, Birgit Sauer 2015, 17

Michel Foucault hat in seinen Schriften die Kategorie Geschlecht ansatzweise integriert, insbesondere in den drei Abhandlungen zu *Sexualität und Wahrheit* (vgl. WzW, GL, DSs). Was er wissenshistorisch nachvollziehbar macht, ist die diskursive Bedeutungsverschiebung von Geschlecht, die sich in der Abwertung und Pathologisierung des Weiblichen insgesamt zu erkennen gibt (vgl. WzW 103f.). Ein weiteres Thema, das mit der Kategorie Geschlecht verknüpft ist und sich durch viele seiner Schriften zieht, ist die Zuspitzung der Zweigeschlechtlichkeit und die Bevorzugung heterosexueller Lust, die er in den Gouvernementalitätsvorlesungen mit der Etablierung der Bio-Politik zusammenführt. So kann er zeigen, dass die Streuung eines ganz bestimmten Wahrheitswissens über Geschlecht spezifische bio-politische Maßnahmen zu implementieren und die Bio-Macht insgesamt auszuweiten vermag.

Weil neoliberale Subjektivierung auf den „Mensch des Unternehmens und der Produktion“ (GG II 208) abzielt, könnte die Idee entstehen, dass das unternehmerische Kalkül ausschließlich auf den erwerbsarbeitsbezogenen Lebensbereich fokussiert. Diese Interpretation würde dem Konzept des *Homo oeconomicus* nicht gerecht werden. Denn, wie Foucault deutlich macht, soll sich das unternehmerische Denken aus Sicht der Neoliberalen „als Prinzip der Deutung" (ebd. 336) sowohl in allen sozialen Beziehungen als auch in den individuellen Verhaltensweisen spiegeln. Die Marktlogik soll zum allgemeingültigen Raster der „Verständlichkeit" (ebd.) werden, indem auch Lebensbereiche, die vormals jenseits des Ökonomischen angesiedelt waren, von diesem durchtränkt werden. Einer „Art ökonomischer Analyse des Nicht-Ökonomischen" (ebd.) sollen alle Beziehungs- und Verhaltensformen unterworfen sein.

Als Exempel für dieses Durchdringen der Marktlogik in den Bereich jenseits der Ökonomie nennt Foucault das Beziehungsgefüge „zwischen Mutter und Kind" (ebd. 337).[65] Er beschreibt, wie

das neoliberale Denken auch diesen Bereich besetzt und die erzieherischen und pflegerischen Tätigkeiten der Mutter unter marktlogische Raster subsummiert. Demzufolge stellt sich die Frage nach dem Gewinn der erbrachten mütterlichen Pflege- und Erziehungsleistungen. Aus der Sicht der Neoliberalen wird der Gewinn für das gut gedeihende Kind später einmal im erfolgreichen Bestehen innerhalb der marktorientierten Gesellschaft zu suchen, der Gewinn der Mutter wird ein „psychischer Ertrag" (vgl. ebd.) sein. Damit ist die Befriedigung der Mutter angesprochen, die sie aus der Liebes- und Pflegeleistung zieht (oder ziehen soll!). Die Zuwendung und Pflegearbeit der Mutter wird also in Begriffen „der Investition, der Kapitalkosten, des Gewinns aus dem investierten Kapital, des wirtschaftlichen und psychologischen Nutzens analysiert" (ebd. 337). Durch diese Transformation der Marktlogik

65 Es darf davon ausgegangen werden, dass Foucault, den Begriff Mutter verwendend, nicht eine symbolische Figur im Sinne analytischer Denkmodelle, sondern ganz konkret einen weiblichen Menschen, also eine Frau, meint. Denn Foucault stand der Psychoanalyse Sigmund Freuds (nicht nur, aber auch) kritisch gegenüber (vgl. Marques 1990). Es ist also höchst unwahrscheinlich, dass er Metaphern aus diesen Theoriebezügen verwendet hat.

in die Sphäre von Zuwendung, Pflege und Erziehung bleibt kein menschlicher Bereich außerhalb ihres Einflusses.

Gerade der Blick auf die Frage, wer in einer Gesellschaft die Versorgungsarbeiten trägt, lässt die „androzentrische Modellierung" (Kerner/Saar 2015, 129) der neoliberalen Subjektivierungslogik erkennen, die sich in der Disparität realer Lebenschancen und -verhältnisse von Frauen und Männern ausbuchstabiert. Sorge- und Pflegearbeiten werden in ganz überwiegendem Ausmaß von Frauen verrichtet. Aus dem „psychischen Ertrag" dieser Tätigkeiten lässt sich kein monetärer Gewinn lukrieren. Vielmehr kann der von den Neoliberalen beworbene psychische Ertrag als Normalisierungsrhetorik verstanden werden, der die Reproduktionsarbeit den Frauen zumutet und zugleich voraussetzt. Sie lässt sich als eine geschlechtsspezifische Aufforderung und Anleitung des „richtigen" Mutterseins lesen.

Daraus kann geschlossen werden, dass, gerade weil sich das ökonomische Kalkül schon längst in die privaten Beziehungen eingeschrieben hat, die weibliche, Sorgearbeit verrichtende *Persona oeconomica* – wenn diese Figur überhaupt denkbar ist – mit wesentlich mehr Fallstricken innerhalb neoliberaler Gouvernementalität konfrontiert ist. Denn die Imperative des Wettbewerbs, des Unternehmerinnentums, der unaufhörlichen Aktivität, der uneingeschränkten Flexibilität und des immerwährenden Strebens nach Verbesserung und Erfolg lassen sich nur schwer mit den Begriffen der Emotionalität, der Anteilnahme, der Ruhe, der Beständigkeit und der Langsamkeit in Einklang bringen. Aber genau das sind die zentralen Erfordernisse, die pflegebedürftige Personen wie Kleinkinder, kranke oder alte Menschen brauchen.

Diese äußerst komplexe Widersprüchlichkeit, mit der sich viele Frauen mit Sorge- und Erwerbsarbeitsverpflichtungen konfrontiert sehen, bringt Regina Becker-Schmidt mit dem Terminus der „doppelten Vergesellschaftung" (vgl. 2008, 65) auf den Punkt.

Doppelt ist die Vergesellschaftung insofern, als diese Frauen in zwei widersprüchliche Sphären, dem Privat- und dem Erwerbsleben, verwoben sind:

> „Diese doppelte Einbindung in das Sozialgefüge bringt der weiblichen Genus-Gruppe keine Vorteile ein. Im Gegenteil: Die Vergesellschaftung über zwei Arbeitsformen impliziert doppelte Diskriminierung. Frauen werden zu unbezahlter Hausarbeit verpflichtet, was zudem ihre gleichberechtigte Integration in das Beschäftigungssystem erschwert. Und die marktvermittelte Arbeit von Frauen wird schlechter bewertet als die von Männern. Es ist ein Dilemma: Wie immer Frauen sich entscheiden – für Familie und gegen Beruf, gegen Familie und für Beruf oder für beides – in jedem Fall haben sie etwas zu verlieren“ (ebd. 67).

Mag sein, dass gerade auf Grund dieser Widersprüchlichkeit in westlichen Ländern mit dem Anreizbegriff „Powerfrau“ eine mitunter nicht zu bewältigende weibliche Existenz nahegelegt wird. In jedem Fall aber lässt sich der *Homo oeconomicus,* dessen zentrales Merkmal sein „strategisches und diplomatisches Geschick“ (Rau 2015, 198) ist, als männlich konnotierter Akteur entlarven. Dieser freie und rationale Gestalter seines Lebens, der als gänzlich autonom und von reproduktiver und körperlicher Arbeit entlastet imaginiert ist, wird als „phantasmatische Figur des (bürgerlichen, weißen, heterosexuellen) Mannes“ (Meißner 2010, 9) erkennbar.

Für die Psychotherapie ist das Zusammendenken neoliberaler Subjektivierung und des Sich-als-Frau-Führens oder Sich-als-Frau-selbst-Regierens bedeutsam. Denn der „psychische Ertrag“ (GG II 337) der Sorgearbeit verknüpft mit dem „Mythos vom Mutterinstinkt“ (Badinter 1984, 113) stellt gewiss noch immer eine weit verbreitete weibliche Norm dar. Dazu kommen die strukturellen Stolpersteine (schlechtere Entlohnung bei gleicher Qualifikation, „gläserne Decke“ bei oftmals besserer Ausbildung, Mehrfachbelastung), mit denen Frauen auch ohne Sorgearbeit in westlichen Ländern konfrontiert sind.

Dies mag daran liegen, dass Frauen immer noch mit „Innenorientierung, Schwachsein, Körpernähe, Emotionalität, Beziehungsorientierung, Abhängigkeit und Minderwertigkeit" (vgl. kritisch Haider/Trettler 2010, 36) als „naturhafte" weibliche Wesenseigenschaften imaginiert werden.

Dass gerade diese Parameter mit den bei Frauen am häufigsten diagnostizierten psychischen Erkrankungen, nämlich der Depression und der Angsterkrankung, kompatibel sind, ist kein Zufall. Darauf wurde bereits 1970 in der Studie über den „Doppelstandard seelischer Gesundheit" hingewiesen:

> „Die Erwartungen der Gesellschaft in Bezug auf Mann- und Frausein fließen in die Diagnosevergabe ein und psychosoziale Fachleute reproduzieren die gesellschaftlichen Konstruktionen in Bezug auf Geschlecht. Das Bild des gesunden Mannes und des gesunden Menschen gleichen sich. Einer gesunden Frau hingegen werden Merkmale zugeschrieben, die beim männlichen Geschlecht als krank bewertet werden." (Bronverman et al. 1970, zit. n. Schigl 2012, 125)

Damit wird offensichtlich, wie sehr die Kategorie Geschlecht „in psychotherapeutische Machtstrukturen eingelassen [ist]" (Sieben et al. 2015, 6). Sowohl der diagnostische als auch der psychotherapeutische Blick sind zutiefst vergeschlechtlichte und zugleich vergeschlechtlichende. In der Psychotherapie wird Geschlecht deshalb – wie in allen Lebenssituationen – (re-)produziert, inszeniert, konstruiert und konstituiert.

Damit folge ich der dekonstruktivistischen[66] Geschlechterforschung, die die Herstellung von Geschlecht nicht jenseits der

66 „Dekonstruieren meint nicht verneinen oder abtun, sondern in Frage stellen" (Butler 1993, 48).

Kultur ansiedelt. Anstatt als prähistorische Essenz wird Geschlecht vielmehr als komplexer, kontinuierlich fortlaufender Prozess performativer Wiederholungen verstanden. Die Natur selbst ist aus dieser Perspektive nichts anderes als eine kulturelle Interpretation (vgl. Butler 1991). Im psychotherapeutischen Kontext findet deshalb immer „eine – bewusste oder unbewusste, explizite oder implizite – Verhandlung von Geschlecht [statt]" (Sieben et al. 2015, 7).

Dieser Gedanke verweist auf das weite Themenfeld einer emanzipatorischen Psychotherapie für Frauen, insbesondere deshalb, weil diese wesentlich häufiger psychotherapeutische Hilfe in

Anspruch nehmen als Männer. Zumeist wird das mit den oben dargestellten Zuschreibungen sowie mit der vermeintlich typisch weiblichen Fähigkeit des Darüber-reden-Könnens erklärt. Mir erscheinen diese Erklärungsansätze nicht ausreichend für den weiblichen Psychotherapiebedarf.

Demgegenüber schlage ich vor, die überproportionale weibliche Psychotherapiefrequentierung als ein Versagen geschlechtergleichstellender Politik zu verstehen. Denn auch in westlichen Gesellschaften ist eine tatsächliche Gleichstellung noch nicht erfolgt. Insofern können oder wollen viele Frauen dem vermeintlich geschlechtsneutralen neoliberalen Imperativ, eine Unternehmerin ihrer selbst zu werden, kaum nachkommen. Viele scheitern am Mythos der freien Wahlmöglichkeit oder sind zumindest davon bedroht.

Speziell für den österreichischen Kontext erscheint diese Argumentation plausibel, weil Österreich im europäischen Vergleich bei der Gleichstellung der Geschlechter sukzessive zurückfällt (vgl. orf.at). Damit vergrößert sich die soziale Ungleichheit zwischen Frauen und Männern zunehmend. Dass gerade soziale Ungleichheit (nicht nur das Geschlecht betreffend) eines der wesentlichsten Gesundheitsrisiken darstellt, ist durch unzählige –

aber kaum breitenwirksam kommunizierte – Studien bekannt (vgl. Exner 2013).

Wenn Frauen also vermehrt in der Psychotherapie zu finden sind, könnte das bedeuten, dass sie dort nach Antworten oder Lösungen suchen, sich trotz widriger Umstände innerhalb neoliberaler Gouvernementalität selbst zu führen. Weil aber die Psychotherapie, so wie andere Behandlungsmethoden auch, mit den Machtverhältnissen verstickt ist, innerhalb derer sie wirkt, hat sie wie jene „in Form unbewußter Wahrnehmungs- und Bewertungsschemata die historischen Strukturen der männlichen Ordnung verinnerlicht" (Bourdieu 2012, 14). Deshalb laufen Patientinnen in der Psychotherapie weitgehend Gefahr, auf Psychotherapeutinnen zu stoßen, deren Wissen in beinahe unvermeidlicher Weise zirkulär mit der androzentrischen Logik der männlichen Herrschaft verknüpft ist. Damit ist die Psychotherapie nicht zuletzt an ihre politische Verantwortung erinnert, die ich mit Bettina Zehetner als „Politik statt Pathologisierung" (2015, 11) auf den Punkt bringen möchte.

Die Psychotherapie als „Führen der Führungen"[67]

„… ich kann mich ja nicht einmal selbst führen."
Anonym

„Das Therapeutische ist ein Schauplatz, auf dem wir uns als Individuen mit Wünschen, Bedürfnissen und Begehren erfinden, die es zu erkennen und zu kategorisieren und im Namen der Freiheit zu kontrollieren gilt."
Eva Illouz 2011, 12

238 In der Psychotherapie wird das Selbst zum Thema. Wie ich mit Foucault gezeigt habe, konstituiert sich die Form der Selbstthematisierung in der westlichen Welt über die Beichtpraktiken der christlichen Kirchen, deren zentralste Technik das Geständnis darstellt. Über die Beobachtung und das „Hineinhören" in einen als naturgegeben vorgestellten menschlichen Innenraum werden sämtliche emotionalen und begehrlichen Regungen über die Sprache transportiert, die die Psyche mit ihrer aktuellen Bedeutung in die Wirklichkeit rufen. Steht in der christlichen Tradition mit dieser Prozedur der Wahrheitsfindung das Ziel des ewigen Lebens im Vordergrund, soll in der psychotherapeutischen Verbalisierung eine Heilung, eine Verbesserung der wahrgenommenen Problematik/Krankheit, in jedem Fall eine Transformation des Selbst im Diesseits erreicht werden. Oder mit Foucault gesprochen: „Aus der Sorge um das Heil der Menschen im Jenseits wurde die Sorge um das Heil im Diesseits" (SuM 278). Die Psychotherapie lässt sich deshalb als eine Technik dieser Sorge um das Heil im Diesseits begreifen.

Es ist kein Zufall, dass das Psychotherapiegesetz in Österreich just zu einem Zeitpunkt installiert wird, als sich neoliberale Ideen

67 DSdM 255.

und Konzepte breitenwirksam durchsetzen. Zur Erinnerung: Neoliberales Denken setzt voraus, dass das Individuum frei und unabhängig in der Lage ist, das Leben auf Grundlage der ökonomischen Logik zu meistern. Pointiert formuliert, sollen möglichst wenige, am besten gar keine, Vorschriften und Einschränkungen von Seiten des Staates die freie Entfaltungsmöglichkeit der Einzelnen auf dem unbegrenzten, für alle offenen Markt behindern. Dass sich das ökonomische Kalkül schon längst nicht mehr nur auf den Bereich der Erwerbsarbeit reduzieren lässt, sondern als weitgehende Selbstverständlichkeit in alle erdenklichen Sphären des Lebens Einzug gefunden hat, soll mit Nikolas Rose noch einmal betont werden:

> „Die Individuen werden heute dazu angehalten zu leben, als ob sie ein Projekt aus sich selbst machten: Sie sollen an ihrer Emotionenwelt arbeiten, an ihren häuslichen und ehelichen Abmachungen, ihren Beziehungen, mit der Arbeit und ihren sexuellen Lusttechniken, sie sollen einen Lebens‚stil' entwickeln, der ihren Existenzwert ihnen selbst gegenüber maximiert." (Rose, zit. n. Ludwig 2011, 223)

Insofern kann die einzelne Person in neoliberalen Zeiten, die sich in Österreich mit den 1990er-Jahren manifestieren, kaum mehr auf eine äußere, haltgebende Ordnung zurückgreifen, sie muss sich stattdessen „auf ihre inneren Antriebe stützen" (Ehrenberg 2008, 19).

Diese inneren Antriebe, die ich als das Psychische verstehe, scheinen allerdings recht unzuverlässige Partnerinnen zu sein. Denn wie lässt sich der mit der neoliberalen Politik parallel extrem wachsende Markt an Beratungs- und Hilfsangeboten – zu denen ich auch die Psychotherapie zähle – erklären, der genau diese inneren Antriebe unterstützen soll? Das bunte Dienstleistungsangebot, das heute mit ganz unterschiedlichen Methoden und Konzepten den Individuen für jede nur erdenkliche Lebenssituation Unterstützung anbietet, erscheint beinahe grenzenlos zu sein – mit Sicherheit aber sucht das aktuelle Ausmaß seinesgleichen in der Geschichte.

Die Erklärungen, was denn ein derart reichhaltiges Unterstützungsangebot aktuell erforderlich macht, sind vielschichtig. Am häufigsten angeführt werden Orientierungslosigkeit, ob der sich permanent erweiternden Komplexität einer dynamisierten Gesellschaft, das rasante Tempo, mit dem sich die Gesellschaft insgesamt verändert, sodass traditionelle Lebensformen von neuen vielfältigen und zeitlich begrenzten Lebensstilen und -abschnitten zwar nicht abgelöst, aber doch heftig erschüttert werden, die rapide Transformation der Arbeitswelt und die damit ständig wechselnden geforderten Fähigkeiten und Leistungen ebenso wie die in die Bedeutungslosigkeit sinkenden religiösen Leitlinien. Diese Analysen und Thesen mögen die umfassenden Transformationen, mit denen das heutige Individuum konfrontiert ist, durchaus nachvollziehbar widerspiegeln. Was sie allerdings nicht zu erhellen vermögen, sind die Machtverhältnisse, die diesen genannten Wandlungsprozessen zugrunde liegen. Anders gewendet: Welche Machtverhältnisse evozieren derart instabile Lebensbedingungen, die die Menschen von der Wiege bis zur Bahre zu permanent Rat- und Hilfesuchenden machen?

Mit der Foucaultschen Machtanalyse kann der wachsende Bedarf an Beratungs- und Hilfsangeboten in anderer Weise bestimmt werden. Er lässt sich als ein gewichtiger Baustein der neoliberalen Form des Regierens verstehen, der darauf abzielt, die Individuen in neuartiger Weise zu steuern und zu führen. Um dies kenntlich zu machen, müssen die Individuen mit den entsprechenden unterstützenden Maßnahmen genau dazu „eingeladen" werden. Denn wenn die aktuelle Form der „Menschenführung" (Ribolits 2007, 22) dazu anstachelt und ganz gezielt begünstigt, sich selbst zu führen, sich selbst zu regieren, muss dies für die Individuen erkennbar sein.

Insofern wird die Politik dieser „Unternehmensgesellschaft" (GG II 335), die – wie der Name schon sagt – aus lauter Unternehmerinnen bestehen soll, die Form einer „genügsamen Regierung" (ebd. 51) bilden, deren Kunst darin besteht, „sowenig wie möglich zu regieren" (ebd. 50). Die Politik zieht sich von ihren bisherigen Aufgaben der sozialen Absicherung weitgehend zurück, weil es gerade nicht darum geht, „den Individuen eine soziale Deckung von Risiken zu gewährleisten" (ebd. 205). Die Kunst des Regierens wird stattdessen in verstärktem Ausmaß darin bestehen, sich „der Menschen ihr ganzes Leben lang und bei jedem Schritt ihrer Existenz kollektiv und individuell anzunehmen" (GG I 241). In diesem Sinne wird diese Regierungsform danach trachten, Angebote zu installieren, die die Einzelne oder spezielle Personengruppen als Unterstützungs- oder Hilfsangebote erkennen können. Diese vielschichtigen Angebote sollen auf die „Handlungs- oder Denkweisen" (ebd. 146) der Bevölkerung einwirken. Sie dienen als Grundlagen für den Prozess des Absteckens eines möglichen Handlungsraumes, der sicherstellen soll, „dass die Subjekte sich selbst und die Gesellschaft nach gewissen Vorstellungen denken und folglich bestimmte Handlungen ausüben und andere unterlassen" (Bargetz/Ludwig 2011, 179).

Natürlich handelt es sich bei der Installierung dieser Kenntlichmachungen, Einladungen und Anreize um ein äußerst vielschichtiges Geschehen, das mit gesellschaftlichen Aushandlungsprozessen und -kämpfen verbunden ist. Es geschieht nicht von „oben" nach „unten" im Sinne autoritären Bestimmens, sondern durch Vermittlung von Wissen und Wahrheiten und durch Förderung beziehungsweise Marginalisierung bestimmter Vorstellungs- und Lebensweisen.

Eine bedeutsame Maßnahme, die auf diese Handlungs- und Denkweisen der Bevölkerung Einfluss nimmt, ist die Bereitstellung und Institutionalisierung vielfältiger Beratungs- und Hilfsangebote. Viele von ihnen orientieren sich an dem Leitmotiv der „Hilfe zur Selbsthilfe", also dem Konzept des *Empowerments*. Sie motivieren die Individuen dahingehend, sich selbst zu ermächtigen, aktiv zu werden, sich um sich selbst zu kümmern oder kurz ein „unternehmerisches Selbst" (vgl. Bröckling 2013) zu werden.

Diese Selbstermächtigungsappelle haben allerdings einen *double-bind*-artigen Charakter. Denn sie bieten etwas an, von dem sie behaupten, dass es für ihre Adressatinnen von großem Nutzen

sei, während sie zugleich vor der Übernahme jeglicher vorgegebener Lebensweise warnen und dennoch zugleich die „wirklich richtige" Seinsweise des „Werde ganz du selbst" propagieren. Ein derartiges Angebot anzunehmen bedeutet, bereits eine Idee, eine Hoffnung, ein Ziel entwickelt zu haben, das dort umgesetzt oder erreicht werden könnte. Damit ist ein wesentlicher Schritt neoliberaler Subjektivierung gemacht, nämlich der, für sich selbst aktiv zu werden. Und genau das erscheint heute als richtungsweisend für ein „richtiges" Leben, nämlich selbstverantwortlich, aktiv und zielorientiert zu handeln.

Mit der Bereitstellung und Förderung von Hilfsangeboten, die die Individuen in der Selbstregierung unterstützen sollen, verfolgt die Politik zweierlei Strategien: die Notwendigkeit der Arbeit am Selbst als zentrale Aufgabe aktueller Subjektivität zu manifestieren und zugleich dezentrale, unterschwellig wirkende Strukturen der Kontrolle, die die Selbstdisziplinierung der Einzelnen fördern, zu installieren.

Kurz sei hier angemerkt, dass sich diese Form des Führens – oder wie Foucault sagen würde – dieses „Gouvernement[s]" (GG I 182) in den Maßnahmenkatalog der Europäischen Union einreiht, die *Lifelong Guidance* als erklärtes Ziel für ihre Mitgliedsländer propagiert. Als Rahmung dafür dient das seit Jahren kommunizierte *Lifelong Learning*. Verfolgt wird die Idee, auf allen gesellschaftlichen und politischen Ebenen Unterstützungs-, Hilfs- und Coachingangebote zu etablieren. *Lieflong Guidance* meint das permanente Lernen in *allen* Lebensbereichen, das durch bereitgestellte „lebensumspannende Beratung" (Götz et al. 2014) erreicht werden soll. Es handelt sich also nicht um ein punktuelles, in etwaigen Krisen greifendes Hilfsangebot, sondern um eine „prozesshafte Leistung" (ebd.), die die einzelnen Individuen durch ihr *gesamtes* Leben leiten soll. Diese strategische Maßnahme der Europäischen Union soll sicherstellen, dass die Entscheidungen der Individuen „tatsächlich dem Metaziel der optimalen Vorbereitung des Humankapitals auf seine Verwertung untergeordnet sind" (Ribolits 2007, 24). Das wundert nicht, ist doch die Europäische Union „neoliberal dominiert und orientiert" (Marterbauer in Leitner 2015/I, 15).

Die Psychotherapie ist ein Hilfsangebot mit ganz spezieller Breitenwirkung. Obwohl sich ein großer Teil der Kolleginnen mit Sicherheit dagegen verwehrt, in den entstandenen Dschungel von Beratungsangeboten wie Lifestyle-Expertentum, (Karriere-, Fitness-, Gesundheits-)Coachings, Sozial-und Lebensberatung, Supervision, Mediation, Konfliktmanagement oder Sterbe- und Trauerbegleitung eingereiht zu werden, so zeigt sich doch, dass eine trennscharfe Linie heute kaum mehr gezogen werden kann. Dafür sind meines Erachtens zwei Gründe ausschlaggebend. Erstens fließen psychotherapeutische Theorien in Aus- und Weiterbildungsangebote diverser, hier angeführter benachbarter Berufsfelder. Nicht selten sind es psychotherapeutische Institute oder Ausbildungsvereine selbst, die diese Lehrgänge anbieten. Zweitens ist die Psychotherapie im Unterschied zu sämtlichen oben aufgezählten Hilfsangeboten eine Heilbehandlung und damit der ärztlichen Hilfe gleichgestellt. Allerdings – und das ist bedeutsam –

kann in Österreich jede anerkannte psychotherapeutische Methode nicht nur als Heilverfahren zum Zwecke einer Krankenbehandlung eingesetzt werden, sondern eben auch als eine „der Persönlichkeitsentwicklung dienende Technik" (Stumm 1996, 33). So ist auch das österreichische Psychotherapiegesetz zu verstehen, das „die *Reifung*, *Entwicklung* und Gesundheit des Behandelten" (BGBL. Nr. 361/1990 §1 [1]; Kurs. A.G.) zu den Aufgaben psychotherapeutischen Handelns zählt. Psychotherapie ist also von der Gesetzgeberin „sowohl als Heilverfahren zum Zwecke der Krankenbehandlung als auch als Mittel zur Persönlichkeitsentwicklung (Erweiterung persönlicher Möglichkeiten, Selbstverwirklichung)"
 (Stumm 1999, 40) bestimmt. Tatsächlich wird auch in so mancher psychotherapeutischen Ausbildungsgruppe heftig darüber diskutiert, ob die Psychotherapie denn überhaupt als Behandlung zu verstehen sei.[68]

Auf diese doppelte Zuständigkeit der Heilung und Entwicklungsförderung verweist die Zusammensetzung des Wortes Psychotherapie selbst. Das altgriechische Wort für die Psyche, Ψυχή, bedeutet im eigentlichen Sinn so viel wie Atem oder Hauch (vgl. Gemoll 1979, 815). Es wurde in einem sehr umfassenden Sinne zur Umschreibung der ganzen Person verwendet, weil das Atmen die unabdingbare Voraussetzung des Lebens ist. Die Psyche meint somit das menschliche Leben in seiner Gesamtheit. Der Begriff Therapie kommt ebenfalls aus dem Altgriechischen, nämlich von θεραπεία und lässt sich mit Dienst, Pflege und Heilung übersetzen (vgl. ebd. 372). In der Verbindung dieser beiden ursprünglichen Wortsinne braucht die Psychotherapie für ihr Tätigwerden tatsächlich weder eine Störung noch eine Krankheit. Sie kann sowohl als Heilung als auch als Pflege oder Dienst am gesamten Leben

68 Diesen Hinweis verdanke ich Maria Michael-Opitz.

interpretiert werden. Denn welchen Aspekt menschlichen Daseins könnte die Psychotherapie getrost vernachlässigen?

Der Psychotherapie ist – ob als Behandlung schwerer psychischer Leidenszustände oder als Pflege der Psyche verstanden – ein Konstruktionsprozess vorgelagert, der Theorien und Konzepte entworfen hat, nach denen sich die Arbeit mit den Klientinnen orientiert. Hierfür dienen als Basis zwei grundlegende Vorannahmen. Erstens braucht es eine Vorstellung, was und wie ein Individuum sein kann und was es braucht, um ein gutes und/oder gesundes Leben zu haben – das wäre die Theorie der jeweiligen psychotherapeutischen Denkschule. Zweitens benötigt es einen diagnostischen Blick, der gemäß der Theorie potentielle Klientinnen konstruiert und so als psychotherapiebedürftig erkennt, was wiederum auf den erstgenannten Konstruktionsprozess verweist. Kurzum: Notwendig sind Konzepte von Gesundheit/Krankheit, in weit größerem Ausmaß jedoch eine Theorie dafür, was Menschen brauchen, damit das Leben gut gelingen kann. Das heißt, vordergründig braucht es Konzepte und Techniken, die den Individuen helfen ihre Psyche bestmöglich zu pflegen.

Diese Behauptung, dass die Psychotherapie „nicht allein um Heilung besorgt [ist]" (Straub et al. 2012, 17), stützt sich auch auf meine Recherche im Internet.[69] Hier ist eine deutliche Tendenz erkennbar, die zeigt, dass Psychotherapeutinnen ihr Angebot überwiegend an Personen oder Personengruppen jenseits schwerer psychischer Störungen adressieren. Wenn etwa nach „Brauche ich eine Psychotherapie?" gegoogelt wird, finden sich Einträge und Angebote, die tatsächlich staunen lassen. Ein in Wien praktizierender Kollege[70] etwa hat auf seiner Homepage eine beträchtliche

69 Recherche vom 8. 6. 2015.

70 Es geht hier nicht darum, Kollegen und Kolleginnen quasi vorzuführen (deshalb gebe ich hier auch keine Quellen an), sondern vielmehr darum,

Anzahl an Tests bereitgestellt, die diese Frage zu klären versprechen. Wenn es nach ihm geht, sind Selbstunsicherheit, eine schwierige Beziehung zu den Eltern oder den Sinn des Lebens zu finden Indikatoren für die Sinnhaftigkeit, an eine Psychotherapie zu denken.

Auf der Internetplattform PsyOnline.at, auf der alle in Österreich tätigen Psychotherapeutinnen angeführt sind, bieten Kolleginnen eine Psychotherapie unter anderem für folgende Themenstellungen an: „Das Leben wieder in die eigenen Hände nehmen", „Sich selbst besser kennenzulernen", „Das eigene Potential entdecken", „Sich selbst entfalten", „Ziele erreichen", „Neue Fähigkei-
 ten erwerben", „Persönlich wachsen", „Sich individuell weiterentwickeln" oder „Das eigene Leben authentischer gestalten".

Und der Österreichische Berufsverband für Psychotherapie beantwortet die Frage, ob eine Psychotherapie nötig ist, so:

> „Bei seelischen Problemen gibt es keine genauen Werte wie bei den meisten körperlichen Beschwerden, bei dessen [sic] Überschreitung wir einen Arzt aufsuchen müssen. Deshalb lässt es sich schwer einordnen, wann man eine Psychotherapie beginnen sollte. Aber: Wenn Sie sich diese Frage stellen, ist das ein Hinweis, dass Sie ein Problem haben, das Sie bzw. Ihre Seele belastet. Wer in Psychotherapie geht, übernimmt Verantwortung für die eigene Gesundheit. Wenn man eine Psychotherapie macht, ist dies ein Hinweis darauf, dass man Probleme erkennt, sich um sich [sie] kümmert und daran arbeiten will, sie zu überwinden." (ÖBVP 2015)

Bei den Formulierungen und der Wortwahl sowohl der im Internet gefundenen Einträge der Kolleginnen als auch der des Berufsverbandes fällt auf, dass sich diese verblüffend gut mit den neoli-

zu verdeutlichen, wie sehr sich der psychotherapeutische mit dem neoliberalen Denkzusammenhang verknüpft.

beralen Imperativen treffen, die permanent daran erinnern, an sich zu arbeiten, das eigene Potential nicht brachliegen zu lassen oder aktiv das eigene Leben zu gestalten. Die verwendeten Begriffe – Verantwortung, Wachstum, Entwicklung, Fähigkeiten, Aktivität und Ressourcen – schließen in einzigartiger Passung an das neoliberale Gedankengut an. Weitgehend wird nicht zu einer Behandlung schwerwiegender psychischer Erkrankungen eingeladen, sondern vielmehr analog dem Empowermentkonzept zu einem Prozess der Selbstermächtigung – nach dem Motto, (wieder) die Regie des eigenen Lebens zu übernehmen. In erster Linie sind also nicht Menschen mit psychischen Störungen im klinischen Sinne die Adressatinnen des psychotherapeutischen Angebotes, sondern die breite Masse der Bevölkerung.[71]

Die Psychotherapie wendet sich also weitgehend an das ganz normale Leben neoliberaler Gouvernementalität. Sie erinnert

71 In diesem Zusammenhang darf nicht verschwiegen werden, dass es angenehmer und/oder einfacher ist, mit Menschen und deren alltäglichen Problemen psychotherapeutisch zu arbeiten als mit Personen, die an einer schwerwiegenden psychischen Erkrankung leiden. Darüber ist im Kolleginnenkreis hierzulande kaum etwas zu hören, geschweige denn etwas Kritisches. Bei den deutschen Nachbarinnen meldet sich seit einiger Zeit eine steigende Anzahl an Kolleginnen zu Wort, die immer lauter darauf hinweisen, dass die Psychotherapie zu einer „Behandlung für Normale" geworden ist, und es folglich für Personen, die an schweren psychischen Krankheiten leiden, immer schwieriger wird, Behandlungsplätze zu bekommen (vgl. etwa Lütz 2014).
Die Erkenntnis, dass sich die Psychotherapie für „Normale" ausweitet, ist nicht neu. Schon längst haben kritische Denkerinnen inner- und außerhalb der Psychoszene darauf aufmerksam gemacht (vgl. Castel et al. 1982; Illouz 2011, 2012; Sennett 2008; Sonntag 1988, 1999). Allein dieses Wissen, das im Foucaultschen Sinne als Gegenwissen verstanden werden kann, hatte bisher im psychotherapeutischen Zusammenhang keine Resonanz, geschweige denn irgendeine Konsequenz.

damit meines Erachtens an nichts anderes als an die Selbstregierung der Individuen und stellt dafür ihre Hilfstechniken zur Verfügung. Deshalb wundert es nicht, dass gesunde Menschen Psychotherapie in Anspruch nehmen. Da wird die eigene Geschichte reflektiert, das So-geworden-Sein analysiert, in einen neuen Zusammenhang gestellt und neuen Bedeutungen zugeführt. Dabei geht es mit Foucaults Worten oftmals darum, „sein wahres Ich zu entdecken, indem man es von dem trennt, was es verdunkeln oder entfremden könnte, indem man seine Wahrheit dank eines psychologischen Wissens oder einer psychoanalytischen Arbeit entziffert" (ZGdE 767).

248 Wenn in neoliberalen Zeiten das Ich angehalten ist, für alle seine Belange selbst die Verantwortung zu übernehmen, sich also selbst zu führen, ist die Psychotherapie ein geeigneter Modus, um diese Selbstführung durch gezielte Arbeit am Selbst zu unterstützen. In diesem Sinne lese ich auch einen weiteren Eintrag auf der Homepage des Österreichischen Berufsverbandes für Psychotherapie:

> „Wichtige Voraussetzung für eine Psychotherapie ist Ihr Wunsch, etwas zu verändern, und Ihre grundsätzliche Bereitschaft, sich mit Ihren Gefühlen und Ihrem Erleben zu beschäftigen und sich dabei unterstützen zu lassen." (ÖBVP 2015 [Hervorh. i. Orig.])

Insofern ist es nicht verwunderlich, dass in Österreich das Psychotherapiegesetz im Jahr 1990, also zeitgleich mit dem Durchbruch neoliberaler Politik, verankert wird. Denn dieses Gesetz passt ganz hervorragend zur neoliberalen Fokussierung auf die vereinzelten Individuen. Wenn das Ich die zentrale Quelle des Glücks und Erfolgs darstellt, erscheint es mehr als schlüssig, Möglichkeiten zu schaffen, die Psyche zu hegen und zu pflegen, soll sie doch an prominenter Stelle dabei helfen, aus sich selbst ein einzigartiges Projekt zu machen.

Die Psychotherapie ist damit ein gewichtiger Teil des neoliberalen Versprechens individueller Selbstverwirklichung durch die gezielte Arbeit am Selbst. Sowohl das Psychotherapiegesetz als auch die sogenannte „Psychotherapie auf Krankenschein" sind aus dieser Perspektive Maßnahmen zur Umsetzung der Selbstführung im Sinne der psychischen Gesundheit. Sie lassen sich als „totale Mobilmachung" (Bröckling 2000, 140) der Individuen im Neoliberalismus lesen. So verweben sich die aktuell wirkmächtigen Diskursformationen neoliberaler Gesellschaften, die die Selbstverantwortung und -optimierung jeder Einzelnen kolportieren, nahtlos mit dem psychotherapeutischen Feld (vgl. Grubner 2014a, 96). Derart verstanden kann die Psychotherapie als Unterstützung in der Selbstführung und Selbstregierung der Individuen konkretisiert werden. Im Sinne der Verschränkung von Selbst- und Fremdführung muss sie „als Teil des Dienstleistungs- und Regulationsapparates gesehen werden, der die freigesetzten Individuen durch ihr individuelles Normalleben leitet" (Sonntag 1988, 197).

Als leitende Instanz befindet sich die Psychotherapie im weiten Feld des „Gouvernements" (vgl. GG I 182). Dieser Begriff heißt ja im ursprünglichen Wortsinn so viel wie „Seelenführung" (ebd.) und bedeutet, dass entweder einer kranken Person eine bestimmte Behandlung auferlegt wird oder eine Person sich selbst eine Behandlung verschreibt. Die Psychotherapie lässt sich demnach als gouvernementale Form des Führens, als „jemanden lenken […] im Sinne von Sich-in-einem-Gespräch-unterhalten" (GG I 182) verstehen. Sie fungiert als Scharnier zwischen Fremd- und Selbstregierung. Oder anders ausgedrückt findet in der Psychotherapie die Verschmelzung von politischer und pastoraler Macht statt. So verstanden ist die Psychotherapie als eine Form des „Führen[s] der Führungen" (DSdM 255) zu definieren, denn sie wirkt gezielt auf das Verhalten Einzelner oder von Gruppen im Sinne des Sich-selbst-Führens ein. Durch angeleitete psychotherapeutische Arbeit am Selbst in Form von hermeneutischen Praxen, der Übung neuer Verhaltensweisen oder Selbstbeobachtung sollen Störfaktoren oder Hindernisse des individuellen Seins aufgespürt sowie Fähigkeiten und Ressourcen ans Licht gebracht und ausgebaut werden. Diese Techniken sollen das Individuum in einer Weise transformieren, dass eine gesündere, eigenständige, autonome und individuelle Lebensführung möglich wird.

Die neoliberale Gouvernementalität, mit der die Psychotherapie – wie sich zeigt – nahtlos verbunden ist, operiert über Anreize, Ermöglichung, Freiheitsräume und weitere produktivitätssteigernde Strategien und Taktiken. Sie ist deshalb aber nicht frei von diszipli-

nierenden Aspekten. Foucault selbst hat darauf aufmerksam gemacht, dass die Disziplinarmacht nicht durch die der Gouvernementalität abgelöst wird. Vielmehr ist die Macht der Disziplin in veränderter Art und Weise in die Gouvernementalität integriert und hat quasi ihr Gesicht oder ihr Erscheinungsbild verändert: Die disziplinierenden Mechanismen tendieren dazu, „sich über die Institutionen hinaus auszuweiten, sich zu ‚desinstitutionalisieren', ihre geschlossenen Festungen zu verlassen und ‚frei' zu wirken. Die massiven und kompakten Disziplinen lockern sich zu weichen, geschmeidigen, anpassungsfähigen Kontrollverfahren auf" (ÜS 271).

Dies trifft meines Erachtens auf die Psychotherapie zu, denn sowohl die sanften Anleitungen als auch die ebenfalls sanften disziplinierenden Aspekte sind integrale Bestandteile der Psychotherapie. Neben dem Zuhören und der Leitung durch Befragung sind die mehr oder weniger regelmäßig stattfindenden Psychotherapiesitzungen ähnlich einer ärztlichen Visite – wenn auch in abgefederter Form – eine Prüfung, wie sie Foucault in der Disziplinarmacht erkennt. Der prüfende „Scheinwerfer" der Psychotherapeutin fällt auf die Klientin, die nun der Sichtbarkeit ausgesetzt ist. Die psychotherapeutischen Einladungen oder Aufforderungen, sich den eigenen Emotionen, Gedanken, Begierden und Beziehungen zuzuwenden, hält die Einzelne mitunter dazu an, sich selbst mit akribischer Betriebsamkeit zu beobachten und zu kontrollieren. Insofern ist Psychotherapie nicht nur, aber auch eine Anleitung zur Selbstdisziplinierung. Sie hilft sich selbst zu führen, sie fungiert im Modus des „Führen[s] der Führungen" (DSdM 255).

Damit möchte ich nicht behaupten, dass die Psychotherapie als besonders hinterlistige disziplinierende Unterwerfungstechnik operiert. Vielmehr soll – im Sinne Foucaults – darauf aufmerksam gemacht werden, dass sich ihre Macht als äußerst produktiv erweist. Denn als Technologie des Selbst sind die hermeneutischen Praxen, Interventionen oder Fragestellungen seitens der Psychotherapeutin keinesfalls wertfrei, neutral oder unschuldig. Sie folgen einer ganz bestimmten historischen Denk- und Seinsweise. Insofern soll die Psychotherapie dazu beitragen, dass die Subjekte in genau dieser historischen Situation ein gesundes Leben führen (können). Deshalb arbeitet sie weitgehend daran mit, dass die Individuen zu dem werden (oder das bleiben), was sie im Sinne neoliberaler Subjektvorstellung sein sollen, nämlich freie, Kosten-Nutzen berechnende Unternehmerinnen ihrer selbst.

Diese auf Foucaults Theorie zurückgreifende Definition – die Psychotherapie als „Führen der Führungen" (DSdM 255) zu denken – ist nicht neu und wurde in angrenzenden Disziplinen, wenn auch aus unterschiedlichen Perspektiven, bereits erläutert.[72] Allerdings ist dieses kritische Wissen im Kontext psychotherapeutischer Diskurse weitgehend unreflektiert und meines Erachtens nach wie vor marginalisiert. Es wird daher auch nicht als Grundlagenwissen im Zuge der Psychotherapieausbildungen vermittelt. Insofern handelt es sich nicht um ein psychotherapeutisches Wahrheitswis-

72 Exemplarisch dazu Bröckling et all. 2000, Bröckling 2002, 2013; Castel/Lovell 1982; Castell 1987; Duttweiler 2007,2013; Ehrenberg 2008; Elberfeld 2012; Illouz 2011, 2012; Rau 2006, 2010; Sennett 2008; Sonntag 1988, 1999

sen im Sinne Foucaults. Die Gründe dafür sind sicherlich vielfältig. Den Hauptgrund für den Mangel an machttheoretischem Wissen im Kontext der Psychotherapie orte ich in der These, dass genau dieser Mangel die psychotherapeutische Macht erst zu verstärken in der Lage ist. Die Definition – die Psychotherapie als „Führen der Führungen" (DSdM 255) zu verstehen – ermöglicht es allerdings, den psychotherapeutischen Anteil an der neoliberalen Gouvernementalität zu erfassen und den Blick für die ihr innewohnende Macht zu öffnen.

Die Macht der Psychotherapie in neoliberalen Zeiten

> *„Ich glaube, das ist genau das Problematische an Psychotherapie. Wir generieren und wir reproduzieren die Hoffnung, dass wir aus der Unberechenbarkeit der Welt etwas Berechenbares machen könnten. […] Und natürlich nähren wir dieses Phänomen auch schon aus wirtschaftlichen Interessen."*
> Margarethe Mernyi in Fuchs 2011, 29

Den Auftakt dieses Kapitels soll nochmals eine kurze und prägnante Darstellung des spezifisch Foucaultschen Machtverständnisses als produktive Kraft bilden. Diese Erinnerung erscheint deshalb hilfreich, weil sie für die nun folgenden Überlegungen zentral ist.

In jeder Gesellschaft ist buntes und mannigfaltiges Wissen zu finden. Allerdings ist nur dasjenige Wissen breitenwirksam, das sich mit der Macht verbinden und sich derart mit dem Nimbus des Wirklichen und der Wahrheit schmücken kann. Dieser Komplex aus Macht und Wissen lässt sich im Selbstverständlichen des Alltags, im Unhinterfragten und oftmals Unhinterfragbaren erkennen. Dieser Macht-Wissens-Komplex formiert und konstituiert die Subjekte als solche und macht sie sozial verstehbar. Das

Wahrheitswissen ist es dann, das Individuen als ganz selbstverständlich beschreiben und als Hausverstandswissen behaupten. Es zeigt sich also – kurz gesagt – sowohl im Alltagswissen als auch in den gelebten Praxen der Subjekte.

Dieses Wahrheitswissen ermöglicht es der Macht in westlichen Gesellschaften nicht mehr wie zu Zeiten der Feudalherrschaften, von „oben" nach „unten" in repressiver Weise zu regieren, sondern über „subtile Mechanismen" (DM 87). Diese liegen in der Entwicklung von Wissen, das organisiert und in Umlauf gesetzt wird. So dieses Wissen von den Subjekten akzeptiert, verkörpert und als Selbstverständlichkeit gelebt wird, kann die Macht erfolgreich zirkulieren.

Mit diesem Machtverständnis kann abermals darauf hingewiesen werden, dass die Psyche, wie sie heute sowohl mit einem Wahrheitsgehalt ausgestattet ist, erlebt und gelebt wird, als *Produkt* komplexer gesellschaftspolitischer Prozesse verstanden werden kann, wie ich im dritten Kapitel nachvollzogen habe. Dadurch wurde ersichtlich, dass die Psyche ein sehr junges Konzept der menschlichen Ideengeschichte darstellt, als dessen Bedingungsgefüge die Industrialisierung und der voranschreitende Kapitalismus fungierten. Die in diesem komplexen und vielschichtigen Geschehen entstandenen psycho-logischen Konzeptionen haben die aktuellen Wissens- und Wahrheitsimperative des Psychischen (mit-) produziert. Die unentwirrbaren Verschränkungen ihrer Theorien mit den kapitalistischen Denksystemen lassen die *produktive* Seite des psycho-logischen Wissens insgesamt und des psychotherapeutischen Wissens im Spezifischen in den Fokus der Aufmerksamkeit rücken. Damit kann die psychotherapeutische Macht im Foucaultschen Sinne in vier miteinander verschränkten Abschnitten herauspräpariert werden.

Die Psychotherapie als Wissens- und Wahrheitsproduzentin einer psychischen Ontologie

Mit der Moderne etabliert sich ein Subjekt, das ohne Psyche weder vorstellbar noch lebbar ist. Dieses Wahrheitswissen hat sich in das Selbstverständnis der Individuen eingeschrieben und erscheint als universal gültige Naturtatsache. Aus diesem Subjektverständnis erwachsen die Technologien des Selbst, in deren Tradition die Psychotherapie zu verorten ist.

Die Psychotherapie gründet auf der Idee, dass die Psyche ein zentraler Bestandteil menschlichen Seins ist. Selbst wenn es psychotherapeutische Theorien gibt, die die Psyche explizit nicht als

„Naturtatsache", sondern als ein Konstrukt verstehen,[73] so fungiert doch eine Art Wahrheitswissen einer psychischen Ontologie als Grundlage jeder psychotherapeutischen Theorie. Durch dieses Wissen trägt die Psychotherapie ganz wesentlich dazu bei, das Subjektverständnis – Subjekt mit Psyche – zu produzieren, zu streuen und zu festigen, indem sie, unabhängig von ihren unterschiedlichen theoretischen Konzepten, grundsätzlich die Idee verfolgt, dass im individuellen Inneren, im Unbewussten oder im Ungesagten etwas zu finden sei, das aktiviert, ans Licht oder ins Bewusstsein transportiert werden könne, um eine Verbesserung, zumindest eine Veränderung des bisherigen Seins herbeizuführen. Durch „sanftes oder fürsorgliches Anstupsen" (Bröckling 2015), sich selbst in den Blick zu nehmen, sich selbst zum Thema zu machen, setzt die Psychotherapie weitgehend auf die Fokussierung des Individuums und seines Transformationspotentials und bringt so den für die Moderne typischen Prozess der Individualisierung voran. Insofern *produziert* die Psychotherapie die Vorstellung eines handlungsfähigen Subjekts durch die Arbeit am Selbst. Ihre Macht

73 Insbesondere Systemische Therapiekonzepte lehnen einen ontologischen Status des Psychischen ab.

erweist sich als äußerst produktiv – denn sie „produziert Wirkliches" (ÜS 250): Sie setzt die Psyche mit ihrer Transformationsfähigkeit als ontologische Entität des Subjekts voraus und behauptet sie als Wahrheitswissen, während sie selbst an ihrer Hervorbringung zentral beteiligt ist.

Aus dieser Perspektive ist die Psychotherapie ein wesentliches Element aktueller Subjektivierung, also ein Teil dessen, wie Individuen zu Subjekten werden. Denn erst die Wissens- und Wahrheitsimperative einer bestimmten Historie machen die Subjekte als solche verständlich. Die Psychotherapie ist damit als ein Teil des „Menschen-Machens" (vgl. Sieben et al. 2012; Sonntag 1988, 108; Verhaeghe 2013, 191) zu verstehen, weil sie mit ihrem Wissen und ihrem unmittelbaren Handeln zur Subjektformierung beiträgt. Insofern wird mit der Psychotherapie ein Wissen wirklich, das sich in den gelebten Praxen der Subjekte spiegelt. Dieser Aspekt der Psychotherapie ist ein äußerst bedeutsamer Teil ihrer Macht.

Dieser psychotherapeutische Machtfaktor verbindet sich mit einem weiteren, der im wachsenden Bedeutungsgewinn innerhalb des Gesundheitswesens ausgemacht werden kann. Der Psychotherapie gelingt es immer besser, ein Organ der „Veridiktion" (GG II 35), also des Wahrsprechens, zu werden. Es hat Gewicht, was die Psychotherapie zu sagen hat, und ihr Wissen erlangt einen noch nie dagewesenen Wahrheitsgehalt. Aktuell wendet sich das psychotherapeutische Wahrheitswissen in Österreich der Neurobiologie zu und trachtet sich mit selbiger zu verbinden. Diese Hinwendung zur Neurobiologie als *hard science* legt den Verdacht nahe, dass die Psychotherapie versucht ihre Reputation zu erweitern – ähnlich wie dies der Psychologie im 19. Jahrhundert durch die Verknüpfung mit naturwissenschaftlichen Inhalten gelungen ist. Tatsächlich ist dieser inhaltliche Zusammenschluss für die Psychotherapie mehr als verlockend. Denn zum einen wirken die

Naturwissenschaften ahistorisch, sie werden als universal gültig imaginiert und zum anderen beherrschen sie derart das öffentliche Bewusstsein, sodass nur das gilt, was durch sie bewiesen ist (vgl. Mader 2005, 26 u. 62). – Dass ein Wissen, das zu Wahrheitswissen mutiert, niemals ohne Macht sein kann, habe ich mit Foucault deutlich gemacht.

Die „Geständnis-Wissenschaften" (WzW 68) – wie sie Foucault nennt – werden so zu den neuen Wahrheitsproduzentinnen. Die Psychotherapie mutiert damit, gemeinsam mit den beiden anderen Psy-Disziplinen, Psychologie und Psychiatrie, zu einer „neuen moralischen Autorität" (vgl. Verhaeghe 2013, 197), die

erklärt, was für die Menschen gut, zumutbar, potentiell möglich, leidvoll und unerträglich sei. Letztlich gibt sie damit vor, wie das Leben aktuell *geführt* werden soll, kurz – wie „wir uns zu verhalten haben" (ebd.). Wenn akzeptiert wird, dass Macht über Wahrheitswissen im Sinne der Deutungshoheit ausgeübt wird, dann lässt sich ein enormer Machtzuwachs der Psychotherapie erkennen.

Die psychotherapeutische Wissens- und Wahrheitsproduktion – ihre Macht – ist speziell für die neoliberale Subjektivierungsweise ungemein interessant und anschlussfähig. Denn die psychotherapeutische Zentrierung auf die Einzelnen und ihr Versprechen einer je individuellen Transformationsfähigkeit kann sich mit der neoliberalen Anforderung individueller Exklusivität zum Zwecke der optimalen Verwertung im weiten Feld der Ökonomie verbinden. Durch die gesetzliche Aufgabenstellung der Psychotherapie wird das individuelle, selbstverantwortliche Handeln und Agieren angeheizt und ermuntert. Genau diese Form der Individualisierung im Sinne von Selbstsorge und Aktivität ist heute mit dem größten Prestige versehen. Insofern korrespondiert die Psychotherapie auf exzellente Weise mit dem neoliberalen Narrativ des marktorientierten Subjekts, das sich als autonomes, selbstbestimmtes und frei wählendes versteht. In diesem Sinne läuft die „Erbschaft, die Freud der Populärkultur hinterlassen hat, [...] paradoxerweise darauf hinaus, daß wir selbst dann Herr in unserem Haus [sein sollen], wenn es brennt“ (vgl. Illouz 2012, 75).

Die Kehrseite dieser wirkmächtigen neoliberalen Deutungen, die das Ich als singuläre Quelle für ein gutes Leben beschwören, sind die Risiken des Auf-sich-selbst-verwiesen-Seins und die Selbstverantwortung für ein etwaiges Versagen. Dieses Verwiesen-Sein auf sich selbst, auf die eigenen Fähigkeiten, Begabungen und Ressourcen und die damit einhergehende Anstachelung zur Selbstsorge und Selbstoptimierung, die in den neoliberalen Anrufungen und dem Selbstverständnis der Individuen eingeschrieben sind, heizen das Hegen und Pflegen der Psyche als Teil dieser exklusiven Individualität unentwegt an. Die Spannung zwischen den Versprechungen der Selbstermächtigung und der Bedrohung des (selbst verursachten) Absturzes erzeugen einen lebenslänglichen Sog der Selbstverbesserung.

Analog der soziologischen Beobachtung, dass die Medizin seit geraumer Zeit eine „Entgrenzung“ (Wehling/Viehöver 2011, 9) ihres ursprünglichen Betätigungsfeldes – nämlich dem der Heilung – erfährt, trifft ebenso auf die Psychotherapie zu. Denn psychotherapeutische Techniken werden – wie in der Medizin – in einem stetig ansteigenden Ausmaß auf gesunde Menschen ausgeweitet. Sie sind von Argumentationslinien begleitet und gestützt, die ganz direkt oder unterschwellig die Pflicht zur Optimierung des Selbst transportieren. In diesem Sinne richtet die Psychotherapie ihre Aufmerksamkeit nicht nur auf die Behebung oder Erleichterung von Leidenszuständen, sondern steht letztlich auch im Dienst der Verbesserung des Menschen. Diese Entgrenzung der Psychotherapie wurde mit dem österreichischen Psychotherapiegesetz durch die Zielsetzung, die Reifung und Entwicklung der Behandelten zu fördern, vorweggenommen.

Damit ist die Psychotherapie an der Aufrechterhaltung des zeitgeistigen Spannungsfeldes beteiligt, das sich zwischen Optimierungs-/Glücksversprechen und Absturzdrohung aufbaut. Dieses Spannungsfeld evoziert erst ein Selbst, das sich permanent als „verbesserungs*bedürftig* und verbesserungs*fähig*" (Duttweiler 2013, 100 [Kurs. i. Orig.]) versteht. Insofern gelingt es der Psychotherapie, diese Spannung zwischen Selbstführung/-ermächtigung und Absturzdrohung aufzugreifen, zu nutzen und letztlich auch aufrechtzuerhalten.

Die neoliberalen Denksysteme, die „den Kult der persönlichen Identität" (Ottomeyer 2014, 178) in noch nie dagewesener

Intensität fördern, haben also in der Psychotherapie eine kompatible Partnerin gefunden, um die Einzelne zu einem unternehmerischen Selbst zu machen. Dass es sich hier um eine Sisyphusarbeit eines „zeitgenössischen Selbstkult[s]" (ZGdE 767) handelt, liegt auf der Hand, weil in neoliberalen Zeiten jede Situation immer nur eine temporär begrenzte darstellt, die sich jederzeit wieder verändern kann. Insofern lässt sich die Psychotherapie als „Optimierungsmodus oder als Technologie des Selbstmonitorings" (Bröckling 2015) begreifen, um in einer ökonomieorientierten Welt, die sich unaufhörlich, mitunter in rasanter Geschwindigkeit transformiert, zu bestehen. Sich der Psyche in Form einer Psychotherapie zuzuwenden, unabhängig ob zum Zwecke einer Heilbehandlung, eines Selbsterkenntnis- oder Selbstfindungsprozesses, erscheint in jedem Fall sinnvoll, um das gesamte Potential für das Bestehen in der ökonomieorientierten Gesellschaft ausschöpfen zu können. Ihre Inanspruchnahme ist so gesehen „niemals verkehrt" (Straub 2013, 26).

Auf beinahe plakative Weise wird erkennbar, wie sehr die Psychotherapie von der Macht neoliberaler Provenienz durchdrungen ist. Es zeigt sich damit, dass „Therapien und Verfahren nicht etwa ‚von außen' hinzutreten und Schutz und Hilfe vor Entwicklungen bieten, die ‚anderswo' stattfänden und mit denen sie nichts zu tun hätten" (Sonntag 1988, 111). Vielmehr verweben sich psychotherapeutische Konzepte mit der neoliberalen Idee, dass ein gutes Leben nicht ohne den Fokus auf sich selbst auskommt, weil sonst bedeutsames Potential der Selbstoptimierung ungenützt liegen gelassen wird.

Zur Erinnerung: „Neoliberalismus stellt sich [...] nicht unter das Zeichen des Laissez-faire, sondern im Gegenteil unter das Zeichen einer Wachsamkeit, einer Aktivität, einer permanenten Intervention" (GG II 188). Gerade die psychotherapeutischen Anleitungen – sich selbst ins Zentrum der Beobachtung zu stellen, in sich hineinzuhören, auf sich selbst zu achten und mit sich selbst sorgsam umzugehen – erzeugen die für den Neoliberalismus typischen Parameter der „Wachsamkeit, Aktivität[74] und permanenten Intervention" (vgl. ebd.).

So gesehen hebt die Verschränkung psycho-logischer und kapitalistischer Diskurse in neoliberalen Zeiten zu einem ungeahnten Höhenflug ab, sodass der *Homo oeconomicus* mit dem *Homo psychologicus* verschmilzt. Die neoliberale Betonung der Selbstaktivierung, -formierung und -optimierung und die Feststellung, die Inanspruchnahme einer Psychotherapie sei Verantwortungsübernahme für die eigene Gesundheit, einerseits sowie die innerhalb der psychotherapeutischen Disziplin breitgefächerten Appelle der Selbstverantwortung, Eigeninitiative und Selbstsorge andererseits ermöglichen das Ineinandergreifen von Psychothera-

74 Im psychotherapeutischen Praxisalltag ist die Frage der Aktivität und Motivation allgegenwärtig und wird auch von diversen Krankenkassen konkret abgefragt. Auf manchen österreichischen Antragsformularen zur Kostenübernahme finden sich Motivationsskalen. Die Psychotherapeutinnen sollen bekanntgeben, ob die Klientinnen als „kaum" oder (in Abstufungen) als sehr „motiviert" eingeschätzt werden.

pie und Neoliberalismus. Insbesondere das psychotherapeutische Versprechen der Verbesserung des individuellen Wohlbefindens appelliert an das Verantwortungsgefühl jeder Einzelnen zur „Sorge um sich" (vgl. DSs) und kann sich nahtlos mit den Anforderungen neoliberaler Selbstführung verbinden. Daraus erwächst letztlich die Idee, dass „Gesundheit und Selbstverwirklichung ein und dasselbe" (Illouz 2012, 72) wären.

Natürlich liegt die machtvolle Produktivität der Psychotherapie darin, die Einzelnen von quälenden Symptomen oder Befindlichkeiten zu erleichtern oder zu befreien und Ressourcen und Fähigkeiten ans Tageslicht zu bringen, die Hilfestellungen darstellen können, um schwierige oder krisenhafte Lebenssituationen besser zu bewältigen. Gerade weil aber in neoliberalen Zeiten die permanente Optimierung, Entfaltung und Weiterentwicklung „*sämtlicher* psychischer und sozialer Ressourcen [...] nun auch ökonomisch verwertbar und zu wesentlichen Momenten der Integration in die Gesellschaft geworden [sind]" (Duttweiler 2013, 103 [Kurs. i. Orig.]), wird dieses in der Psychotherapie erarbeitete Mehr an Freiheit, Selbstbestimmung und -ermächtigung zugleich für die aktuellen Regierungsstrategien des Neoliberalismus nutzbar gemacht. Aus dieser Perspektive reiht sich die Psychotherapie in „das Paradigma der Leistungssteigerung und ständigen Verbesserung" (Elberfeld 2012, 197) ein und lässt die Menschen in Scharen in die psychotherapeutischen Praxen pilgern. Und die Psyche mutiert zu so etwas wie einer Kapitalanlage, die für die geforderte Existenzweise der Unternehmerin ihrer selbst optimale Renditen einbringen soll.

Die Psychotherapie kann solchermaßen als Gelenkstelle oder Scharnier zwischen den neoliberalen Anrufungen zur Selbstoptimierung im Sinne der Marktverwertung und dem menschlichen Begehren, in dieser Gesellschaft (über-)leben zu können, eingeordnet werden. Sie vermittelt zwischen der neoliberalen Subjektivierungsweise der Selbstbestimmung, -optimierung und -verantwortung im Sinne der Marktförmigkeit und der „psychischen Ökonomie eines Subjekts" (Castel 1987, 174) in Form von individuellem Zugewinn persönlicher Freiheit und Handlungsmacht.

Es kann also die (provokante) Behauptung aufgestellt werden, dass die psychotherapeutische Macht einzigartige, kreative Psychen für das neoliberale Machtdispositiv produziert, analog der Disziplinarmacht, die zur Zeit der Industrialisierung „gelehrige Körper" (ÜS 173) hervorgebracht hat. Denn gerade weil die Psychotherapie mit der Rationalität ihrer Zeit – aktuell mit neoliberalem Gesicht – verknotet ist, kann mit Ulrich Bröckling formuliert werden: „Auch Aufrichten ist Zurichten" (2013, 214).

Die Psychotherapie als Produzentin menschlicher Befindlichkeiten

Ich möchte nun noch einen Schritt weitergehen und behaupten, dass es sich bei der Psychotherapie nicht „nur" um eine verhaltenssteuernde neoliberale Machttechnik im gouvernementalen Sinne, sondern weiter gefasst auch um eine Mitarbeiterin an der „Verwaltung des Lebens" (WzW 134) insgesamt handelt. Dies deshalb, da die Psychotherapie durch ihre psychopolitische Arbeit zu den „das Leben organisierenden Mächte[n]" (Butler 2012, 2) zu zählen ist und damit einen bedeutsamen Teil der *„Bio-Politik"* (WzW 135 [Kus. i. Orig.]) darstellt. Denn durch das Psychotherapiegesetz und die versicherungstechnische Öffnung der Psychotherapie können nun immer mehr menschliche Befindlichkeiten erfasst und kategorisiert werden, was die Kontrolle und „Verwaltung der vagen Dinge" (vgl. Fuchs 2011), als die ich die psychischen Dimensionen verstehe, enorm erleichtert.

So werden nicht nur psychosoziale Institutionen, wie etwas psychiatrische Krankenhäuser, sondern auch die verstreuten psychotherapeutischen (Privat-)Praxen zu Produktionsstätten mannigfaltiger Differenzierungen menschlicher Befindlichkeiten und Störungen. Im „Sprechen-Machen“ (vgl. WzW 68) lassen sich immer neue und „noch genauere“ Klassifikationen menschlicher Eigenarten und Abweichungen erkennen, deren rapide Zunahme zugleich „bewiesen“ werden können. – Ein weiterer machtvoller Aspekt der Psychotherapie.

Diese Entwicklung lässt sich meines Erachtens nicht jenseits neoliberaler Anforderungen verstehen, die unmittelbar mit den Vorstellungen von Gesundheit und deren immer enger werdenden Grenzen verwoben sind. Obwohl es keine allgemeingültigen Marker gibt, „anhand deren sich Normalität von psychischer Störung

abgrenzen ließe“ (Frances 2013, 35), etablieren sich aktuell in rekordverdächtiger Geschwindigkeit neue Diagnosen und Störungsbilder, sodass von einer „Pathologisierung ganz normaler Zustände“ (ebd. 13) gesprochen wird. Aus verrechnungstechnischen Gründen mit den Krankenkassen ist die Psychotherapie gezwungen eine krankheitswertige Diagnose anzugeben, sodass es zu einem statistischen Anstieg psychischer „Störungen“ kommt, der den Ruf nach mehr Psychotherapie immer lauter werden lässt und den hier kurz skizzierten Kreislauf aufrechterhält.

Die neuen Störungsbilder lassen sich natürlich nicht einzig und allein auf die sich verbreitende psychotherapeutische Praxis zurückführen, aber eben auch. Insofern denke ich nicht, dass psychische Erkrankungen „heute häufiger erkannt [werden] als früher“ (Lenz 2015), denn das würde bedeuten, dass alle diese heute diagnostizierten Zustandsbilder immer schon da gewesen wären und in der Vergangenheit schlicht nicht als solche erkannt wurden. Diese Sichtweise würde der in der Medizin beinahe ausschließlich kolportierten Fortschrittslogik entsprechen. Im Gegensatz dazu gehe ich davon aus, dass die aktuelle invasiv anmutende Fokussierung auf die Psyche, die aus der sich erweiternden Deutungsmacht der Psy-Professionen insgesamt resultiert, Befindlichkeiten erst zu psychischen Störungen erklärt, definiert, kategorisiert und damit gesellschaftlich relevant werden lässt.

Ich möchte deshalb daran erinnern, dass der Begriff der Kategorie selbst, wie er für eine Depression oder Psychose verwendet wird, vom altgriechischen Wort κατηγορία (Kategorie) kommt und so viel bedeutet wie Beschuldigung und öffentliche Anklage (vgl. Gemoll 1979, 427). Das ist nicht unerheblich, weil damit umso deutlicher wird, dass *jede* diagnostische Kategorie etwas ist, das gegen die Normen und Werte einer Gesellschaft verstößt. Insofern sind Kategorien und Klassifizierungen niemals neutral, sondern verweisen auf die ihnen innewohnende „Rangordnung mit einer politischen und moralischen Bedeutung" (Verhaeghe
2013, 189). Deshalb ist die diagnostizierende Psychotherapie in jedem Fall als moralische Führung oder Behandlung zu sehen, die die Patientinnen – wenn auch sanft – dahingehend leitet, gesellschaftliche Werte und Normen (wieder) einzuhalten. Die Vorstellung einer psychotherapeutischen Befreiung entpuppt sich aus dieser Perspektive als eine „konformistische Psychologie" (vgl. Jacoby 1978, 19).

Nun wende ich mich einem weiteren Aspekt psychotherapeutischer Macht zu, der mein Unbehagen in der Psychotherapie auf einen vorläufigen Höhepunkt katapultiert hat. Es handelt sich um eine Machtform, die tatsächlich repressiv agiert.

Die Psychotherapie als machtvolle Mitarbeiterin neoliberaler Disziplinierung

Wie ich aufgezeigt habe, erinnert neoliberale Gouvernementalität immer und überall daran, dass das individuelle Glück, der berufliche Erfolg, die Gesundheit, kurz gesagt, die gesamte Existenz in der eigenen persönlichen Verantwortung läge. Diese Verantwortung, die als Freiheit angepriesen wird, ist längst Teil aktueller Regierungsweisen.

Kaum jemand ist heute der Ansicht, dass er/sie nicht frei wäre, für alles und jedes selbst verantwortlich zeichnete und das persönliche Sein in den eigenen Händen läge. Darauf berufen sich auch Behörden und Institutionen in der Art und Weise ihres Umgangs, indem sie danach trachten „die Bevölkerung und einzelne Bevölkerungsgruppen in Form zu bringen und zu steuern" (Rose 2000, 73), und zwar mit dem Ziel der „richtigen" Anwendung der persönlichen Freiheit. Die Steuerungen einzelner Bevölkerungsgruppen mutieren auch zu Formen der Disziplinierung, in die die Psychotherapie verstrickt ist.

Ein, wie ich meine, empörendes Beispiel ist das in der Einlei-
 tung angesprochene und 2014 in Kraft getretene österreichische Rehabilitationsgeld, das für chronisch erkrankte Personen ab dem Geburtsjahr 1964 Anwendung findet (vgl. ASVG §143a). Die befristete Invaliditäts- oder Berufsunfähigkeitspension wird abgeschafft und durch das sogenannte Rehabilitationsgeld ersetzt. Es zielt darauf ab, Personen, die aufgrund einer Erkrankung aus dem Erwerbsleben ausscheiden, mittels gezielter Rehabilitationsmaßnahmen in den Arbeitsprozess zu re-integrieren. Es handelt sich um eine Leistung der Krankenkassen, die von den Pensionsversicherungsträgern rückfinanziert wird.

Mit den betroffenen Personen wird ein individueller Rehabilitationsplan erstellt, der die ehestmögliche Rückkehr in den Arbeitsmarkt anstrebt. Von den Patientinnen wird die sogenannte *Mitwirkungspflicht* an den Rehabilitationsmaßnahmen eingefordert, die in regelmäßigen Abständen überprüft wird. Ebenso ist jeder Urlaub zu melden, um auf seine medizinische Sinnhaftigkeit überprüft zu werden. Der Therapieplan sollte nach Möglichkeit nicht unterbrochen werden. Jede ist dazu angehalten, aktiv und zielgerichtet daran mitzuwirken, um möglichst bald wieder in die Lohnarbeit zurückzukehren. Bei psychischen Erkrankungen oder

Problemlagen werden die Klientinnen verpflichtet, sich einer Psychotherapie zu unterziehen.

Mir erscheint diese Vorgehensweise sowohl bei physischer als auch psychischer Beeinträchtigung mehr als frag- und kritikwürdig. Denn Menschen erkranken nicht aus „Jux und Tollerei", die Gründe, Ursachen und Zusammenhänge, die zu einer Erkrankung führen, ebenso wie die zu einer bestimmten Historie auftretenden Störungsbilder sind komplex und lassen sich nicht von den Werten und Vorstellungen einer Kultur trennen.

Dem Rehabilitationsgeld folgend, erscheint in Erwerbsarbeit zu stehen als Zeichen von Gesundheit. Hier ist zu fragen, ob die verordneten Rehabilitationsmaßnahmen mit ihrer Aktivitäts- und Initiativverpflichtung nicht viel mehr als „moralischer Imperativ" (Pieper 2003, 141) operieren, die die betroffenen Personen an ihre Pflichten erinnern und derart fester an das neoliberale „Subjektregime" (Hirsch 2011, 272) zu binden trachten. In der Neuregelung des Rehabilitationsgeldes zeigt sich der neoliberale Zwangscharakter, der Eigenverantwortung und Selbstsorge in Form permanenter aktiver Selbstoptimierung einfordert und die „richtige" Handhabung der Freiheit einmahnt.

Dass Faktoren, wie die Last der singulären Verantwortlichkeit für das ganze Leben, die sich verschärfenden Bedingungen am Arbeitsmarkt, die in Österreich aktuell ständig steigende Arbeitslosigkeit ebenso wie die sich immer weiter öffnende Schere zwischen Arm und Reich, erst Krankheiten erzeugen, bleibt unberücksichtigt. Insofern verstärken die verpflichtenden Rehabilitationsmaßnahmen den Druck auf die Betroffenen, den diese bereits von vielen Arbeitsplätzen und/oder ihrer prekären (finanziellen) Lebenssituation mitbringen.

Dies wird vom Psychiater und Psychoanalytiker Rainer Gross bestätigt, wenn er sagt: „Die Menschen, die wir […] in der Sozialpsychiatrie aufnehmen, die beim Penny-Markt oder Billa knapp am Rausfliegen sind, haben blanke Angst. Dennoch erzählen ihnen alle, dass sie Unternehmer ihrer selbst sein müssen. Und sie glauben das auch selbst" (in Sturmberger 2015, 14).

Der psychosoziale Druck, der an das unternehmerische Selbst appelliert, spitzt sich durch verordnete Rehabilitationsmaßnahmen und deren permanente Kontrollen zu. Die Rehabilitationsmaßnahmen werden so zu einer Fortsetzung aktueller neoliberaler Imperative der Selbstoptimierung, die die Menschen in einem unaufhörlichen Aufruf zu Initiative und Aktivität vor sich hertreibt. Dies trifft Frauen auf ganz besonders brutale Weise: Sie werden beispielsweise im Pflegebereich „zu einem Hungerlohn ausgebeutet. Wenn sie vor der Pensionierung chronisch erkranken, invalide werden, streicht ihnen der Sozialminister seit 1. 1. 2014 die Dauer-Invalidenrente" (Vogt in Leitner 2015/II, 80).

Die extreme Form der verordneten Psychotherapie als Rehabilitationsmaßnahme lässt sich im Foucaultschen Sinne nicht als „sanftes oder fürsorgliches Anstupsen" (Bröckling 2015) lesen, wie es für gouvernementales Regieren über Anreizsysteme funktioniert, um einen Rahmen erwartbarer Handlungen abzustecken. Eine verpflichtende und regelmäßig kontrollierte Psychotherapie ist also kein „Führen der Führungen" (DSdM 255), die den Individuen die Arbeit am Selbst nahelegt, sondern tatsächlich eine disziplinierende Zwangsmaßnahme. Die Erwerbsarbeit, mit dem Mascherl der individuellen Freiheit geschmückt, wird im Lebensmittelpunkt positioniert und jede, unabhängig von ihrer sozialen und gesundheitlichen Situation, wird genötigt, eine Managerin ihrer selbst zu sein und im neoliberalen Wettrennen mitzulaufen. Als Drohung dient der potentielle Entzug der Existenzgrundlage, nämlich die des Rehabilitationsgeldes. Diese Vorgehensweise erinnert fatal an die moralische Behandlung durch Zwangsarbeit, wie sie zu Pinels Zeiten in den Asylen zur Anwendung kam. Auch damals wurde Gesundheit mit Arbeit übersetzt.

Aktuell beteiligt sich die Psychotherapie an dieser Vorgehensweise, indem sie sowohl die Anzahl der absolvierten Therapiesitzungen als auch *die ausreichende Mitarbeit* der Rehabilitationsgeldbezieherinnen in regelmäßigen Abständen mittels Unterschrift bestätigt. Und die Klientinnen nehmen die psychotherapeutische Hilfe in Anspruch, weil die Botschaft, „unzulänglich zu sein, oder die Befürchtung, ‚nicht richtig zu funktionieren'" (Müller 2010, 173), punktgenau angekommen ist und/oder ganz schlicht, weil der Verlust der Existenzgrundlage droht.

Ich möchte an dieser Stelle daran erinnern, wie sich unter den neoliberalen Vorzeichen die Vorstellung von Sozialstaatlichkeit insgesamt transformiert hat, sodass eine staatliche Geldleistung nur mittels erbrachter Gegenleistung von Seiten der Antragstellerin zu haben ist. Das heißt, nicht mehr Bedürftigkeit allein ist für den Bezug von Sozialleistungen ausschlaggebend wie beim aktiv intervenierende Sozialstaat keynesianischer Prägung, sondern eine ganz bestimmte Eigenleistung muss erbracht werden, um sich eine staatliche Unterstützung zu *verdienen*. Insofern muss noch einmal betont werden, dass dem Wohlfahrtsstaat „hierdurch eine ihm ursprünglich fremde, nämlich die Tauschlogik der Marktökonomie implantiert" (Butterwegge 2010, 49) wurde.

Noch im Jahr 1999 schreibt Michael Sonntag, dass die psycho-logische Tätigkeit

> „noch nicht für den zwangsläufig disziplinierenden Charakter der sozialpolitischen Bestimmungen im engeren Sinn [gilt], die darüber entscheiden, nach welchen Kriterien welche Leistungen an wen vergeben werden und welche nicht, mit individueller Anspruchsprüfung nach umso strengeren Maßstäben, je weiter unten man sich auf der sozialen Skala befindet" (1999, 238).

Wie schnell sich das doch ändern kann! Hierzulande gelingt es mit verpflichtenden psychotherapeutischen Maßnahmen, die

„Disziplinierung als Behandlung" (vgl. Verhaeghe 2013, 193) zu tarnen. Die Verliererinnen der neoliberalen Gesellschaft, die aus ganz unterschiedlichen Gründen den marktorientierten Dauerlauf nicht bewältigen und dies mit einer psychischen Störung zum Ausdruck bringen, werden überwiegend als „sozial abweichend" (ebd.) wahrgenommen. Sie können sich, aus welchen Gründen auch immer, dem neoliberalen Imperativ, der auf jede Physis und Psyche zugreift, nicht unterwerfen. Dann allerdings beginnt ein disziplinierendes Regelwerk zu laufen, das diese Personen „bestraft und wie Kriminelle behandelt" (ebd.).

Mit der verpflichtenden Psychotherapie für den Bezug des Rehabilitationsgeldes lässt sich kein Unterschied zur „Psychotherapie im Zwangskontext von Justiz, Medizin und sozialer Kontrolle" (vgl. Wagner/Werdenich 1988) erkennen. Disziplinierungen finden nun nicht mehr in erster Linie in den traditionellen Institutionen statt. Die verpflichtende Psychotherapie für den Bezug des Rehabilitationsgeldes kann sich tatsächlich als „frei" präsentieren – sie verpflichtet die Menschen ja nicht selbst. In ihrer Verschränkung mit der neoliberalen Regierungslogik operiert sie äußerst produktiv, indem sie sich „zur Herstellung von Freiheit im inneren der Gesellschaft" (Heiter 2008, 60) verpflichtet, und „an deren Rändern mit Repression arbeitet" (ebd.), ohne so zu wirken (und mitunter ohne es selbst zu bemerken!).

Sehr scharf formuliert Klaus Ottomeyer die zunehmende sanktionierende Mitarbeit der psycho-logischen Disziplin innerhalb neoliberaler Gouvernementalität: „Die potentiellen Loser und Störer müssen rechtzeitig erkannt und etikettiert werden. Dabei helfen Psychologen" (2014, 198). Ich füge für den österreichischen Kontext hinzu: Psychotherapeutinnen auch! Hier funktioniert die Psychotherapie tatsächlich als Fangnetz der sozialen Kontrolle und Verwaltung. Die gedankliche Verknüpfung mit den Moralvorstellungen Pinels fällt hier nicht schwer. Keiner Erwerbsarbeit nachzugehen lässt sich auch heute weitgehend nur äußerst schwer rechtfertigen. Insofern schwingt hier eine gewisse „Schuldhaftigkeit" (WG 332) mit, die im psychotherapeutischen Setting nach Möglichkeit korrigiert werden sollte.

Wenn aktuell die Parameter der Freiheit, der Selbstverantwortung, der Eigeninitiative und Selbstoptimierung die zentralen gesellschaftlichen Werte darstellen, findet in der verpflichtenden psychotherapeutischen Rehabilitationsmaßnahme eine Disziplinierung zur Freiheitsvorstellung des neoliberalen Paradigmas statt. Mag die Psychotherapie weich, geschmeidig und sanft agieren, Disziplinarverfahren bleibt sie in diesem Fall allemal.

Bestätigt werden diese meine Ausführungen durch einen Beitrag im *Magazin des Österreichischen Berufsverbandes für Psychotherapie,* der die Einbindung der Psychotherapie in der psychosozialen stationären Rehabilitation thematisiert. Kritisch wird angemerkt, dass „die ‚Funktionalität' des Menschen im Hinblick auf die Teilnahme am Arbeitsmarkt zu sehr im Vordergrund [stehe]" (Schimböck 2015, 9)[75]. Die Psychotherapie soll also die Herstellung der Arbeitsfähigkeit ins Zentrum ihrer Aufmerksamkeit rücken und so das neoliberale Machtdispositiv mittragen, das

75 In dem Artikel findet sich auch eine Liste der „Mini-ICF-Kriterien" (Schimböck 2015, 9), die ich hier nicht unbemerkt lassen möchte. (ICF bedeutet International Classification of Functioning und wird von der WHO konzipiert.) Anstrebenswerte Parameter der psychosozialen Rehabilitation sind demnach: Fähigkeit zur Anpassung an Regeln und Routinen, Fähigkeit zur Planung und Strukturierung von Aufgaben, Flexibilität und Umstellungsfähigkeit, Fähigkeit zur Anwendung fachlicher Kompetenz, Entscheidungs- und Urteilsfähigkeit, Durchhaltefähigkeit, Selbstbehauptungsfähigkeit, Kontaktfähigkeit zu Dritten, Gruppenfähigkeit, Fähigkeit zu familiären und intimen Beziehungen, Fähigkeit zu Spontanaktivitäten, Fähigkeit zur Selbstpflege und Verkehrsfähigkeit (vgl. ebd.)

in einem verstärkten Ausmaß an den gesellschaftlichen Rändern repressiv agiert. Es geht hier also nicht darum, dass die Klientinnen wieder eine gesunde oder lebbare Form ihrer Existenz erreichen, sondern vielmehr darum, dass sie in das neoliberale Karussell wieder einsteigen und in vielen Fällen in Arbeitsbedingungen zurückkehren, die der Gesundheit ganz und gar unzuträglich sind.

Mit verpflichtenden Rehabilitationsmaßnahmen wird eine Botschaft unters Volk gebracht, die da lautet: Kranksein wird nicht (mehr) akzeptiert, niemand hat das Recht, krank zu sein, und niemand kann sich erlauben, nichts dagegen zu unternehmen.[76] So sich dies eine Person – aus welchen Gründen auch immer –

erlaubt, muss sie heute damit rechnen, dass ihr Rehabilitationsmaßnahmen aufgezwungen werden. Im neoliberalen Kapitalismus muss sich die Einzelne – auch wenn (oder vielleicht gerade weil) sie krank ist – die Unterstützung der Allgemeinheit *verdienen,* indem sie an ihrer Genesung *arbeitet.*

Aktuell ist die Psychotherapie Teil dieses mehr als fragwürdigen Prozederes ganz einfach deshalb, weil sich damit mehr denn je „gutes Geld verdienen lässt" (Verhaeghe 2013, 193)[77] und sich auch die Deutungsmacht der Psychotherapie insgesamt ausweiten lässt. Aus dieser Perspektive beteiligt sich die Psychotherapie an der Zurichtung der Bevölkerung, um sie für die neoliberale Ideologie nutzbar zu machen. Hier ist ein Machtmechanismus am Werk, dessen strategische Bestrebungen von der Frage: „Wie kann man jemanden überwachen, sein Verhalten und seine Eignung kontrol-

76 Eine solche Botschaft sollte mit Blick auf die Gräuel des letzten Jahrhunderts mehr als nachdenklich stimmen.

77 Um die Psychotherapie für Rehabilitationsklientinnen sicherzustellen, wurde das Kassenkontingent an Psychotherapie enorm erhöht, sodass im Bundesland Niederösterreich laut niederösterreichischer Gebietskrankenkasse „innerhalb von drei Wochen" (Wohlfahrt et al. 2015) für jede Rehabilitationspatientin ein Therapieplatz organisiert werden kann.

lieren, seine Leistung steigern, seine Fähigkeiten verbessern?" (MM 233) flankiert ist.

Derart folgt die Psychotherapie „der neuen neoliberalen Heilslehre, der dominanten gesellschaftlichen Deutungs- und Ordnungskonzeption der Gegenwart" (Michalitsch 2006,48), die die Individuen daran erinnert, Unternehmerinnen ihrer selbst sein zu müssen – auch unter widrigen Umständen. So mutiert die Psychotherapie tatsächlich zu einem Herrschaftsinstrument repressiven Charakters.

Aktuell wird an dieser Vorgehensweise weder Kritik geübt noch dagegen Widerstand geleistet. Vierzig Jahre nach dem Erscheinen von *Überwachen und Strafen* (ÜS) muss sich die Psychotherapie die Frage gefallen lassen, ob sie nicht genau das tut, was Foucault in seinem Werk darlegt, nämlich Menschen zu kontrollieren und zu disziplinieren.

Das Verbergen psychotherapeutischer Macht

„In der neoliberalen Kultur geht es um zwei Dinge. Es müssen unter allen Umständen die Regeln der Selbstzurichtung verheimlicht werden, und dann wird trotzdem gelogen."
Marlene Streeruwitz 2016, 1

Eines gelingt der Psychotherapie wesentlich besser als der neoliberalen Ökonomie – nämlich ihre Macht zu verbergen. Dafür zeichnen meines Erachtens vier Gründe verantwortlich. Erstens kann sich die Psychotherapie mit den Federn des Natürlichen, des Evolutionär-Emanzipatorischen, des Typisch-Menschlichen und der Freiwilligkeit schmücken (ausgenommen bei der angeordneten Psychotherapie für Rehabilitationsgeldbezieherinnen). Zweitens operiert sie „‚unterhalb' dessen [...], was traditionellerweise das Politische ausmacht" (vgl. Lemke et al. 2000, 26).

Drittens ist ihre Macht keine zentral gesteuerte, sondern eine dezentral und verstreut organisierte, weshalb sie beinahe unsichtbar ist. Und viertens ermöglicht es gerade die sanfte, mitfühlende und verständnisvolle Form psychotherapeutischen Handelns, sowohl die Macht als auch die disziplinierenden Effekte „unsichtbar" (ÜS 241) zu machen. Gerade weil sich ihr machtvolles Unterfangen also weitgehend der individuellen Wahrnehmung entziehen kann, wächst ihre Macht stetig.

Es soll hier nicht bestritten werden, dass das psychotherapeutische Wissen nicht auch in der Lage wäre, Bewusstwerdungsprozesse zu fördern, die als Potential, „nicht auf diese Weise und um

diesen Preis regiert zu werden" (WiK 12), genützt werden könnten. Darin liegen Chancen für Widerstand im Sinne von subjektiven oder kollektiven unkonventionellen und alternativen Lebensweisen, die zugleich Demokratisierungsprozesse beflügeln können. Eine Gefahr besteht allerdings darin, dass gerade psychotherapeutische Gegenentwürfe dazu beitragen, die Diskursivierung des Psychischen insgesamt auszuweiten und derart die Macht der „Psychopolitik" (Rau 2010) zu vergrößern.

Damit zeigt sich, dass die Psyche selbst und mit ihr das um sie kreisende psychotherapeutische Wissen ein Feld darstellen, das umkämpft ist. Es lässt sich als Zone einer „Vielfältigkeit von Kräfteverhältnissen" (WzW 93) begreifen, das gerade durch die mannigfaltigen Auseinandersetzungen und Transformationsprozesse seinen Einflussbereich auszuweiten in der Lage ist. Diesbezüglich kann von einem „herrschaftlichen Retorsionseffekt" (vgl. Rau 2010, 291) gesprochen werden, der zwar nicht intentional hervorgebracht, aber dennoch das Ergebnis derartiger Kämpfe und Transformationsprozesse ist.

Dieser Abschnitt soll nicht mit der Behauptung beendet werden, dass das Verhältnis zwischen Psychotherapie und Neoliberalismus gänzlich konfliktfrei, reibungslos oder „per se ohne Spannungen“ (Rau 2010, 408) verlaufe. Aber gerade weil es aktuell von psychotherapeutischer Seite so wenig spannungserzeugende oder neoliberalismuskritische Stimmen gibt, will ich meine in diesem Sinne noch zuspitzen.

„Mach doch eine Therapie!" oder: Psychotherapie als neoliberale Metaerzählung?

> *„Wie ‚führt' man ein Leben, wenn sich nicht alle Lebensprozesse, aus denen ein Leben besteht, ‚führen' lassen oder wenn sich nur bestimmte Aspekte des Lebens selbst lenken oder mit Überlegungen bestimmen lassen, andere hingegen eindeutig nicht?“*
>
> Judith Butler 2012, 2

Die Macht der Psychotherapie wurde im vorangegangenen Kapitel herauspräpariert und ans Licht geholt. Nun folgt ein kritischer Blick auf die Effekte, die die Introspektion als Schwerpunkt psychotherapeutischen Handelns evozieren. Mein Interesse gilt hier der Frage, was die psychotherapeutischen Technologien des Selbst sowohl mit den einzelnen Individuen als auch mit dem Gemeinwesen *machen*. Ich widme mich nicht der Auseinandersetzung, welche Verbesserungen der individuellen Befindlichkeiten durch eine Psychotherapie erreicht werden können. Vielmehr interessiert mich zu fragen, wie die psychotherapeutische Arbeit mit und an sich selbst nicht nur die Selbstwahrnehmung, sondern den Bezug zur Gesellschaft und die Gesellschaft als Ganzes transformieren.

Im Mittelpunkt meiner Überlegungen steht der meines Erachtens prägnanteste Wandel der letzten Jahrzehnte, den ich in der Deutung und den imaginierten Lösungsvorstellungen menschlicher Problemlagen insgesamt verorte. Wurden vor etwa drei Jahrzehnten zwischen gesellschaftspolitischen Regulierungen und spezifischen problematischen Lebenssituationen insbesondere in der psychosozialen Szene noch Verbindungen hergestellt, so verschiebt sich die Suche nach den Ursachen menschlicher Problemlagen seither auf extreme Weise in Richtung der Einzelnen. Kaum mehr lässt sich eine wie immer gelagerte Problem-, Krisen- oder Erkrankungssituation finden, deren Ursache nicht im Individuum selbst bestimmt – oder zumindest gesucht – wird. Dort soll die Quelle, das Unvermögen oder das Versagen aufgespürt werden, die unmittelbar für die entstandene Krisensituation verantwortlich zeichnet.

In dieser Bewegung hin zum Individuum als beinahe einzig
 relevante Kategorie wird in noch nie dagewesener Intensität auf die Psyche zugegriffen. Ihr „Funktionieren" oder „Nicht-Funktionieren" erscheint als entscheidender Faktor für die Verbesserung oder Lösung der ausgemachten Problemlage. Diesem Denkmodell folgend, wird die Psychotherapie in einem sich permanent verstärkenden Ausmaß als Reparatur- und Ermächtigungstechnologie bemüht. Ob es sich um Konflikte im Job, um Arbeitslosigkeit, Beziehungsprobleme, Sorgerechtsstreitigkeiten oder eine chronischen Krankheit handelt, von irgendwo kommt mit Sicherheit der Vorschlag „Mach doch eine Therapie! Du wirst sehen, das hilft".

Dieser Lösungsimperativ ist keinesfalls einer, der nur von psychosozialen Fachleuten forciert wird. Mittlerweile findet sich dieser Verweis als selbstverständliches Lösungswissen im Alltagsleben weiter Teile der Bevölkerung. Wenn ich hier den gängigen Begriff Alltagsleben verwende, tue ich das im Sinne Lawrence Grossbergs. Dieser meint mit „Alltagsleben" (2000, 57) nicht bloß das tägliche Leben, sondern „eine Organisationsweise von routinisierten Strukturen im Kapitalismus" (ebd. 77). Damit kann er deutlich machen, dass das ganz Selbstverständliche – also die unhinterfragte tägliche Routine – „bereits ein Produkt von Macht" (ebd.) ist. Wenn also die Inanspruchnahme einer Psychotherapie aktuell ein breitenwirksames Lösungswissen des *Alltagslebens* darstellt und für sämtliche ganz unterschiedliche Problemlagen angezeigt erscheint, wird erkennbar, dass die Lösungsidee selbst eine durch und durch von Macht durchdrungene ist.

Es ist die im Neoliberalismus sich permanent zuspitzende individualisierende Macht, die sich in den Lösungsimperativen der Menschen spiegelt. Dies ist nicht verwunderlich. Wenn nach neoliberaler Deutung alle Bereiche des Lebens in der je eigenen Hand liegen, ist es nur folgerichtig, jede problematische Situation alleine – mit und für sich selbst – zu lösen. Für diese „individuellen" Lösungssuche zeigt sich die Psychotherapie prädestiniert, ist sie doch mit den neoliberalen Vorstellungen, ein unternehmerisches Selbst zu werden, in einzigartiger Weise kompatibel. Dadurch scheint alles und jedes im Machbarkeitsraum des Individuums selbst zu liegen, als „nahezu unbegrenzte Fähigkeit des Einzelnen, sein Leben nach eigenem Entwurf zu gestalten" (Bröckling 2000, 158). Insofern nährt die psychotherapeutische Arbeit am Selbst die Idee, alles „erreichen zu können, was man erreichen will" (ebd.).

So gesehen geht mit der Psychotherapie ein Versprechen einher, das pointiert etwa lautet: Wenn du nur hart genug an deinem Selbst arbeitest, ist dir das Glück sicher. Diese Anrufung ist der Idee geschuldet, „dass das ‚eigene Ich' die Quelle des Glücks des neoliberalen Subjekts ist, das über ‚Arbeit am Ich' selbstverantwortlich erreicht werden kann" (Ludwig 2011, 237). Sowohl der österreichische Gesetzestext, der die Psychotherapie neben der Krankenbehandlung als Modus der Persönlichkeitsentwicklung bestimmt, als auch die Implementierung der Psychotherapie auf Krankenschein dienen als derartige Anreizsysteme zur Arbeit am Selbst. Dies wird nicht zuletzt in ihrer Umsetzung anhand der psychotherapeutischen Gestaltungs- und Selbstfindungseinladungen deutlich, die die Einzelnen adressieren, um sie bei der Lebensführung und damit auch in ihrer Wettbewerbsfähigkeit und ihrem Konkurrenzkampf zu unterstützten.

Die neoliberale Regierungskunst zeichnet sich durch die in der Geschichte einzigartigen vielschichtigen Strategien und Taktiken aus, jede Technik des Selbst – so auch die Psychotherapie – als nutzenmaximierendes Verfahren zu inkorporieren. Die Arbeit am Selbst erscheint als autonomes, selbstkonstruiertes Gestalten, das sich jenseits der neoliberalen, machtvollen Anrufungen zu positionieren meint.

Das „Führen der Führungen" (DSdM 255) mittels Psychotherapie bezieht seine Wirkmächtigkeit also nicht zwingend daher, die Subjekte zu unterdrücken und unter die neoliberalen Regierungsziele zu bringen. Vielmehr unterstützt sie die Produktion neuer und kreativer Ideen der Selbstführung, die sich erfolgreich mit den neoliberalen Paradigmen, die die Erweiterung gesellschaftlicher Diversität verfolgen, verbinden können. Aus dieser machtkritischen Perspektive findet in der Psychotherapie weitgehend eine freiwillige Unterwerfung unter ein Subjektivierungsregime statt, das ein Selbst produziert, das sich neoliberalismuskonform als autonomes und selbstkonstruiertes versteht. Bei genauerem Hinsehen entpuppt sich dieses Selbst als eine – mehr oder weniger erzwungene, sicher aber nahegelegte – Existenzweise, die „in der Ausrichtung des eigenen Lebens an betriebswirtschaftlichen Effizienzkriterien und unternehmerischen Kalkülen besteht" (Lemke et al. 2000, 30).

Zweifelsohne ermöglicht die Psychotherapie neue Erkenntnisse, die den individuellen Handlungsspielraum erweitern können. Gerade zur Erforschung und Optimierung dieses individuellen Potentials laden die Selbstführungsanrufungen permanent ein, weil sie sich punktgenau mit der neoliberalen Zielrichtung verknüpfen lassen.

Deshalb besteht die Gefahr, dass das in der Psychotherapie erarbeitete Mehr an Freiheit zu einer „Scheinlösung" (Hermer 1995, 31) innerhalb krankmachender Bedingungen wird, weil „soziale, politische oder ökonomische Ursachen [einer Problematik] tendenziell ausgeblendet bzw. ihrerseits psychologisch erklärt [werden]" (Duttweiler 2013, 101). Für die Ausweitung des neoliberalen Individualisierungscredos ist das psychotherapeutische Setting also ein prädestinierter Ort.

Aus diesem Blickwinkel wird eine Krise, ein Problem oder eine Erkrankung tatsächlich zu einem persönlichen Versagen. Sie lassen sich nicht als ein im Leben mögliches Schicksal oder als eine Folge fehlgesteuerter politischer Regulierung lesen. Vielmehr mutiert jegliche Problematik zu einer individuellen Angelegenheit, die nur jede für sich selbst in der Lage zu meistern ist.

Dieser hegemoniale Diskurs, der für den Neoliberalismus kennzeichnend ist, neutralisiert soziale Verhältnisse und deren eingelagerte Ungerechtigkeiten. So rücken die in Österreich seit den 1990er-Jahren sich ausweitenden neoliberalen De-Regulierungen sowohl in großen Teilen der Bevölkerung als auch in der Psychotherapie in weite Ferne der Wahrnehmung und werden kaum mit individuellen Lebens- und Leidenssituationen in Verbindung gebracht. In dieser Bewegung werden politische Aspekte aus dem psychotherapeutischen Setting weitgehend „hinauskomplimentiert" (Hermer 1995, 29) und der Fokus stattdessen beinahe ausschließlich auf die Verbindung von Individuum und der jeweils theoretischen Denkschule geworfen. Die damit verknüpfte psychotherapeutische Haltung lässt sich in etwa so zusammenfassen: „Wenn wir die individuelle Pathologie therapiert haben, regeln sich die sozialen Schwierigkeiten von alleine" (ebd. 30). Diese Interpretation weist erst recht dem einzelnen Individuum die Verantwortung des eigenen Glücks zu und bestärkt die zentrale Bedeutung des Selbst als „Grundprinzip der Gesellschaft" (Sennett

2008, 587). So verliert sich die gesellschaftspolitische Situation „in der psychologischen Beschränkung“ (Hermer 1995, 31)[78].

Kritisch betrachtet fungiert die Psychotherapie so als „Vehikel einer Reduzierung aller brennender Fragen“ (Castel et al. 1982) oder als Ablenkungsmanöver ungerechter sozialer Verhältnisse, die nun den Einzelnen aufgebrummt werden. Dass es sich dabei um ein machtvolles Kalkül neoliberaler Provenienz handelt, das ganz gezielt die Verantwortung für das gesamte individuelle Sein in den Kompetenz- und Zuständigkeitsbereich der Einzelnen verschiebt, wird als politische Strategie beinahe unsichtbar, nicht zuletzt deshalb, weil es die Freiheit wie ein Schutzschild vor sich herträgt.

Es soll mit dieser kritischen Gegenwartsbetrachtung nicht bestritten werden, dass sich die individuellen Lebensoptionen in den letzten Jahrzehnten nicht auch erweitert hätten. Aber es scheint, als ob diese Errungenschaften zwangsläufig mit dem Rückbau sozialer Sicherungssysteme und der wirkmächtigen Anrufung zur Selbstregierung und -optimierung zu haben seien. Dadurch wird eine Subjektivierung im neoliberalen Sinne erzwungen, weil andernfalls das soziale Aus droht. Die neoliberale Freiheitsvorstellung hat den Möglichkeitsraum weitgehend nur in neuer Weise abgesteckt, der ganz bestimmte Lebensformen, Strategien und Taktiken bevorzugt und andere ausschließt oder aus der Denkbarkeit verbannt.

Dies zeigt sich – nicht nur, aber auch – am selbstverständlichen Lösungswissen die Psychotherapie, nicht mehr nur bei schweren psychischen Störungen zu Hilfe zu rufen, sondern für

78 Zugleich verstärkt diese Deutung der Psychotherapie ihre Legitimation ebenso wie ihr finanzielles Auskommen und erhöht parallel das Machtphantasma einer beinahe unendlichen „Omnipotenz“ (Hermer 1995, 31), weil damit alles und jedes durch Psychotherapie gelöst werden könnte – beinahe der ganze Weltschmerz ...

jede irgendwie unklare, leidvolle und schwierige Lebensthematik. Ob es sich um Armut, soziale Ausgrenzung oder Diskriminierungen aller Art handelt – also um zutiefst politische Phänomene –, der Verweis oder die Anregung, eine Psychotherapeutin aufzusuchen, ist allgegenwärtig. Denn „auf der Selbst-Suche gibt's genug zu tun" (Sonntag 1988, 156). Das ist heute das Hauptgeschäft der psychotherapeutischen Aufmerksamkeit. Damit verbleibt die Veränderung jeglicher ungerechter oder leidvoller Lebenssituation auch im psychotherapeutischen Setting im Verantwortungsbereich der Einzelnen und das neoliberale Paradigma der Fokussierung in Richtung Individuum und seines Potentials erfährt eine Bestätigung. Auf diese Weise kann die allseits beschworene modifizierbare Psyche tatsächlich zu einer Bürde werden.

Dieser Aspekt ist für Menschen aus sozial schwachen Bevölkerungsgruppen besonders schmerzhaft. Denn obwohl niemand der neoliberalen Anforderung, ein unternehmerisches Selbst zu sein, sich also eigenverantwortlich um alle nur vorstellbaren Belange des alltäglichen Lebens zu kümmern und sich im „Wettlauf der Selbstverwirklichungen" (Knapp 2015, 131) durchzuschlagen, entkommt, so ist doch „das erschöpfte Selbst" (Ehrenberg 2008) der prekär lebenden Handelsangestellten wesentlich wahrscheinlicher als das der Top-Managerin, weil die Verschränkung von Arm und Krank versus Reich und Gesund allemal zutreffend ist.

Diese Thematik knüpft an ein weiteres Problemfeld an, das mit dem in neoliberalen Zeiten typischen „Hyper-Individualismus" (Knapp 2015,124) einhergeht. Indem jede weitgehend mit sich selbst beschäftigt ist, um sich selbst kreist, weil soziale (Problem-)Lagen in das individuelle Vermögen verschoben sind und jeder so die Konstruktion einer Ich-AG abverlangt wird, führt sie eine bedenkliche Begleiterscheinung im Handgepäck mit, die sich als *„schleichende Entpolitisierung"* (Negt 2011, 493 [Kurs. i. Orig.])

oder „Depolitisierung" (Grossberg 2000, 175) zeigt. Nicht nur werden, wie weiter oben bereits angemerkt, individuelle Problemlagen kaum mehr mit politischen Regulierungen in Zusammenhang gebracht. Weitgehend nehmen sich die Individuen auch nicht als mit einer bestimmten sozialen Gruppe verbunden wahr und schon gar nicht einer politischen Bewegung zugehörig, für deren Anliegen es sich zu engagieren oder zu kämpfen lohnt.

Diese dadurch entstandene „unpolitische Demokratie" (vgl. Michelsen/Walter 2013) lässt sich nicht unabhängig von fortschreitenden Individualisierungstrends als integraler Bestandteil neoliberaler Subjektivierung denken. Der Individualismus-Hype erschwert sowohl die Wahrnehmung, dass die je individuelle Situation in einem größeren Zusammenhang steht, als auch den Blick darauf, dass politisches Handeln gemeinschaftliche Gestaltung von Welt und Gesellschaft bedeutet. Auf diesen Zusammenhang – voranschreitende Individualisierung und Verblassung gesellschaftspolitischer Interessen – wird in den Sozial- und Politikwissenschaften schon lange hingewiesen und er erscheint mitunter bedrohlich als „Verfall und Ende des öffentlichen Lebens" (vgl. Sennett 2008).

Wie ich versucht habe zu zeigen, machen diese für den Neoliberalismus typischen Verschiebungen vor der psychotherapeutischen Praxistüre nicht halt. Denn obwohl sozial benachteiligte Personengruppen ihre strukturelle Schlechterstellung und ihre mangelnden Teilhabechancen mitunter reflektieren, so sind ihre Anliegen an die Psychotherapie doch immer auch an einer Selbstoptimierungslogik orientiert, um im marktorientierten Wettbewerb mithalten zu können. In dieser konkurrenzorientierten Anstrengung kommt vielen ihre emotionale Sensibilität und Feinfühligkeit in die Quere. In Anbetracht der sich immer weiter öffnenden Schere zwischen Arm und Reich erreichen schwierige und prekäre Lebensumstände immer mehr Menschen oder solche in der unmittelbaren Umgebung. Sowohl die eigene Betroffenheit als auch das Näherrücken von Armut und Leid und das unbestimmte Gefühl, dass es sich hier um irgendeine Art von Ungerechtigkeit handelt, sind häufig gekoppelt an die weit verbreitete Überzeugung, dass jede ihres eigenen Glückes Schmiedin sei. Diese widersprüchlichen Gefühle und Denkmodelle lösen bei vielen Klientinnen extreme Verunsicherungen aus, die sich nicht selten in depressiven und angstvollen Zuständen äußern. Der Ausweg erscheint für viele darin zu liegen, den psychotherapeutischen Prozess dahingehend zu nutzen, „nicht mehr alles so nah an mich heranzulassen" oder „denken zu lernen, dass mich das nichts angeht" oder „um mich abgrenzen zu lernen" oder „auf mich zu schauen" oder „damit es mich irgendwann kalt lässt". Einfühlen und Anteilnahme mutieren so zu falschen Gefühlen in der „Ökonomisierung des Sozialen" (vgl. Bröckling et al. 2000), weil Konkurrenz und *The survival of the fittest* Härte und Ignoranz verlangen. Damit werden Eigenschaften der Anteilnahme und Empathie zu störenden Parametern, die in der Psychotherapie verändert werden sollen – am besten zu „Ich will härter werden".

Menschen folgen also weitgehend den neoliberalen Ideen, dass sie, wenn sie sich ausschließlich auf sich selbst und ihre Bedürfnisse konzentrieren, ein besseres Leben hätten. Das bedeutet, dass Anteilnahme, Mitgefühl und Solidarität als verzichtbar oder überflüssig wahrgenommen werden. Insofern wird „soziales Handeln abgewertet […], wobei der psychologische Kontext immer größeres Gewicht erhält" (Sennett 2008, 36) und sich im Alltag durch Fragen wie „Was *bringt* dir das?" oder „Hast du ein Helfersyndrom?" äußert. Beinahe wird soziales und politisches Engagement selbst zu einer Pathologie.

In diesem Sinne wird die Psychotherapie mitunter als „Abstumpfungsprogramm" (Bröckling 2002, 191) wahrgenommen, um im Wettlauf der Marktförmigkeit (über-)leben zu können oder als ein Intimitätskult der Einzelnen genau in dem Maße, wie die öffentliche Sphäre aufgegeben wird (vgl. Sennett 2008, 37). Damit trägt sie – nolens volens – zu einer sich verbreitenden Entpolitisierung innerhalb neoliberaler Verhältnisse bei. Kritik oder Widerstand gegen die Zumutungen der aufgezwungenen Existenzweise des unternehmerischen Selbst verschwinden hinter dem neoliberalen Freiheitsversprechen individueller Selbstverwirklichung.

Alle diese hier angeführten Überlegungen verweisen auf eine bedenkliche Gegenwartsdiagnose, die ich als Verehrung der Individualität, Verblassung kollektiver Ideen, Entsolidarisierung mit

sozial benachteiligten Bevölkerungsgruppen und einem steigenden Konkurrenzdruck in den Mühlen des Marktgeschehens sehe. Damit korrespondiert eine Transformation, die sowohl die individuelle Lebenssituation als auch die Gesellschaft „einzig in psychologischen Kategorien" (Sennett 2008, 585) zu erfassen und zu bewerten sucht. Die Ursachen sozialer Ungleichheit werden weitgehend nicht den ökonomischen Strukturen eines neoliberal-kapitalistischen Akkumulationsregimes und dessen Regulationsweisen zugerechnet, sondern als Folge des unterschiedlichen Gebrauchs von Freiheit und als Produkt des individuellen Willens interpretiert (vgl. Pieper 2003, 140). So beteiligen sich die Individuen weitgehend an dieser „Tyrannei der Intimität" (vgl. Sennett 2008) und wirken bei den „Deformationen" (ebd. 585) ihrer eigenen (mitunter Leid erzeugenden) Gesellschaft mit. Ich stimme Richard Sennett zu, wenn er sagt, dass frau „das Wechselverhältnis zwischen verstärkter Introspektion und nachlassender sozialer Anteilnahme [...] leicht als psychologisches Problem mißverstehen" (Sennett 2008, 37) könnte. Meines Erachtens ist dieses Phänomen mit den neoliberalen Regierungsstrategien zu erklären, die zu einer Subjektivierungsform zwingen, die zunehmend mehr Leid erzeugt.

Die Psychologisierung des gesamten gesellschaftspolitischen Bereiches lässt den Verdacht aufkommen, dass die psychotherapeutische Arbeit am Selbst in neoliberalen Zeiten zum vermeintlichen Allheilmittel für alles und jedes mutiert. Psychotherapie ist so gesehen nicht mehr *eine,* sondern *die* Lösung für sämtliche, die Menschen betreffenden Angelegenheiten. Es scheint so, als hätte sich mit dem „Niedergang [...] der großen Spekulations- und Emanzipationserzählungen" (Lyotard 2012, 99) der Aufklärung, des Sozialismus und der pastoralen Narrative, eine neue Meta-Erzählung Geltung verschafft, die sich als schwesterliche Zweieinigkeit von Neoliberalismus und der Versenkung in sich selbst – (auch) mittels Psychotherapie – offenbart. In dieser Sphäre soll nun die Befreiung oder Emanzipation des individuellen Selbst erfolgen ...

Und dennoch will ich am Ende dieses Kapitels behaupten, dass Psychotherapeutinnen in ihrer alltäglichen Arbeit durchaus wahrnehmen, wie sich die aktuellen politischen Verhältnisse sowohl in den Leidenszuständen als auch in den Selbstoptimierungswünschen der Klientinnen spiegeln. Dies wird von kritischen Stimmen bestätigt (vgl. Keupp 2009). Was allerdings meines Erachtens vermieden wird, ist die Auseinandersetzung mit der eigenen Verstrickung innerhalb des neoliberalen Systems. Mag sein, dass dieses Phänomen mit der zunehmenden Konkurrenzsituation innerhalb der psychotherapeutischen Profession selbst zu tun hat. Letztlich sind niedergelassene Psychotherapeutinnen Unternehmerinnen auf einem (Ausbildungs-)Markt, der nicht nur immer mehr Klientinnen, sondern auch immer mehr Kolleginnen hervorbringt. Das erschwert die Selbstkritik erheblich.

Gerade deshalb ist die Psychotherapie gefordert, über den eigenen Tellerrand hinauszublicken und aktiv Gesellschaftskritik zu üben. Andernfalls mündet das – wie ich versucht habe aufzuzeigen – Wechselverhältnis von Psychotherapie und neoliberaler

Gouvernementalität auf weiten Strecken in der „Perfektion einer Politik, die sich Politik erspart“ (Castel et al. 1982, 318). – Das ist ein äußerst beunruhigender Gedanke.

Conclusio IV und Ausblick

Im vierten Abschnitt habe ich, nach der Darstellung ihrer österreichischen Einbettung, die Psychotherapie einer Definition zugeführt, indem ich sie im Sinne Foucaults als „Führen der Führungen“ (DSdM 255) konkretisiert habe. Dadurch wurde der Blick für eine machttheoretische Untersuchung innerhalb neoliberaler Verhältnisse geöffnet. Dort habe ich die produktive Seite psycho-

therapeutischer Macht nachvollzogen, die sich sowohl in der beständigen diskursiven Erzeugung des Psychischen als auch in ihrer zunehmenden Deutungshoheit offenbart, sodass es tatsächlich den Anschein hat, als ob Psychotherapeutinnen zu Autoritäten würden, deren Aufgabe es wäre – so hat es eine Kollegin tatsächlich einmal formuliert (!) –, „den Menschen zu zeigen, wie man leben soll“. Ebenso wurde der repressive Anteil psychotherapeutischer Macht am Beispiel der verpflichtenden Psychotherapie für den Bezug des Rehabilitationsgeldes aufgezeigt und damit ihre kontrollierende und disziplinierende Dienstbarmachung kenntlich gemacht.

Es sollte deutlich geworden sein, dass sich die psychotherapeutische Fokussierung auf die Einzelne und deren individuell transformierbares und entwicklungsfähiges Potential für die neoliberalen Paradigmen der Freiheit und der Selbstverantwortung als besonders anschlussfähig erweisen. Gerade weil psychotherapeutisches Handeln kein krankheitswertiges Geschehen verlangt, sondern ebenso als Selbstfindungs- oder Entwicklungsprozess genützt werden kann, lässt sie sich nicht jenseits der aktuellen Anreizsysteme zur Selbstoptimierung positionieren. Sie steht nicht außerhalb der neoliberalen Machtverhältnissen oder ihnen gegenüber.

So sie das bestreitet, stellt dies „möglicherweise nur die tückischste List der Macht dar“ (Butler 1993, 36).

Als Lösungsimperativ sämtlicher menschlicher Problemlagen lässt sich die Psychotherapie – der Foucaultschen Machtanalytik folgend – als neoliberale Machttechnik lesen, die die Menschen zur geforderten Seinsweise der Selbstregierung sowohl auffordert als auch dabei unterstützt. Sie trägt derart unmittelbar zur neoliberalen Subjektivierung bei und reiht sich in das herrschende Machtdispositiv ein. Damit kann die Psychotherapie in einem Kooperationsverhältnis mit dem Neoliberalismus bestimmt werden, das sich innerhalb der Logik dessen befindet, das von soziologischer Seite als „Ökonomisierung des Sozialen“ (Bröckling et al. 2000) identifiziert wird. Insofern evoziert die Psychotherapie durch die Arbeit am Selbst weitgehend eine „[g]esteigerte Tauglichkeit“ (Bröckling 2015), die zugleich eine „vertiefte Unterwerfung“ (ebd.) unter das neoliberale Regime bedeutet. Anders formuliert: Der Verschmelzung des neoliberalen Regimes mit der Psychotherapie gelingt es in einzigartiger Weise, dass die Arbeit am Selbst zu einer Herrschaftstechnik mutiert, die als autonome, selbstgewählte Gestaltung des Lebens erscheint, sich aber letztlich als freiwillige Unterwerfung unter die neoliberalen Imperative entpuppt.

Am Ende dieses Abschnittes zeigt sich einmal mehr, dass jede Form des Selbstbezuges und der Selbstthematisierung – also kurz jede Technik des Selbst – mit den politischen und ökonomischen Bedingungen ihrer Zeit verwoben ist. Das soll mit den Worten Foucaults noch einmal betont werden: „Über diese Verzahnung von Machtwirklichkeit und Wissensgegenstand hat man verschiedene Begriffe und Untersuchungsbereiche konstruiert: Psyche, Subjektivität, Persönlichkeit, Bewußtsein, Gewissen usw.; man hat darauf wissenschaftliche Techniken und Diskurse gebaut“ (ÜS 42).

Mit dieser machtanalytischen Untersuchung können sowohl die Psychotherapie in ihrer heutigen Praxis als auch die unzähligen anderen aktuell angebotenen Hilfs- und Unterstützungsmöglichkeiten, die auf die individuelle Transformationsfähigkeit bauen, nicht als Reaktion oder Antwort auf den Neoliberalismus gelten, sondern vielmehr als eine machtvolle „Triebkraft“ (Ribolits 2007, 28) seines Funktionierens. Um es anders zu formulieren: Genauso wie sich die Formierung der Psyche nicht aus dem entstehenden Kapitalismus herausschälen lässt, sind nicht hier die Psychotherapie und dort die neoliberalen Verhältnisse zu verorten. Ganz im Gegenteil muss festgehalten werden, dass sich die Psychotherapie und der Neoliberalismus in einer unentwirrbaren Liaison befinden.

Die Macht der Psychotherapie, die in neoliberalen Zeiten besonders eklatant zutage tritt, ist damit „am Tisch“.

Daher lässt sich eine „Ohnmachtsfalle“ (vgl. Keupp, 2013) der im psycho-logischen Feld Tätigen beim besten Willen nicht erkennen. Vielmehr orte ich eine sich beständig erweiternde Macht der Psy-Professionen insgesamt, die sich immer fester und erfolgreicher mit den neoliberalen Denk- und Seinsweisen verknoten kann. Möglicherweise aber lässt sich von einer *Falle vermeintlicher Ohnmacht* sprechen, die im Berufsfeld der Psychotherapie kaum zur Kenntnis genommen wird. Die Falle orte ich darin, dass das Gefühl der Ohnmacht als Fiktion fungiert, um die eigene Macht zu verschleiern und eine „unschuldige“ Mitarbeit zu ermöglichen. Durch die Verschmelzung mit den neoliberalen Paradigmen der Selbstsorge, Selbstverantwortung und Selbstaktivierung können die eigene machtvolle Position und die (mit Sicherheit vorhandene) Gesellschaftskritik nur schwer gedanklich zusammengeführt werden. Dadurch entgeht der Psychotherapie eine gesellschaftskritische Kampfposition.

Gerade weil jeder Dienst am Individuum – so auch die Psychotherapie – immer mit einem Dienst an der Gesellschaft verbunden ist, müssen sich die dringend notwendigen psycho-logischen „Einmischungen“ (vgl. Keupp 2013) mit aktuellen Machtverhältnissen auseinandersetzen. Wirkungsvoll und glaubwürdig können sie meines Erachtens aber nur dann sein, wenn sie sowohl ihre eigenen Verstrickungen als auch ihren Profit (!) in und von den machtvollen gesellschaftspolitischen Strukturen reflektieren und thematisieren. Diesem Anspruch bin ich mit dem bisher Gedachten soweit als möglich gefolgt, indem ich die aktuellen neoliberalen Machtformationen aufgezeigt habe, und zwar „wo sie zu finden sind, wo sie ansetzen und mit welchen Methoden sie arbeiten“ (SuM 273). Dass die Psychotherapie hier eine gewichtige Rolle spielt, sollte deutlich geworden sein.

Insofern stellt sich an diesem Punkt des bisher vollzogenen Denkprozesses die polemische Frage, für welche Machtverhältnisse die Psychotherapie eigentlich tätig ist? Eine gesellschaftspolitische Situation, die jede dazu anhält, sich einer permanenten physischen und psychischen Selbstoptimierung zu unterziehen, um konkurrenzfähig und produktiv zu bleiben, das individuelle Sein unter das Postulat der Selbstverantwortung mit allen Risiken und strukturellen Hürden zu stellen, weil irgendwo in der jeweiligen Psyche bereits die Lösung oder irgendein rettender Anker gefunden werden könnte, der als treibende Kraft alle diese Aufgaben zu meistern vermag? Wirft die Psychotherapie die Individuen damit – nicht nur, aber eben auch – auf sich selbst zurück, wenn auch mit spezifischer An- oder Begleitung? Etwa so wie die neoliberale Regierungskunst sie in einer Weise sich selbst überlässt, „dass sie frei sind, eben das zu tun, was ihnen auferlegt wurde“ (Krasmann 2000, 201)?

Innerhalb neoliberaler Gouvernementalität können die Einzelnen nicht wählen, frei zu sein – sie sind gezwungen, oder werden zumindest dazu gedrängt, frei zu sei. Aber bitte in der richtigen Art und Weise! Die Freiheit soll genutzt und eingesetzt werden, damit sie in erster Linie der Marktkonformität dienstbar wird. Insofern muss meines Erachtens von psychotherapeutischer Seite gefragt werden: „Wohin behandeln und rehabilitieren wir in dieser Situation" (Hermer 1995, 32)?

An diesem Kreuzungspunkt von individuellem Freiheitszugewinn durch einen psychotherapeutischen Prozess und der neoliberalen Nutzbarmachung dieses Profits – um es hier mit den Metaphern der Ökonomie zu sagen – orte ich das ambivalente Spannungsfeld, in dem sich die Psychotherapie befindet. Mit anderen Worten: „Psychologie und Therapie sind eingeklemmt in den Widersprüchen zwischen der Stärkung individueller Glücksansprüche gegen herrschaftliche Anforderungen und marktförmige Zumutungen" (Paternoga 2013, 140). Das heißt, indem die

Psychotherapie den Einzelnen in ihrer Selbstführung hilfreich zur Seite steht, läuft sie gleichzeitig Gefahr, diese für die neoliberale Hegemonie zuzurichten – selbige somit zu stützen.

Falls sich die Psychotherapie mit den Rollen einer punktuellen Krisenfeuerwehr und/oder einer neoliberalen Selbstoptimierungstechnik nicht zufrieden geben will, sondern einen politischen Anspruch – im Sinne emanzipatorischer Bestrebungen – erhebt, erscheint es wenig zielführend, den weiteren Ausbau psychotherapeutischer Versorgung wie ein Mantra beständig zu wiederholen und einzufordern. Ausschließlich nach mehr finanziellen Ressourcen zu rufen ist vielmehr dazu geeignet, die psycho-logische (Deutungs-)Macht auszubauen und sich parallel dazu weiterhin innerhalb der neoliberalen Logik zu bewegen. Diese Vorgehensweise würde aus meiner Sicht das neoliberale Regime weiter stützen und beflügeln. Mit Matthias Hermer gesprochen, steht damit „zu befürchten, daß in einer auf Konkurrenz und Eigennutz gegründeten Gesellschaft nicht nur berufsmäßige Therapeuten, sondern auch die Mitmenschen überfordert sind, ein der seelischen Gesundheit zuträgliches Klima zu schaffen, solange sie nicht *auch und vor allem* diese beeinträchtigenden Grundlagen verändern." (1995, 31 [Kurs. A.G.])

In diesem Sinne ist zu fragen, was die Psychotherapie zu einer so verstandenen Veränderung beitragen kann.

Mit dem Foucaultschen Machtverständnis ist die Psychotherapie meiner Einschätzung nach nicht gänzlich in den neoliberalen Verhältnissen und Strukturen gefangen. Gerade weil sie aktuell an politischem Einfluss gewinnt, hat sie die Chance, zu einem Organ der „Kulturkritik" (Thürmer-Rohr 1986, 113) zu werden. Wenn sie Macht als „Vielfältigkeit von Kräfteverhältnissen" (WzW 93) akzeptiert, kann sie Deutungs- und Kampffelder[79] als Apriori denken und innerhalb dieser ihre politischen Möglichkeiten ausloten. Foucault sagt: „Mit einer Regierung zu arbeiten bedeutet weder Unterwerfung noch globale Zustimmung. Man kann
zugleich arbeiten und Widerstand leisten. Ich denke, beides geht zusammen" (Iwd 221).

Der Fragestellung, was dies für die Psychotherapie bedeuten könnte, widmet sich der folgende Abschnitt. Er ist, das muss explizit betont werden, als Versuch zu verstehen, der sich einem „Denken ohne Geländer" (vgl. Arendt 2014a) verschrieben hat. Das bedeutet nicht weniger, als die als selbstverständlich geltenden psychotherapeutischen Wissenspfade zu überschreiten. Die angestellten Überlegungen sind dem risikoreichen Unterfangen ausgesetzt, sich auf ungesicherten und ungeschützten und damit auf gefährlichen Denkwegen durchschlagen zu müssen. – Nicht wissend, ob potentielles Neuland überhaupt (er-)funden werden kann.

79 Die Psychotherapie ist seit jeher damit konfrontiert, dass das weite Feld des Psychischen ein umkämpftes Terrain darstellt. Wer kennt nicht die Deutungs- und Interpretationskämpfe innerhalb des psychotherapeutischen Feldes selbst sowie die der Psy-Professionen, Psychologie, Psychiatrie und Psychotherapie untereinander, die bis in die benachbarten Disziplinen der Human- und Sozialwissenschaften reichen?

Die Rückkehr der Politik in den psychotherapeutischen Diskurs – ein Versuch

„Therapie als ‚Kulturkritik' ist nicht nur eine Reparaturwerkstatt für akute Störungen und Fehler, nicht ein punktuelles Krisenprogramm; denn das ganze Leben ist akut gestört. […] Therapien wollen so auch nicht nur Fürsorgestationen seelischen Elends sein, sondern Aufklärungsräume, Gegenentwürfe, Kritikentwürfe."
Christina Thürmer-Rohr 1986, 113

Das letzte Kapitel verfolgt nun das Ziel, aus meinem Unbehagen in der Psychotherapie eine neue, verschobene und erweiterte Konzeption psychotherapeutischen Denkens und Handelns zu entfalten. Es handelt sich um das Wagnis, den psychotherapeutischen Diskurs dazu einzuladen, dem politischen Aspekt seines Tuns einen gewichtigeren Stellenwert einzuräumen, als dies aktuell der Fall ist. Meine Analyse, dass die Psychotherapie nicht außerhalb neoliberaler (De-)Regulierungen zu verorten ist, gibt meines Erachtens genug Anlass, eine Modifizierung anzuregen.

Tatsächlich ist das Zusammendenken der Psychotherapie mit den neoliberalen Ideologien und ihren politischen Verhältnissen eine unterbelichtete Thematik in der Community. Sollte es sich dennoch Platz verschaffen, dann nur in der Weise, dass kolportiert wird, es bräuchte gerade in diesen Zeiten dringend mehr psychotherapeutische Behandlung, sprich: mehr finanzielle Mittel.

Damit versucht sich die Psychotherapie[80] außerhalb der aktuellen Machtverhältnisse zu positionieren, mit denen sie nur insofern etwas zu tun habe, als sie bei Bedarf zu Hilfe eile. Bereits in der Einleitung habe ich auf diesen einseitigen Fokus hingewiesen und deshalb mit meiner polemischen Analyse, speziell im vierten Kapitel, deutlich gemacht, dass diese Sichtweise machttheoretisch ganz und gar unhaltbar ist.

Stattdessen habe ich die Verstrickung der Psychotherapie mit der „globalen Erlösungsstrategie" (Steinfeld 2012, 200) des Neoliberalismus herausgearbeitet, sodass sie sich tatsächlich in einem Argumentationsnotstand befindet, wenn sie so etwas wie Emanzipation behaupten möchte.

Emanzipation selbst ist aktuell im psychotherapeutischen Diskurs kaum ein Thema. Im kollegialen Gespräch wird, die Psychotherapie beschreibend, vorwiegend von Behandlung gesprochen, während auf den psychotherapieanbietenden Homepages der Schwerpunkt auf den Aspekten der Entfaltung, der Weiterentwicklung und des Wachstums liegt. Die verbale Betonung der Behandlung erklärt sich aus der berufspolitischen Bestrebung, sich als eigenständige heilbehandelnde Fachrichtung zu behaupten. Dies ist mit der ambivalenten Anstrengung verbunden, sich einerseits gegenüber dem medizinischen Metier zu positionieren und andererseits gerade auch mit diesem in Kooperation zu bestehen. Die in den psychotherapieeinladenden Homepages verwendeten Begrifflichkeiten des Wachstums und der Entfaltung hingegen las-

80 Wenn ich im folgenden Abschnitt die Psychotherapie in personifizierter Form zu Wort kommen lasse oder bezeichne, dann tue ich dies deshalb, weil sie ein vielschichtiges heterogenes Feld darstellt, das von unterschiedlichen Personen konzipiert wurde und wird und auch nur durch dieses produzierte Wissen und die dort tätigen Psychotherapeutinnen ihre Wirkkraft zu entfalten vermag.

sen sich als hegemoniale Anrufungen lesen, sich innerhalb gegebener neoliberaler Verhältnisse zu modifizieren und zu optimieren. Der emanzipatorische Aspekt der Psychotherapie scheint tatsächlich „in Vergessenheit geraten zu sein“ (Ertler 1994, 189).

Es ist zu vermuten, dass dieses Vergessen der Grund ist, weshalb sich die Psychotherapie kaum als grundlegend politisch, im Sinne des Gesellschaft-Gestaltens, versteht. Das ist insofern erstaunlich, als gerade sie ein Ort ist, an dem emanzipatorische Prozesse von internalisierten Normen und Werten stattfinden können. Diese Normen und Werte, mit denen sich die Einzelne im psychotherapeutischen Prozess auseinandersetzt und von denen

sie sich mitunter zu emanzipieren strebt, schweben nicht in einem machtfreien oder einem unpolitischen Raum. Sie sind vielmehr verwoben mit der politischen, spezifisch historischen Situation einer Gesellschaft, der sowohl das hilfesuchende Subjekt als auch die Psychotherapeutin angehören.

Sigmund Freud selbst hat den Zusammenhang der gesellschaftspolitischen Verhältnisse mit den Befindlichkeiten und Leiden der Individuen noch erfasst und mit dem bekannten Terminus „Das Unbehagen in der Kultur“ (Freud 1989 [1930], 191) auf den Punkt gebracht.[81] In der weiteren Entwicklung und Ausdifferenzierung psychotherapeutischer Theorien und Methoden ist dieser Zusammenhang, der letztlich auf die politische Dimension psychotherapeutischen Handelns verweist, beinahe völlig verschwunden. Es ist derjenige ausgeblendete Aspekt, der bereits vor bald 40 Jahren als „soziale Amnesie“ (vgl. Jacoby 1978) bezeichnet wurde.

81 Dies ist anzuerkennen, selbst wenn ihm in diesem Denkzusammenhang eine erhebliche Geschlechterblindheit attestiert werden muss. Heute ist weitgehend bekannt, dass „das, was Freud der Biologie zuschrieb, durch die ‚Kultur‘ bedingt ist“ (Jacoby 1978, 24).

Betont werden muss deshalb abermals, dass es keinen Raum menschlicher Existenz jenseits der Macht gibt, weshalb auch keine Sphäre zu finden ist, die jenseits des Politischen angesiedelt ist. Der Feminismus hat deutlich gemacht, dass das Private politisch ist. Selbiges gilt für den „Gegenstand“ der Psychotherapie, also die vermeintlich private Psyche. Auch sie steht dem Politischen nicht gegenüber. Ganz im Gegenteil: Sie ist selbst politisch.

Aus dieser machttheoretischen Perspektive sind die gesellschaftlichen Strukturen, deren Macht-Wissens-Komplexe mit ihren eingeschriebenen Normen und Werten sowie zumindest zwei Subjekte, die aus dieser historisch gesellschaftspolitischen Situation erwachsen, zwangsläufige Themen jeder Psychotherapie – selbst dann, wenn sie sprachlich keinen Ausdruck finden. Obwohl also im psychotherapeutischen Setting die Gesellschaft nicht in ihrer Gesamtheit anwesend ist, oder besser sein kann, so ist sie dennoch gerade *durch* die beteiligten Personen (Klientin, Psychotherapeutin) immer mit dabei. Insofern ist die Psychotherapie ein Raum, indem das Gesellschaftliche nie außerhalb liegen kann. Sie ist eine gelebte Praxis, ein Ausdruck dieser Gesellschaft und ihrer Machtverhältnisse. Denn als „Führen der Führungen“ (DSdM 255) verstanden, bietet die Psychotherapie den Subjekten Deutungsmuster an, die ein mehr oder weniger erwartbares Handeln evozieren sollen.

Die Psychotherapie lässt sich deshalb als ein politisches Ereignis verstehen, in dem Auseinandersetzungen, Reflexionen und Kämpfe verhandelt werden, die von der Frage nach den Möglichkeiten menschlichen Seins in genau diesen historisch spezifischen Machtverhältnissen begleitet sind. Weil „alle soziale Organisation [...] Politik [ist]“ (Hare-Mustin 1991, 10), trifft das also auch auf das psychotherapeutische Setting zu. Mit anderen Worten: „Psychotherapie ist Politik oder sie ist nicht Psychotherapie“ (Schmid 2007).

Wenn die Psychotherapie nun – als „politisches Objekt" (vgl. LNOVL 125) – emanzipatorisch sein möchte, kommt sie nicht umhin, sich mit den Machtverhältnissen ihrer Zeit auseinanderzusetzen. So sie das verabsäumt, kann sie nicht emanzipatorisch sein, weil sie selbst per se ein politisches Moment darstellt.

In diesem Sinne ist zu fragen, ob die Psychotherapie eine emanzipatorische Bewegung aus den neoliberalen Verhältnissen, die in einem derartigen Ausmaß Leidenszustände produziert, ermöglichen kann. Ich stelle im letzten Abschnitt also zur Disposition, ob die Psychotherapie als Steigbügelhalterin der Ermächtigung fungieren kann, die den neoliberalen Verhältnissen, mit denen sie selbst auf beinahe undurchdringliche Weise verknotet ist, etwas entgegenzusetzen vermag. Kann sie so etwas wie ein „Gegen-Verhalten" (Kastner 2008, 39) bekräftigen, vielleicht sogar anstacheln? – Und das, ohne die Klientinnen ans Messer zu liefern (vgl. Klar 2006)?

Für diese Auseinandersetzung wird zuerst das emanzipatorische Potential aus dem Foucaultschen Denken destilliert, um es dann mit der Psychotherapie zu verbinden. Anschließend soll ein erweitertes Verständnis psychotherapeutischen Handelns entfaltet werden, das seiner immanenten politischen Dimension Rechnung trägt. Den Abschluss macht ein Seitenblick auf die Berufspolitik, die, wenn sie nicht gänzlich in den neoliberalen Strukturen aufgehen will, einen Kurswechsel wird vollziehen müssen.

Mit Foucault Emanzipation denken

> *„Wer kann ich in einer Welt werden, in der die Bedeutungen und Grenzen des Subjektseins für mich schon festgelegt sind?"*
>
> Judith Butler 2013, 9

Aus dem römischen Recht abgeleitet, bezeichnet der Begriff *emancipatio* ursprünglich die Entlassung des Sohnes aus der väter-

lichen Verfügungsgewalt, ebenso wie die Entlassung eines Sklaven in die Freiheit. So verstanden ist Emanzipation ein „herrschaftlicher Akt" (Birkle et al. 2012, 8), der einer klaren hierarchischen Ordnung folgt. Mit der Aufklärung ändert sich die Vorstellung von Emanzipation radikal, wird doch der Mensch nun als vernunftbegabtes Wesen bestimmt. Damit dient als Apriori, dass jeder (!) grundsätzlich mit der Fähigkeit ausgestattet sei, das eigene Leben selbst zu bestimmen und zu gestalten. Faktoren wie Mündigkeit, Autonomie und Selbstbestimmung dienen als zentrale Bezugspunkte emanzipatorischer Kämpfe. Dieses Emanzipationsverständnis ist in Verbindung mit den Gleichheits- und Gerechtigkeitskämpfen dieser Zeit zu lesen. Mit der Moderne individuali-
siert sich die Idee der Emanzipation weiter. Nun kann und soll jeder (!) selbst aktiv werden und die eigene Emanzipation im Sinne einer Selbstbefreiung vorantreiben. Damit verschafft sich ein Subjektverständnis Geltung, das sich in ganz fundamentaler Weise der Freiheit als prominentes „Kulturprodukt" (Hardt 2012, 49) verschreibt. Die Freiheit mutiert im Voranschreiten der Geschichte zum Dreh und Angelpunkt modernen Regierens.

Die beiden Ausrufezeichen im letzten Absatz sind der Tatsache geschuldet, dass diese Emanzipationskonzepte nicht an alle Menschen in gleicher Weise adressiert waren. Vielmehr richteten sie sich ausschließlich an Männer. Im Zuge der französischen Revolution wurde dies besonders deutlich, meinte die erste Menschenrechtserklärung Europas doch letztlich nur männliche Menschen. Das hat Olympe de Gouges in ihrer *Erklärung der Rechte der Frau und Bürgerin* (Gouges 2010 [1791]) als eine der ersten aufgezeigt.[82] Emanzipation als Befreiungs- und Gerechtigkeitsprojekt

82 Ihr Engagement für die Gleichberechtigung und Gleichstellung von Frauen hat sie mit dem Leben bezahlt.

ist also lange Zeit ausschließlich dem männlichen Teil der Bevölkerung vorbehalten.

Dies ändert sich im 19. Jahrhundert. Nun avanciert Emanzipation zu einem politischen Kampfbegriff der schwarzen Bevölkerung Amerikas, der jüdischen Gesellschaftsmitglieder und der Frauen.[83] Zentrales Ziel aller dieser Befreiungskämpfe ist die Gleichstellung innerhalb der gesetzlichen Rechtsordnung.

Mittlerweile sind Emanzipationsprojekte, die auf bestimmten Eigenschaften wie Geschlecht, Hautfarbe oder Religion gründen, zu Recht in Verruf geraten. Die unhinterfragte Voraussetzung normativer Grundlagen des nach Emanzipation strebenden Subjekts hat immer Ausschlüsse und Diskriminierungen hervorgebracht und dadurch hegemoniale Machtverhältnisse (re-)produziert.[84] Dies konnten kritische Arbeiten feministischer und postkolonialer Provenienz herausarbeiten und zeigen, „dass das aufklärerische Verständnis von Emanzipation als Befreiung des Subjekts aus Abhängigkeit und Unmündigkeit eine eurozentrisch-patriarchale Perspektive impliziert" (Meißner 2010, 9).

83 Mit der ersten Frauenbewegung beginnen Emanzipationskämpfe, die die Versprechen der Aufklärung nach Selbstbestimmung auch für den weiblichen Teil der Bevölkerung einfordern. Von Beginn an wird klar, dass das „Unbehagen in der Kultur" (Freud 1989, 191 [1930]) für viele Frauen ein „Leiden an Geschlecht" (Rau 2010, 220) bedeutet, weil das Einlösen des Individualisierungsversprechens der Moderne verunmöglicht wird. Der emanzipatorische Kampf der Frauen zeigt auf, dass der bürgerlichen, kapitalistischen Gesellschaft eine geschlechterhierarchische Asymmetrie von materiellen und symbolischen Ressourcen immanent ist. Diesem Ungleichgewicht an realen Lebensmöglichkeiten liegt ein Leiden zugrunde, dass von vielen zu einer Leidenschaft mutiert, sich für Frauenemanzipationskämpfe stark zu machen.

84 Diese Ausschlussmechanismen werden in Frauenbewegungen von Anbeginn an thematisiert und haben mit Judith Butlers Philosophie einen vorläufigen Höhepunkt erreicht (vgl. Exkurs: Identität Frau).

Michel Foucault selbst propagiert keinen spezifischen Plan oder eine Anleitung für emanzipatorisches Handeln. Aber – und das ist zentral – er bringt das Subjekt immer wieder in Verbindung mit Ideen der Befreiung und der Freiheit: „Machtbeziehung und Widerspenstigkeit der Freiheit lassen sich [...] nicht voneinander trennen" (SuM 287). Sowohl sein Verständnis des Subjekts als auch das der Freiheit sind „untrennbar" (Aigner 2012, 7) miteinander verbunden. Mit Foucault über Emanzipation nachzudenken bedeutet also unweigerlich, den Weg über die Auseinandersetzung mit dem Subjekt zu nehmen.

Wie im Theorieteil dieser Arbeit bereits thematisiert, gibt es mit Foucaults Denken keine endgültige Definition des Subjekts. Ebenso wenig lässt sich eine letztgültige, universale oder überhistorische Bestimmung von Emanzipation ausmachen, weil die bestimmenden Diskurse – so auch das Verständnis dieser spezifischen Begrifflichkeiten – in die historischen Machtverhältnisse eingebettet sind. Insofern wird festgehalten, dass sich die Frage nach der Art und Weise emanzipatorischer Bestrebungen genau an diesen jeweils herrschenden Machtverhältnissen mit ihren spezifischen Begrenzungen und Möglichkeiten orientieren müsse. Um Emanzipation zu denken, braucht es deshalb „ein geschichtliches Bewusstsein der Situation, in der wir leben" (SuM 271), ein Gewahr-Werden, eine kritische Reflexion der aktuellen Gegebenheiten. Wie sich diese aktuell darstellen, habe ich im ersten und im Zusammenspiel mit der Psychotherapie im vierten Kapitel deutlich gemacht.

Wenn nun sowohl das Subjektverständnis als auch die Idee von Emanzipation nicht außerhalb von historisch spezifischen Macht-Wissens-Komplexen zu denken sind, handelt es sich bei beiden um sozial verhandelbare Entitäten. Subjekt und Emanzipation sind so verstanden umkämpfte, zirkulär miteinander verschränkte Kategorien.

Für die Auseinandersetzung mit einer emanzipatorischen Psychotherapie ist es daher lohnend, sich dem Subjektverständnis Foucaultscher Prägung noch einmal kurz zuzuwenden. Dies zumindest aus zwei Gründen. Zum einen ist die Psychotherapie unweigerlich mit der Frage nach dem Selbst oder dem Subjekt konfrontiert: Was „ist dieses Subjekt, was ist dieser Punkt, auf den sich die reflexive Tätigkeit hin ausrichten soll? Was ist diese reflektierte Tätigkeit, die sich vom Individuum auf es selbst zurückwendet? Was ist dieses Selbst?" (Foucault, zit. n. Rau 2010, 83) Es handelt sich also um die Frage, welchem Subjektverständnis die Psychotherapie folgt. Zum anderen war Foucault immer wieder

mit dem Vorwurf konfrontiert, den „Tod des Subjekts" (vgl. Sarasin 2008, 74) zu proklamieren und ihm damit jedweder Handlungsfähigkeit zu berauben. Diese Einschätzung hat er aufs Schärfste zurückgewiesen und mit Aussagen wie folgender zu klären beziehungsweise zurechtzurücken versucht: „Wenn es aber einen Weg gibt, den ich ablehne, dann ist es der [...], der dem beobachtenden Subjekt absolute Priorität einräumt, der einem Handeln eine grundlegende Rolle zuschreibt, der seinen eigenen Standpunkt an den Ursprung aller Historizität stellt [...]" (DOD 15). Er weist also die Denkfigur eines Subjekts zurück, das als Ausgangspunkt oder ursprünglicher Letztbezug Bestand haben könnte. Er kritisiert das „Primat des Subjekts" (GmD 77).

Diese Zurückweisung und diese Kritik erklären sich aus seinem spezifischen Geschichtsverständnis, das Sinn, Bedeutung und Wissen explizit epochenspezifisch denkt. Damit ist das Subjekt zu jeder Zeit ausschließlich in seiner Geschichtlichkeit und seiner Eingebundenheit in gesellschaftliche Lebensverhältnisse zu verstehen. Es gibt keine „ahistorische Essenz" (Brieler 2008, 33) des Subjekts oder eine „archetypische, phylogenetisch unwandelbare Menschen-‚Natur'" (Hermer (1995, 38), die als universale ontologische Wahrheit herhalten könnten. Die weitgehend hegemoniale

Vorstellung einer naturhaften, präsozialen menschlichen Ontologie lässt sich vielmehr als politisches Produkt bestimmen. Dieses der Natur zugeordnete Subjekt ist möglicherweise „sogar am politischsten, wenn es behauptet, der Politik selbst vorgängig zu sein" (Butler 1993, 46). Insofern ist diese Natur eine wirkmächtige Konstruktion, die immer schon als Ausdruck der Macht zu verstehen ist.

Entsprechend diesem Denken existiert kein der Fortschrittslogik folgendes Wissen vom Menschen. Vielmehr sind das Wissen und die Wahrheit den spezifischen Ereignissen im Verlauf der Geschichte geschuldet. So ist auch Foucaults radikale These zu verstehen, dass die Humanwissenschaften die Menschen nicht nur beforscht und untersucht hätten, sondern seit dem Ende des 18. Jahrhunderts ganz wesentlich erst in ihrer heutigen Vorstellung erzeugt haben und erzeugen. Davor – schreibt Foucault – „existierte der *Mensch* nicht. [...] es gab kein erkenntnistheoretisches Bewußtsein vom Menschen als solchem. Die klassische *épistémè*[85] gliedert sich nach Linien, die in keiner Weise ein spezifisches eigenes Gebiet des Menschen isolieren" (DOD 373 [Kurs. i. Orig.]).

Diese genealogische Erkenntnis verweist auf die Produktivität der Macht, die das Subjekt in einer bestimmten historisch situierten Vorstellung erst hervorbringt. Foucault verunsichert damit fundamental die herrschenden Wahrheiten des Menschseins, die sich insbesondere durch die Etablierung der Humanwissenschaften Geltung verschaffen konnten. Demgegenüber konstatiert er ein äußerst instabiles, fragiles Konzept Mensch, das chaotischen und diskontinuierlichen Ereignissen geschuldet ist und deshalb als kontingentes Produkt der Gegenwart in Erscheinung tritt. Die

85 Mit dem griechischen Terminus *épistémè* bezeichnet Foucault „die historisch je spezifische Erkenntnislogik oder allgemeine Wissensordnung einer Epoche" (Sarasin 2008, 71).

Instabilität des Subjekts ist derart massiv, dass es verschwinden könnte „wie am Meeresufer ein Gesicht aus Sand" (DOD 462).

Es wird deutlich, dass es nie Foucaults Ziel war, das Subjekt der Vernichtung preiszugeben oder der Beliebigkeit zu überantworten. Vielmehr ist das werkimmanente Thema seiner Studien, die „Geschichte der *verschiedenen Formen* der Subjektivierung des Menschen in unserer Kultur" (SuM 269 [Kurs. A.G.]) nachvollziehbar zu machen. Der „frühe" Foucault erfasst diesen Prozess der Subjektivierung über den „Disziplinarblick" (ÜS 225), der sich durch die hierarchische Überwachung, die normierende Sanktion und die Prüfung vollzieht. Im Voranschreiten seiner Studien erweitert er seine Theorie um die Facette der Gouvernementalität, die die Technologien des Selbst als zentrale subjektformierende Elemente miteinschließt. Gerade die Technologien des Selbst, zu denen die Psychotherapie zählt, sind Praktiken des Selbstbezuges, die dem Subjekt in seiner Gesellschaft vorgegeben und nahegelegt werden. Durch den Einsatz dieser Techniken, die das Subjekt konstituieren – aber nicht determinieren –, hat es die Möglichkeit sich diesen gegenüber zu verhalten. Das bedeutet auch die Option, an diesen Formen der Subjektivierung Kritik zu üben und/oder sich ihnen entgegenzustellen.

Mit diesen Überlegungen weist Foucault auf die grundsätzliche Veränderlichkeit des Subjektverständnisses hin, also auf die Möglichkeit eines anderen Subjekt-Seins. Sein Denken eröffnet einen Raum, der auch ganz andere Vorstellungen zulässt. Allerdings sind diese Vorstellungsoptionen nicht jenseits herrschender Diskurse zu finden. Hier ist in Erinnerung zu rufen, dass es die wirkmächtigen Diskurse sind, die das Wie des Menschseins nicht nur beschreiben, sondern vielmehr fortwährend erzeugen. Das epochenspezifische Wissen, sei es ein medizinisches, psycho-logisches oder psychotherapeutisches formt also das Subjekt als solches. Ebenso bemächtigt sich das Subjekt dieses Wissens und wirkt mit seiner Hilfe auf sich selbst ein.[86] Das Subjekt hat aber genauso die Option, sich zu diesen in seiner Kultur eingelassenen Formen der Subjektkonstituierung ins Verhältnis zu setzen. Gegebenenfalls sich auch gegen sie zu stellen, um „nicht auf diese Weise und um diesen Preis regiert zu werden" (WiK 12). Insofern ist es dem Subjekt gegeben, diesen in der Gesellschaft vorgefundenen Regierungskünsten „zu mißtrauen, sie abzulehnen, sie zu begrenzen und sie auf ihr Maß zurückzuführen, sie zu transformieren, ihnen zu entwischen oder sie immerhin zu verschieben zu suchen" (ebd.).

So gesehen spannt sich das Konfliktfeld der Emanzipation um die Frage nach der Wahrheit des Subjekts und seinen Freiheitsoptionen. Denn jede Einzelne ist durch ihr Begehren „Ich selbst sein zu können mit allen dem Leben innewohnenden Veränderungen" unmittelbar mit Definitionen, Deutungen und damit verknüpften Möglichkeiten und Einschränkungen innerhalb der historisch spezifischen Sozietät konfrontiert. Begleitet ist sie stets von der Frage: „*Wer* und *wie* kann ich sein, wenn die Welt, in die ich hineingeboren werde, bereits mit Bedeutungen aufgeladen ist, die ich anerkennen muss, um ein intelligibles, also ein sozial lesbares, Subjekt zu werden? Sind die Möglichkeiten meines Seins nicht

86 Innerhalb dieser Argumentationslinie ist auch Foucaults Kritik an der Praxis der Psychoanalyse zu verorten. Der Idee, qua Entzifferung des Selbst zu einer Befreiung zu gelangen, hält er entgegen, dass das psychoanalytische „Sprechen-Machen" (vgl. WzW 68) eine Fortführung des pastoralen Geständnisses – mit dem Begehren in seinem Zentrum – darstelle und in erster Linie der Selbstkontrolle der Subjekte diene. Foucault zollt der Psychoanalyse aber auch Anerkennung. Er räumt ihr innerhalb unseres Wissens sogar einen „privilegierten Platz" (DOD 447) ein, weil „sie an den Grenzen aller Erkenntnisse über den Menschen mit Sicherheit einen unerschöpflichen Schatz von Erfahrungen und Begriffen, aber vor allem ein ständiges Prinzip der Unruhe, des Infragestellens, der Kritik, des Bestreitens" (ebd.) hervorbringt.

bereits bestimmt, noch bevor ich in der Lage bin, mich dazu zu äußern oder mich ihnen kritisch gegenüberzustellen?"

Tatsächlich ist die Gesellschaft, in die das Individuum hineingeboren wird, bereits durch historisch spezifische Machtkonstellationen und deren Wissenskomplexe strukturiert. Ein Subjekt, also ein anerkanntes Mitglied dieser Gesellschaft zu werden, bedeutet deshalb die Annahme einer „diskursiv zur Verfügung gestellten Subjektposition" (vgl. Fritzsche/Hartmann 2007, 135). Die Formierung der Subjektivität lässt sich also nicht als autonome Entscheidung, sondern als ein „Platziertwerden in bereits bestehende Subjektpositionen" (Villa 2008, 152) oder als Herausforderung, sich in einem „vorgegebenen Identitätsgebäude einzurichten" (Keupp 2009, 3), verstehen. Insofern geht nicht das Subjekt dem Sozialen voran, sondern das Soziale dem Subjekt.

Ein intelligibles – also sozial lesbares – Subjekt zu werden ist damit einer grundlegenden Paradoxie unterworfen. Einerseits ist das Subjekt ein Effekt der Macht, weil es, um überhaupt intelligibel zu werden, die Parameter dieser Macht anerkennen muss. Oder, wie Judith Butler schreibt:

> „Soziale Kategorien bezeichnen zugleich Unterordnung und Existenz. Anders gesagt: im Rahmen der Subjektivation[87] ist Unterordnung der Preis der Existenz. Genau in diesem Moment, da die Wahl unmöglich ist, hält sich das Subjekt an die Unterordnung als Existenzversprechen" (2001, 25).

Andererseits sind diesen sozialen Kategorien, die das Subjekt intelligibel machen, in aktueller Historie Selbstreflexivität, Freiheit und Selbstsorge eingeschrieben, die es ihm ermöglichen, sich der Macht, von der es konstituiert wurde und wird, zu widersetzen. Insofern findet im Prozess der Unterwerfung durch Macht zugleich

87 Der von Butler verwendete Begriff der Subjektivation kann mit dem der Subjektivierung gleichgesetzt werden.

die Subjektwerdung statt. Die Entstehung des Subjekts und seine Unterwerfung fallen also in eins zusammen.

Somit ist auch das kritische Subjekt von derselben Macht hervorgebracht, die es kritisiert. Ein (kritisches) Subjekt zu werden ist also beides: Unterwerfung und Ermächtigung. Deshalb ist dem Subjekt eine spannungsreiche Paradoxie immanent: Es ist weder nur hilfloses oder gefügiges Opfer noch „ausschließlich eigensinniger Opponent" (Bröckling 2002, 177).

Obwohl Konzepte von Emanzipation ebenfalls nicht außerhalb der Macht zu finden sind, lassen sie sich genau an diesem Punkt festmachen, nämlich an den „Formen der Subjektivierung" (SuM 269). Mit der Darstellung der neoliberalen Subjektivierung habe ich aufgezeigt, wie die herrschende Vernunft, basierend auf der „Logik der Verwertung und der Konkurrenz" (Ribolits 2012, 51), aktuell nahelegt, wie das Leben geführt werden soll.[88]

Da sich das Subjekt durch gelebte Praxen, die auch die Psychotherapie einschließen, konstituiert, können emanzipatorische Bestrebungen, die über den Neoliberalismus hinausweisen wollen, „nur über den Weg einer Transformation des Subjekts" (Ribolits 2013) selbst führen. Dieses Subjekt sowie die mit ihm zirkulär verbundene Vorstellung desselben müssen sich gewissermaßen von den bisherigen Wahrheiten des Seins losreißen und zu einer veränderten Form finden. Erst durch das radikale Negieren oder Unterlaufen der geltenden Vernunft – so auch des mit ihr verknüpften psycho-logischen Wahrheitswissens – sowie durch die Erfindung neuer Verhaltensweisen, die sich nicht an anderen als an der herrschenden Vernunft orientieren, wächst so etwas wie eine neue Wahrheit heran (vgl. ebd.). Aus diesem neuen Wahrheitswissen

88 Das bedeutet nicht, dass dies von allen Subjekten so akzeptiert und gelebt wird.

können sich erweiterte, verschobene Möglichkeiten, Subjekt zu sein, formieren.

In diesem Sinne lässt sich Emanzipation als ein Konglomerat von Befreiungskämpfen denken, die andere Lebensformen und Existenzweisen anstreben. Das heißt, dass sich diese Kämpfe bestimmten Festlegungen und Einteilungen verweigern, die normieren, *wie* das Subjekt zu sein hat. Ein vernünftiges Subjekt ist aktuell eines, das den neoliberalen Imperativen (mehr oder weniger) folgt und sich in der herrschenden kapitalistischen Marktlogik einzurichten versucht. Weil die aktuell wirkmächtigen neoliberalen Strukturen zunehmend Leid evozieren, kann Emanzipation,

die diese Zustände zu verschieben oder zu durchbrechen trachtet, letztlich nur bedeuten, auf die Hervorbringung „neuer Subjektivitäten" (vgl. Brieler 2008, 29) hinzudrängen.

Dies kann mit der Zielsetzung verfolgt werden, die kapitalistische Logik und ihre neoliberale Zuspitzung zu überschreiten. Damit ist nicht gemeint, plötzlich zur Aussteigerin zu mutieren und sich in eine Berghöhle zurückzuziehen, sich also zur Gänze von der Gesellschaft abzuwenden. Vielmehr bedeutet es, Erfahrungen zu suchen, die „jenseits des Werts" (Ribolits 2013) zu finden sind. Es geht um Erfahrungen des Miteinanders und der Solidarität, die von dem Wissen um die jedem Menschen „ursprüngliche Verletzlichkeit" (Butler 2001, 25) getragen sind. Dabei handelt es sich weder um „Gleichmacherei" noch um romantische Träumereien einer heilen Welt. Vielmehr kann es darum gehen, eine Veränderung zu sich selbst anzustreben, die sich aus der Markt- und Selbstoptimierungslogik zu befreien sucht, um ein Subjekt zu werden, das sich an solidarischen Grundlagen orientiert.

Gerade weil neoliberale Verhältnisse individualisierende Mechanismen in noch nie dagewesenem Ausmaß vorantreiben, die von Entpolitisierung und Entsolidarisierung begleitet sind, geht mit diesen emanzipatorischen Bewegungen die Ablehnung und Zurückweisung identitätszuweisender Merkmale oder Eigenschaften mit individualisierender Wirkung einher:

> „Es handelt sich um Kämpfe, die den Status des Individuums in Frage stellen. Einerseits treten sie für das Recht auf Anderssein ein und betonen alles, was die Individualität des Individuums ausmacht. Andererseits wenden sie sich gegen alles, was das Individuum zu isolieren und von den anderen abzuschneiden vermag, was die Gemeinschaft spaltet, was den Einzelnen zwingt, sich in sich selbst zurückzuziehen, und was ihn an seine eigene Identität bindet. Diese Kämpfe werden nicht für oder gegen das ‚Individuum' ausgetragen, sondern gegen die ‚Lenkung durch Individualisierung'." (SuM 274)

Gerade diese „Lenkung durch Individualisierung" (ebd.), die erst durch die Gefängnisse und die psychiatrischen Anstalten möglich wurde, hat das Wissen über den Menschen hervorgebracht. Diese Wissensproduktion hat sich „auf zwei Pole konzentriert, einen globalisierenden und quantitativen, der die Bevölkerung betraf, und einen analytischen, der dem Individuum galt" (ebd. 279).

Letztgenannter ist das Spezialgebiet der Psychotherapie. Da sie sich in die herrschenden Machtnetze verwebt, ist auch sie als eine „‚Taktik' der Individualisierung" (ebd.) zu bezeichnen, die für das Bestehen neoliberaler Strukturen zentral geworden ist. Die Psychotherapie ist deshalb mit der Frage konfrontiert, wie mit ihr Emanzipation – insbesondere in neoliberalen Zeiten – gedacht werden kann.

Gerade weil das Zusammendenken von Emanzipation und Psychotherapie mit einer Widersprüchlichkeit konfrontiert ist, der in neoliberalen Zeiten eine besondere Brisanz zukommt, ist es unverzichtbar, dieses Paradoxon im nächsten Kapitel kenntlich zu machen.

Emanzipation und Psychotherapie – eine konstitutive Ambivalenz

„Welche Mächte formen dich?“
STAR WARS™ Identities 2015

Im vorangegangenen Kapitel habe ich dargelegt, dass die Auseinandersetzung mit der Frage der Emanzipation verlangt, sich mit dem Subjektverständnis zu beschäftigen. Deshalb ist es an dieser Stelle unverzichtbar, noch einen gesonderten Blick auf die Psyche als bedeutsamen Teil aktueller Subjektivität zu werfen.

Ihr Eintreten in die Wirklichkeit wurde historisch rekonstruiert. Wie deutlich geworden sein sollte, kann die Psyche, wie das Subjekt selbst, keine dem Sozialen vorgängige Essenz sein. Sie ist keine ontologische Entität jenseits sozialer Konstruktionsprozesse, sondern ein „Element, in welchem sich die Wirkungen einer bestimmten Macht und der Gegenstandsbezug eines Wissens miteinander verschränken“ (ÜS 42). Die Psyche ist deshalb „ein Stück der Herrschaft, […] Effekt und Instrument einer politischen Anatomie“ (ebd.). Mit ihrer heutigen Bedeutung lässt sie sich also als ein historischer Ausdruck der Macht begreifen.

Insofern entspringt das Subjekt, das mit einer Psyche ausgestattet ist, einer komplexen Rationalität, die das Individuum „in seiner Kultur vorfindet und die ihm vorgegeben, von seiner Kultur, seiner Gesellschaft, seiner Gruppe aufgezwungen sind“ (EdS 889). Der Vorgang der Subjektivierung – also die Unterwerfung unter soziale Kategorien, und als solche ist die Psyche zu verstehen – ist die Voraussetzung der Existenz. Derart sind alle Individuen existentiell an diese Macht, die das Subjektverständnis – Subjekt mit Psyche – hervorbringt, gebunden.

Obwohl also das Wissen einer tatsächlich vorhandenen Psyche komplexen historischen Transformationen geschuldet ist, kann es sich aktuell als grundlegendes, neutrales und allgemein gültiges behaupten. Die Psyche genießt den Ruf einer universalen, überhistorischen und natürlichen Entität menschlichen Seins. Erst dieses Wahrheitswissen ermöglicht den machtvollen Zugriff, der sich in psychopolitischen Regulierungen und Anreizen manifestiert. Das mit einer Psyche ausgestattete Subjekt ist mit Aufforderungen und Anrufungen konfrontiert, seine Innerlichkeit zu beforschen, zu erkennen und zu nützen.

Damit ist offensichtlich, wie sehr die Subjektformierung – also das Sich-mit-Psyche-verstehen-und-Handeln – ein zutiefst politisches Konzept abgibt, das in neoliberalen Zeiten seine Wirkmächtigkeit in einem noch nie dagewesenen Ausmaß entfalten kann. Es ist aktuell quasi Pflicht, sich der Verknüpfung von Freiheit und Psyche zu bedienen, um sie für die individuelle Selbstführung zu nützen. Die Anrufung, sowohl die Freiheit als auch die Psyche in individueller Art und Weise in Anspruch zu nehmen, fungiert in neoliberalen Zeiten als zentrales Credo: Neoliberale Subjektivität bedeutet, frei zu sein, frei sein zu müssen und sich folglich selbst mit Hilfe der Psyche zu regieren. Die Technologien des Selbst, wie die Psychotherapie, sollen dies unterstützen. Kritisch betrachtet bedeutet das auch einen „Zwang zur Freiheit, sich selbst zu optimieren" (Duttweiler 2013, 93 ff.).

Folglich kann die Psychotherapie als eine Praxis verstanden werden, die innerhalb des aktuellen Freiheitsspielraumes zu verorten ist. Sie ist eine von vielen in der Kultur vorgegebenen und nahegelegten Praxen der Selbstkonstituierung. Die Möglichkeit zur Psychotherapie folgt daher einer spezifisch historischen Freiheitslogik, die aus den aktuellen Machtverhältnissen erwachsen und nicht unabhängig von diesen zu denken ist. Sie ist eine unter vielen „strukturierten Freiheitspraktiken" (vgl. Meißner 2010, 124).

Aus diesen Überlegungen heraus wird deutlich, dass sich sowohl die Psyche als auch die Psychotherapie – als ihr Therapeutikum – als widersprüchliche Orte konkretisieren lassen: Auf der einen Seite ist die „Psyche der Macht" (Butler 2001) ein Modus der Unterwerfung, durch den regiert wird und den die Individuen in unterschiedlicher Intensität dazu nützen, sich selbst zu regieren. In diesem Prozess hilft die Psychotherapie als „Führen der Führungen" (DSdM 255) und verspricht zugleich eine individuelle Emanzipationsbewegung durch Selbsterkenntnis und Erweiterung der Handlungsmacht. Die psychotherapeutischen Konzepte von „Individualität und *Agency* [sind allerdings] immer schon Bestandteil von zeitgenössischen gouvernementalen Praktiken der Selbst- und Fremdführung" (Elberfeld 2012, 198 [Kurs. i. Orig.]). Indem also die Psychotherapie Individualität und Handlungsmacht fördert, befähigt sie die Individuen genau zu jener Existenzweise, die die neoliberale Ideologie favorisiert.

Durch die Verschmelzung von Psychotherapie und Neoliberalismus wird die konstitutive Ambivalenz einer Psychotherapie mit emanzipatorischem Anspruch offensichtlich: Der Neoliberalismus verlangt „man selbst zu sein" (Ehrenberg 2008, 304) und sich mit dieser Individualität selbst zu führen. Wenn sich dieses Selbst hierfür einer psychotherapeutisch-ermächtigenden Selbstreflexion und Selbstbefragung unterzieht, folgt es nicht nur dieser Anrufung, sondern auch dem mit den neoliberalen Paradigmen verschmolzenen psycho-logischen Wahrheitswissen, von dem aus es sich (weiter) konstruiert und konstituiert. Aus dieser Perspektive stellt das psychotherapiepraktizierende Subjekt „ein Synonym für das Selbstanlegen jener ‚Fesseln' dar, die verhindern, dass die Prämissen der Macht unterlaufen werden" (Ribolits 2013). Auch der Ruf nach mehr Psychotherapie bedeutet aus diesem Blickwinkel nichts anderes als die Ausweitung des psycho-logischen Wahrheitswissens und das Vermeiden der Infragestellung der mit ihm verknüpften neoliberalen Paradigmen.

Mit dem Anspruch der Emanzipation offenbart sich für die Psychotherapie also ein erhebliches Konfliktfeld, das sich um die neoliberalen Parameter der lauthals verkündeten Freiheit und die der Machbarkeit des individuellen Glücks mittels Psyche spannt: Beide, die Freiheit und die Psyche, sind soziale Kategorien aktueller Historizität, die die Individuen einerseits durch Unterwerfung unter aktuelle Machtverhältnisse zu Subjekten machen und andererseits zur Selbstermächtigung einladen. So wird „die Gleichzeitigkeit von Unterwerfung und Handlungsfreiheit im Prozess der Subjektivierung" (Engel 2003, 229; FN 10) erkennbar: Aktuelle Subjektivität bedeutet sowohl einen Zwang zur Freiheit als auch ein Sein mit Psyche. Und zugleich besteht gerade an diesen beiden Orten das Potential der Emanzipation im Sinne des Fragen-Stellens, der Kritik und der Gegenentwürfe.

Eine Psychotherapie, die einem emanzipatorischen Anspruch folgt, scheint tatsächlich in einer Machtfalle mit paradoxem Gesicht beheimatet zu sein. Sie ist ein Raum, indem die Psyche als eine Art ontologische Entität beständig diskursiv erzeugt und hochgehalten wird, womit sie die aktuellen Selbst- und Fremdregierungen beflügelt. Gerade weil im psychotherapeutischen Prozess ein Zusammenhang zwischen Subjekt und Wahrheit ergründet wird, indem die Frage „Wer und wie bin ich wirklich?" Thema ist, beteiligt sich die Psychotherapie mit ihrem Wahrheitswissen an der Konstruktion und Konstitution der Subjekte auf ganz zentrale Weise. Wie ich herausgearbeitet habe, folgt sie mit ihrem machtvollen Angebot, „sich selbst – nicht nur in Schwierigkeiten und Konflikten – besser verstehen zu können" (Petzold/Pongratz 1994, 8), weitgehend dem neoliberalen Credo. Sie trägt also einen gewichtigen Anteil zur Aufrechterhaltung neoliberaler Gouvernementalität bei.

Weil aber die Frage nach der individuellen Wahrheit des Subjekts, die in der Psychotherapie eine selbstermächtigende Wirkung entfalten soll, in neoliberalen Zeiten eine zutiefst hegemoniale geworden ist und ihre Ergründung schon längst in die Alltagspraktiken der Subjekte (auch jenseits der Psychotherapie) Eingang gefunden hat, stellt sich die Frage ihres emanzipatorischen Gehalts. Denn bedeutet ein psychotherapeutischer Prozess dann nicht ein Mehr-des-selben? Wie kann dieses in neoliberalen Zeiten emanzipatorisch sein? Und zirkuliert die auf die Einzelnen fokussierte individualisierende Macht, die in neoliberalen Zeiten zu einem Höhenflug ungeahnten Ausmaßes abhebt, nicht gerade dann besonders erfolgreich, „wenn man weiß, was in den Köpfen der Menschen vor sich geht, wenn man ihre Seele erforscht, wenn man sie zwingt, ihre intimsten Geheimnisse preiszugeben“ (SuM 277)?

Die Psychotherapie als politische Praxis im Neoliberalismus

„Es braucht nicht gesagt zu werden, daß eine Kultur, welche eine so große Zahl von Teilnehmern unbefriedigt läßt und zur Auflehnung treibt, weder Aussicht hat, sich dauernd zu erhalten, noch es verdient.“
Sigmund Freud 1989 (1927), 146

„Der kontinuierliche Streit um die – bestmögliche – Einrichtung von Gesellschaft ist das konstitutive Moment von Politik, ist jene Einrichtung doch niemals für alle Zeiten festgezurrt.“
Sabine Hark 2005, 57

Noch nie in der Geschichte waren so viele Menschen davon überzeugt, dass die Psyche eine zentrale Rolle für ein gelungenes oder glückliches Leben spielt. Noch nie waren die Individuen in derart penetranter Weise aufgefordert, die Psyche mittels Psychotherapie zu modifizieren und zu optimieren wie heute. Noch nie gab es neben dem äußerst florierenden Markt einen staatlichen Zugang zur Psychotherapie, der alle diese vielfältigen Erwartungen mit der einen oder anderen Methode zu erfüllen und umzusetzen verspricht. Das Wissen um die Psyche und das Versprechen der Psychotherapie, ihre Transformationsfähigkeit zu unterstützen oder zu begleiten, sind zu hegemonialen Wahrheiten avanciert und mit den herrschenden neoliberalen Imperativen nahtlos verschmolzen.

Diese Arbeit hat die affirmative Praxis der Psychotherapie an die neoliberalen Erfordernisse beleuchtet und angegriffen. Tatsächlich erscheint die Psychotherapie unter diesem Licht auf weiten Strecken als „verspiegelter Raum" (Hare-Mustin 1994, 205) des hegemonialen gesellschaftlichen Wahrheitswissens.

Entsprechend dieser Analyse soll nun ein politischer Akzent danebengesetzt[89] werden, der dem Anspruch der Emanzipation folgt. Die Bestrebung liegt darin, eine Perspektive zu entwickeln, die es der Psychotherapie vielleicht erlaubt, ein Stück weit aus den neoliberalen Verhältnissen hinauszuweisen.

Wie ich mit Foucault gezeigt habe, ist die Frage, was Emanzipation bedeuten könnte, in ganz fundamentaler Weise mit dem Subjektverständnis verknüpft. Daraus kann geschlossen werden, dass eine emanzipatorische Psychotherapie auf eine Kritik und Infragestellung aktueller Subjektivität und ihrer Subjektivierungsweisen abzielen muss. Dies erscheint deshalb hoffnungsvoll, weil sowohl die Fragen nach den Möglichkeiten menschlichen Seins als auch die der spezifisch historischen Praxis der Subjektkonstituierung jedem psychotherapeutischen Prozess eingeschrieben sind.

Weil das Subjektverständnis und die Subjektformierung mit den geltenden Macht-Wissens-Komplexen, zu denen auch die psy-

89 Ich habe an dieser Stelle ganz bewusst nicht den Begriff „entgegengesetzt" verwendet, um im Sinne Jacques Derridas der Totalisierung der herrschenden Sprache ein Stück weit zu entkommen. In der Verwendung des Terminus „danebensetzen" möchte ich auf die Gefahr aufmerksam machen, in der jeder kritische Text steht, „wenn der Impuls zur Kritik die Reflexion über die Kritik-Strategie verdrängt" (Engelmann 2010, 19).

cho-logischen Inhalte gehören, verknüpft sind, muss eine emanzipatorische Psychotherapie ihre eigenen theoretischen Wahrheiten und Denkgrundlagen sowie ihre aktuelle Praxis zur Disposition stellen. Anders formuliert: Wenn die Psychotherapie als ein Teil der Mittel verortet wird, „die eingesetzt werden, um das Funktionieren oder den Bestand eines Machtdispositivs zu sichern" (SuM 292), muss sie sich – so sie an diesem Kritik üben oder Widerstand leisten möchte – „selbst den Boden unter den Füßen wegziehen" (Ribolits 2013).

Dass diese Feststellung zum einen provokant anmutet und zum anderen ein äußerst komplexes Spannungsfeld aufreißt, liegt auf der Hand. Und dennoch sehe ich gerade innerhalb dieser Spannung das emanzipatorische Potential psychotherapeutischen Handelns. Der befreiende Weg zu so etwas wie einer neoliberalen Gegenbewegung oder einem Gegenverhalten muss über die radikale Infragestellung aktueller Wissensgrundlagen erfolgen. Und zwar deshalb, weil Macht immer auf der Basis ganz bestimmter Wissens- und Erkenntnisformen operiert. Diese Argumentation ernst zu nehmen bedeutet, dass das psychotherapeutische Wahrheitswissen selbst zur Angriffsfläche wird.

Innerhalb der gegenständlichen Forschungsarbeit verunmöglicht das umfangreiche psychotherapeutische Wissen mit seinen vielfältigen Konzepten und Denkrichtungen eine detaillierte Auseinandersetzung. Deshalb werden nun drei metatheoretische Denkansätze herausgearbeitet, die für eine emanzipatorische Psychotherapie in neoliberalen Zeiten überlegenswert erscheinen. Es handelt sich um Themenkomplexe, die nicht unabhängig voneinander zu denken sind. Vielmehr greifen sie – Zahnrädern gleich – ineinander, werden aber zum besseren Verständnis in Kapitel unterteilt. Es muss betont werden, dass diese Überlegungen weder einen Anspruch auf Vollständigkeit noch auf Abgeschlossenheit erheben, sondern ganz im Gegenteil als *vorläufige* Diskussionsimpulse Themenkomplexe aufreißen, die zum Weiterdenken und Streiten einladen wollen.

Der Macht-Wissens-Komplex der Psychotherapie

„[D]ie Wahrheit selbst ist Macht."
Michel Foucault DM 54

Eine Psychotherapie, die sich emanzipatorisch versteht, ist gefordert, sich mit ihrer Geschichte kritisch auseinanderzusetzen. Sie muss die spezifischen Machtverhältnisse, die ihre Entstehung und Etablierung ermöglicht haben – mit deren Denken sie also ganz fundamental verbunden ist – kritisch beleuchten, untersuchen und reflektieren.

Eine Herangehensweise dafür bietet Foucault mit der genealogischen Methode an, die das Offenlegen der historischen Umstände für die Entstehung von Wahrheit und Wissen zum Ziel hat. Mit ihr lässt sich die „spezifische historische Rationalität" (vgl. DpTI 1002) ergründen, die mit den psychotherapeutischen Denkgrundlagen verknotet ist.

Das bedeutet eine radikale Infragestellung des Wahrheitswissens jeder psychotherapeutischen Schule ebenso wie die machttheoretische Befragung ihrer zugrunde liegenden Vorannahmen. Diese Aufgabe sehe ich als potentiellen Ausgangspunkt für eine Auseinandersetzung, die tatsächlich ins „Eingemachte" geht. Sämtliches selbstverständliches Basiswissen – so unterschiedlich es qua Therapieschule auch sein mag – muss sich einer kritischen Untersuchung ohne Tabus unterziehen. Dabei kann es nicht um die (gerne erzählten) psychotherapeutischen Erfolgsgeschichten gehen, die mit dieser oder jener Methode erreicht werden, sondern um die kritische Befragung nach den unhinterfragten Grundannahmen, auf denen die jeweiligen Theorien aufbauen. Denn jede

Theorie hält Grundlagen hoch, die als „das Unhinterfragte, das Unhinterfragbare" (Butler 1993, 37) fungieren. Insofern besteht die Herausforderung darin, danach zu fragen, was durch die Etablierung von Grundlagen „*autorisiert* und was ausgeschlossen oder verworfen wird" (ebd. [Kurs. i. Orig.]). Eine selbstkritische Psychotherapie muss also versuchen „herauszufinden, auf welchen Erkenntnissen, Gewohnheiten und erworbenen, aber nicht reflektierten Denkweisen die akzeptierte Praxis beruht" (Iwd 221).

Dies ist deshalb von immenser Bedeutung, weil der psychotherapeutische ein gewichtiger Teil innerhalb des gesellschaftspolitischen Diskurses darstellt, in dem um Bedeutung und Wahrheit verhandelt und gekämpft wird. Und wenn um Wahrheit gerungen wird, wird immer auch um Macht gerungen. Oder wie Foucault im Leitzitat dieses Abschnittes pointiert formuliert: „[D]ie Wahrheit selbst ist Macht" (DM 54).

Eine emanzipatorische Position einzunehmen, bedeutet also, sich mitunter von alten Denktraditionen zu verabschieden, um etwas Neues entstehen zu lassen. Oder wie es Kenneth Gergen formuliert: „Wir brauchen eine generative Theorie, das heißt, Darstellungen unserer Welt, welche die als selbstverständlich geltenden Konventionen des Verstehens herausfordern und gleichzeitig in neue Welten von Bedeutung und Handlung einladen" (2002, 148).

Die Infragestellung geltender Konventionen des Verstehens kann auch vor dem zentralsten Wissen der Psychotherapie nicht haltmachen. Das psychotherapeutische Wahrheitswissen gründet auf der Annahme einer individuellen Transformationsfähigkeit des Subjekts. Es meint eine ganz bestimmte Art und Weise des Veränderungspotentials, nämlich eine psychische. Die Psyche und ihr transformierbares Potential dienen der Psychotherapie als festgezurrtes, unumstößliches und universal gültiges Wahrheitswissen. Mit dieser Prämisse befindet sich die Psychotherapie allerdings mehr denn je in einem Macht-Wissens-Komplex, der einen hegemonialen Status erlangt hat, und die Frage der Emanzipation daher fragwürdig erscheinen lässt. Denn wie lässt sich Emanzipation behaupten, wenn die Psychotherapie die Einzelnen der wirkmächtigen Psycho-logik, die untrennbar mit den kapitalistischen Strukturen verbunden ist, unterwirft und andererseits gerade dadurch eine Ermächtigung und Befreiung verspricht?[90] Aktuelle Wahrheitsregime positionieren die Psyche und ihre Transformier- und Nutzbarkeit an einer derart prominenten Stelle, dass eine emanzipatorische Psychotherapie zwangsläufig mit den machttheoretischen Fragen nach den Effekten dieses Regierungswissens konfrontiert ist:

Welche politischen Ziele werden mit der Streuung und der Einforderung dieses Wahrheitswissens verfolgt? Was wird durch dieses Wissen erreicht, gefördert und angeheizt? Hat nicht der „Verwaltungsstaat" (GG I 163) ein ganz besonderes Interesse an der Psyche? Und folgt dieses Interesse nicht der Logik einer „administrative[n] Inquisition, die unsere Identität festlegt" (SuM 275) und damit unsere Regierbarkeit erleichtert?

Mit diesen Fragen ist die Psychotherapie aufgefordert, ihr Wissen, speziell ihre Subjektkonzeptionen, kritisch zu beleuchten. Das vermeintlich naturhafte Wesen des Subjekts – mit seinem gewichtigen psychischen Anteil – kann hier nicht ausgespart bleiben. Denn als Praxis der Selbstkonstituierung ist die Psychotherapie ein politisches Instrument oder, wie Foucault sagen würde, eine „politische Technologie" (vgl. DpTI), die an der Erzeugung

90 Ich möchte nicht behaupten, dass eine Psychotherapie nicht zur individuellen Ermächtigung und Erweiterung des Handlungsspielraumes beitragen kann. Natürlich kann sie das. Dies aber nur deshalb, weil sich sowohl das Wahrheitswissen der Psyche als auch ihre Transformationsfähigkeit mit der spezifischen Rationalität ihrer Entstehung und Etablierung in einer untrennbaren Verschmelzung befinden und derart den Subjekten eingeschrieben sind.

aktueller Subjektivität mit Psyche beteiligt ist. Diese gewinnt mit der Moderne an Gewicht und folgt einer ganz bestimmten politischen Rationalität, deren Ziel die Produktion eines freien, unternehmerisch agierenden Selbst darstellt.

So die Psychotherapie den ihr innewohnenden Komplex aus Macht und Wissen in Frage und zur Disposition stellt, ist damit „eine Kritik an hegemonialen Wahrheitsregimen" (Ludwig 2011, 217) verbunden. Für diesen Prozess ist es hilfreich, das historische „Gewordensein" (ebd.) dieses Wissens und dieser Vorstellungen explizit zu machen, um es der Gefahr der Unveränderlichkeit zu entreißen, wodurch ein Umdenken erst möglich wird. Denn wenn

die Subjektivität selbst als historisch spezifisch gedacht wird, sind auch die Praktiken der Subjektformierung, die Psychotherapie eingeschlossen, historisch kontingent. Sie lassen sich als politische verstehen, die veränderbar sind.

Eine interessante Idee dafür stellt ein Gegenwissen dar, das die Psyche selbst historisiert. Das bedeutet, ihre historische Entstehung, die uns heute zu Subjekten macht, „offen zu legen" (Rau 2006, 44). Es gilt, explizit zu machen, dass diese unsere aktuelle Verfasstheit – als Subjekte mit Psyche – mit den „ökonomisch-neoliberalen Regierungsweisen korrespondiert" (ebd.), dass es also einen Zusammenhang gibt, zwischen den neoliberalen Verhältnissen und dem Konzept Psyche, wie es heute gedacht wird. Mit einer derartigen Historisierung wird das weitgehend hegemoniale Phantasma des autonomen, souveränen Subjekts der Moderne – mit seiner Psyche als einer vermeintlich immer schon in dieser Form dagewesenen ontologischen Essenz, die für sämtliche Lebensbereiche eingesetzt und genutzt werden kann (oder soll) – in Frage gestellt. Die Psyche würde derart der zeitlosen Naturalisierung entrissen und als gesellschaftliches Produkt erklärbar.

Mit diesem Denken wäre es der Psychotherapie möglich, die Klientinnen (und die Psychotherapeutinnen selbst!) ein Stück weit

„vom Gewicht der Psyche zu entlasten" (ebd.) und ein anderes Verhältnis zu sich selbst als auch zu anderen zu entwickeln. Das eröffnet eine Perspektive, nach anderen Praktiken der Subjektformierung zu suchen, die sich nicht in derart überproportionalem Ausmaß der individuellen Psyche bedienen. Hier wäre statt der individuellen Versenkung in das Selbst meines Erachtens eher nach kollektiven, sozialen Lebensformen zu fragen, die nicht so sehr auf das Subjekt als Einzelnes mit seiner psychischen Verfasstheit bauen. Verdichtet könnte das die Suche nach Existenzweisen bedeuten, die „frei von der Last der Psyche, vielleicht frei von der Psyche überhaupt" (ebd.) wären …

Paradoxerweise würde das für die Psychotherapie bedeuten,
ihren „Gegenstand", nämlich die Psyche, seiner immensen Bedeutung zu berauben. Es eröffnet dem psychotherapeutischen Fokus aber, eine Verschiebung vorzunehmen, die auch anderen Parametern, wie der individuellen Lebenssituation, verknüpft mit den gesellschaftspolitischen Verhältnissen und deren Praktiken der Subjektformierung, Aufmerksamkeit schenkt und nicht bei der individuellen Psyche stehen bleibt. Denn der altgriechischen Bedeutung des Begriffs Psyche folgend, die die Person in ihrer Gesamtheit meint, lässt sich kein Aspekt menschlicher Existenz aussparen, also auch nicht der gesellschaftspolitische. Der psychotherapeutische Blick würde damit eine Ausweitung erfahren und nicht mehr allein die singuläre Psyche in Augenschein nehmen.

Eine emanzipatorische Psychotherapie kommt also nicht umhin, sich der eigenen Praxis, als zentraler Anteil aktueller Subjektformierung, in fragender Weise zuzuwenden. Denn wenn es ein Alltagswissen bedeutet, dass eine Psychotherapie für sämtliche Probleme und Erkrankungen ein Lösungsweg sein kann, dann ist sie „Bestandteil der hegemonialen Machtverhältnisse" (Meißner 2010, 137). Insofern wäre die subjektkonstituierende Praxis der Psychotherapie selbst zu problematisieren. Dadurch kann ein Diskursfeld eröffnet werden, das ein Gegenwissen zu den aktuellen Wahrheitsimperativen entwirft. So können sich Widerstände auftun, die herkömmliche Selbstführungstechnologien verschieben, anreichern oder transformieren. Hier lassen sich potentielle Gegenführungen entwickeln, die eine andere Freiheit zu denken erlauben.

Dazu kann gefragt werden, wie sich die gesellschaftlich hegemonial gewordene Praxis der Psychotherapie mit aktuellen Regierungsweisen verbindet. Dies erachte ich deshalb als besonders relevant, weil Wissenssysteme immer mit den herrschenden Machtverhältnissen „eine intime Verbindung“ (Hark 2005, 10) eingehen und daher unweigerlich Gefahr laufen, Zumutungen, Überforderungen, Diskriminierungen, Unterdrückungen und Ausschlüsse zu produzieren.

Ein extremes Beispiel dafür stellt die verpflichtende Psychotherapie für den Bezug des Rehabilitationsgeldes dar. Aber auch jenseits dieser Zwangsmaßnahme kann die Praxis der Psychotherapie in Frage gestellt werden: Welche anderen Praktiken sind denkbar, die eine emanzipatorische Bewegung ermöglichen könnten? Emanzipation kann in diesem Sinne folglich auch bedeuten, einen psychotherapeutischen Prozess dahingehend zu nützen, sozialpolitische Auseinandersetzungen und Kämpfe anzudenken, die einen veränderten Bezug zum Selbst und zur Welt möglich machen. Denn gerade wenn die Psychotherapie als „Führen der Führungen“ (DSdM 255) verstanden wird, kann die Frage des „Wie-regiert-werdens, durch wen, bis zu welchem Punkt, zu welchen Zwecken, durch welche Methoden“ (GG I 135) relevant werden. An dieser Stelle soll noch einmal in Erinnerung gerufen werden, dass die

> „christliche Pastoral [...] die einzigartige und der antiken Kultur wohl gänzlich fremde Idee entwickelt [hat], daß jedes Individuum unabhängig von seinem Alter, von seiner Stel-

lung sein ganzes Leben hindurch und bis ins Detail seiner Aktionen hinein regiert werden müsse und sich regieren lassen müsse: daß es sich zu seinem Heil lenken lassen müsse und zwar von jemandem, mit dem es in einem umfassenden und zugleich peniblen Gehorsamsverhältnis verbunden sei" (WiK 9 f.).

Aus dem diskursiven Zusammenhang der pastoralen Führungstechniken entstanden, kann das für die Psychotherapie auch bedeuten, dass Klientinnen (und vielleicht auch Psychotherapeutinnen) das emanzipatorische Potential nicht mehr ausschließlich in der „Versenkung in die Bedürfnisse des Selbst" (Sennett 2008, 31) erkennen, sondern auch andere Praktiken entdecken, die neue Erfahrungen des Bezuges zum Selbst und der Welt versprechen.

In diesem Sinne lässt sich die Psychotherapie auch als ein Ort sozialpolitischer Auseinandersetzungen begreifen, die von der Frage „Wer bin ich und was kann ich wollen?" (vgl. Meißner 2010, 9 ff.) geleitet sind. Dabei geht es ganz konkret um soziale Kämpfe, die nicht bei der Frage, „Wer bin ich?" stehen bleiben, sondern es handelt sich um eine „historisch-praktische Erprobung der Grenzen, die wir überschreiten können" (WiA 703) und die folglich auch die Frage, „Was kann ich wollen?" nicht außer Acht lassen. Dies kann zu Auseinandersetzungen führen, wie Subjekte sein wollen und können. Die zentrale Frage ist hierbei nicht, ob ein bestimmter „Standpunkt richtig oder falsch ist, [...], sondern welches die Konsequenzen eines bestimmten Standpunktes sind" (Hare-Mustin 1991, 10).

Eine politische Psychotherapie kann mit diesem Fokus Grundlagen entwickeln, die zwingend immer und immer wieder in Frage gestellt werden müssten. Denn die „Infragestellung steht [...] im Mittelpunkt jedes radikalen politischen Projekts" (Butler 1993, 39).

Die emanzipatorische Psychotherapie als Suchbewegung einer anderen Art Subjekt zu sein

> *„Emanzipation denken heißt die Grenzen des unmittelbar als möglich Erscheinenden zu überwinden."*
> Beate Wernegger 2012, 123

Wenn, wie im letzten Abschnitt angedacht, die emanzipatorische Psychotherapie ihren Wissenspool einer ganz grundsätzlichen Infragestellung überantwortet, geht es konsequent weiter gedacht darum, „nach neuen Formen der Subjektivität" (SuM

280) zu suchen. Ihre aktuellen Formen spiegeln sich in der verbreiteten Annahme (nicht nur) der psychosozialen Szene wieder, es gäbe eine dem Sozialen vorgängige menschliche Ontologie, die im psychotherapeutischen Prozess erst „entdeckt" und/oder zur vollen Entfaltung gebracht werden müsste. Das Individuum und das Soziale werden derart als „Gegensatzpaar" (Hermer 1995, 26) verhandelt, so als ob hier der Mensch der Natur mit seinen Gefühlen und Bedürfnissen und dort das Soziale der Kultur verortet werden könnten und dieses von der Gesellschaft gänzlich losgelöste, unabhängige und freie Individuum aus eigener Kraft dem Unbill der Welt zu trotzen vermöge.

Diese Sichtweise ist mit Foucault nicht zu haben, weil das Subjekt – als dem Sozialen losgelöstes – ganz und gar unbestimmbar ist. Subjektivität ist nicht unabhängig vom Sozialen zu denken. Es lässt sich keine Innen-/Außenunterscheidung von Subjekt und Sozialem herstellen. Vielmehr können beide gewissermaßen als eins, im Sinne eines „Selbst-im-Kontext" (Rosenbaum/Dyckman 1996, 362), verstanden werden. Das Subjekt ist ein durch und durch vergesellschaftetes, das vom und mit dem Sozialen derart abhängig und verwoben ist, dass seine Eigenheiten und Individualitäten nicht isoliert, sondern vielmehr als Ausdruck oder Effekt seiner gesellschaftlichen Machtverhältnisse gelesen werden. Insofern ist das Subjekt bis in sein „Innerstes durch [...] die Gesellschaft strukturiert“ (Jacoby 1978, 21).

Da sich die aktuelle Subjektivität mit den Fallstricken der neoliberalen Ideologie zurechtfinden muss, könnte das emanzipatorische Potential der Psychotherapie auch darin liegen, dagegen aufzubegehren, diese also abzulehnen. Damit könnte sie zu einem Ort werden, wo es nicht darum geht,

> „herauszufinden, sondern abzulehnen, was wir sind. Wir müssen uns vorstellen und konstruieren, was wir sein können, wenn wir uns dem doppelten politischen Zwang entziehen wollen, der in der gleichzeitigen Individualisierung und Totalisierung der modernen Machtstrukturen liegt“ (SuM 280).

Emanzipation würde dann bedeuten, dass es gerade nicht darum geht, „im Subjekt die Wahrheit zu entdecken oder aus der Seele den Ort zu machen, wo die Wahrheit [...] zu finden wäre“ (HS 434). Vielmehr wäre die Psychotherapie dann ein Raum, der es ermöglicht, „zu einer Erfahrung zu gelangen, die eine Veränderung erlaubt, einen Wandel in unserem Verhältnis zu uns selbst und zur Welt dort, wo wir bisher keine Probleme sahen (mit einem Wort, in unserem Verhältnis zu unserem Wissen)“ (GmD 57).

Das würde bedeuten, die spezifisch „historische Ontologie unserer Selbst“ (WiA 703), die ein ganz bestimmtes Fühlen, Denken und Handeln nahelegt oder mitunter auch erzwingt, immer und immer wieder auf „mögliche Überschreitungen“ (vgl. ebd. 702) hin zu befragen.

Hier wäre das „ – immer schon problematische – autonome Ich“ (Jacoby 1978, 16) Angriffsfläche und zugleich Ausgangspunkt für ein Gegenwissen. Speziell in neoliberalen Zeiten hebt das Phantasma dieses unabhängigen Subjekts, das *aus sich selbst heraus* das Leben zu meistern vermag, zu einem ungeahnten Höhenflug ab. Dieses Verständnis wird von der Psychotherapie weitgehend mitgetragen, wenn die „Fähigkeiten zur Selbstkontrolle und Eigensteuerung“ (Petzold/Pongratz 1994, 7) dieses „autonomen und personalen Ich[s]“ (ebd.) eine Unterstützung erfahren. Exemplarisch lässt sich dies mit einem Psycho-Mantra des Gestalttherapeuten Fritz Perls nachvollziehen, das in der psychosozialen Szene seit den 1970er-Jahren kursiert:

> „Ich lebe mein Leben und du lebst dein Leben.
> Ich bin nicht auf dieser Welt, um deinen Erwartungen zu entsprechen –
> und du bist nicht auf dieser Welt, um meinen Erwartungen zu entsprechen.
> ICH BIN ich und DU BIST du –
> und wenn wir uns zufällig treffen und finden, dann ist das schön,
> wenn nicht, dann ist auch das gut so.“ (zit. n. Straub 2013, 21 FN 12)

Hier wird ein Selbst beschworen, das aus sich selbst heraus unabhängig und ohne jedes grundlegende Bedürfnis nach Sozietät zu existieren meint. Es ist ein Selbst, das ausschließlich seinen eigenen Begehrlichkeiten und Selbstzuständigkeiten folgt und Andere nur nach Gutdünken wahrzunehmen vermag, weshalb es Zugewandtheit, Verantwortungsgefühl und Anteilnahme Anderen gegenüber vermissen lässt. Dieses glorifizierte isolierte Selbst, das von Selbstbezüglichkeit nur so strotzt, leugnet sowohl seine eigene grundgelegte Verletzbarkeit als auch die seiner Mitmenschen, weshalb eine solidarische Grundhaltung weder notwendig noch sinnvoll erscheint. Dieses egozentrische, selbstbezogene Ich passt – wenig erstaunlich – zur Existenzweise des modernen Subjekts in seiner neoliberalen Ausprägung, das auf Profitmaximierung und Konkurrenz ausgerichtet ist. Es erscheint geradezu als sein Prototyp.

Dieses – auch durch Psychotherapie erzeugte – autonome und unabhängige Selbst befindet sich in einem unaufhörlichen Prozess in der Arbeit zu einem unternehmerischen Individuum. Einzigartigkeit, Selbstbestimmung und Eigenverantwortung sind die Schlüsseltermini aktueller Regierungsformen, die Partizipation und Inklusion in die herrschenden Verhältnisse versprechen. Das klingt auf den ersten Blick erfreulich und begrüßenswert. Bei genauerem Hinsehen entpuppt sich dieses Versprechen als riskantes Unterfangen. Denn dieselbe gesellschaftliche Ordnung, die Einzigartigkeit lobpreist, verschreibt sich parallel der Leistungs- und Konkurrenzorientierung, als deren Leitlinien Eigeninitiative, Selbstsorge und Selbstverantwortlichkeit dienen. Somit sind Individualität und Besonderheit nur mit existentiellen Risiken zu haben. Denn *zu* individuell oder *zu* einzigartig zu sein, ist nur dann möglich und lebbar, wenn die geltenden Normen der Selbstsorge und Eigenverantwortung eingehalten werden (können). So wird Individualität als Inklusions- und Partizipationsprojekt fragwürdig.

Es liegt deshalb in der Verantwortung einer emanzipatorischen Psychotherapie, nicht bei den einzigartigen und kreativen Subjekten zu verharren, sondern die „Verhaltenszumutungen“ (Ottomeyer 2015, 121), Überforderungen und mitunter krassen Ausschlüsse, die diese fraglos geltende Normalität der Selbstsorge und Eigenverantwortung mit sich bringt, zu thematisieren und anzugreifen.

Eine Option, diese Haltung und dieses Wissen zu erschüttern, um sie für neues Denken zu öffnen, wäre, die „unmarkierte[n] Normen, [die] die Parameter menschlicher Subjektivität und Handlungsfähigkeit vorgeben“, (Meißner 2015) einer dekonstruktivistischen Befragung zu unterziehen. Erst dadurch wird erkennbar, wie fragil und zerbrechlich die Norm selbst ist. Denn sie benötigt immer eine Art Gegenstück, nämlich das Nicht-der-Norm-Entsprechende, auf das sie sich stützt: Eine „Norm erhält ihren Sinn, ihre Funktion und ihren Wert daraus, daß es außerhalb ihrer etwas gibt, was dem Anspruch nicht genügt, dem sie selber dient" (Canguilhem 1977, 163). Ohne dieses Gegenstück oder mehrere Gegenstücke, die der Norm als „konstitutives Außen" (Butler 1997, 259) dienen, kann sie gar nicht bestehen. Denn wodurch ließe sich die Norm ohne ihre Kontrapunkte bestimmen?

Wenn also die Psychotherapie sowohl ihre Verstrickung mit den neoliberalen Regierungsweisen und Subjektivierungsweisen kritisch beleuchten als auch über diese hinausweisen will, kann sie nicht nur auf individuelle Autonomie und Handlungsfähigkeit des Subjekts setzen, „weil sie dabei verkennt, dass diese selber Produkt jener Technologien der Freiheit sind" (vgl. Elberfeld 2012, 198), die den aktuellen neoliberalen Praktiken der Selbstregierung einge- schrieben sind.

Das stößt förmlich auf die Überlegung, ob die Psychotherapie mit ihrem individuumzentrierten Fokus *gleichzeitig* in der Lage ist, etwas zur Entindividualisierung beizutragen. Das Ziel wäre, die Bürde der autonomen Subjektivität kritisch zu befragen oder – wie Foucault sagen würde – „die Art von Individualität zurückzuweisen, die man uns seit Jahrhunderten aufzwingt" (SuM 280). Eine Erweiterung wäre es, die Beflügelung kollektiver emanzipatorischer Kämpfe anzudenken.

In diesem Sinne erscheint eine Gegenerzählung zielführend, die sich gegen die Verherrlichung des autonomen Subjekts wendet und stattdessen die ko-konstitutive Verstrickung von Subjekt und Gesellschaft hochhält – mit dem Ziel das wirkmächtige Individualitätspositiv der Gegenwart zu erschüttern. Die Psychotherapie könnte als Vehikel einer marginalisierten Gegenerzählung fungieren, die dem modernen Konzept autonomer Subjektivität eine Alternative danebenstellt.

Ein solches Denkmodell, das nicht das einzelne Individuum mit seinen Fähigkeiten und Eigenschaften als Ausgangspunkt nimmt, sondern seine fundamentale Verbundenheit mit der Sozietät in den Mittelpunkt rückt, lässt sich mit der Philosophin

Hanna Meißner als eine „Ethik der konstitutiven Angewiesenheit" (2010, 243 ff.) fassen. Diese fundamentale Angewiesenheit auf Andere lässt sich bereits beim Eintritt in die Welt nachvollziehen, wenn sich das Subjekt in einem diskursiv, von seiner Kultur vorgegebenen Identitätsgehäuse einrichten muss. Insofern leitet sich das Ich „genau von dieser Sozialität her, davon, dass wir bereits von Anfang an von einer Welt von Anderen abhängig sind, dass wir in einer sozialen Welt und durch eine soziale Welt konstituiert werden" (Butler, zit. n. Meißner 2015). Einmal mehr wird deutlich, dass das Subjekt in seiner kontingenten historischen, aber keinesfalls beliebigen, Form ganz grundlegend mit der Sozietät, aus der es erwachsen ist, verwoben und daher von ihr abhängig ist.

Die im psychotherapeutischen Prozess reflektierte Anerkennung der unhintergehbaren Abhängigkeit des Selbst von seinem sozialen Bedingungsgefüge kann die Beschränktheit von Lebensmöglichkeiten erkennbar werden lassen. Diese wahrgenommene Enge kann das Begehren entstehen lassen, sich genau diesen gesellschaftlichen Regeln und Normen, die das Subjekt konstituieren, entgegenzustellen. Anders formuliert: Das „Eingeständnis der Verlustspur [die das Nicht-Lebbare bezeichnet; A.G.] aus der man selbst hervorgegangen ist" (Butler 2001, 181 f.), kann zur Basis einer widerständigen Praxis gegenüber den Existenzbedingungen selbst werden.

Insofern lässt sich eine aus den neoliberalen Verhältnissen hinausweisende Psychotherapie als eine Praxis einer „neuen sozialen Ontologie konstitutiver Angewiesenheit" (vgl. Meißner 2015) begreifen, die nach anderen Weisen des Subjektseins fragt. Sie ist so verstanden eine Praxis des Suchens und des Fragens als deren Zentrum eine „experimentelle Haltung" (WiA 703) fungiert. Damit ist nicht gemeint, dass die Psychotherapie ihre Klientinnen einladen sollte, sich quasi täglich neu zu erfinden. Dies wäre eine unmögliche und absolut überfordernde Aufgabe, die der neoliberalen Logik permanenter Selbstoptimierung, -transformation und Aktivität folgen würde. Es geht vielmehr um das *Ausloten von Möglichkeiten*, um das *Ausdehnen von normativen Grenzen in mitunter winzigen Teilbereichen des Lebens* oder, wie Foucault sagen würde, um „eine historisch-praktische Erprobung der Grenzen, die wir überschreiten können" (WiA 703).

Dieses psychotherapeutische Erproben, Ausloten und Suchen von mitunter minimalen Grenzüberschreitungen, Widerstandspunkten und -praktiken folgt nicht einer ökonomischen Logik, die auf endloses Wachstum, Konsum und Konkurrenz basiert, sondern einem Wissen, das auf der „geteilten und reziproken

Abhängigkeit" (Meißner 2010, 281) von Anderen gründet. Damit wird es denkbar, nach Praktiken der Subjektivierung zu suchen, die darauf abzielen, die dem autonomen Subjekt eingeschriebene Angst vor Abhängigkeit und Verletzbarkeit „zu ver-lernen, um konstitutive Angewiesenheit als positive Grundlage individueller Entfaltung begreifen zu können" (Meißner 2015), und ebenso danach zu fragen, wie es möglich ist, die Lebensbedingungen für das Selbst und Andere auf einer solidarischen Grundlage (mit-) zu gestalten. Eine so gedachte Psychotherapie konzipiert sich als „Erfindungsarbeit" (Meißner 2010, 281), die nicht vergisst, dass auch sie mit den herrschenden Verhältnissen „kommuniziert", also nicht außerhalb der Macht anzusiedeln ist. Mit diesem Denkansatz kann das hegemoniale autonome Subjekt mit seinen individuellen Fähigkeiten und Leistungen, das sowohl im psycho-logischen als auch im gesellschaftlichen Mainstream „materialisiert" (Meißner 2015) und deshalb nicht zu unterschätzen ist, erschüttert und für neue Formen, Subjekt zu sein, geöffnet werden.

Diese hier in aller Kürze angedachten Suchbewegungen einer emanzipatorischen Psychotherapie folgen allesamt einer Haltung der Kritik, die die neoliberalen Paradigmen befragen und herausfordern: „Wie ist es möglich, daß man nicht derartig, im Namen dieser Prinzipien da, zu solchen Zwecken und mit solchen Verfahren regiert wird – daß man nicht so und nicht dafür und nicht von denen da regiert wird?" (WiK 11 f.).

Kann die Psychotherapie so als eine „Praxis der Freiheit" (EdS 875) verstanden werden? Kann aus einem individuellen Unbehagen so etwas wie eine „reflektierte Unfügsamkeit" (vgl. WiK 15) erwachsen, die sich in neue Verhaltensweisen und Handlungen übersetzt, die nicht auf Verwertung, Konsumtion, Konkurrenz und Leistungsdruck basieren, sondern auf alternativen Grundlagen, wie einer Ethik konstitutiver Angewiesenheit?

Die Psychotherapie als radikale Politisierung des Alltags

„Aber auch mit der schönsten Theorie können wir nichts verändern, wenn wir die Menschen nicht in ihrem Alltag ansprechen."
Beate Wernegger 2012, 124

„Nicht die Hochtechnologiemedizin und das Gesundheitswesen, sondern die Lebens- und Arbeitsbedingungen machen krank oder erhalten uns gesund."
Werner Vogt in Leitner 2015/II, 82

Wie ich bereits herausgearbeitet habe, lässt sich die Psychotherapie weder als unpolitisch verstehen, noch außerhalb der Politik festmachen. Deshalb soll die politische Dimension psychotherapeutischen Handelns, die bereits durch die vorangegangenen Ausführungen deutlich geworden sein dürfte, noch weiter zugespitzt werden.

Durch die voranschreitende Individualisierung, die den neoliberal strukturierten Gesellschaften eingeschrieben ist, erscheinen sowohl die Psyche als auch die mit ihr in Verbindung stehenden

Probleme, Krankheiten, Leidenszustände und Befindlichkeiten als zur Gänze dem privaten, vermeintlich unpolitischen Bereich zugeordnet. Dadurch werden die „individuellen“ Lebens- und Leidensumstände im Verantwortungs- und Einflussbereich jeder Einzelnen positioniert. Erlebnisfelder, gesellschaftliche Nischen und eine ganz Reihe von Lebensbereichen werden so „vom politischen Denken gänzlich disqualifiziert“ (LNOVL 125). Sie scheinen außerhalb aktueller Machtverhältnisse zu existieren.

Demgegenüber soll im Anschluss an das Denken Foucaults die Psyche als ein historisches Produkt gesellschaftlicher Machtverhältnisse verstanden werden, sodass sie aus dem vermeintlich pri-

vaten, intimen Raum entlassen und als politisches Phänomen gelesen werden kann.

Gerade durch ihren einzigartigen Einblick in die mannigfaltigen Lebensgeschichten und den aus ihnen entstandenen psychischen Phänomenen hat die Psychotherapie die Chance, die unmittelbaren Erfahrungen, Assoziationen und Lebensweisen der Subjekte in politische Parameter zu übersetzen. Sie können damit explizit als Ausdruck und Effekte der Macht, als „Produkt dieser Gesellschaft“ (Verhaeghe 2013, 200) verstehbar, als politische erkennbar – und konsequenterweise auch politisierbar – werden. Dies eröffnet der Psychotherapie insofern ein emanzipatorisches Potential, als sie mit diesem Verständnis den „großen Apparaten der Politik das Monopol des Politischen nehmen“ (Brieler 2008, 23) kann.

Daraus kann ein psychotherapeutisches Wissen erwachsen, das der Versuchung, die konstruierten Pathologien und Probleme ausschließlich im Inneren eines Subjekts zu verorten, widersteht. Psychische Befindlichkeiten und Störungen nicht als medizinische, individuelle Kategorien, sondern als kulturelle, soziale Phänomene zu begreifen, ermöglicht, eine Bedeutungsverschiebung vorzunehmen.

Symptome, Störungen und Selbstoptimierungsbestrebungen werden dann als „manifest gewordene Spuren der Gesellschaft" (Ertler 1994, 193) begriffen. Das individuelle Fühlen, Kranksein oder Scheitern wird mit den herrschenden politischen Verhältnissen in Verbindung gebracht. Das zentrale Merkmal einer derartigen „Gegendiagnose" (Schmechel et al. 2015) ist die Aufweichung des Individualisierungsdispositivs, das individuelle Beschwerden oder Optimierungsverlangen ausschließlich im „eigenen" Sein zu ergründen strebt.[91]

So verstanden stellt das weitgehend als privat gedachte Gut des Persönlichen keinen Referenzpunkt jenseits der Politik mehr dar. Obwohl das psychotherapeutische Setting einen radikalen „Bruch zwischen der *individuellen Form* der Krankheit und ihrem *gesellschaftlichen Ursprung* [erzwingt]" (Jacoby 1978, 152 [Kurs. i. Orig.]), lassen sich die Leidenszustände und Probleme ebenso wie die Selbstoptimierungsbestrebungen der Individuen aus dieser Perspektive einer radikalen Politisierung zuführen. Dem hegemonialen Wahrheitswissen eines ontologischen Dualismus von Politischem und Psychischem lässt sich so entschieden entgegentreten (vgl. Butler 2001, 23).

Das heißt nicht, dass das, was üblicherweise als das Politische verstanden wird, unterschätzt oder missachtet wird. Ganz im Gegenteil. Gerade das herkömmlich Politische spiegelt sich in den Subjekten und ihren unmittelbaren Lebenszusammenhängen wider. Anders formuliert: Die politischen Machtverhältnisse mit ihren Wahrheits- und Wissenssystemen kommen in den Subjekten

91 Eine gewichtige Arbeit zu diesem Themenkomplex leisten seit den 1990er-Jahren die sogenannten *Affect Studies*, die „das komplexe Verhältnis menschlicher Daseinsbedingungen, einschließlich politisch-gesellschaftlicher Kräfte und Machtverhältnisse sowie materiell-körperlicher Aspekte, kritisch neu ausloten" (Baier et al. 2014, 13 f.).

und ihren Befindlichkeiten und Leidenszuständen zum Vorschein. Insofern lassen sich die Wünsche und Begehren der Subjekte so wie ihre alltäglichen Gedanken, Gefühle, Handlungen und Praktiken nicht als machtfreie und unpolitische Kategorien verstehen.

Befindlichkeiten, Erkrankungen und Selbstoptimierungsbestrebungen, als gesellschaftlichen Ursprungs und somit als zutiefst politische Parameter gelesen, schließen die psychotherapeutische Arbeit mit der einzelnen Person nicht aus. Aber „die Behandlung auf individueller Grundlage muß zur gleichen Zeit voranschreiten, in der die Theorie darauf verweist, daß das ‚Leiden' und letztlich die ‚Heilung' außerindividuell sind" (Jacoby 1978, 160).

Dieser These möchte ich hinzufügen, dass die Psychotherapie nicht nur auf theoretischer Ebene auf das Gesellschaftliche verweisen müsste. Ich halte es für bedeutsam, im therapeutischen Setting gerade diesen Zusammenhang explizit zu machen und ausdrücklich zu thematisieren. Denn das ermöglicht, etwas von der individuellen Verantwortlichkeit oder dem vermeintlichen Unvermögen, das Leben autonom und individuell passend zu meistern, unter einer verschobenen Perspektive zu betrachten und die Aufmerksamkeit eben auch auf die politischen Verhältnisse zu richten. Denn wenn die als individuell gedeutete Befindlichkeit nicht mehr ausschließlich innerhalb des Subjekts ergründet und entschlüsselt, sondern stattdessen als von Machtverhältnissen, in die das Subjekt eingebettet ist, hervorgebracht gedacht wird, kann sich der Handlungsspielraum auf eine politische Ebene verlagern, wo die Leidenszustände als Ausdruck krankmachender Strukturen politisiert werden.

Diese Herangehensweise lässt neue emanzipatorische Praxen (er-)finden, die nicht beim individuellen Transformationspotential haltmachen. Es kann eine Verschiebung von der individuumorientierten Schwerpunktsetzung aktueller Regierungsweisen hin zu einem Verständnis von Gemeinschaft und Solidarität stattfinden.

Möglich werden kann ein Selbstbezug, der die Sozietät als subjektkonstituierendes Element ins Zentrum rückt und veränderte – vielleicht kollektive – Emanzipationsbestrebungen anzureizen vermag. Kurz gesagt, können in der Psychotherapie durch „Destruktions- und Konstruktionsarbeit neue Wahrnehmungs- und Bewertungskategorien" (Bourdieu 2012, 209 f.) erarbeitet werden.[92]

Das schließt die individuelle Veränderung des Subjekts keinesfalls aus. Ganz im Gegenteil: Eine derartige Fokusverschiebung versetzt in die Lage, durch die Suche nach „Praxen und Lebensformen jenseits des Bestehenden" (Bargetz/Ludwig 2011, 189) zu einer Erfahrung zu gelangen, die einen Wandel im Verhältnis zu sich selbst und der Welt möglich macht. Dies ist insofern von einer nicht zu unterschätzenden Brisanz, weil das Erkunden von erweiterten Existenzweisen einen zutiefst politischen Akt bedeutet.[93]

Ich bin mir bewusst, dass ich mit diesem Denken ein weit verbreitetes Tabu breche, nämlich das der Thematisierung politischer Verhältnisse im psychotherapeutischen Setting. Mir erscheint dieser Tabubruch zumindest aus vier Gründen legitim. Erstens stehen die Befindlichkeiten, Erkrankungen, mehr noch, das Subjekt selbst zur Gänze mit seiner Sozietät in einer zirkulären Verbindung. Insofern macht die Innen-/Außentrennung – hier das Subjekt mit Psyche und dort die gesellschaftspolitischen Verhältnisse – keinen Sinn. Deshalb ist nichts, was dieses Subjekt denkt, fühlt und woran es leidet, unabhängig vom Gesellschaftlichen zu denken. Zweitens ist die Psychotherapie selbst, wie jede andere Behandlungsmethode auch, mit der politischen Rationalität ihrer

92 Es kann perspektivenerweiternd sein, kritische Literatur zum aktuell ausgemachten Psycho-Boom zu empfehlen (z. B. Ayan 2012, Blech 2014).

93 „… vielleicht ist es *der* politische Akt überhaupt, da er die Demokratie als politische Assoziation mündiger Menschen konstituiert" (Brieler 2008, 33 [Kurs. A.G.]).

Zeit verbunden. Dadurch sind ihr die spezifisch historischen Vorstellungen von Gesundheit und Krankheit, Normalität und Abweichung ebenso wie das Wissen oder die Vorstellungen eines guten, mitunter auch „richtigen" Lebens immanent. Indem die Psychotherapie also ein bestimmtes Verhalten oder Empfinden als gesund und ein anderes als krank diagnostiziert, agiert sie zutiefst politisch. So sind ihre ganz unmittelbaren Fragen, Interventionen und Interpretationen keinesfalls neutral oder unschuldig, sondern unvermeidlich mit den nahegelegten Existenzweisen ihrer Zeit mehr oder weniger verkoppelt. Insofern fungiert die Psychotherapie in jedem Fall als ein „Führen der Führungen" (DSdM 255) im

Sinne Foucaults und ist damit ein mächtiger Bestandteil neoliberaler Gouvernementalität. Sie ist also selbst Teil gesellschaftlicher Prozesse und daher durch und durch politisch und nicht in einem apolitischen Vakuum zu verorten. Beiseite geschoben werden kann auch nicht der dritte Aspekt, nämlich der, dass viele Klientinnen politische Themen sowieso in das psychotherapeutische Setting mitbringen. Und viertens lässt sich im psychotherapeutischen Alltag in einzigartiger Weise nachvollziehen, wie sich die Leidenszustände der Klientinnen verändern, wie sehr also die artikulierten Befindlichkeiten mit den gesellschaftspolitischen Transformationen korrelieren. Bleibt zu fragen: Wieso also nicht eine Verknüpfung herstellen?[94]

Diese Überlegung lässt sich mit der über Gebühr strapazierten Begrifflichkeit des Burnouts verdeutlichen. Die aktuellen Anrufungen zur permanenten Aktivität – im Sinne der Selbstführung – erzeugen eine „ameisenhafte Betriebsamkeit" (Brieler 2013), die schließlich zu einer „elefantösen Müdigkeit" (ebd.),

94 In den letzten Monaten etwa verging in meiner Praxis kaum ein Tag, an dem nicht die aus Syrien und Afghanistan flüchtenden Menschen thematisiert wurden.

dem Burnout, mutiert. Es ist kein Zufall, dass der Symptomkomplex aus Mattheit, Müdigkeit und düsterer Stimmungslage in den Psy-Professionen als Depression, in der Alltagssprache als Burnout bezeichnet wird. Denn in neoliberalen Zeiten ist es von immenser Bedeutung, diesen Erschöpfungszustand in einer Weise zu benennen, die auf eine bereits erbrachte Leistung, im Sinne des „Brennens" für eine Sache, verweist. Gerade dadurch wird ersichtlich, dass der depressive Zustand ein Synonym für die Kluft zwischen neoliberalem Anspruch und den stets unzureichenden Bemühungen der Individuen, diesen zu erfüllen, bedeutet:

> „Man kann darin ein inverses Beharren auf jenen Glücksversprechen sehen, mit denen die Propheten des Unternehmergeists locken, um das sie ihre Adressaten zugleich aber betrügen. Indem die Individuen ihre Wut, nicht zu genügen, allerdings ausschließlich gegen sich selbst richten, bestätigen sie wider Willen noch einmal jene Tyrannei der Selbstverantwortung, gegen die ihre leidende Psyche rebelliert." (Bröckling 2013, 290)

Weil es mittlerweile zum Alltagswissen gehört, dass zur Behandlung dieses Zustandes eine Psychotherapie angeraten ist, hat sie auch die Chance, den Erschöpfungszustand in einen umfassenderen – nämlich einen gesellschaftspolitischen – Kontext zu stellen und mit den neoliberalen Verhältnissen in Verbindung zu bringen.

In diesem Sinne bietet Ann Cvetkovich eine Denkoption an. Mit ihrer Publikation, *Depression – a public feeling* (2012), kritisiert sie die rein individualisierte Betrachtung von depressiven Zuständen und schlägt demgegenüber vor, „to think about depression as a cultural and social phenomenon rather than a medical desease" (ebd. 1). Mit diesem verschobenen Denken ist es möglich, Befindlichkeiten der vermeintlich privaten Sphäre zu entreißen und in einen kulturellen und politischen Zusammenhang unserer Zeit zu stellen. Mit einem Slogan lässt sich dieser Ansatz pointiert auf den Punkt bringen: „Depressed? It Might Be Political!“ (ebd. 2).

So kann Burnout als Phänomen gelesen werden, das durch die aktuellen neoliberalen Verhältnisse erst produziert wird.[95] Es kann als stille Anklage überfordernder und krankmachender Lebens- und Arbeitsbedingungen interpretiert werden. Dabei ist dieser besondere Zustand der Erschöpfung nicht zwingend einem Zuviel an Arbeit geschuldet, sondern vielmehr dem Zwang und dem Entsprechen des neoliberalen Ideals, ein autonomes, selbstverantwortliches und in jeder nur vorstellbaren Situation entscheidungsfähiges Subjekt sein zu müssen (vgl. Ehrenberg 2008).

Ich erachte es daher als eine psychotherapeutische Aufgabe, in dieser Art Gegenentwürfe für Krankheitsursachen anzubieten, um das vermeintlich private, individuelle Versagen oder Nichtentsprechen zu erschüttern und gegebenenfalls auch politische Handlungsfähigkeit anzudenken. Diese Fokusverschiebung erlaubt das Erweitern des psychotherapeutischen Wissens, das der Psychotherapie neue therapeutische Zugänge eröffnet: „Durch die Konstruktion von Erzählungen, in denen Prozesse der Machtausübung betont werden, kann individuelles Leid oft reduziert und politisches Handeln angeregt werden“ (Gergen/Gergen 2009, 52). Beispielsweise die Frage, „Inwiefern sehen Sie einen Zusammenhang zwischen Ihrem Problem, Ihrer Befindlichkeit oder Lebenssitua-

95 Und die Produktivität setzt sich insofern fort, als in Österreich „seit 2002“ (vgl. Lenz 2015) Rehabilitationskliniken zur Behandlung dieser Zustände „wie Schwammerl aus dem Boden schießen“, die einerseits einen Behandlungsmarkt und andererseits Psy-Arbeitsplätze in einem bisher ungeahnten Ausmaß zu schaffen in der Lage sind. Parallel dazu wird diskursiv die Pflege der Psyche kolportiert, damit es erst gar nicht zu einer tatsächlichen Erkrankung kommen kann. Dies mündet in der Psychotherapie für „Normale“ und kulminiert in ihrer Funktion des Führens der Führungen – gerade unter widrigen Umständen.

tion und der aktuellen gesellschaftspolitischen Situation?", lässt mitunter erstaunliche Ideen entstehen.

In diesem Sinne bedeutet die Psychotherapie als radikale Politisierung des Alltags zu verstehen eine doppelte, ineinander verschachtelte Fragestellung. Zum einen wird nach den gesellschaftspolitischen Verhältnissen und deren subjektkonstruierenden und -konstituierenden Strukturierungen gefragt, die das Individuum erst intelligibel machen. Anders formuliert: *Wer* und *wie* kann ich in dieser historischen Epoche sein, um als legitimes Subjekt anerkannt zu sein? Zum anderen, aber in einem zirkulären Zusammenhang mit der vorangegangenen Fragestellung, ist nach dem individuellen Selbstverständnis zu fragen: *Wie* verstehe ich mich selbst und wodurch wurde und wird dieses Selbstverständnis anerkannt, befördert, begrenzt oder sanktioniert? Hier gilt es in der Psychotherapie einen Zusammenhang zwischen dem individuellen Sein und seinen Befindlichkeiten und Leidenszuständen und dem gesellschaftspolitischen Kontext herzustellen.

Psychische Befindlichkeiten, als Spiegel historischer Machtverhältnisse gelesen, können so im psychotherapeutischen Kontext zu einer politischen Mobilisierung transformiert werden. Denn die ganz unmittelbaren Affekte der Trauer, des Schmerzes, der Angst und des Nichtgenügens können als Ausgangspunkte politischen Handelns dienen und in eine „Erzeugung von Strukturen affektiver Gemeinsamkeit" (Grossberg 2000, 192) übersetzt werden.

Zum Abschluss dieses Kapitels erlaube ich mir noch einige Aspekte anzudenken, die meines Erachtens für einen Kurswechsel der psychotherapeutischen Berufspolitik überlegenswert sind.

Neue politische Wege des psychotherapeutischen Berufstandes – Einladungen zum Weiterdenken

„In der Politik geht es vielmehr um Forderungen und Urteile – und den Mut – sie zu stellen bzw. zu fällen –, die nicht durch objektive Kriterien oder Regeln abgesichert sind.“
Linda Zerilli 2010, 238

Einer Psychotherapie, die sich dem Anspruch der Emanzipation verschreibt, ist in neoliberalen Zeiten eine Ambivalenz immanent. Auf der einen Seite liegt das Wahrheitswissen eines Potentials, das im Psychischen lokalisiert wird und so zu einer erweiterten Handlungsfähigkeit führen soll, während auf der anderen Seite die zugespitzte Bedeutung der Psyche im Neoliberalismus Gefahr läuft, die Einzelnen erst recht auf sich selbst zurückzuwerfen. So könnte jegliches Verantwortungsgefühl für einander oder solidarisches Handeln obsolet werden. Denn wenn die Lösung in jeder Person selbst zu finden sei, bräuchte es keine wohlfahrtsstaatlichen Sicherungssysteme mehr, weil jede dann, so sie bereit ist, an sich zu arbeiten (!), alles erreichen könnte. Letztlich bedeutete es, dass diejenigen, die in diesem Gesellschaftssystem auf der Strecke bleiben, die sind, die sich nicht mit ihrer Innerlichkeit beschäftigen können oder wollen.

Die zentrale Herausforderung für eine psychotherapeutische Berufsgruppe in neoliberalen Zeiten liegt darin, aus den gewohnten Spuren der Verbreitung herauszutreten, um einen distanzierten Blick auf das eigene Handeln, seine gesellschaftliche Funktion und die damit verbundene Macht werfen zu können. Dass sie sich aktuell zu sehr um die neoliberalen Paradigmen der Selbstsorge und -verantwortung gruppiert, habe ich herausgearbeitet. Demgegenüber lässt sich mit der Machtkonzeption Foucaults die Möglichkeit denken, eine politische Position zu entwickeln, die es der

Psychotherapie erlaubt, sich an Kämpfen zu beteiligen, um „die Dinge umzugestalten" (MFSMP 916).

Im Sinne einer potentiellen Umgestaltung möchte ich daher vorschlagen, die Psychotherapie nicht nur als eine Option der Krankenbehandlung und/oder als eine Arbeit im weiten Feld des „Normalen" menschlicher Alltagsprobleme und Selbstoptimierungen zu verstehen, sondern als eine Bürgerinnenemanzipationsbewegung, die sich den Möglichkeiten eines guten Lebens verschreibt.

Um hier nicht der Entstehung eines Missverständnisses Vorschub zu leisten: Wenn ich den Terminus „gutes Leben" verwende, beziehe ich mich nicht auf die berühmte Aussage von Theodor Adorno „Es gibt kein richtiges Leben im falschen" (2014, 42). Ich stelle also nicht „gut" mit „richtig" gleich. Ich meine mit einem guten Leben auch kein neues Konzept von Gesellschaft, das allen ihren Mitgliedern ein derartiges, wie immer es fantasiert wird, garantieren könnte. Mir geht es vielmehr um die Frage, welchen Beitrag ein politischer psychotherapeutischer Berufsstand leisten könnte, der, Emanzipation ernst nehmend, nach Bedingungen eines möglichst guten Lebens – jenseits neoliberaler Glücksversprechungen – *fragt* und *sucht*.

Es handelt sich also um das Ausloten einer politischen (Kampf-)Position, die über die hegemoniale Autonomievorstellung ebenso hinausgeht wie über einen vermeintlich möglichen resignativen Rückzug aus den aktuell herrschenden Machtverhältnissen. Anders formuliert: Welche Überlegungen und Modifikationen berufspolitischer Art sind notwendig, um „ein Stückchen des emanzipativen Glücksversprechens" (A.G. Gender-Killer 2011, 7) gerade in neoliberalen Zeiten lebendig werden zu lassen? Für diese Auseinandersetzung möchte ich ein paar Diskussionspunkte anbieten.

Die psychotherapeutische Macht als Grundlage für Widerstand

Die Zumutungen, denen die Subjekte in ökonomischen Krisenzeiten verstärkt ausgesetzt sind und die in dramatischer Weise ihre Lebensverhältnisse bestimmen, dürfen nicht dazu führen, dass die Psychotherapie selbige in einer noch nie dagewesenen Intensität für sich *verbucht* – und zwar in der doppelten Bedeutung dieses Wortes, nämlich durch monetären Zugewinn und die Ausweitung der psycho-logischen Deutungshoheit in soziale Sphären, die ihr lange Zeit verschlossen waren.

Die Psychotherapie ist vielmehr aufgefordert, nach den Bedingungen und Umständen zu fragen, die sowohl der aktuell ausgemachten explosionsartigen Zunahme behandlungsbedürftiger Personen als auch dem verbreiteten Bedürfnis nach psychischer Transformation im Sinne der Selbstoptimierung zugrunde liegen. Dies ermöglicht es, eine gesellschaftskritische Position einzunehmen und Formen des Widerstands zu denken.

Gerade weil sich im psychotherapeutischen Setting Machtverhältnisse sowohl in leidvollen Zuständen als auch in Selbstoptimierungsbestrebungen zeigen, ist die Psychotherapie prädestiniert, sich in aktuelle Aushandlungs- und Machtkämpfe einzumischen. Denn als Psychotherapeutinnen tragen wir „Mitverantwortung für den Kulturbereich, in dem wir tätig sind" (Hardt 2012, 49). Es ist eine psychotherapeutische Pflicht sich mit den gesellschaftspolitischen Verhältnissen in kritischer Art und Weise auseinanderzusetzen, gerade weil das Psycho-logische mit den aktuellen Regierungsweisen aufs Engste verstrickt ist.

Insofern braucht es meines Erachtens dringend einen Aufschrei gegen die „Grammatik der Härte" (Fach 2000, 114 ff.) des neoliberalen Regimes, und zwar speziell von psychotherapeutischer Seite, die die Auswirkungen dieser gesellschaftspolitischen Situation hautnah serviert bekommt. Es ist die Aufgabe der Psychotherapie, ihr Wissen von der gelebten Realität dieser Machtverhältnisse zur Leitlinie ihres politischen Handelns zu machen (vgl. Sennett 2008, 588).

Es geht also darum, eine „überzeugende Kampfposition" (Fuchs 2011, 33) zu entwickeln, sich in gesellschaftliche Prozesse einzumischen und sich zu positionieren und so auf die Produktion von Wissen, Wahrheit und Wirklichkeit Einfluss zu nehmen. Dabei gilt es insbesondere

> „die Wechselwirkung zwischen diesen beiden Technikformen – Herrschaftstechniken und Selbsttechniken – [zu] untersuchen. Man muss die Punkte analysieren, an denen die Techniken der Herrschaft über Individuen sich der Prozesse bedienen, in denen das Individuum auf sich selbst einwirkt. Und umgekehrt muss man jene Punkte betrachten, in denen die Selbsttechnologien in Zwangs- und Herrschaftsstrukturen integriert werden (Foucault, zit. n. Dahlmanns 2008, 102).

Ein Beispiel, wie sich die Psychotherapie in Zwangs- und Herrschaftsstrukturen integriert, habe ich mit der verpflichtenden Psychotherapie für den Bezug des Rehabilitationsgeldes – als dessen Zuspitzung – aufgezeigt. Auf weite Strecken handelt es sich bei dieser Maßnahme um eine Psychotherapeutisierung sozialer Ungleichheit, in der benachteiligte Personengruppen zurechtgemacht werden (vgl. Heiter 2008, 58), damit sie den neoliberalen Paradigmen der Selbstverantwortung und Selbstsorge wieder oder weiter folgen – gerade unter den widrigen Umständen ökonomischer Krisensituationen. Innerhalb dieser geraten Menschen verstärkt in prekäre Lebenssituationen und sind schnell mit der Anregung oder Verpflichtung, „… doch eine Therapie zu machen", konfrontiert. So wird in schwierigen Zeiten der Druck auf die Einzelne erst recht verstärkt, indem signalisiert wird, dass es in der eigenen Hand läge, einen Job zu finden, prekäre Arbeitsverhältnisse besser zu managen, Sorgearbeit und Beruf gelassen zu vereinbaren ebenso wie gesund zu werden und/oder zu bleiben.

Es liegt in der Verantwortung der Psychotherapie, sich diesem Individualisierungsdispositiv ein Stück weit zu verweigern und die gesellschaftspolitischen Ursachen und Zusammenhänge aufzuzeigen, die dem aktuell ausgemachten Anstieg psychischer „Störungen" zugrunde liegen. Es geht also um die berufspolitische Aktivität, die krankmachenden Verhältnisse des Kapitalismus sowohl mit den Leidenszuständen als auch mit den Selbstoptimierungsbestrebungen der Subjekte in Verbindung zu bringen. Zielführend erscheint es, ein Wissen zu positionieren und zu streuen, das die gesellschaftlichen Verhältnisse als krankmachende Bedingungen in den Fokus der Aufmerksamkeit rückt und nicht das vermeintlich individuelle

Versagen oftmals benachteiligter Personengruppen.

Derart kann sich die Psychotherapie in die politischen Wahrheitsspiele einmischen, die sich in Theorien und Praxen ebenso zeigen, wie in (sozialversicherungstechnischen) Aushandlungsprozessen und dem Lukrieren von monetären Mitteln. Betont werden muss an dieser Stelle, dass es sich bei diesen Wahrheitsspielen um das Verhandeln aktueller Subjektivität dreht. Mit Foucault gesprochen, steht nicht weniger auf dem Spiel als die „Politik unserer Selbst" (Foucault, zit. n. Lagrange 1990, 60).

Angedacht habe ich dafür ein psychotherapeutisches Verständnis, das seine Aufmerksamkeit vom Individuum hin zur Gesellschaft verschiebt. Da die Psychotherapie an der neoliberalen Subjektivierung zentral beteiligt ist, entkommt sie in diesem Prozess keinesfalls der Selbstkritik, wie bereits deutlich geworden sein sollte.

Eine politische Berufsgruppe, die aus dem Neoliberalismus hinausweisen möchte, ist meines Erachtens gefordert, sich – als ersten Schritt – der zwangsweisen Psychotherapie zu verweigern[96]:

96 Auch mit dem Risiko, dass sich eine andere Psy-Profession dieser fragwürdigen Aufgabe an- und den damit verbundenen monetären Ertrag entgegennimmt.

„Nein sagen stellt die Minimalform eines Widerstandes dar. [...] Man muss nein sagen und aus diesem Nein eine Form entschiedenen Widerstands machen" (MFSMP 917).

Der weiterführende Widerstand könnte derart gestaltet sein, dass die psychotherapeutische Berufsvertretung die neoliberale Existenzweise öffentlich als überfordernde und krankmachende deutlich macht, angreift und kritisiert. Hierzu zählen die Thematisierung der extremen Expansion der Lohnarbeitszeit auf die gesamte Lebenszeit, die sich durch die Aufhebung der Grenze von Erwerbsarbeitszeit und Freizeit ergibt, die allgemeine Entwertung der Arbeitsverhältnisse, die Deregulierungen und Prekarisierungen zur Folge haben, die kapitalistische Enteignung vormals öffentlicher Dienste und Güter sowie letztlich die Kapitalisierung der Kommunikation im weitesten Sinne des Wortes (vgl. Seibert 2015, 144).

In Form von Anklage und Kritik darf sich der psychotherapeutische Widerstand allerdings nicht erschöpfen. Vielmehr sind alternative Ideen und Konzepte gegen die Psychotherapeutisierung des Sozialen zu entwerfen.

Eine Option wäre das politische Starkmachen für ein bedingungsloses Grundeinkommen. Dass dies eine äußerst unpopuläre Forderung darstellt, ist mir bewusst, dröhnt es doch von überall her: „Arbeit muss sich wieder lohnen!" Wie die Politikwissenschaftlerin Monika Mokre polemisch feststellt, eignet sich dieser beliebte Slogan besonders gut – gegen die Reichen, die keine Steuern zahlen, gegen die Armen, die von der Mindestsicherung zu leben versuchen, gegen Korruption oder gegen die Migrantinnen, die uns angeblich die Arbeit wegnehmen (vgl. 2013, 25). Ich schließe mich Mokre an, wenn sie behauptet, dass sich Arbeit im Kapitalismus „noch nie" (ebd.) gelohnt habe, insbesondere nicht für den überwiegenden Teil der Bevölkerung, der durch seine eingesetzte Arbeitskraft zwar den Mehrwert erarbeitet, allerdings nur in äußerst minimalem Ausmaß selbst davon profitiert.

Gerade in kapitalistischen Zeiten neoliberaler Prägung spitzt sich die „wachsende Ungleichheit in unserer Gesellschaft" (vgl. Stiglitz 2015) durch Deregulierung und Prekarisierung von Erwerbsarbeit extrem zu, weshalb die Schere zwischen Arm und Reich immer weiter aufgeht und der Druck auf besonders benachteiligte Personengruppen weiter zunimmt. Im psychotherapeutischen Praxisalltag spiegeln sich die Auswirkungen dieser Regierungsweisen, die von Selbstausbeutung, Konkurrenzdruck und unaufhörlichen Leistungs- und Aktivitätsaufforderungen gekennzeichnet sind. Gerade weil Emanzipationsbestrebungen meines Erachtens nicht ohne Gerechtigkeitsfragen auskommen, plädiere

ich für die Entkoppelung von Erwerbsarbeit und Lebensunterhalt.

Die Erwerbsarbeit als einzige Form der Anerkennung hochzustilisieren, wie ich es immer wieder (nicht nur) im psychosozialen Feld erlebe, ist vielleicht sogar das zentrale Problem. Denn dabei gerät sowohl die spezifische Entstehungsgeschichte dieses gesellschaftlichen Anerkennungsmodus als auch seine aktuelle Verschränkung mit den neoliberalen Paradigmen aus dem Blickfeld. Gerade das Denken Foucaults erinnert daran, dass „nichts als Wissenselement auftreten [kann], wenn es nicht mit einem System spezifischer Regeln und Zwängen konform geht" (WiK 33), die sich in „Nötigungen oder Anreizungen" (ebd.) entfalten. Der hochstilisierte Vergesellschaftungsmodus der Erwerbsarbeit, gepaart mit der politischen Entscheidung einer beinahe uneingeschränkten Freiheit des Marktes, der immer mehr Arbeitnehmerinnenrechte und -schutzbestimmungen zu zerstören vermag, ermöglicht das aktuell zunehmende Ausmaß prekärer Arbeitsverhältnisse und die Hervorbringung einer großen Anzahl an *Woorking Poor.* Ein bedingungsloses Grundeinkommen, von dem tatsächlich gelebt werden kann, würde diesen Prozess entschärfen und den Arbeitsmarkt selbst gerechter werden lassen.

Obwohl es hier natürlich eine Menge zu diskutieren gäbe, eine weitere Auseinandersetzung allerdings den Rahmen dieser Arbeit bei weitem sprengen würde, möchte ich das bedingungslose Grundeinkommen als zentrale Forderung einer politisch emanzipatorischen Psychotherapie positionieren.[97] Es kann meiner Einschätzung nach deshalb als emanzipatorisches Potential fungieren, weil es den Zwang, ein neoliberales Subjekt zu werden, ein Stück weit abzufedern vermag und dadurch nicht nur – aber auch – das Potential für ein Mehr an Freiheit und individueller Lebensgestaltung eröffnet.

Eine Ausbildungsreform

Weil jede Psychotherapieausbildung der Denklogik ihrer jeweiligen Schule folgt, liegt der Lehrfokus weitgehend auf diesem umgrenzten und oftmals abgeschirmten Wissensfeld. Ob dieser Begrenzungen innerhalb des psychotherapeutischen Feldes sowie auch der nach außen zu benachbarten Disziplinen erachte ich es als notwendig, die psychotherapeutische Ausbildung grundlegend zu modifizieren, und zwar in mehrfacher Hinsicht.

Über weite Strecken scheint es, dass viele Kolleginnen ein äußerst differenziertes Wissen der psycho-logischen Terminologie haben, sie kennen aber „oft nicht die gesellschaftswissenschaftliche" (Jacoby 1978, 21). Damit ist die Gefahr verbunden, dass die Psychotherapie zu einer reinen Technik verkommt (vielleicht sogar schon verkommen ist), die den herrschenden Machtverhältnissen kritiklos zuarbeitet.

Auf theoretischer Ebene erscheint mir daher die Auseinandersetzung mit drei Themenkomplexen unerlässlich. Es sind dies

97 Vgl. zum Thema „Bedingungsloses Grundeinkommen" beispielsweise die Einführung von Karl Reitter (2012), ebenfalls bei kritik&utopie im Mandelbaum Verlag erschienen.

erstens das Selbstverständnis der Psychotherapie selbst, zweitens die Auseinandersetzung mit gesellschaftlichen Strukturierungs- und Differenzierungslinien, die sich um die Kategorien Geschlecht, Sexualität, Ethnizität und die geopolitische Verortung gruppieren, und drittens die Ausbildung beziehungsweise voranschreitende Akademisierung, die ich hier kurz anreißen möchte.

Zum ersten Themenkomplex: Die psychotherapeutische Bearbeitung psychischer Probleme ist in ihrer aktuellen Praxis (zumindest im österreichischen Kontext) mittlerweile weitgehend dem medizinischen Paradigma angeglichen als eine Art Medikalisierung, die „in gewissen Dosierungen zu bestimmten Zeitpunkten verabreicht wird und dessen Wirkungen durch Vorher-Nachher-Vergleiche untersucht werden [sollten]" (Levold 2014, 51). Das medizinische Denkmodell gründet auf einer Logik, die sich auf das (Diagnose-)Wissen der Ärztin mit ihrer anschließenden Behandlung, im Sinne der Erleichterung oder Befreiung von der Erkrankung, stützt. Es ist zu fragen, ob sich die Psychotherapie diesem Wenn-Dann-Denken anzuschließen gedenkt (oder schon angeschlossen hat).[98] Wenn diese Frage mit Ja beantwortet wird, kann die Psychotherapie nichts anderes sein als ein technisch orientierter „Reparaturbetrieb gesellschaftlicher Schädigungen" (Hardt 2011, 273). So diese Frage verneint wird, muss sie sich darauf besinnen, dass sie, so wie die Psychologie und die Psychiatrie, einer zugrundeliegenden Paradoxie unterworfen ist. Denn alle drei Disziplinen

> „untersuchen ‚Phänomene', die für sie gar keine Phänomene sind – fremde seelische Ereignisse. Man kann die Psyche eines anderen Menschen nicht direkt beobachten, sondern immer nur aus seinem Verhalten in der Kommunikation auf ihre

98 Diese Richtungsfrage wird in Deutschland sehr breit und kontrovers diskutiert (vgl. etwa Schröder 2014).

> Struktur und Dynamik schließen. Man konstruiert Erklärungen für ein Verhalten, das nicht den üblichen Erwartungen entspricht, und man könnte immer auch andere Erklärungen dafür konstruieren" (Simon 2001, I).

Insofern lässt sich die Psyche ausschließlich als artikulierte Kategorie erfassen, weil sie nie in „reiner" Form in Erscheinung tritt. Zwar gibt es Konzepte, die psychische Phänomene zu erklären *versuchen*, aber diese bleiben immer *vorläufig* und können nicht festgezurrt und fixiert werden. Ob der zentralen Bedeutung dieser Überlegung, erlaube ich mir ein zweites längeres Zitat, das diese Thematik auf den Punkt bringt:

> „Schon weil psychische Probleme immer nur über den Umweg der Kommunikation dem Therapeuten zugänglich sind, und die Phänomene, die den Leidensdruck des Patienten erzeugen und schließlich ‚Problem' genannt werden, in ihrer Kausalität weder für ihren Besitzer noch für den Therapeuten durchschaubar sind, ja vom Patienten oft nicht einmal nachvollziehbar beschrieben werden können, bleiben sie vage und unbestimmt. Der Psychotherapeut ist auf seine Empathie angewiesen, er muss Perspektivübernahmen vollziehen, historische Entwicklungen und nicht in die erzählte Krankengeschichte aufgenommene Kontextvariablen hinzudenken und mitkalkulieren, vorläufige und nicht abschließbare Interpretationen anbieten, die immer auf höchst unvollständigen und vieldeutigen, oft widersprüchlichen Informationen beruhen." (Simon 2011, 8 f.)

Deshalb stellt die Psychotherapie – nicht mehr, aber auch nicht weniger – einen *Versuch* dar, psychische Probleme und Phänomene zu verstehen beziehungsweise zu verändern, und zwar mittels hermeneutischer, an Sinnfragen orientierter Vorgehensweisen (vgl. Levold 2014, 52). Dabei ist es unerlässlich, sich zu vergegenwärtigen, dass sich die von der Psychotherapeutin angebotenen Interpretationen, die Fragen nach dem Sinn sowie die angewandten psychotherapeutischen Vorgehensweisen aus den jeweils diskursiv wirkmächtigen Wissenskomplexen, also aus der geltenden, legitimierten Rationalität, heraus speisen.

Das verweist auf den Zusammenhang, wie sehr psycho-logische Deutungen und Konzepte in die gesellschaftspolitischen Verhältnisse eingelassen sind. Deutlich machen lässt sich dies, wenn daran gedacht wird, dass die Frage *„Bad or mad?"* in Bezug auf straffällig gewordene Personen im medialen und damit öffentlichen Diskurs äußerst präsent ist. Durch die zunehmende Bedeutung des Psychischen kommt kein Straftäter[99] an einer Psy-Profes-
 sion vorbei. Bei dem *Versuch,* das Psychische zu erkennen und zu beschreiben, zeigt sich auf der einen Seite „die Idee der ‚psychischen Krankheit', auf der anderen Seite die der ‚Bosheit'. Und je nachdem, welche Erklärung als plausibel erscheint, werden Taten und Untaten einmal als Verbrechen, das andere Mal als Symptome bewertet" (Simon 2001). Dass dieser Grad mitunter äußerst schmal sein kann und erhebliche Konsequenzen für das unmittelbare Leben der untersuchten Personen bedeutet, muss nicht extra herausgestrichen werden.

Eine Psychotherapie, deren Theorien und Praktiken an Befreiung und Emanzipation orientiert sind, wird also nicht umhin kommen, ihre Aufgabe als einen *Versuch* zu begreifen, die „vagen Dinge" (Fuchs 2011) des Psychischen zu verstehen und bei problematischen Ausformungen im besten Fall in „bearbeitbare und bewältigbare" (Simon 2011) zu transformieren helfen.

Dafür erscheint es meines Erachtens unerlässlich, die Kommunikation im weitesten Sinne des Wortes mit sozial- und politikwissenschaftlichen sowie philosophischen Nachbardisziplinen

99 Hier verwende ich die männliche Form, weil tatsächlich mehr Männer mit dem Gesetz in Konflikt geraten.

zu suchen. Es gilt, sich ich für eine Rückkehr der Sozial- und Geisteswissenschaften in den psychotherapeutischen Lehr- und Forschungsdiskurs einzusetzen.

Das impliziert zwangsläufig die Eröffnung einer machtpolitischen Arena, wie sie das wissenschaftliche Feld grundsätzlich darstellt, wo um Deutungsmacht, Anerkennung und Reputation gekämpft wird und wo sich Wissen nur dann in Wahrheitswissen verwandeln kann, wenn es ganz bestimmten sozialen Regeln gehorcht.

Dies führt mich zum zweiten Themenkomplex, der zwar mit der eben geäußerten Forderung verbunden ist, dennoch extra hervorgehoben werden soll: Wie anderes Wissen und wissenschaftliche Disziplinen sind auch psychotherapeutische Theorien nicht frei von Sexismen, Rassismen und Klassismen. Sie sind nicht neutral. Es kann davon ausgegangen werden, dass ihre Grundlagen, wie im Wissenschaftsbetrieb weitegehend ebenso, einer euro- und androzentrischen Orientierung folgen. Das heißt, dass sie an Diskriminierungen und Ausschlüssen beteiligt sind. Diese Thematik ist eine unterbelichtete im fachspezifischen Diskurs. Feministische, queere, postkoloniale und klassenspezifische Themenkomplexe erscheinen daher zumeist als Sonderdiskurs und werden außerhalb des Allgemeingültigen psychotherapeutischer Lehrinhalte und Fortbildungen platziert.

Neben der in jeder Wissenschaft stattfindenden Kämpfe um Reputation, Anerkennung und Deutungshoheit – kurz um Macht –, liegt es in der Verantwortung einer emanzipatorischen Psychotherapie, „unterdrücktes Wissen" (White/Epston 1998, 49) aktiv in den Diskurs hereinzuholen. Eine verantwortungsvolle, emanzipatorische Psychotherapie ist gefordert, für umfassende Ausbildungsinhalte Sorge zu tragen, die ein inter- und transdisziplinäres Nachdenken und Forschen ermöglichen. Gerade weil Wissenschaft „keine allgemeine Metasprache" (Lyotard 2012, 150) kennt, kreist das legitimierte Wissen unaufhörlich um die Macht. Insofern heißt es, aktiv zu fördern, dass Wissensformen, die nicht dem herrschenden Kanon folgen, ebenfalls gehört werden und ihren legitimen Platz im psychotherapeutischen Diskurs finden können.

Dafür ist die Auseinandersetzung, wie sich psychotherapeutisches Grundlagenwissen konstituiert und ordnet, essentiell.[100] Denn es ist zu fragen, nach welchen Kriterien sich das psychotherapeutische Wissen kanonisiert und welche Denkoptionen und Erkenntnisse ausgeschlossen werden? Wer bestimmt die Kriterien in diesem Vorgang der Kanonisierung? Durch welche Strategien und Taktiken imprägniert sich das psychotherapeutische Wissen gegenüber neuem Denken und Kritik? Wie kann es gelingen, das Wissensterrain offen zu halten und so gegen die Gefahren der Erstarrung und der sozialen Wissensschließung abzusichern? Welche Fragen werden im psychotherapeutischen Denkhorizont als legitim befunden und welche nicht? Welche Antworten versucht die in Akademisierung befindliche Psychotherapie zu geben, in einer Welt, die aktuell durch eine Gleichzeitigkeit globalisierender, homogenisierender, fragmentierender und segregierender Prozesse gekennzeichnet ist? Oder anders gefragt, wem sollen Antworten und Erklärungsmodelle angeboten werden, an wen richten sie sich überhaupt? Und als zentrale Überlegung erscheint es unerlässlich, darüber nachzudenken, wem gegenüber sich der psychotherapeutische Diskurs mit seiner Wissensproduktion verantwortlich denkt und fühlt. Und umgekehrt, welche Verantwortlichkeit wird von ihm selbst anerkannt und angenommen?

Verdichtet gesprochen: Legitimierte Wissenssysteme sind zwangsläufig Machtsysteme. Das ist insbesondere für den psycho-

100 Wie sich ein Wissen durch Akademisierung verändert, hat Sabine Hark für den akademisch gewordenen Feminismus wunderbar nachvollzogen (vgl. 2005). Ihre Überlegungen sind in diesen Absatz eingeflossen.

logischen Bereich von außerordentlicher Relevanz. Denn psychologische Erkenntnisse und Wahrheiten greifen auf den „Gegenstand" ihrer Untersuchungen und Feststellungen – also auf das Individuum – ein und verändern ihn (vgl. Mader 2010, 62 f.). Insofern haben sie konkrete Auswirkungen auf das unmittelbare Leben der Menschen und die Gesellschaft insgesamt. Deshalb ist es unverzichtbar, eine „permanente Kritik unserer selbst" (WiA 700) dem produzierten (Wahrheits-)Wissen gegenüber lebendig zu erhalten.[101] Dazu zählt auf ganz zentrale Weise die geschichtli-

101 Als Beispiel hegemonialen Wissens innerhalb der Psy-Professionen erinnere ich an eine Diskussionsrunde, in der sich die Frage nach der Legitimität der zwangsweisen Psychotherapie zur Wiederherstellung der Arbeitsfähigkeit stellte. Dabei warf ich die Frage in die Runde, wieso *wir*, also die Protagonistinnen der Psy-Disziplinen, der Erwerbsarbeit denn eigentlich einen derart hohen Stellenwert zuschrieben, wo sie doch so viel Leid – im Sinne von Ungerechtigkeit und Ausbeutung – produziere. In weitgehender Übereinstimmung kam die vorwurfsvolle Antwort, dass Erwerbsarbeit doch sinnstiftend sei, das wisse doch jede! – Wie kommt es, dass sich gerade die Psy-Professionen, die sich elementar mit Sinnfragen beschäftigen, Erwerbsarbeit derart hochhalten, wo doch spätestens seit Marx davon ausgegangen werden kann, dass die Mehrheit der Bevölkerung, nämlich die, die den sogenannten Mehrwert erarbeitet, gerade nicht die Gruppe ist, die von ihm profitiert? Woher sollte also der Sinn kommen oder um welche Art von Sinn sollte es hier gehen? Wieso erachten es die Psy-Professionen dermaßen engagiert als ihre Aufgabe, Arbeitsfähigkeit (wieder-)herzustellen oder aufrechtzuerhalten, und das gerade in Zeiten, wo es mehr als offensichtlich ist, dass die Möglichkeiten, einer Erwerbsarbeit nachzugehen, rapide sinken, etwa durch das Voranschreiten der Elektronisierung und die damit verbundene Abnahme von Arbeitsplätzen? Hier lässt sich erkennen, wie sehr die Wissenschaften vom Menschen von Anfang an, um es salopp zu formulieren, mit der Macht „unter einer Decke stecken". Denn erst mit der Industrialisierung wurde die Psychologie salonfähig, weil es erforderlich wurde, das Verhältnis zwischen Mensch und Maschine näher zu bestimmten. Und auch der Vor-

che Bedingtheit des psychotherapeutischen Wissens. Seiner historischen Gültigkeit ist daher einem universalen ahistorischen Wissen gegenüber der Vorzug einzuräumen.

Das führt unmittelbar zur dritten Thematik innerhalb des psychotherapeutischen Feldes, nämlich der des Ausbildungskontextes. Die Psychotherapie ist in Österreich per Gesetz der ärztlichen Hilfe gleichgestellt, und dennoch ist eine Psychotherapieausbildung nicht wie das Medizinstudium an einer öffentlichen Universität möglich. Meines Erachtens braucht es hier dringend eine Reform. So sich die Psychotherapie zu akademisieren strebt, und alle Anzeichen weisen in diese Richtung, ist sie an einer *öffentlichen* Universität oder Fachhochschule zu installieren. Es muss dafür gearbeitet und gekämpft werden, die Ausbildung zur Psychotherapeutin jenseits privat organisierter Institutionen, also unabhängig von finanzieller Potenz, absolvieren zu können. Das würde einer emanzipatorisch orientierten Psychotherapie gerecht werden und zugleich ein markantes bildungspolitisches Signal setzen. Denn es erscheint heute mehr denn je notwendig zu verhindern, dass sich der Gedanke ausweitet und normalisiert, dass Wissen ein Gut darstellt, für das individuell bezahlt werden muss (vgl. Hark 2005, 379).

abend der modernen Psychiatrie, also die Zeit rund um Philippe Pinel, war in erster Linie damit beschäftigt, die Irren einem regelmäßigen Arbeitsablauf zu unterwerfen. Das hat sich ganz offensichtlich bis heute nicht verändert.

Zudem wäre es angesichts der weitgehenden hegemonialen Überhöhung von Erwerbsarbeit innerhalb der Psy-Professionen zu reflektieren, welche Arbeit überhaupt als Erwerbsarbeit gilt, also monetär bewertet wird, und welche nicht oder nur sehr minimal. Dies würde den vergeschlechtlichten und vergeschechtlichenden Aspekt von Arbeit zutage fördern und den Fragenkomplex aufwerfen, von welchem Arbeitsbegriff der psychosoziale Diskurs eigentlich ausgeht …

Ein öffentlicher Zugang zur Psychotherapieausbildung würde meines Erachtens den Wissensradius der Psychotherapie insgesamt erweitern. Wenn nämlich das Studium allgemein zugänglich wird und nicht wie derzeit einer kapitalistischen Selektion folgt, die in einen „bürgerlich geprägten" (vgl. Kommentar zu Schröder 2014) Berufstand mündet, würden andere Fragen und theoretische Auseinandersetzungen virulent. Insbesondere in Zeiten, wo zunehmend soziale Problematiken therapiert werden (sollen) und daher ganz unterschiedliche soziale Klassen im psychotherapeutischen Prozess aufeinanderprallen, erscheint mir dieser Themenkomplex zum Weiterdenken unverzichtbar.

Kurzum: Der psychotherapeutische Ausbildungsmarkt, der wie kaum ein anderer innerhalb der psychosozialen Szene der kapitalistischen Logik folgt, ist letztlich aufgefordert, sich selbst aus dem neoliberalen Paradigma als strukturierendem Ideal zu emanzipieren …

Die Psychotherapie als kapitalismuskritische Gesellschaftstheorie?

Eine Psychotherapie, die sich in gesellschaftskritischer Weise als Bürgerinnenemanzipationsbewegung versteht, kann sich nicht damit begnügen, das neoliberale Kosten-Nutzen-Kalkül, mit dem sie selbst aufs Engste verstrickt ist, zu skandalisieren. Sie kommt nicht umhin, das kapitalistische System selbst, aktuell mit neoliberalem Gesicht, abschaffen zu wollen. Denn eine Gesellschaft, die auf einer Ökonomie gründet, die nicht den menschlichen Bedürfnissen entsprechend produziert, sondern der Profitmaximierung gehorcht und Erwerbsarbeit zum einzigen Vergesellschaftungsmodus hochstilisiert, zementiert Bedingungen, die zwangsläufig die Grenzen der Norm enger ziehen und so immer mehr Verliererinnen und Kranke produzieren.

Aktuell profitiert die Psychotherapie von dieser Entwicklung, die ein normiertes, individuelles, autonomes Subjekt beschwört, das sich allerdings weniger als integrativer Faktor, sondern vielmehr als „Privileg einer kleinen Gruppe“ (Meißner 2015) erweist. Insofern ist eine emanzipatorische Psychotherapie herausgefordert, politische Kämpfe in einer Weise zu verfolgen, welche die Möglichkeiten, ein gutes Leben zu führen, „maximiert“ (Butler 2009, 20).

Wenn eine emanzipatorische Psychotherapie den Mut hat, sich „gegen die Privilegien des Wissens“ (SuM 274) zu stellen, um aus den neoliberalen Verhältnissen hinauszuweisen, ist sie aufgerufen, in neuer Weise politisch aktiv zu werden. Es gilt, nach Wegen und Möglichkeiten zu suchen, auf die aktuellen Machtverhältnisse Ein-

fluss zu nehmen, indem, wie vorschlagen, „die Selbstbestimmung der Subjekte auf der praktischen Anerkennung und bewussten Gestaltung ihrer konstitutiven Angewiesenheit auf Andere“ (vgl. Meißner 2010, 276) fußt. Dadurch kann das Individuum in seiner umfassenden Verschränkung mit der Gesellschaft und folglich die Solidarität selbst als „die Wurzel der Kultur“ (Hardt 2012, 48) behauptet werden. Ergo bedeutet das die Menschen vereinzelnde neoliberale Regime „einen Angriff auf die Kultur selbst“ (ebd.).

Gerade weil die Psychotherapie ein Ort ist, an dem sich das Politische spiegelt, kann sie die herausfordernde Aufgabe annehmen, die aktuellen gesellschaftlichen Strukturen gleichsam als Bedingung *und* als Ziel politischer Veränderung im Fokus zu haben (vgl. Bargetz/Ludwig 2011, 186).

Entschieden widerspreche ich deshalb Russell Jacoby, der meint, dass „die Therapie zwar ihren Stellenwert [habe], aber als Therapie und nicht als radikale Therapie oder gesellschaftliche Veränderung“ (1978, 152). Demgegenüber behaupte ich, dass die Psychotherapie und ihre Theorien in „reiner“, also unpolitischer oder machtfreier, Form überhaupt nicht existieren und nie existiert haben. Vielmehr haben das psycho-logische Wissen und ihre Verfahren von ihren Anfängen an die politischen Verhältnisse mitgestaltet. Insofern ist auch die Psychotherapie seit ihrer Entstehung eine Mitarbeiterin eines ganz bestimmten Macht-Wissens-Komplexes. Deshalb hat das psycho-logische Wissen zur Etablierung und Formierung aktueller gesellschaftspolitischer Verhältnisse und ihrer Subjekte in zentraler Weise beigetragen und übt auf diese – gerade heute – einen noch nie zuvor dagewesenen formierenden Einfluss aus.

Es kann also davon ausgegangen werden, dass eine Veränderung oder Verschiebung des psychotherapeutischen Wahrheitswissens eine Auswirkung auf die vielfältigen Transformationen der Subjekte hat. Und das kann wiederum nichts anderes bedeuten, als dass sich die Gesellschaft, der diese Subjekte angehören, ebenfalls verändert. Gerade dass das Subjekt im psychotherapeutischen Raum danach drängen kann, eine andere Art Subjekt zu sein, ermöglicht eine gesellschaftliche Machtverschiebung. In jedem Fall hat eine Transformation des Selbst mittels Psychotherapie immer Auswirkungen auf die Sozietät, in der dieses Selbst lebt, weil Machtverhältnisse im Foucaultschen Sinne von „Beziehungen, in denen der eine das Verhalten des anderen zu lenken versucht" (EdS 890), gekennzeichnet sind. Dass psychotherapeutische Veränderungen nicht zwingend solche sind, die die herrschende kapitalistische Logik neoliberaler Prägung überschreiten, versteht sich von selbst. Die einzelnen psychotherapeutischen Transformationsprozesse sind dazu verurteilt, ergebnisoffen zu bleiben. Weil aber die Psychotherapie selbst politisch ist und immer schon war, kann sie Emanzipation in einem politischen Sinne denken und gesellschaftliche Veränderung anstreben.

In diesem Sinne steht die Frage im Raum, ob sich eine so verstandene Psychotherapie gleichsam zu einer umfassenden kapitalismuskritischen Gesellschaftstheorie entwickeln kann. Ich meine damit den Aufriss eines gesellschaftstheoretischen Feldes, das nicht bei psychoanalytischen Theorien haltmacht, sondern einen Modus findet, der sowohl weitere psychotherapeutische Denkrichtungen als auch gesellschaftswissenschaftliche Disziplinen zu integrieren vermag. Ein solches Ziel erscheint deshalb anstrebenswert, weil derzeit (zumindest in Österreich) jede Psychotherapieschule ihr „eigenes diskursives Süppchen kocht" und deshalb kaum theoretische, schulenübergreifende Diskussionen, Konflikte oder (Deutungs-)Kämpfe ausgefochten werden, außer in Form von Animositäten oder strikten, vielfach unhinterfragten Abgrenzungsgesten. Damit verwehrt sich die psychotherapeutische Szene selbst sowohl ein spannendes Aufgaben- und Forschungsgebiet als auch die Bildung neuer, erweiterter Kontexte und Sozialitäten, die politische

Aktivitäten ermöglichen könnten.

In einem derart angestrengten Prozess, nämlich ein psychotherapeutisches, kapitalismuskritisches, gesellschaftstheoretisches Feld aufzumachen, wird die Umkämpftheit und Umstrittenheit des (Wahrheits-)Wissens immer „das wichtigste Unterpfand" (Hark 2005, 63) bleiben. Insofern ist es ratsam, die „Haltung der Kritik" (WiA 8) im Feld wissenschaftlicher psychotherapeutischer Auseinandersetzung im Zentrum zu positionieren, sodass sich das psychotherapeutische Wissen gegebenenfalls auch gegen sich selbst wenden und die eigene Zeit- und Örtlichkeit, also ihre „analytische Begrenztheit" (Hark 2005, 63), mitzudenken in der Lage ist. Denn absolut oder universell gesetzte Wahrheiten schränken das emanzipatorische Potential eines Wissensfeldes erheblich ein. Und letztlich sind wir innerhalb einer derart potentiellen Neuformierung angehalten, die vielleicht unangenehmste oder „heißeste" Frage von allen (immer wieder) zu stellen, nämlich die, wie wir in gesellschaftlichen Verhältnissen agieren, die derart invasiv auf die Psyche jeder Einzelnen zugreifen, um sie – einer Kapitalanlage gleich – für die aktuell neoliberale Rationalität nutzbar zu machen.

Die Erschaffung eines solcherweise neuen Diskursfeldes stellt selbst einen zutiefst politischen Akt dar. Die daraus erwachsende

Wissensproduktion mit all den dazugehörigen Kämpfen um Deutungshoheit, Reputation und monetäre Mittel ist nicht ohne Macht zu haben, wie sich an dieser Stelle hoffentlich von selbst versteht.

Abschließend sei festgehalten, dass ein psychotherapeutischer, die neoliberalen Verhältnisse überschreitender oder bekämpfender Berufsstand, der das eigene Wissen und Handeln in die Kritik nimmt und sich verstärkt in gesellschaftspolitische Wahrheitsspiele einmischt, dies vermutlich nur aus der Position „dissidenter Partizipation" (Hark 2005, 73) heraus wird angehen können. Denn es ist tatsächlich ein äußerst schwieriges, spannungsgeladenes und herausforderndes Unterfangen, politische Verhältnisse anzugreifen und verändern zu wollen, an deren Etablierung man nicht nur nicht unschuldig ist, an deren Gestaltung man vielmehr selbst erheblich beteiligt ist, von denen man folglich profitiert, weil von und mit ihnen gut gelebt werden kann, und innerhalb der man selbst um Deutungshoheit, Einfluss, monetären Zugewinn – kurz: um Macht – kämpft.[102]

Ein so angedachter Kampf ist in neoliberalen Zeiten mit impliziter marktorientierter Rationalität nicht nur komplex und schwierig, sondern tatsächlich äußerst unvernünftig. Deshalb:

Ja, es ist ein Risiko, ja es ist äußerst unbequem und ja, es erfordert Mut, neue politische Impulse zu setzen, verschobene Strategien und Taktiken zu erarbeiten und anderes Wahrheitswissen in Anschlag bringen zu wollen. Wohl wissend, dass „ein solches In-Anschlag-Bringen immer auch ein Ringen um die Macht sein wird" (Butler 1993a, 131 f.).

102 Das ist letztlich auch die Position, aus der heraus dieses Buch geschrieben ist.

Ein Schluss, der kein Ende sein will

„Was einmal gedacht wurde, kann nicht mehr zurückgenommen werden."
Friedrich Dürrenmatt 2015, 85

Mit dieser Arbeit wurde das Ziel verfolgt, die Psychotherapie in ihrer Verschmelzung mit dem Neoliberalismus unter einer machttheoretischen Perspektive zu beleuchten. Dafür wurde auf das Denken Michel Foucaults zurückgegriffen, das sich werkimmanent in kritischer Weise mit den modernen Subjektivierungs-

weisen auseinandersetzt. Die Frage nach dem „Status des Individuums" (SuM 274) zieht sich deshalb durch Foucaults gesamtes Werk. Er zeigt, wie das Subjekt durch die zunehmende Bedeutung der Naturwissenschaften, speziell der Medizin, in der Moderne hervorgebracht und neuartig konstruiert und konstituiert wird. In diesem Prozess spielten gesellschaftliche Randzonen eine ganz bedeutsame Rolle: Die Gefängnisse und psychiatrischen Anstalten ermöglichten erst den Zugriff auf das einzelne Individuum, das seither gleichzeitig beforscht und formiert wird. Der „späte" Foucault erweitert seine Theorie um die Gouvernementalität, die moderne Regierungsweisen mit den Praxen des Selbstbezuges zusammendenkt. Er macht historisch nachvollziehbar, wie in der Entwicklung des modernen Subjektivitätskonzeptes die Psyche geboren und mit der ebenfalls modernen Vorstellung individueller Freiheit verknüpft wird, die nun in trauter Zweisamkeit als zentraler Modus der Selbstregierung fungieren.

Im Voranschreiten dieses historischen Transformationsprozesses entsteht zu Beginn des 20. Jahrhunderts die Psychoanalyse als erste Psychotherapiemethode. Ihr folgt eine beträchtliche Zahl an kontroversen Psychotherapiemodellen nach, die heute als „Führen der Führungen" (DSdM 255) dienen und in neoliberalen Zeiten – wie ich hoffe deutlich gemacht zu haben – eine mächtige Rolle spielen.

Verschiedene Aspekte haben mich zu dieser Forschungsarbeit gedrängt. Dazu zählen die Mannigfaltigkeit psychotherapeutischer Theorien, die der Psychoanalyse im letzten Jahrhundert nachgefolgt sind und die hohe Anzahl jener, die – insbesondere in Österreich – gesetzlich anerkannt ist. Skeptisch gemacht haben mich weiters das von politisch-institutioneller Seite stetig steigende, äußerst aktiv unterstützte Ausmaß zur Inanspruchnahme psychotherapeutischer Dienstleistungen und die damit zusammenhängende staatliche Etablierung der sogenannten „Psychotherapie auf Krankenschein" ebenso wie die zwangsweise Psychothe-
rapie für den Erhalt des Rehabilitationsgeldes. Nicht zuletzt haben mich meine Erfahrungen mit ganz unterschiedlichen Kolleginnen und deren weitgehender konsensueller Einschätzung, die Psychotherapie in einer Zone jenseits neoliberaler Machtverhältnisse positionieren zu können, ebenso wie die politische Verortung der Berufsvertretung, ausschließlich nach mehr finanziellen Mitteln zu rufen, stutzig gemacht.

Insofern war es mir ein Anliegen, nachvollziehbar zu machen, dass die Psychotherapie ganz und gar nicht außerhalb neoliberaler Imperative zur Existenzweise des *Homo oeconomicus* zu verorten ist, sondern weitgehend an der Konstruktion und Konstitution dieser Figur beteiligt ist. Die eindimensionale Sichtweise eines unschuldigen, machtfreien psychotherapeutischen Raumes sollte damit ganz gezielt durchkreuzt, verstört, erschüttert und angegriffen werden, um ein Weiterdenken, Fragen und Streiten über die psychotherapeutische Funktion und die ihr innewohnende Macht im gesellschaftlichen Gefüge anzuregen.

Ich bin mir der verwendeten scharfen und provokanten Wortwahl bewusst, mehr noch, sie ist ganz und gar gezielt gewählt, weil mir sowohl die mangelnde theoretische Auseinandersetzung als auch das weitgehend kollegiale Schweigen zu diesem Themenkomplex innerhalb des psychotherapeutischen Diskurses zunehmend unheimlich anmutet. Es ging also nicht darum, die Psychotherapie in Misskredit zu bringen (um wieder einmal eine ökonomische Sprachfigur zu bemühen), sondern vielmehr darum, eine spezifische Perspektive – nämlich eine (links-)politische – wieder in den Fokus der Aufmerksamkeit zu rücken und damit die mittlerweile eingefahrenen Denkmuster neoliberaler Provenienz innerhalb des psychotherapeutischen Diskurses herauszufordern.

Deshalb habe ich im letzten Abschnitt Denkbewegungen vollzogen, die als Diskussions- und Streitimpulse dienen sollen. Diese sich überschneidenden und aufeinander verweisenden Überlegungen verstehen sich als Ansatzpunkte einer emanzipatorischen Psychotherapie, die über die neoliberalen Verhältnisse hinauszuweisen versucht. Vielleicht ermöglichen sie die eine oder andere Form des Widerstandes – sei es in der Generierung und Streuung von Gegenwissen oder in der Verweigerung, fragwürdige Dienstleistungen anzubieten …

Obwohl Widerstand in Form von Gegenverhalten, -diskursen und Kritik der Weggefährte der Macht und deshalb nicht außerhalb selbiger zu verorten ist, sich also nicht aus der herrschenden Logik hinausdrängen lässt, ist er nicht bedeutungslos. Gegendiskurse kommen zwar aus der Macht selbst, nichtsdestotrotz schaffen sie Brüche, Verschiebungen und Risse im vielschichtigen Komplex aus Macht und Wissen. Auch kurzfristiges widerständiges Aufflackern verändert die Machtverhältnisse insgesamt.

Die deutlich gemachte Verwobenheit jedes psychotherapeutischen Prozesses mit den gesellschaftspolitischen Verhältnissen bedeutet, dass jede Veränderung des Denkens, Fühlens und Handelns immer auch eine politische Minimaltransformation nach sich zieht. Es ist deshalb unmöglich, die Psychotherapie selbst sowie ihre Auswirkungen jenseits des Politischen zu fassen.

Insofern verschiebt ein neues verschobenes oder erweitertes psychotherapeutisches Verständnis die herrschenden Machtverhältnisse und hat dadurch verändernde Wirkung auf die Gesellschaft. Ich meine damit keine Revolution im herkömmlichen Sinne, sondern potentielle Durchkreuzungen und das Unterlaufen der neoliberalen Macht in kleineren oder größeren singulären oder kollektiven Bewegungen.

Eine neoliberalismuskritische Psychotherapie ist, wie ich versucht habe darzulegen, gefordert, in selbstkritischer Art und Weise die herrschenden Machtverhältnisse, mit denen sie unweigerlich verknotet ist, im Blick zu behalten. Denn die neoliberale Gouvernementalität verfügt über die einzigartige Fähigkeit, ihre Stabilität gerade durch die Integration kritischer Denkzusammenhänge aufrechtzuerhalten. Insofern muss sich ein politisches Handeln, das aus der vorgeschlagenen Fokusverschiebung – vom Individuum zum Gesellschaftlichen – erwächst, gewahr sein, dass ihm die widersprüchliche Gleichzeitigkeit „von Flexibilisierung und Normierung" (Bargetz/Ludwig 2011, 188) immanent ist, die der neoliberalen Gouvernementalität eingeschrieben ist.

Mir war mit diesem Text daran gelegen, speziell innerhalb des psychotherapeutischen Feldes eine Art politischer Intervention zu vollziehen. Diese sucht – wie jede politische Aktivität – am Ende nichts anderes, als neue soziale Verhältnisse zu stiften, die nicht nur ihrer Empörungsfähigkeit Ausdruck verleihen, sondern vielmehr konkrete gesellschaftliche Transformationen anstreben.

Insofern bleibt mir am Ende dieses Buches nur mehr, dazu einzuladen, die „endlose Arbeit der Freiheit" (WiA 703) innerhalb des psychotherapeutischen Diskurses „wieder in Gang zu bringen" (ebd.). Meinen Möglichkeiten entsprechend, bin ich mit dieser Arbeit einen Schritt in diese Richtung gegangen, der sich nun als großflächiger Problemaufriss offenbart. Vielleicht ist das nicht viel – aber es ist ein Anfang.

Danksagung

Zutreffend allemal. Das Verlangen, ein Buch zu schreiben, hat seinen Ursprung nicht allein in seiner Autorin. Durch sie findet es zwar seinen Ausdruck, aber „die Vorstellung von dem, was moralisch bindend ist, [gebe ich mir] nicht selbst; sie entspringt nicht meiner Autonomie oder meiner Reflexivität. Sie fällt mir von woanders zu, unerbeten, unerwartet und ungeplant“ (Butler 2005, 156).

Nicht selten stellte sich im Zuge dieser Arbeit die Frage, wo denn genau dieser oder jener Gedanke jetzt hergekommen, wie er entstanden ist und wodurch. War es ein Aspekt in einem Gespräch, ein Textabschnitt eines Buches, ein Film, oder hatte ich eines davon mit etwas anderem verknüpft, sodass sich dieser oder jener Gedankengang geformt und den Text folglich modifiziert oder gar die Richtung des Buches zur Gänze verändert hat? So gedacht, schreibt niemand ein Buch allein. Vielmehr werden in den angestellten Überlegungen die Spuren der Schreiberin und ihre spezifisch historische soziale Einbettung subsummiert. Insofern hat letztlich jeder Text unzählige Autorinnen in der einen oder anderen Art.

Zu diesen Autorinnen gehören – und zwar in ganz besonderer Weise – Personen, denen ich zu großem Dank verpflichtet bin. Nennen möchte ich Monika Mayrhofer, die sich das erste Kapitel, welches die Grundzüge der neoliberalen Ideologie umreißt, mit politikwissenschaftlichem Fokus korrigierend und kommentierend vorgenommen hat. Johanna Grubner hat den auf Michel Foucault gründenden Theorieteil überprüft und die eine oder andere Textstelle mit hilfreichen Kommentaren versehen, die mich zu einem genaueren Denken und Formulieren angespornt haben. Den dritten Teil, der den historischen Weg der Psyche zum Politikum nachzeichnet, hat Alexandra Rau – als psychopolitische Expertin – auf seinen „roten Faden“ hin mitgedacht, geprüft und kommentiert. Meiner Kollegin Sabine Kirschenhofer habe ich den größten Brocken zugemutet. Sie hat die Argumentationsschlüssigkeit des gesamten Textes überprüft und ihn durch scharfsinnige Anmerkungen „rund“ werden lassen.

Alle vier Expertinnen haben mich mit ihren Hinweisen, Korrekturen und Anregungen zum Weiterdenken motiviert und so diese Arbeit entscheidend mitgestaltet. Hervorgehoben werden muss, dass sie meinem Ersuchen um Beistand mit einem solidarischen Impetus gefolgt sind, wodurch sie mich auf unnachahmliche Weise jenseits marktlogischer Kalküle unterstützt haben. Dies ist wahrlich ganz und gar nicht zeitgeistig. Deshalb soll hier in aller Form ein liebevolles Dankeschön gesagt werden.

Last but not least bedanke ich mich bei meinen Klientinnen, die mir Einblicke in ihren politischen Alltag und die mit ihm verbundenen Sorgen und Nöte gewährt haben. Ihre Narrative haben ganz entscheidende Gedankengänge ermöglicht und beeinflusst, ohne die dieses Buch tatsächlich ein anderes wäre.

Sigel- und Literaturverzeichnis

Sigelverzeichnis Michel Foucault

AdW: Archäologie des Wissens. Suhrkamp. Frankfurt/Main 1973.

DKK: Der Kampf um die Keuschheit. In: Defert, Daniel; Ewald, François; unter Mitarbeit v. Jacques Lagrange (Hg.): Michel Foucault. Dits et Ecrits. Schriften in vier Bänden. Band 4. Suhrkamp. Frankfurt/Main 2005. (S. 353–368)

DM: Dispositive der Macht. Über Sexualität, Wissen und Wahrheit. Merve. Berlin 1978.

DMP: Der maskierte Philosoph. In: Defert, Daniel; Ewald, François; unter Mitarbeit v. Jacques Lagrange (Hg.): Michel Foucault. Dits et Ecrits. Schriften in vier Bänden. Band 4. Suhrkamp. Frankfurt/Main 2005. (S. 128–137)

DOD: Die Ordnung der Dinge. Suhrkamp. Frankfurt/Main 2015.

DpTI: Die politische Technologie der Individuen. In: Defert, Daniel; Ewald, François; unter Mitarbeit v. Jacques Lagrange (Hg.): Michel Foucault. Dits et Ecrits. Schriften in vier Bänden. Band 4. Suhrkamp. Frankfurt/Main 2005. (S. 999–1016)

DSdM: Das Subjekt und die Macht. Nachwort von Michel Foucault. In: Dreyfus, Hubert L.; Rabinow, Paul (Hg.): Michel Foucault. Jenseits von Strukturalismus und Hermeneutik. Beltz Athenäum Verlag. Weinheim 1994. (S. 241–261)

DSs: Die Sorge um sich. Sexualität und Wahrheit 3. Suhrkamp. Frankfurt/Main 1989.

DwG: Das wahre Geschlecht. In: Defert, Daniel; Ewald, François; unter Mitarbeit v. Jacques Lagrange (Hg.): Michel Foucault. Dits et Ecrits. Schriften in vier Bänden. Band 4. Suhrkamp. Frankfurt/Main 2005. (S.142–152)

EdS: Die Ethik der Sorge um sich als Praxis der Freiheit. In: Defert, Daniel; Ewald, François; unter Mitarbeit v. Jacques Lagrange (Hg.): Michel

Foucault. Dits et Ecrits. Schriften in vier Bänden. Band 4. Suhrkamp. Frankfurt/Main 2005. (S. 875–902)

F: Foucault. In: Defert, Daniel; Ewald, François; unter Mitarbeit v. Jacques Lagrange (Hg.): Michel Foucault. Dits et Ecrits. Schriften in vier Bänden. Band 4. Suhrkamp. Frankfurt/Main 2005. (S. 776–782)

GG I: Geschichte der Gouvernementalität I. Sicherheit, Territorium, Bevölkerung. Suhrkamp. Frankfurt/Main 2006.

GG II: Geschichte der Gouvernementalität II. Die Geburt der Biopolitik. Suhrkamp. Frankfurt/Main 2006.

GK: Die Geburt der Klinik. Eine Archäologie des ärztlichen Blicks. Ullstein. Frankfurt/Main, Berlin, Wien 1976.

GL: Der Gebrauch der Lüste. Sexualität und Wahrheit 2. Suhrkamp. Frankfurt/Main 1989.

GLTS: Gebrauch der Lüste und Techniken des Selbst. In: Defert, Daniel; Ewald, François; unter Mitarbeit v. Jacques Lagrange (Hg.): Michel Foucault. Dits et Ecrits. Schriften in vier Bänden. Band 4. Suhrkamp. Frankfurt/Main 2005. (S. 658–686)

GmD: Gespräch mit Ducio Trombadori. In: Defert, Daniel; Ewald, François; unter Mitarbeit v. Jacques Lagrange (Hg.): Michel Foucault. Dits et Ecrits. Schriften in vier Bänden. Band 4. Suhrkamp. Frankfurt/Main 2005. (S. 51–119)

HS: Die Hermeneutik des Subjekts. In: Defert, Daniel; Ewald, François; unter Mitarbeit v. Jacques Lagrange (Hg.): Michel Foucault. Dits et Ecrits. Schriften in vier Bänden. Band 4. Suhrkamp. Frankfurt/Main 2005. (S. 423–438)

IMF: Interview mit Michel Foucault. In: Defert, Daniel; Ewald, François; unter Mitarbeit v. Jacques Lagrange (Hg.): Michel Foucault. Dits et Ecrits. Schriften in vier Bänden. Band 4. Suhrkamp. Frankfurt/Main 2005. (S. 807–823)

Iwd: Ist es also wichtig zu denken? In: Defert, Daniel; Ewald, François; unter Mitarbeit v. Jacques Lagrange (Hg.): Michel Foucault. Dits et Ecrits. Schriften in vier Bänden. Band 4. Suhrkamp. Frankfurt/Main 2005. (S. 219–223)

LNOVL: Le Nouvel Observateur und die Vereinigte Linke. In: Defert, Daniel; Ewald, François; unter Mitarbeit v. Jacques Lagrange (Hg.): Michel Foucault. Dits et Ecrits. Schriften in vier Bänden. Band 4. Suhrkamp. Frankfurt/Main 2005. (S. 124–126)

MdP: Die Macht der Psychiatrie. Vorlesung am Collège de France 1973–1974. Hg. v. Jacques Lagrange. Suhrkamp. Frankfurt/Main 2005.

MFSR: Michel Foucault, interviewt von Stephen Riggins. In: Defert, Daniel; Ewald, François; unter Mitarbeit v. Jacques Lagrange (Hg.): Michel Foucault. Dits et Ecrits. Schriften in vier Bänden. Band 4. Suhrkamp. Frankfurt/Main 2005. (S. 641–658)

MFSMP: Michel Foucault, ein Interview: Sex, Macht und die Politik der Identität. In: Defert, Daniel; Ewald, François; unter Mitarbeit v. Jacques Lagrange (Hg.): Michel Foucault. Dits et Ecrits. Schriften in vier Bänden. Band 4. Suhrkamp. Frankfurt/Main 2005. (S. 909–924)

MM: Die Maschen der Macht. In: Defert, Daniel; Ewald, François; unter Mitarbeit v. Jacques Lagrange (Hg.): Michel Foucault. Dits et Ecrits. Schriften in vier Bänden. Band 4. Suhrkamp. Frankfurt/Main 2005. (S. 224–244)

OD: Die Ordnung des Diskurses. Mit einem Essay von Ralf Konersmann. Fischer. Frankfurt/Main 2012.

Oes: „Omnes et singulatim“: zu einer Kritik der politischen Vernunft. In: Defert, Daniel; Ewald, François; unter Mitarbeit v. Jacques Lagrange (Hg.): Michel Foucault. Dits et Ecrits. Schriften in vier Bänden. Band 4. Suhrkamp. Frankfurt/Main 2005. (S 165–198)

PG: Psychologie und Geisteskrankheit. Suhrkamp. Frankfurt/Main 1968.

PPP: Polemik, Politik und Problematisierungen. In: Defert, Daniel; Ewald, François; unter Mitarbeit v. Jacques Lagrange (Hg.): Michel Foucault. Dits et Ecrits. Schriften in vier Bänden. Band 4. Suhrkamp. Frankfurt/Main 2005. (S. 724–734)

SE: Sexualität und Einsamkeit. In: Defert, Daniel; Ewald, François; unter Mitarbeit v. Jacques Lagrange (Hg.): Michel Foucault. Dits et Ecrits. Schriften in vier Bänden. Band 4. Suhrkamp. Frankfurt/Main 2005. (S. 207–219)

SuM: Subjekt und Macht. In: Defert, Daniel; Ewald, François; unter Mitarbeit v. Jacques Lagrange (Hg.): Michel Foucault. Dits et Ecrits. Schriften in vier Bänden. Band 4. Suhrkamp. Frankfurt/Main 2005. (S. 269–294)

SuuW: Subjektivität und Wahrheit. In: Defert, Daniel; Ewald, François; unter Mitarbeit v. Jacques Lagrange (Hg.): Michel Foucault. Dits et Ecrits. Schriften in vier Bänden. Band 4. Suhrkamp. Frankfurt/Main 2005. (S. 258–264)

TS: Technologien des Selbst. In: Luther, Martin; Gutmann, Huck; Hutton, Patrick H. (Hg.): Technologien des Selbst. Fischer. Frankfurt/Main 1993. (S. 24–62)

ÜS: Überwachen und Strafen. Die Geburt des Gefängnisses. Suhrkamp. Frankfurt/Main 1994.

WG: Wahnsinn und Gesellschaft. Suhrkamp. Frankfurt/Main 1993.

WiA: Was ist Aufklärung? In: Defert, Daniel; Ewald, François; unter Mitarbeit v. Jacques Lagrange (Hg.): Michel Foucault. Dits et Ecrits. Schriften in vier Bänden. Band 4. Suhrkamp. Frankfurt/Main 2005. (S. 687–707)

WiK: Was ist Kritik? Merve. Berlin 1992.

WMS: Wahrheit, Macht, Selbst. Ein Gespräch zwischen Rux Martin und Michel Foucault (25. Oktober 1982). In: Luther, H. Martin; Gutmann, Huck; Hutton, H. Patrick (Hg.): Technologien des Selbst. Fischer. Frankfurt/Main 1993. (S. 15–23)

WzW: Der Wille zum Wissen. Sexualität und Wahrheit 1. Suhrkamp. Frankfurt/Main 1983.

ZGdE: Zur Genealogie der Ethik: Ein Überblick über laufende Arbeiten. In: Defert, Daniel; Ewald, François; unter Mitarbeit v. Jacques Lagrange (Hg.): Michel Foucault. Dits et Ecrits. Schriften in vier Bänden. Band 4. Suhrkamp. Frankfurt/Main 2005. (S. 747–776)

Literatur

Adorno, Theodor W. (1971): Erziehung zur Mündigkeit. Suhrkamp. Frankfurt/Main.

Adorno, Theodor W. (2014): Minima Moralia. Reflexionen aus dem beschädigten Leben. Suhrkamp. Frankfurt/Main.

A.G. Gender-Killer (Hg.) (2011): Das gute Leben. Linke Perspektiven auf einen besseren Alltag. Unrast-Verlag. Münster.

Aigner, Maximilian (2012): Freiheit und Befreiung im Denken Michel Foucaults. Bachelorarbeit. Ludwig-Maximilians-Universität München. http://epub.ub.uni-muenchen.de/14318/ (Zugriff: 31. 7. 2015)

Ayan, Steve (2012): „Hilfe, wir machen uns verrückt". Der Psychokult und die Folgen. Pendo Verlag in der Piper Verlag GmbH. München.

Arendt, Hannah (2014): Vita activa oder Vom tätigen Leben. Piper. München.

Arendt, Hannah (2014a): Denken ohne Geländer. Texte und Briefe. Piper. München.

ASVG §143a: Rehabilitationsgeld. http://www.jusline.at/143a_Rehabilitationsgeld_ASVG.html (Zugriff: 15. 11. 2015)

Badinter, Elisabeth (1984): Die Mutterliebe. Geschichte eines Gefühls vom 17. Jahrhundert bis heute. Dtv. München.

Baier, Angelika; Binswanger, Christa; Häberlein, Jana; Nay, Yv Eveline; Zimmermann, Andrea (2014): Affekt und Geschlecht: Eine Einleitung in Affekt-Theorien aus einer feministischen, queeren und post/kolonialen Perspektive. In: Dies. (Hg.): Affekt und Geschlecht. Eine einführende Anthologie. zaglossus. Wien. (S. 11–54)

Bargetz, Brigitte; Ludwig, Gundula (2011): Die Politisierung des Alltäglichen. Stellungskrieg um Subjektformen. In: A.G. Gender-Killer (Hg.): Das gute Leben. Linke Perspektiven auf einen besseren Alltag. Unrast. Münster. (S. 175–193)

Bargetz, Brigitte; Ludwig, Gundula; Sauer, Birgit (2015): Gouvernementalität und Geschlecht: Politische Theorie im Anschluss an Michel Foucault – eine Einleitung. In: Bargetz, Brigitte; Ludwig, Gundula; Sauer, Birgit (Hg.): Gouvernementalität und Geschlecht. Politische Theorie im Anschluss an Michel Foucault. Campus. Frankfurt/Main. (S. 7–30)

Beauvoir, Simone de (1968 [1949]): Das andere Geschlecht. Sitte und Sexus der Frau. Rowohlt. Hamburg.

Becker, Hans (1995): Psychotherapie und politisches Bewußtsein. In: Hermer, Matthias (Hg.): Die Gesellschaft der Patienten. Gesellschaftliche Bedingungen und psychotherapeutische Praxis. Dgvt Verlag. Tübingen. (S. 129–134)

Becker-Schmidt, Regina (2008): Doppelte Vergesellschaftung von Frauen. Divergenzen und Brückenschläge zwischen Erwerbs- und Privatleben. In: Becker, Ruth; Kortendiek, Beate (Hg.): Handbuch Frauen- und Geschlechterforschung. Theorie, Methoden, Empirie. Verlag. F. Sozialwissenschaften. Wiesbaden. (S. 65–74)

Behr, Claudia; Rogenhofer, Richard (2015): Der kompetente Werbeauftritt für PsychotherapeutInnen. Rechtlich abgesichert und technisch fundiert zum Erfolg. In: ÖBVP (Hg.): Forum Fortbildung. Fortbildungsprogramm Herbst 2015 bis Frühjahr 2016. (S. 16)

Berger, Peter L.; Luckmann, Thomas (1987): Die gesellschaftliche Konstruktion der Wirklichkeit. Eine Theorie der Wissenssoziologie. Fischer. Frankfurt/Main.

BGBL Nr. 361/1990 Psychotherapiegesetz. https://www.ris.bka.gv.at/GeltendeFassung.wxe?Abfrage=Bundesnormen&Gesetzesnummer=10010620 (Zugriff: 15. 11. 2015)

Birkle, Carmen; Kahl, Ramona; Ludwig, Gundula; Maurer, Susanne (2012): Emanzipation und feministische Politiken: Verwicklungen, Verwandlungen, Verwerfungen. Eine Einleitung. In: Dies. (Hg.): Emanzipation und feministische Politiken. Verwicklungen. Verwerfungen. Verwandlungen. Ulrike Helmer Verlag. Sulzbach/Taunus. (S. 7–23)

Blech, Jörg (2014): Die Psychofalle. Wie die Seelenindustrie uns zu Patienten macht. Fischer. Frankfurt/Main.

Bock, Gisela; Duden, Barbara (1977): Arbeit aus Liebe – Liebe als Arbeit: Zur Entstehung der Hausarbeit im Kapitalismus. In: Frauen und Wissenschaft. Beiträge zur Berliner Sommeruniversität 1976. Courage. Berlin. (S. 118–199)

Bourdieu, Pierre (2012): Die männliche Herrschaft. Suhrkamp. Frankfurt/Main.

Brieler, Ulrich (2008): Foucault und 1968: Widerspenstige Subjektivitäten. In: Hechter, Daniel; Philipps, Axel (Hg.): Widerstand denken. Michel Foucault und die Grenzen der Macht. transcript. Bielefeld. (S. 19–37)

Brieler, Ulrich (2013): Der neoliberale Charakter.
http://www.diss-duisburg.de/2013/11/der-neoliberale-charakter/ (Zugriff: 19. 5. 2015)

Brown, Wendy (2006): Die Unmöglichkeit der Women's Studies. In: Dietze, Gabriele; Hark, Sabine (Hg.): Gender kontrovers. Genealogien und Grenzen einer Kategorie. Ulrike Helmer Verlag. Königstein/Taunus. (S. 123–150)

Bröckling, Ulrich; Krasmann, Susanne; Lemke Thomas (Hg.) (2000): Gouvernementalität der Gegenwart. Studien zur Ökonomisierung des Sozialen. Suhrkamp. Frankfurt/Main.

Bröckling, Ulrich (2000): Totale Mobilmachung. Menschenführung im Qualitäts- und Selbstmanagement. In: Bröckling, Ulrich; Krasmann, Susanne; Lemke Thomas (Hg.): Gouvernementalität der Gegenwart. Studien zur Ökonomisierung des Sozialen. Suhrkamp. Frankfurt/Main. (S. 131–167)

Bröckling, Ulrich (2002): Das unternehmerische Selbst und seine Geschlechter. Gender-Konstruktionen in Erfolgsratgebern. In: Leviathan. Berliner Zeitschrift für Sozialwissenschaften. 30. Jg. Heft 2. (S. 175–194)

Bröckling, Ulrich (2010): „Nichts ist politisch, alles ist politisierbar" – Michel Foucault und das Problem der Regierung. Nachwort in: Foucault, Michel: Kritik des Regierens. Schriften zur Politik. Suhrkamp. Frankfurt/Main. (S. 401–439)

Bröckling, Ulrich (2013): Das unternehmerische Selbst. Soziologie einer Subjektivierungsform. Suhrkamp. Frankfurt/Main.

Bröckling, Ulrich (2015): „Gesteigerte Tauglichkeit, vertiefte Unterwerfung" – Transformationen des Regierbarmachens. Vortrag auf der Tagung: Die Machtanalyse nach Foucault: 40 Jahre „Überwachen und Strafen". Institut für Wissenschaft und Kunst. 18. 6. 2015 bis 20. 6. 2015. Wien.

Brückner, Burkhart (2010): Basiswissen: Geschichte der Psychiatrie. Psychiatrie Verlag. Bonn.

Butler, Judith (1991): Das Unbehagen der Geschlechter. Suhrkamp. Frankfurt/Main.

Butler, Judith (1993): Kontingente Grundlagen: Der Feminismus und die Frage der ‚Postmoderne'. In: Benhabib, Seyla; Butler, Judith; Cornell, Drucilla; Fraser, Nancy (Hg.): Der Streit um Differenz. Feminismus und Postmoderne in der Gegenwart. Fischer. Frankfurt/Main. (S. 31–58)

Butler, Judith (1993a): Für ein sorgfältiges Lesen. In: Benhabib, Seyla; Butler, Judith; Cornell, Drucilla; Fraser, Nancy (Hg.): Der Streit um Differenz. Feminismus und Postmoderne in der Gegenwart. Fischer. Frankfurt/Main. (S. 122–132)

Butler, Judith (1993b): Ort der politischen Neuverhandlung. Der Feminismus braucht „die Frauen", aber er muss nicht wissen, „wer" sie sind. In: Frankfurter Rundschau, Nr. 49 (171/30), 27. 7. 1993. (S. 10)

Butler, Judith (1997): Körper von Gewicht. Suhrkamp. Frankfurt/Main.

Butler, Judith (2001): Psyche der Macht. Das Subjekt der Unterwerfung. Suhrkamp. Frankfurt/Main.

Butler, Judith (2003): Imitation und die Aufsässigkeit der Geschlechtsidentität. In: Kraß, Andreas (Hg.): Queer Denken. Queer Studies. Suhrkamp. Frankfurt/ Main. (S. 144–168)

Butler, Judith (2005): Gefährdetes Leben. In: Dies.: Gefährdetes Leben. Politische Essays. Suhrkamp. Frankfurt/Main. (S. 154–178)

Butler, Judith (2006): Haß spricht. Zur Politik des Performativen. Suhrkamp. Frankfurt/Main.

Butler, Judith (2009): Die Macht der Geschlechtsnormen und die Grenzen des Menschlichen. Suhrkamp. Frankfurt/Main.

Butler, Judith (2010): Vorwort zur deutschen Übersetzung von Linda Zerillis Feminism and the Abyss of Freedom. In: Zerilli, Linda M. G.: Feminismus und der Abgrund der Freiheit. Turia + Kant. Wien/Berlin.

Butler, Judith (2012): Kann man ein gutes Leben im schlechten führen? Dankesrede anlässlich der Verleihung des Adorno-Preises in der Frankfurter Paulskirche am 11. 9. 2012. http://www.fr-online.de. (Zugriff: 27. 4. 2015)

Butler, Judith (2012a): Rethinking Sexual Difference and Kinship in Juliet Mitchell's Psychoanalysis and Feminism. In: Gunkel, Henriette; Nigianni, Chrysanthi; Söderbäck, Fanny (Editors): Undutiful Daughters. New directions in feminist thought and practice. Palgrave Macmillan. New York. (S. 141–154)

Butler, Judith (2013): Was ist Kritik. Ein Essay über Foucaults Tugend. http://eipcp.net/transversal/0806/butler/de/print (Zugriff: 11. 6. 2015)

Butler, Judith; Spivak, Gayatri C. (2011): Sprache, Politik, Zugehörigkeit. Diaphanes. Zürich.

Butterwegge, Christoph; Lösch, Bettina; Ptak, Ralf (2008): Kritik des Neoliberalismus. VS Verlag für Sozialwissenschaften. Wiesbaden.

Butterwegge, Christoph (2008a): Rechtfertigung, Maßnahmen und Folgen einer neoliberalen (Sozial-) Politik. In: Butterwegge, Christoph; Lösch, Bettina; Ptak, Ralf: Kritik des Neoliberalismus. VS Verlag für Sozialwissenschaften. Wiesbaden. (S. 135–219)

Butterwegge, Christoph (2010): Neoliberalismus, Sozialstaatentwicklung und Armut. In: Unsichtbare Hand – unsichtbare Faust. Informationen über Krisen und Kriege. schulheft 140. Studien Verlag. Innsbruck, Wien, Bozen. (S. 44–55)

Canguilhem, George (1977): Das Normale und das Pathologische. Ullstein. Frankfurt/M., Berlin, Wien.

Castel, Françoise; Castel, Robert; Lovell, Anne (1982): Psychiatrisierung des Alltags. Produktion und Vermarktung der Psychowaren in den USA. Suhrkamp. Frankfurt/Main.

Castel, Robert (1987): Die Institutionalisierung des Uneingestehbaren und die Aufwertung des Intimen. In: Hahn, Alois; Kapp, Volker (Hg.): Selbstthematisierung und Selbstzeugnis: Bekenntnis und Geständnis. Suhrkamp. Frankfurt/Main. (S. 170–180)

Chesler, Phyllis (1984): Frauen – das verrückte Geschlecht? Rowohlt. Hamburg.

Cvetkovich, Ann (2012): Depression – a public feeling. Duke University Press. Durham & London.

Dahlmanns, Claus (2008): Die Geschichte des modernen Subjekts. Michel Foucault und Norbert Elias im Vergleich. Waxmann. Münster/New York/ München/Berlin.

Daiber, Dirk (1999): Subjekt – Freiheit – Widerstand. Die Stellung des Subjekts im Denken Foucaults. Hartung-Gorre. Konstanz.

Duden, Barbara (1991): Geschichte unter der Haut. Ein Eisenacher Arzt und seine Patientinnen um 1730. Klett-Cotta. Stuttgart.

Duttweiler, Stefanie (2007): Sein Glück machen. Arbeit am Glück als neoliberale Regierungstechnologie. UVK Verlagsgesellschaft mbH. Konstanz.

Duttweiler, Stefanie (2013): Beratung und Therapie in Zeiten des Neoliberalismus – oder: Vom Zwang zur Freiheit, sich selbst zu optimieren. In: Straub, Jürgen (Hg.): Psychotherapie & Sozialwissenschaft. Zeitschrift für qualitative Forschung und klinische Praxis. Heft 2. Psychosozial-Verlag. (S. 93–105)

Dürrenmatt, Friedrich (2015): Die Physiker. Diogenes. Zürich.

Ehrenberg, Alain (2008): Das erschöpfte Selbst. Depression und Gesellschaft in der Gegenwart. Suhrkamp. Frankfurt/Main.

Elberfeld, Jens (2012): Heilung der Psyche, Optimierung des Selbst. Diskursiver Wandel in den Psy-Disciplines: Der Fall der Familientherapie (1940–2000). In: Sieben, Anna; Sabisch-Fechtelpeter, Katja; Straub, Jürgen (Hg.): Menschen machen. Die hellen und die dunklen Seiten humanwissenschaftlicher Optimierungsprogramme. transcript. Bielefeld. (S. 169–210)

Engel, Antke (2002): Wider die Eindeutigkeit. Sexualität und Geschlecht im Fokus queerer Politik der Repräsentation. Campus. Frankfurt/Main.

Engel, Antke (2003): Wie regiert die Sexualität? Michel Foucaults Konzept der Gouvernementalität im Kontext queer/feministischer Theoriebildung. In: Pieper, Marianne; Gutiérrez Rodríguez, Encarnación (Hg.): Gouvernementalität. Ein sozialwissenschaftliches Konzept in Anschluss an Foucault. Campus. Frankfurt/Main. (S. 224–239)

Engelmann, Peter (2010): Postmoderne und Dekonstruktion. Zwei Stichwörter zur zeitgenössischen Philosophie. Einführung. In: Ders. (Hg.): Postmoderne und Dekonstruktion. Texte französischer Philosophen der Gegenwart. Reclam. Stuttgart. (S. 5–32)

Engelmann, Peter (2012): Vorwort des Herausgebers 2009. In: Lyotard, Jean-François: Das postmoderne Wissen. Ein Bericht. Passagen. Wien. (S. 15–21)

Ertler, Wolfgang (1994): Psychotherapie zwischen Anpassung, Heilung und Emanzipation. Verlag für Gesellschaftskritik. Wien.

Exner, Andreas (2013): Gesundheit und soziale Gleichheit. In: Initiative Solidarisch G'sund (Hg.): Gesundheit für alle. Intro. Eine Einführung. (S. 26–55)

Fach, Wolfgang (2000): Staatskörperkultur. Ein Traktat über den „schlanken Staat". In: Bröckling, Ulrich; Krasmann, Susanne; Lemke Thomas (Hg.): Gouvernementalität der Gegenwart. Studien zur Ökonomisierung des Sozialen. Suhrkamp. Frankfurt/Main. (S. 110–130)

Fellner, Wolfgang; Grisold, Andrea (2010): Verteilung im Zeitalter des Neoliberalismus. Die Entwicklung traditioneller Wohlfahrtsstaaten anhand ausgewählter Makrodaten. In: Grisold, Andrea; Maderthaner, Wolfgang; Penz, Otto (Hg.): Neoliberalismus und die Krise des Sozialen. Das Beispiel Österreich. Böhlau. Wien, Köln, Weimar. (S. 63–109)

Feyerabend, Paul (2013): Wider den Methodenzwang. Suhrkamp. Frankfurt/Main.

Fischer, Gottfried (2011): Psychotherapiewissenschaft. Einführung in eine neue humanwissenschaftliche Disziplin. Psychosozial-Verlag. Gießen.

Fisher, Marc (2013): Kapitalistischer Realismus ohne Alternative? VSA. Hamburg.

Flaßpöhler, Svenja; Hyatt, Millay (2013): „Heterosexualität ist ein Fantasiebild." Judith Butler im Gespräch. In: Gerschel, Fabrice (Hg.): Zeitschrift Philosophie Magazin. Nr. 1. Dez./Jan. 2012/2013 (S. 64–69)

Frances, Allen (2013): Normal. Gegen die Inflation psychiatrischer Diagnosen. Dumont. Köln.

Freud, Sigmund (1989 [1927]: Die Zukunft einer Illusion. In: Mitscherlich, Alexander; Richards, Angela; Strachey, James (Hg.): Fragen der Gesellschaft. Ursprünge der Religion. Sigmund Freud Studienausgabe. Band 9. Fünfte Auflage. S. Fischer Verlag. Frankfurt/Main. (S. 135–189)

Freud, Sigmund (1989 [1930]): Das Unbehagen in der Kultur. In: Mitscherlich, Alexander; Richards, Angela; Strachey, James (Hg.): Fragen der Gesellschaft. Ursprünge der Religion. Sigmund Freud Studienausgabe. Band 9. Fünfte Auflage. S. Fischer Verlag. Frankfurt/Main. (S. 191–270)

Fritzsche, Bettina; Hartmann, Jutta (2007): Selbst-Bewegungen. Subjektive Aushandlungsprozesse von Geschlecht und Begehren – eine Einführung. In: Hartmann, Jutta; Klesse, Christian; Wagenknecht, Peter; Fritzsche, Bettina; Hackmann, Kristina (Hg): Heteronormativität. Empirische Studien zu Geschlecht, Sexualität und Macht. Verlag für Sozialwissenschaften. Wiesbaden. (S. 135–140)

Fuchs, Peter (2011): Die Verwaltung der vagen Dinge. Gespräche zur Zukunft der Psychotherapie. Carl Auer. Heidelberg.

Gemoll, Wilhelm (1979): Griechisch-Deutsches Schul- und Handwörterbuch. G. Freytag Verlag. München/Wien.

Gergen, Kenneth J. (2002): Konstruierte Wirklichkeiten. Eine Hinführung zum sozialen Konstruktionismus. Kohlhammer. Stuttgart.

Gergen, Kenneth J.; Gergen, Mary (2009): Einführung in den sozialen Konstruktionismus. Carl-Auer. Heidelberg.

Gerisch, Benigna (2015): Wer schön sein will, muss schneiden. Ästhetisierungen des Körpers zwischen Selbstoptimierung und Autodestruktion. Vortrag am internationalen Kongress für angewandte Tiefenpsychologie, Moderne Macht Seele. Kontinuität – neue Freiheiten – Brüche. 16. 1. 2015 bis 17. 1. 2015. Wien.

Gildemeister, Regine; Wetterer, Angelika (1992): Wie Geschlechter gemacht werden. Die soziale Konstruktion der Zweigeschlechtlichkeit und ihre Reifizierung in der Frauenforschung. In: Knapp, Gudrun-Axeli; Wetterer, Angelika (Hg.): Traditionen Brüche. Entwicklungen feministischer Theorie. Kore Verlag. Freiburg/Breisgau. (S. 201–255)

Götz, Rudolf; Haydn, Franziska; Tauber, Magdalena (2014): Lifelong Guidance Politik der Europäischen Union. http://erwachsenenbildung.at/themen/bildungsberatung//llg_europa/politik.php (Zugriff: 8. 6. 2015)

Greco Monica (2000): Homo Vacuus. Alexithymie und das neoliberale Gebot des Selbstseins. In: Bröckling, Ulrich; Krasmann, Susanne; Lemke Thomas (Hg.): Gouvernementalität der Gegenwart. Studien zur Ökonomisierung des Sozialen. Suhrkamp. Frankfurt/Main. (S. 265–285)

Gouges, Olympe de (2010 [1791]): Erklärung der Rechte der Frau und Bürgerin zu erlassen durch die Nationalversammlung in ihrer letzten Sitzung oder in der nächsten Legislaturperiode. In: Gudrun, Ankele (Hg.): absolute. Feminismus. orange-press. Freiburg. (S. 35–44)

Grisold, Andrea; Waltner, Edith; Zwickl, Klara (2010): Notwendigkeit und Grenzen des Sozialen. Das Beispiel Frauenarbeit und Frauenerwerbstätigkeit. In: Grisold, Andrea; Maderthaner, Wolfgang; Penz, Otto (Hg.): Neoliberalismus und die Krise des Sozialen. Das Beispiel Österreich. Böhlau. Wien, Köln, Weimar. (S. 211–260)

Grossberg, Lawrence (2000): What's going on? Cultural Studies und Populärkultur. Turia + Kant. Wien.

Grubner, Angelika (2012): Warum es feministische Stimmen im systemischen Diskurs dringend braucht! In: Systemische Notizen Nr. 3. Zeitschrift für systemische Familientherapie, systemische Praxis und Forschung. (S. 24 f.)

Grubner, Angelika (2014): Die Wahrheit des Geschlechts ist ein Politikum – ein sozialkonstruktionistisches Update. In: Borgmann, Dieter (Hg.): Zeitschrift für systemische Therapie und Beratung Nr. 2. Verlag Modernes Lernen. Frankfurt/Main. (S. 77–81)

Grubner, Angelika (2014a): Geschlecht therapieren. Andere Erzählungen im Kontext narrativer systemischer Therapie. Verlag für Systemische Forschung im Carl Auer Verlag. Hamburg.

Hahn, Alois (1987): Identität und Selbstthematisierung. In: Ders.; Kapp, Volker (Hg.): Selbstthematisierung und Selbstzeugnis: Bekenntnis und Geständnis. Suhrkamp. Frankfurt/Main. (S. 9–24)

Haider, Huberta; Trettler, Eva (2010): Von der Rolle?! Zum Thema Geschlechterrolle und frauenspezifische psychologische Beratung. In: Wolf, Hilde; Endler, Margit; Wimmer-Puchinger, Beate (Hg.): Frauen. Gesundheit. Soziale Lage. Facultas. Wien. (S. 35–49)

Hare-Mustin, Rachel T. (1991): Vorwort. In: Goodrich, Thelma, J.; Rampage, Cheryl; Ellman, Barbara; Halstead, Kris; Sabel, Barbara (Hg.): Feministische Familientherapie. Campus. Frankfurt/Main.

Hare-Mustin, Rachel, T. (1994): Diskurse im verspiegelten Raum. Eine postmoderne Analyse der Therapie. In: Familiendynamik Nr. 3 Interdisziplinäre Zeitschrift für systemorientierte Praxis und Forschung. Klett-Cotta. Stuttgart. (S. 205–232)

Hardt, Jürgen; Cramer-Düncher, Uta; Hein, Jörg; Krause-Girth, Cornelia; Merz, Thomas; Otte, Reinhard; Schaeben, Wilfried; Schwarz, Marion (Hg.) (2011): Verantwortung der Psychotherapie in der Gesellschaft. Psychosozial-Verlag. Gießen.

Hardt, Jürgen (2011): Schlussbemerkungen zur gesellschaftlichen Relevanz der Psychotherapie und des Kammerprojektes. In: Hardt, Jürgen; Cramer-Düncher, Uta; Hein, Jörg; Krause-Girth, Cornelia; Merz, Thomas; Otte, Reinhard; Schaeben, Wilfried; Schwarz, Marion (Hg.): Verantwortung der Psychotherapie in der Gesellschaft. Psychosozial-Verlag. Gießen. (S. 269–285)

Hardt, Jürgen (2012): Die Aufgabe der Psychotherapie in unserer Zeit. In: Bruder, Klaus-Jürgen; Bialluch, Christoph; Leuterer, Bernd (Hg.): Macht – Kontrolle – Evidenz. Psychologische Praxis und Theorie in den gesellschaftlichen Veränderungen. Psychosozial-Verlag. Gießen. (S. 33–54)

Hark, Sabine (2005): Dissidente Partizipation. Eine Diskursgeschichte des Feminismus. Suhrkamp. Frankfurt/Main.

Hark, Sabine (2013):Transreflektionen: Transformation von Wissenschaft – Intersektionaler Feminismus – Transdisziplinäre Beziehungen. Keynote bei der 1. Jahrestagung der österreichischen Gesellschaft für Geschlechterforschung: Konstrukt Geschlecht. Disziplinär/interdisziplinär/transdisziplinär. 5. 12. 1013 bis 7. 12. 2013. Wien.

Hausen, Karin (1976): Die Polarisierung der „Geschlechtscharaktere" – Eine Spiegelung der Dissoziation von Erwerbs- und Familienleben. In: Conze, Werner (Hg.): Sozialgeschichte der Familie in der Neuzeit Europas. Ernst Klett Verlag. Stuttgart. (S. 363–393)

Heiter, Bernd (2008): „… nicht dermaßen regiert zu werden". Über juridische Formen, Hartz IV und Widerstandspraktiken. In: Hechler, Daniel; Philipps, Axel (Hg.): Widerstand denken. Michel Foucault und die Grenzen der Macht. transcript Verlag. Bielefeld. (S. 57–74)

Heisterhagen, Nils (2014): Ist Sicherheit die neue Freiheit? Debatte um soziale Ungleichheit. http://www.zeit.de/politik/deutschland/2014-06/soziale-ungleichheit-sicherheit-freiheit (Zugriff: 20. 11. 2014)

Helferich, Christoph (1992): Geschichte der Philosophie. Metzlersche Verlagsbuchhandlung und Poeschel Verlag. Stuttgart.

Hermer, Matthias (1995): Über den Verlust der Gesellschaft in der Psychotherapie. In: Ders. (Hg.): Die Gesellschaft der Patienten. Gesellschaftliche Bedingungen und psychotherapeutische Praxis. Dgvt Verlag. Tübingen. (S. 15–47)

Hirsch, Joachim (2001): Wo bleibt das Subjekt für einen „radikalen Reformismus"? In: Bieling, Hans-Jürgen; Dörre, Klaus; Steinhilber, Jochen; Urban, Hans-Jürgen (Hg.): Flexibler Kapitalismus. Analysen, Kritik, Politische Praxis. VSA-Verlag. Hamburg. (S. 270–280)

Hobbes, Thomas (2014 [1651]): Leviathan. In: Ackeren, Marcel v.; unter Mitarbeit von Lena Robaszkiewicz (Hg): Texte zur Politischen Philosophie. Reclam. Stuttgart. (S. 115–132)

Holland-Cunz, Barbara (2005): Die Regierung des Wissens. Wissenschaft, Politik und Geschlecht in der „Wissensgesellschaft“. Barbara Budrich. Opladen.

Honegger, Claudia (1996): Die Ordnung der Geschlechter. Die Wissenschaft vom Menschen und vom Weib 1750–1850. Dtv Verlag. München.

Illouz Eva (2011): Die Errettung der modernen Seele. Suhrkamp. Frankfurt/Main.

Illouz, Eva (2012): Gefühle in Zeiten des Kapitalismus. Suhrkamp. Frankfurt/Main.

Jacoby, Russell (1978): Soziale Amnesie. Eine Kritik der konformistischen Psychologie von Adler bis Laing. Suhrkamp. Frankfurt/Main.

Jäger, Margarete (2008): Diskursanalyse: Ein Verfahren zur kritischen Rekonstruktion von Machtbeziehungen. In: Becker, Ruth; Kortendiek, Beate (Hg.): Handbuch Frauen- und Geschlechterforschung. Theorie, Methoden, Empirie. Verlag für Sozialwissenschaften. Wiesbaden. (S. 378–383)

Kadi, Ulrike; Unterthurner, Gerhard (2005): sinn macht unbewusstes – unbewusstes macht sinn. In: Dies. (Hg.): sinn macht unbewusstes – unbewusstes macht sinn. Königshausen & Neumann. Würzburg. (S. 7–15)

Kastner, Jens (2008): (Was heißt) Gegen-Verhalten im Neoliberalismus? In: Hechler, Daniel; Philipps, Axel (Hg.): Widerstand denken. Michel Foucault und die Grenzen der Macht. transcript Verlag. Bielefeld. (S. 39–56)

Kerner, Ina; Saar, Martin (2015): Das Geschlechterwissen des Staates: Gouvernementalität, Macht, Neoliberalismus. In: Bargetz, Brigitte; Ludwig, Gundula; Sauer, Birgit (Hg.): Gouvernementalität und Geschlecht. Politische Theorie im Anschluss an Michel Foucault. Campus. Frankfurt/Main. (S. 117–138)

Keupp, Heiner u. a. (2008): Identitätskonstruktionen. Das Patchwork der Identitäten in der Spätmoderne. Rowohlt. Hamburg.

Keupp, Heiner (2009): Psychotherapie im gesellschaftlichen Umbruch: Neue Herausforderungen. In: Stemberger, Gerhard (Hg.): Psychotherapie zwischen gesellschaftlicher Anpassung und Emanzipation. http://www.arbeiterkammer.at/Suchergebnis.html?searchTerm=Psychotherapie+zwischen+gesellschaftlicher+Anpassung+und+Emanzipation&sub= (Zugriff: 17. 9. 2015)

Keupp, Heiner (2013): Heraus aus der Ohnmachtsfalle. Psychologische Einmischungen. Dgvt Verlag. Tübingen.

Klar, Sabine (2006): Helfen wir unseren Klienten auch beim Widerstand? Zum Spannungsfeld zwischen gesellschaftlichen Mythen und menschlichen Bedürfnissen. Vortrag beim Kongress der ÖAS. www.iam.or.at/material/index.html (Zugriff: 16. 11. 2014)

Knapp, Veronika (2015): Vom Ich zum Wir zum Anders leben. Welche Kompetenzen brauchen wir für eine demokratische Postwachstumsgesellschaft? In: Weiss, Alexandra (Hg.): Die Krise verstehen und politisch handeln. ÖGB Verlag. Wien. (S. 121–133)

Krasmann, Susanne (2000): Gouvernementalität der Oberfläche. Aggressivität (ab-)trainieren beispielsweise. In: Bröckling, Ulrich; Krasmann, Susanne; Lemke Thomas (Hg.): Gouvernementalität der Gegenwart. Studien zur Ökonomisierung des Sozialen. Suhrkamp. Frankfurt/Main. (S. 194–226)

Kuhn, Thomas (1973): Die Struktur wissenschaftlicher Revolutionen. Suhrkamp. Frankfurt/Main.

Kupke, Christian (1996): Philosophie und Wissenschaften der Psyche: Ist Philosophie eine Wissenschaft, und kann es eine Philosophie der Psyche geben? In: Heinze, Martin; Kupke, Christian; Pflanz, Stephan V.; Vogeley, Kay (Hg.): Psyche im Streit der Theorien. Königshausen & Neumann. Würzburg. (S. 147 189)

Lagrange, Jacques (1990): Lesarten der Psychoanalyse im Foucaultschen Text. In: Marques, Marcelo (Hg.): Foucault und die Psychoanalyse. Zur Geschichte einer Auseinandersetzung. edition diskord. Tübingen. (S. 11–60)

Laqueur, Thomas (1992): Auf den Leib geschrieben. Die Inszenierung der Geschlechter von der Antike bis Freud. Campus. Frankfurt/Main.

Leitner, Egon Christian (Hg.) (2015): Vom Helfen und vom Wohlergehen oder Wie die Politik neu und besser erfunden werden kann. Gespräche mit Markus Marterbauer, Fritz Orter und Werner Vogt. Teil I und II. Wieser Verlag. Klagenfurt.

Lemke, Thomas; Krasmann, Susanne; Bröckling, Ulrich (2000): Gouvernementalität, Neoliberalismus und Selbsttechnologien. Eine Einleitung. In: Bröckling, Ulrich; Krasmann, Susanne; Lemke Thomas (Hg.): Gouvernementalität der Gegenwart. Studien zur Ökonomisierung des Sozialen. Suhrkamp. Frankfurt/Main. (S. 7–40)

Lenz, Gerhard (2015): Rehabilitation bei psychischen Störungen. http://www.meinepsyche.at/archiv/rehabilitation-bei-psychischen-stoerungen (Zugriff: 20. 12. 2015)

Levold, Tom (2014): »Welches Problem führt sie zu mir?« Über die metaphorische Struktur von Problembeschreibungen. In: Zeitschrift psychosozial Nr. 137. Heft 3. Psychosozial-Verlag. Gießen. (S. 51–64)

Locke, John (2014 [1689]): Über die Regierung. In: Ackeren, Marcel v.; unter Mitarbeit von Lena Robaszkiewicz (Hg): Texte zur Politischen Philosophie. Reclam. Stuttgart. (S. 135–145)

Ludwig, Gundula (2011): Geschlecht regieren. Zum Verhältnis von Staat, Subjekt und heteronormativer Hegemonie. Campus. Frankfurt/Main.

Lütz, Manfred (2014): Seelenqual, die keinen kümmert. In: Die Zeit Nr. 13. (S. 39)

Lyotard, Jean-François (2010 [1984]): Randbemerkungen zu den Erzählungen. In: Engelmann, Peter (Hg.): Postmoderne und Dekonstruktion. Texte französischer Philosophen der Gegenwart. Reclam. Stuttgart. (S. 49–53)

Lyotard, Jean-François (2012 [1979]): Das postmoderne Wissen. Ein Bericht. Passagen. Wien.

Mader, Johann (2005): Einführung in die Philosophie. Von Parmenides zur Postmoderne. Facultas. Wien.

Maihofer, Andrea (1994): Geschlecht als Existenzweise. Einige kritische Anmerkungen zu aktuellen Versuchen zu einem neuen Verständnis von „Geschlecht". In: Institut für Sozialforschung: Geschlechterverhältnisse und Politik. Suhrkamp. Frankfurt/Main. (S. 168–187)

Maihofer, Andrea (1995): Geschlecht als Existenzweise. Macht, Moral, Recht und Geschlechterdifferenz. Ulrike Helmer Verlag. Frankfurt/Main.

Marques, Marcelo (Hg.) (1990): Foucault und die Psychoanalyse. Zur Geschichte einer Auseinandersetzung. edition diskord. Tübingen.

Marti, Urs (1988): Michel Foucault. Beck. München.

Meißner, Hanna (2010): Jenseits des autonomen Subjekts. Zur gesellschaftlichen Konstitution von Handlungsfähigkeit im Anschluss an Butler, Foucault und Marx. transcript Verlag. Bielefeld.

Meißner, Hanna (2015): Studies in Ableism – Für ein Vorstellungsvermögen jenseits des individuellen autonomen Subjekts. http://www.inklusion-online.net/index.php/inklusion-online/article/view/276/259 (Zugriff: 11. 9. 2015)

Michalitsch, Gabriele (2006): Die neoliberale Domestizierung des Subjekts. Von den Leidenschaften zum Kalkül. Campus. Frankfurt/Main.

Michalitsch, Gabriele (2011): Europas Politik ist ein Sauhaufen. http://derstandard.at/1323916545389/Schuldenbremse-Europas-Politik-ist-ein-Sauhaufen (Zugriff: 16. 11. 2014)

Michalitsch, Gabriele (2015): Regierung der Freiheit. Die Formierung neoliberaler Subjekte. In: grundrisse. Zeitschrift für linke Theorie & Debatte. http://www.grundrisse.net/grundrisse46/regierung_der_freiheit.htm (Zugriff: 27. 4. 2015)

Michelsen, Danny; Walter, Franz (2013): Unpolitische Demokratie. Zur Krise der Repräsentation. Suhrkamp. Berlin.

Mokre, Monika (2013): Muss sich Arbeit lohnen? Bedingungsloses Grundeinkommen als Voraussetzung eines gerechten Arbeitsmarkts. In: Fink, Dagmar; Krondorfer, Birge; Prokop, Sabine; Brunner, Claudia (Hg.): Prekarität und Freiheit? Feministische Wissenschaft, Kulturkritik und Selbstorganisation. Verlag Westfälisches Dampfboot. Münster. (S. 25–33)

Montaigne, Michel de (1998): Essays. Erste moderne Gesamtübersetzung von Hans Stillet. Eichborn Verlag. Frankfurt/Main.

Müller, Oliver (2010): Zwischen Mensch und Maschine. Vom Glück und Unglück des Homo faber. Suhrkamp. Berlin.

Negt, Oskar (2011): Der politische Mensch. Demokratie als Lebensform. Steidl Verlag. Göttingen.

ÖBVP, Österreichischer Berufsverband für Psychotherapie (2015): Brauche ich eine Psychotherapie? www.psychotherapie.at/patientinnen/warum-psychotherapie (Zugriff: 8. 6. 2015)

ORF.AT (2015): http://www.orf.at/#/stories/2286513/ (Zugriff: 27. 6. 2015)

Ott, Cornelia (1998): Die Spur der Lüste. Sexualität, Geschlecht und Macht. Leske + Budrich. Opladen.

Ottomeyer, Klaus (2014): Ökonomische Zwänge und menschliche Beziehungen. Soziales Verhalten und Identität im Kapitalismus und Neoliberalismus. LIT Verlag Dr. Hopf. Berlin.

Ottomeyer, Klaus (2015): Arbeiten, Lieben, Kämpfen – Identität und Krise im Neoliberalismus. In: systeme. Interdisziplinäre Zeitschrift für systemtheoretisch orientierte Forschung und Praxis in den Humanwissenschaften. Nr. 2. (S. 101–124)

Paternoga, Dagmar (2013): Psychiatrie im Wandel. In: Initiative Solidarisch G'sund (Hg.): Gesundheit für alle. Intro. Eine Einführung. (S. 136–148)

Paulitsch, Klaus; Karwautz, Andreas (2008): Grundlagen der Psychiatrie. Facultas. Wien.

Penz, Otto (2010): Vom Sozial- zum Wettbewerbsstaat. Arbeitsbeziehungen und politische Regulation in Österreich. In: Grisold, Andrea; Maderthaner, Wolfgang; Penz, Otto (Hg.): Neoliberalismus und die Krise des Sozialen. Das Beispiel Österreich. Böhlau. Wien, Köln, Weimar. (S. 139–178)

Petzold, Hilarion G.; Pongratz, Ludwig J. (1994): Vorwort. In: Petzold, Hilarion (Hg.): Wege zum Menschen. Methoden und Persönlichkeiten moderner Psychotherapie. Ein Handbuch. Band I. Jungfermann-Verlag. Paderborn. (S. 7–8)

Pieper, Marianne; Gutiérrez Rodríguez, Encarnación (2003): Einleitung. In: Pieper, Marianne; Gutiérrez Rodríguez, Encarnación (Hg.): Gouvernementalität. Ein sozialwissenschaftliches Konzept in Anschluss an Foucault. Campus. Frankfurt/Main. (S. 7–21)

Pieper, Marianne (2003): Regierung der Armen oder Armut als Selbstsorge. In: Dies.; Gutiérrez Rodríguez, Erncarnación (Hg.): Gouvernementalität. Ein sozialwissenschaftliches Konzept in Anschluss an Foucault. Campus. Frankfurt/Main. (S. 136–160)

Prammer, Andreas (2015): Gene – Chancen und verschwendete Talente. In: Fasching, Doris (Hg.): Kopfsache. Das Magazin für mentale Stärke & geistige Gesundheit. Nr. 2. Neukirchen. (S. 68–70)

Ptak, Ralf (2008): Grundlagen des Neoliberalismus. In: Butterwegge, Christoph; Lösch, Bettina; Ptak, Ralf: Kritik des Neoliberalismus. VS Verlag für Sozialwissenschaften. Wiesbaden. (S. 13–86)

Psychotherapiegesetz 1990: Bundesgesetzblatt Nr. 361: http://bmg.gv.at/home/Schwerpunkte/Psychische_Gesundheit/In_Oesterreich_anerkannte_Psychotherapiemethoden (Zugriff: 16. 11. 2014)

PsyOnline: http://www.psyonline.at/contents/625/anzahl-der-therapeutinnen-nach-geschlecht (Zugriff: 4. 5. 2016)

Quindel, Ralf (2005): Das Selbst im Diskurs. In: Mattes, Peter; Musfeld, Tamara (Hg.): Psychologische Konstruktionen. Diskurse, Narrationen, Performanz. Vandenhoeck & Ruprecht. Göttingen. (S. 71–89)

Rau, Alexandra (2006): Das gute Leben und die Psychotherapie. In: diskus. Frankfurter Student_innen Zeitschrift Nr. 2. (S. 39–45)

Rau, Alexandra (2010): Psychopolitik. Macht, Subjekt und Arbeit in der neoliberalen Gesellschaft. Campus. Frankfurt/Main.

Rau, Alexandra (2015): Historische Ontologie des Selbst, Subjektivierung und Psychopolitik. In: Bargetz, Brigitte; Ludwig, Gundula; Sauer, Birgit

(Hg.): Gouvernementalität und Geschlecht. Politische Theorie im Anschluss an Michel Foucault. Campus. Frankfurt/Main. (S. 185–206)

Redecker, Eva v. (2011): Zur Aktualität von Judith Butler. Einleitung in ihr Werk. VS Verlag/Springer. Wiesbaden.

Reitter, Karl (2012): Bedinungsloses Grundeinkommen. Intro. Mandelbaum Verlag. Wien.

Reynolds, Vikki (2012): Dem Burnout durch gerechtes Handeln widerstehen. In: Systeme, Interdisziplinäre Zeitschrift für systemtheoretisch orientierte Forschung und Praxis in den Humanwissenschaften Nr. 2. (S. 97–141)

Ribolits, Erich (2007): Lifelong guidance. Die sanfte Art, Menschen zum Funktionieren zu bringen. In: Führe mich sanft. Beratung, Coaching & Co. Die postmodernen Instrumente der Gouvernementalität. schulheft 127. Studien Verlag. Innsbruck, Wien, Bozen. (S. 18–29)

Ribolits, Erich (2012): Kritische Bildung. Königsweg zu einem veränderten gesellschaftlichen Sein? Kritisch denken: für eine andere Erwachsenenbildung. schulheft 148. (S. 41–55)

Ribolits, Erich (2013): Das Ende der Emanzipation. In: Streifzüge. Magazinierte Transformationslust. Nr. 57. http://www.streifzuege.org/2013/das-ende-der-emanzipation (Zugriff: 14. 9. 2015)

Rose, Nikolas (2000): Tod des Sozialen? Eine Neubestimmung der Grenzen des Regierens. In: Bröckling, Ulrich; Krasmann, Susanne; Lemke Thomas (Hg.): Gouvernementalität der Gegenwart. Studien zur Ökonomisierung des Sozialen. Suhrkamp. Frankfurt/Main. (S. 72–109)

Rosenbaum, Robert; Dyckmann, John (1996): Die Integration von Selbst und System: Eine leere Schnittstelle? In: Familiendynamik Nr. 4. Interdisziplinäre Zeitschrift für systemorientierte Praxis und Forschung. Klett-Cotta. Stuttgart. (S. 346–382)

Rösgen, Petra (1999): Die Psychotechnik in Deutschland. Eine psychologiegeschichtliche Darstellung. http://www.gestaltung.hs-mannheim.de/designwiki/files/3195/Roesgen_Psychotechnik.pdf (Zugriff: 19. 4. 2015)

Rufer, Martin (2015): „Wenn man mich braucht, dann komme ich". Zur Relevanz von nahen Beziehungen im psychotherapeutischen Prozess. In: Sammet, Isa; Dammann, Gerhard; Schiepek, Günther (Hg.): Der psychotherapeutische Prozess. Forschung für die Praxis. Kohlhammer. Stuttgart. (S. 156–165)

Ruoff, Michael (2013): Foucault-Lexikon. Fink. Paderborn.

Sarasin, Philipp (2005): Michel Foucault zur Einführung. Junius. Hamburg.

Sauer, Birgit (2001): Die Asche des Souveräns. Staat und Demokratie in der Geschlechterdebatte. Campus. Frankfurt/New York.

Sauer, Birgit (2010): Das Private des Sozialen? Mechanismen der Geschlechterpolitik im Neoliberalismus. In: Grisold, Andrea; Maderthaner, Wolfgang; Penz, Otto (Hg.): Neoliberalismus und die Krise des Sozialen. Das Beispiel Österreich. Böhlau. Wien, Köln, Weimar. (S. 179–210)

Sauer, Birgit; Penz, Otto (2014): Affektive Subjektivierung: Arbeit und Geschlecht. In: fzg, Freiburger Zeitschrift für GeschlechterStudien, Heft 2. Budrich UniPress. Leverkusen-Opladen. (S. 79–94)

Sauer, Birgit (2015): Was macht feministische Politikwissenschaft zu einer kritischen Wissenschaft? Rückblicke und aktuelle Herausforderungen. In: Bargetz, Brigitte; Fleschenberg, Andrea; Kerner, Ina; Kreide, Regina; Ludwig, Gundula (Hg.): Kritik und Widerstand. Feministische Praktiken in androzentrischen Zeiten. Verlag Barbara Budrich. Opladen, Berlin, Toronto. (S. 23–41)

Scheffler, Sabine (2008): Psychologie: Arbeitsergebnisse und kritische Sichtweisen psychologischer Geschlechterforschung. In: Becker, Ruth; Kortendiek, Beate (Hg.): Handbuch Frauen- und Geschlechterforschung. Theorie, Methoden, Empirie. Verlag für Sozialwissenschaften. Wiesbaden. (S. 651–659)

Scherl, Margot; Fritz, J. (2010): Vom Sand im Getriebe zum polierten Stein? Margot Scherl im Gespräch mit Christina Thürmer-Rohr und Sabine Scheffler. In: Frauen beraten Frauen (Hg.): In Anerkennung der Differenz. Feministische Beratung und Psychotherapie. Psychosozial-Verlag. Gießen. (S. 21–42)

Schigl, Brigitte (2012): Psychotherapie und Gender. Konzepte. Forschung. Praxis. Welche Rolle spielt die Geschlechtszugehörigkeit im therapeutischen Prozess? Springer VS. Wiesbaden.

Schimböck, Wolfgang (2015): Psychosoziale Reha – Eine Herausforderung für Psychotherapie und Ausbildung. In: ÖBVP News. Magazin des Österreichischen Berufsverbandes für Psychotherapie. Heft Juli. 1030 Wien. (S. 9)

Schmechel, Cora; Dion, Fabian; Dudek, Kevin; Roßmöller, Mäks* (Hg.) (2015): Gegendiagnose. Beiträge zur radikalen Kritik an Psychiatrie und Psychologie. Edition assemblage. Münster.

Schmid, Peter F. (2007): Psychotherapie ist Politik oder sie ist nicht Psychotherapie. Herausforderungen des Personzentrierten Ansatzes an die Psychotherapie. Vortrag am Jubiläumssymposium des IPS der APG: „Identitäts-

entwicklung durch Begegnung", 27. 4. 2007. Wien. pfs-online.at/1/papers2/pp-politik.pdf (Zugriff: 6. 10. 2015)
Schmidbauer, Wolfgang (2012): die Geschichte der Psychotherapie. Von der Magie zur Wissenschaft. Herbig. München.
Schmidt-Semisch, Henning (2000): Selber schuld. Skizzen versicherungsmathematischer Gerechtigkeit. In: Bröckling, Ulrich; Krasmann, Susanne; Lemke Thomas (Hg.): Gouvernementalität der Gegenwart. Studien zur Ökonomisierung des Sozialen. Suhrkamp. Frankfurt/Main. (S. 168–193)
Schneider, Doris; Tergeist, Gabriele (Hg.) (1993): Spinnt die Frau? Zur Geschlechterfrage in der Psychiatrie. Psychiatrie Verlag. Bonn.
Schröder, Catalina (2014): Psychotherapeuten: Wir brauchen eine bessere Ausbildung! In: Die Zeit Nr. 46. http://www.zeit.de/2014/46/forderungen-psychotherapeuten-ausbildung-arbeitsbedingungen-berufsverband (Zugriff: 15. 11. 2015)

Seibert, Thomas (2015): Was ist und wozu treibt man – Demokratie? In: Weiss, Alexandra (Hg.): Die Krise verstehen und politisch handeln. ÖGB Verlag. Wien. (S. 135–150)
Sennett, Richard (2008): Verfall und Ende des öffentlichen Lebens. Die Tyrannei der Intimität. BvT Verlag. Berlin.
Sieben, Anna; Sabisch-Fechtelpeter, Katja; Straub, Jürgen (Hg.) (2012): Menschen machen. Die hellen und die dunklen Seiten humanwissenschaftlicher Optimierungsprogramme. transcript. Bielefeld.
Sieben, Anna; Fiedel, Lotta-Lili; Straub, Jürgen (2015): Zum Verhältnis von Psychotherapie und Geschlecht. Editorial. In: Zeitschrift psychosozial Nr. 140. Heft 2. (S. 5–9)
Simon, Fritz B. (2001): „Nichts Großes ohne Größenwahn. War Hitler verrückt? Ist es Osama bin Laden? – Von den Allmachtsphantasien der Führer und wie man sie kontrollieren kann." In: Süddeutsche Zeitung Nr. 295, Feuilleton-Beilage: SZ am Wochenende 22./23. Dezember. (S. I)
Simon, Fritz B. (2011): Vorwort. In: Fuchs, Peter: Die Verwaltung der vagen Dinge. Gespräche zur Zukunft der Psychotherapie. Carl Auer. Heidelberg. (S. 6–11)
Slunecko, Thomas (1999): Psychotherapie – eine Lagebestimmung. In: Ders.; Sonneck, Gernot (Hg.): Einführung in die Psychotherapie. Facultas. Wien. (S. 11–26)
Slunecko, Thomas; Sonneck, Gernot (Hg.) (1999): Einführung in die Psychotherapie. Facultas. Wien.

Sonntag, Michael (1988): Die Seele als Politikum. Psychologie und die Produktion des Individuums. Verlag Dietrich Reimer. Berlin.

Sonntag, Michael (1999): „Das Verborgene des Herzens". Zur Geschichte der Individualität. Rowohlt. Reinbeck bei Hamburg.

Stark, Christopher (2014): Neoliberalyse. Über die Ökonomisierung unseres Alltags. Mandelbaum Verlag. Wien.

STAR WARS™ Identities (2015): http://www.volume.at/magazin/kategorie-uebersicht/detailansicht/m05/5526/detail/ (Zugriff: 28. 12. 2015)

Steinfeld, Friedrich (2012): Was rettet die moderne Seele? Zwischen Emanzipation und Erschöpfung. VSA Verlag. Hamburg.

Stiglitz, Joseph (2015): Reich und Arm. Die wachsende Ungleichheit in unserer Gesellschaft. Siedler Verlag. München.

Stingelin, Martin (2009): Biografisches Essay in vier Teilen. In: Ders. (Hg.): absolute. Michel Foucault. Orange press. Freiburg.

Straub, Jürgen; Sabisch-Fechtelberger, Katja; Sieben, Anna (2012): Homo modificans, homo modificatus. Ein Vorwort zu aktuellen „Optimierungen des Menschen". In: Sieben, Anna; Sabisch-Fechtelpeter, Katja; Straub, Jürgen (Hg.): Menschen machen. Die hellen und die dunklen Seiten humanwissenschaftlicher Optimierungsprogramme. transcript. Bielefeld. (S. 9–26)

Straub, Jürgen (2013): Selbstoptimierung im Zeichen der „Auteronomie". Paradoxe Strukturen der normierten Selbststeigerung: von der „therapeutischen Kultur" zur „Optimierungskultur". In: Ders. (Hg.): Psychotherapie & Sozialwissenschaft. Zeitschrift für qualitative Forschung und klinische Praxis Nr. 2. Psychosozial-Verlag. (S. 5–38)

Streek, Ulrich (2012): Macht und Abhängigkeit in der Psychotherapie. www.gestalttherapie.at/downloads/gt12_vortrag_macht_streeck.pdf (Zugriff: 13. 4. 2014)

Streeruwitz, Marlene (2010): In diesem politischen Augenblick. In: Frauen beraten Frauen (Hg.): In Anerkennung der Differenz. Feministische Beratung und Psychotherapie. Psychosozial-Verlag. Gießen. (S. 257–261)

Streeruwitz, Marlene (2015): Ware Mensch. Verlag Bibliothek der Provinz. Weitra.

Streeruwitz, Marlene (2016): Schön. Fleißig. Gehorsam. Gut. In: Der Standard. Wochenendausgabe 5./6. 3. Album. (S. 1–2)

Streit, Philip (Hg.) (2015): Zeitschrift Netzwerk Psychologie Nr. 1. Verlag K. J. F. Graz.

Stumm, Gerhard (1996): Informationen zur Psychotherapie. In: Ders.; Brandl-Nebehay, Andrea; Fehlinger, Friedrich (1996): Handbuch für Psychotherapie und psychosoziale Einrichtungen. Falter Verlag. Wien. (S. 30–48)

Stumm, Gerhard; Brandl-Nebehay, Andrea; Fehlinger, Friedrich (1996): Handbuch für Psychotherapie und psychosoziale Einrichtungen. Falter Verlag. Wien.

Stumm, Gerhard (1999): Geschichte, Paradigmen und Methoden der Psychotherapie. In: Slunecko, Thomas; Sonneck, Gernot (Hg.): Einführung in die Psychotherapie. Facultas. Wien. (S. 27–76)

Stumm, Gerhard; Pritz, Alfred (Hg.) (2000): Wörterbuch der Psychotherapie. Springer. Wien, New York.

Sturmberger, Werner (2015): Wie robust ist unsere Psyche? In: Stadtzeitung Falter Nr. 15. Beilage Heureka. Das Wissenschaftsmagazin Nr. 1. (S. 12–14)

Tengler-Tscheppe, Katharina (2015): Spaß an gesunder Ernährung. Vortrag der Initiative Gesunde Gemeinde. 21. 5. 2015. Veranstaltungszentrum Pitten.

Ther, Philipp (2014): Die neue Ordnung auf dem alten Kontinent. Eine Geschichte des neoliberalen Europa. Suhrkamp. Berlin.

Thürmer- Rohr, Christina (1986): Die Gewohnheit des falschen Echos. In: Beiträge zur feministischen Theorie und Praxis Nr. 17. (S. 113–120)

Treek, Bernhard v.; Fritze, Jürgen; Tolzin, Christoph; Mohrmann, Matthias; Spahn, Jens (2014): Bedarfsgerechte Versorgung – quo vadis? Warum finden schwer psychisch Kranke in Deutschland kaum noch eine adäquate Behandlung? Topik 24: Gesundheitspolitik. DGPPN Kongress. 26. 11. 2014. Berlin.

Truth, Sojourner (1851): Speech to the Akron Convention. www.suffragist.com/docs.htm (Zugriff: 6. 10. 2013)

Verhaeghe, Paul (2013): Und ich? Identität in einer durchökonomisierten Gesellschaft. Kunstmann. München.

Villa, Paula-Irene (2003): Judith Butler. Campus. Frankfurt/Main.

Villa, Paula-Irene (2008): (De)Konstruktion und Diskurs-Genealogie: Zur Position und Rezeption von Judith Butler. In: Becker, Ruth; Kortendiek, Beate (Hg.): Handbuch Frauen- und Geschlechterforschung. Theorie, Methoden, Empirie. Verlag für Sozialwissenschaften. Wiesbaden. (S. 146–159)

Villa, Paula-Irene (2011): Sexy Bodies. Eine soziologische Reise durch den Geschlechtskörper. Verlag für Sozialwissenschaften. Wiesbaden.

Voß, Heinz-Jürgen (2011): Making Sex Revisited. Dekonstruktion des Geschlechts aus biologisch-medizinischer Perspektive. Transkript. Bielefeld.

Wagner, Elisabeth; Werdenich, Wolfgang (Hg.) (1988): Forensische Psychotherapie. Psychotherapie im Zwangskontext von Justiz, Medizin und sozialer Kontrolle. Facultas. Wien.

Wehling, Peter; Viehöver, Willy (2011): Entgrenzung der Medizin – Transformationen des medizinischen Feldes aus soziologischer Perspektive. In: Dieselben (Hg.): Entgrenzung der Medizin. Von der Heilkunst zur Verbesserung des Menschen? transcript. Bielefeld. (S. 7–47)

Weiss, Alexandra (Hg.) (2014): Systemfehler. Spaltungsrhetorik als Entpolitisierung von Ungleichheit. ÖGB-Verlag. Wien.

Weiss, Alexandra (2014a): Einleitung. In: Dies. (Hg.): Systemfehler. Spaltungsrhetorik als Entpolitisierung von Ungleichheit. ÖGB-Verlag. Wien. (S. 15–21)

Wernegger, Beate (2012): Was bedeutet Emanzipation? In: emanzipation. Zeitschrift für sozialistische Theorie und Praxis Jg. 2, Nr.1. http://www.emanzipation.org/article/em_2-1/e_2-7_wernegger.pdf (Zugriff: 14. 9. 2015)

White, Michael; Epston, David (1998): Die Zähmung der Monster. Der narrative Ansatz in der Familientherapie. Carl-Auer-Systeme. Heidelberg.

Wittig, Monique (1992): One is not born a woman. In: Dies.: The Straight Mind and Other Essays. Beacon Press. Boston.

Wohlfahrt, Klaus; Köhsler, Reinhard; Medlitsch, Richard (2015): Berufsunfähigkeitspension NEU und ihre Auswirkungen auf PatientInnen und die psychotherapeutische Behandlung. Vortrag auf der Viertelveranstaltung (Industrieviertel) des Niederösterreichischen Landesverbandes für Psychotherapie. 15. 4. 2015. Mödling.

Zehetner, Bettina (2012): Krankheit und Geschlecht. Feministische Philosophie und psychosoziale Beratung. Turia + Kant. Wien/Berlin.

Zehetner, Bettina (2015): Feministische Psychotherapie: Politik statt Pathologisierung. Zur gesellschaftlichen Verantwortung von Psychotherapeut_innen. In: Zeitschrift psychosozial Nr. 140. Heft 2. (S. 11–23)

Zerilli, Linda M. G. (2010): Feminismus und der Abgrund der Freiheit. Turia + Kant. Wien/Berlin.